KB203978

楞伽經觀記

1

능가경관기 1

楞伽經觀記

감산 덕청 지음, 장순용 역주

운주사

머리말

당唐나라의 천재 시인 이하李賀의 「진상陳商에게 바침(贈陳商)」이란 시를 보면 첫머리가 이렇게 시작한다.

장안長安의 어떤 남자는	長安有男兒
나이 스물에 마음은 이미 썩었으니,	二十心已朽
『능가경』은 책상머리에 쌓여 있고	楞伽堆案前
『초사楚辭』도 팔꿈치 뒤에 매달려 있네.	楚辭繫肘後
사람으로 태어나 궁핍하고 졸렬하게 살아서	人生有窮拙
해 저물면 애오라지 술이나 마실 뿐이네.	日暮聊飮酒
오로지 지금은 길이 이미 막혀버렸거늘	祗今道已塞
굳이 머리가 흴 때까지 기다려야 할까?	何必須白首

(이하 하략)

이 시의 '『능가경』은 책상머리에 쌓여 있고'란 구절에서 우리는 당나라 시대의 지식층이 『능가경』을 반드시 읽어야 하는 교양서로 여긴 걸 엿볼 수 있다. 하지만 『능가경』은 남종선南宗禪이 주류가 된 후에는 사람들에게 폭넓게 수용되지 않았는데, 그 이유는 다른 경전처럼 단일한 주제를 다루고 있지 않고 당대의 대승경전에 나오는 다양한 주제를 포괄적으로 다루고 있기 때문이다.

이 다양한 주제를 『능가경』에서는 대혜보살이 제기한 108개의 질문으로 시작하는데, 이 108개의 질문은 당시 불교 수행자들이 갖고 있었던 일반적인 질문을 모두 포함하고 있다. 그 내용을 살펴보면 유가행파의 유식사상에 보이는 오법(五法: 名·相·分別·正智·眞如), 세 가지 자성(三自性: 변계소집성·의타기성·원성실성), 팔식(육식·말나식·아알라야식), 두 가지 무아(二無我: 人無我와 法無我)를 다양하게 설하고 있으며, 특히 제8식인 자성청정의 아알라야식(ālaya vijñāna)을 여래장과 동일시하는 점은 이 경전의 특색이라 할 수 있다. 나아가 공空, 불신佛身, 열반涅槃, 여래장식如來藏識, 그리고 더 나아가 외도의 견해까지 대승불교의 주요 사항을 전부 포괄하고 있어서 『반야경』, 『법화경』, 『화엄경』, 『열반경』, 『승만경』, 『해심밀경』 등의 사상을 종합하고 있다.

따라서 『능가경』은 이들 여러 대승경전들이 등장한 이후, 즉 대승 중기 이후에 유포된 경전이라 할 수 있다. 그리고 108가지 질문에서 알 수 있듯이 하나의 주제를 일관되게 설명하고 있는 것이 아니라 이전의 대승불교의 사상을 총체적으로 다루고 있기 때문에 다른 경전에 비해 교리가 일관되지 않고 구성이 통일되어 있지 않는 것처럼 보인다. 하지만 그 핵심은 여래장과 유식사상을 설하는 대표 경전이라 할 수 있다.

예를 들면 일천제一闡提에 관한 내용이다. 중생계에서 활동하고 있는 보살의 일천제와 완전히 선근을 여읜 일천제가 있으며, 후자라 해도 온갖 부처를 만나면 즉각 열반을 깨달을 수 있다고 설한다. 또 성품이 결정된 이승二乘은 존재하지 않고 일불승一佛乘만 존재한다고 해서 법화 사상과도 비슷하다. 특히 견성성불見性成佛을 주장하는 초기 선종에서 중시하던 경전이었고, 지론종地論宗의 북도北道와 남도南道 양 파에서도 쓰였으며, 법상종에서는 소의경전所依經典 중의 하나였다.

감산 대사의 『능가경관기』는 『관능가보경기觀楞伽寶經記』 또는 『관능가아발다라보경기觀楞伽阿跋多羅寶經記』를 줄인 말이다. 『능가경』을 관觀한 감산덕청 대사의 소회所懷를 기록한 것인데, 『관능가보경기』 첫머리에서 감산 대사는 『관기觀記』라고 한 이유를 이렇게 말하고 있다.

"『관능가보경기觀楞伽寶經記』는 대체로 『능가경』을 관찰해서 만든 것이다. 이 『능가경』은 중생의 식장識藏이 곧 여래장임을 곧바로 가리켜 일용日用의 현전現前 경계를 나타내 발함으로써 자심自心의 현량現量을 수순隨順해 관찰케 하여 단박에 온갖 부처의 자각성지自覺聖智를 증득케 하기 때문에 이름하여 불어심(佛語心: 부처의 말씀과 마음)이라 한다. 이는 문자가 아닌데 또 어찌 문자로써 해석할 수 있단 말인가? 이 때문에 지금 '주소注疏'라고 말하지 않고 '경전을 관觀한 기록(觀經記)'이라고 한 것이다. 대체로 관觀으로 마음에 노닐면서 관觀 중의 경계를 기록한 것일 뿐이다."

그리고 『능가경관기』가 다루고 있는 핵심 내용에 관해서는 『관능가보경기』 마지막에서 이렇게 말한다.

"다음 이 경전은 단적으로 외도와 이승의 편벽되고 삿된 견해를 타파해서 정지正智를 생기도록 한 것이니, 일심一心을 참다운 종지(眞

宗)로 삼고, 삿됨을 꺾고 올바름을 나타내는(摧邪顯正) 것을 대용大用으로 삼는다. … 인증引證한 것은 다 『기신론起信論』과 유식唯識을 강령綱領의 종지宗旨로 끼고 있었으며, 세 가지 번역을 융합해 회통하는 데 힘써서 혈맥血脈이 하나로 통하였다."

그리고 감산 대사는 『능가경』을 번역하면서 자신의 병을 치유한 경험을 말하고 있다.

"내가 바닷가에 거처할 당시는 만력萬曆 임진년壬辰年(1592) 여름이었는데 우연히 발이 아픈 병이 생겨 참을 수가 없었다. 그래서 이 『능가경』을 청해 책상머리에 두고서 마음을 침잠해 힘껏 연구하다 홀연히 적연寂然해지면서 몸을 잊었다. 급기야 책을 펴고서 108가지 뜻을 독송하자 마치 흰색과 검은색을 보는 것처럼 명백했다. 옛날 오대산五臺山의 서역 스님(梵師)의 말씀이 기억났기 때문에 마침내 붓을 대서 기록을 했는데 「생멸장生滅章」에 이르자 그 병환이 즉각 치유되었다."

하지만 그는 번역 과정이 매우 힘들었음을 토로하고 있다.

"산에 들어가 고선枯禪을 익혔기 때문에 곧바로 한 글자도 식별하지 못하는 경지(一字不識之地)에 도달해서 하루아침에 해탈해 스스로를 신뢰하면, 온갖 경전을 돌이켜 보더라도 과연 집에 돌아가는 옛길을 보는 것처럼 명백(了然)했지만, 다만 이 『능가경』은 도저히 구두점을 찍을 수 없었다."

마지막으로 감산 대사는 번역의 공덕으로 모두가 열반의 피안에 오르기를 기원한다.

"바라건대 이 수승한 인연을 능가楞伽의 법성해法性海로 회향廻向해서 지혜 광명(慧光)의 원만한 비춤을 우러러 의지해 이 숙세夙世의 허물을 타파하고 해탈에 속히 오르기를.

그리하여 보고 듣는 것마다 기뻐하고 똑같이 자심自心의 현량現量에 들어가서 함께 이 법륜法輪을 굴려 곧바로 미래제未來際에 도달하길 바라노니, 이 공덕으로 위로는 성스러운 은혜에 보답하고 아래로는 고통의 갈래(苦趣)를 뽑아버려서 일제히 열반의 피안彼岸에 오를 뿐이다."

저자 감산 대사(1546~1623)는 명나라 4대 고승 중 한 사람으로 법명은 덕청德淸이다. 속가의 성姓은 채蔡이고, 자字는 증인澄印, 호號가 감산憨山이다. 오늘날의 안휘성 출신이다. 선禪과 정토 사상을 겸하여 수련할 것을 주장했으며, 육조 대사에서 비롯된 조계曹溪의 법맥을 중흥시켰다. 특히 중국 불교를 집대성한 사람으로 유식학에 조예가 깊고, 천태학을 대성하였다. 저서로는『능가경관기』,『수능엄경통의』,『조론약주』,『몽유집』,『심경직설心經直說』,『금강경결의金剛經決疑』등이 있다.

끝으로 이 책의 번역에 도움을 주신 분들께 고마움을 표하고 싶다. 먼저 번역을 위해『능가경관기』를 소개해 준 부여 매화사 무문관 능화 스님에게 감사를 드린다. 스님께서는 앞서『수능엄경통의』도 번역할 수 있게끔 이끌어주신 분이다. 거듭 감사를 드린다. 그리고 번역하는 동안에 후원을 해준 보림선원 도반들과 벗 임정훈에게도 지면을 빌려 감사를 표한다.

2022년 4월 장순용

일러두기

1. 목차에는 원문에는 없는 숫자를 현대식으로 붙였다.
   그리고 본문에선 목차의 목록이 현대 서적처럼 본문 내용 앞에 붙어 있지 않고
   내용 뒤에 붙어 있어서 역시 숫자를 붙인 목차를 달아서 이해를 편하게 하도록
   도왔다.
2. 번역은 축자逐字 직역도 아니고 완전히 풀어서 의역한 것도 아니다. 하지만
   원래의 뜻에 어긋나지 않도록 글자 하나하나를 소홀히 하지 않는 직역에 치중했다.

해제

우리나라는 선불교, 즉 선종禪宗이 주류를 이루고 있고, 선종의 비조鼻
祖는 달마 대사이다. 이 달마가 두 번째 조사인 혜가慧可에게 법을
전하면서 소의경전所依經典으로 제시한 것이 바로『능가경楞伽經』이
다. 이후『능가경』연구가 성행해서 선종의 육조 대사가『금강경』을
소의경전으로 할 때까지는『능가경』연구가 지속되었다. 특히 북종北
宗의 선을 대표하는 신수神秀의 후예가 이『능가경』을 지속적으로
연구한 것이『능가사자기楞伽師資記』라는 선종 초기의 역사서로 나타
났다고 할 수 있다.『능가경』에 얽힌 달마 대사와 혜가의 일화는
『당고승전唐高僧傳』16권 등에 나오는데, 달마는 혜가에게 법을 전수하
면서『능가경』4권을 주며 이렇게 말했다.

"『능가경』은 곧 여래의 가르침에 드는 문과 같다. 이『능가경』으로
중생들을 가르쳐서 깨닫게 하라. 내가 한漢 땅을 보니, 오직 이『능가
경』이 있을 뿐이다."

그래서 혜가는 항상『능가경』의 현묘한 이치(玄理)에 따라 수행하고
북제北齊의 도읍지인 업도(鄴都: 현 하북성河北省 임장현臨漳縣)에서 사람
들에게 설법했다고 한다. 그러므로 혜가 때부터 이 경전에 대한 연구가
성행했고 전승자가 많이 배출되었으며, 혜가의 제자들은『능가경』의
가르침을 근본으로 삼아 두타행頭陀行을 행했다. 그들은 문장의 이치
는 실속 없는 말을 극복해야 하고, 문맥과 내용은 서로 일관되어야

한다고 생각했다. 그들은 지혜는 언어에 있는 것이 아니라고 해서 언어보다 관상觀想을 더 중시했다.

이와 같이 능가종楞伽宗의 선법의 종지宗旨는 말과 생각을 잊고 올바른 명상조차도 얻음이 없는 데 있다. 능가사들은 이러한 종지의 깊은 뜻을 얻는 것을 근본으로 삼아서 문자에 얽매이지 않는 수행을 했으니, 이들은 보리달마에서 시작하는 새로운 실천 불교 운동의 실천자였다. 이후 『능가경』을 소의경전으로 삼아 연구하는 사람들을 능가사楞伽師라 불렀다. 이들이 능가종을 형성했으므로 『능가경』은 초기 선종의 일파였던 능가사들이 그들의 소의경전으로 삼은 경전이다.

이러한 전통은 계속 이어져 북종선에서는 『능가경』의 전수를 스승이 제자에게 법을 전하는 인가印可의 증명으로 삼았다. 선종의 역사서인 『능가사자기』는 『능가경』을 널리 보급하기 위한 각 선사들의 전법傳法과 전기를 기록한 책이다. 이를 통해서 『능가경』이 초기 선불교에서 매우 중시되었으며, 선종과 가장 오래된 관계를 갖고 있는 경전임을 알 수 있다. 이와는 달리 후대의 남종선에서는 의발衣鉢의 전수나 전법게傳法偈, 혹은 『금강경』 등을 법을 전하는 인가의 증명으로 삼았다.

『능가사자기』를 살펴보면, 선종은 『능가경』에서 출발했다고 할 수 있다. 그래서 제1조를 『능가경』을 번역한 구나발타라로 하고, 제2조 보리달마菩提達磨, 제3조 혜가慧可, 제4조 승찬僧璨, 제5조 도신道信, 제6조 홍인弘忍, 제7조 신수神秀, 제8조 보적普寂의 순서로 법이 전해졌다고 한다. 『속고승전』에서도 많은 능가사들의 이름을 거론하고 있으며, 능가종의 입장을 남천축南天竺의 일승종一乘宗이라고 하고 있다. 이것은 능가사들이 반야般若 사상을 기본으로 해『능가경』을 실천했기 때문이다. 즉 달마의 대승벽관大乘壁觀의 사상이 반야에 근거하고 있는 것처럼 달마와 혜가의 법을 이었다고 자임하는 능가사들도 무득(無得: 얻은 바가 없음)의 정관正觀을 종지로 삼았다. 이같이 능가종은 달마에서 혜가로 이어지는 대승선의 계보를 계승하면서 당시 교학이나 공덕 위주의 불교에 대해 새로운 실천 불교를 제시했다고 할 수 있다.

『능가경楞伽經』은 산스크리트어로 랑카바타라 수트라(Laṅkāvatāra-sūtra)라고 하는데, 산스크리트본의 원래 갖춘 이름은 아리아 삿다르마 랑카바타라나마 마하야나수트라(Ārya-saddharma-laṅkāvatāranāma-mahāyanasutra)이다. 그 뜻은 '불교의 성스러운 정통 교의를 간직한 능가아발다라楞伽阿跋多羅라고 불리는 대승경전'이다. '능가아발다라'는 능가, 즉 '랑카(laṅka)에 들어간다(入楞伽)'라는 의미다. 경전의 명칭은 세존께서 능가산(랑카산: 스리랑카)에 들어가 가르침을 베푼 것에서 유래한다. 번역본으로는 티베트본, 산스크리트본을 비롯하여 한역본이 있다. 우리나라에서 유통되고 있는 한역본漢譯本으로는 세 가지가 있다.

 (1)『능가아발다라보경楞伽阿跋多羅寶經』4권. 유송劉宋의 구나발타라求那跋陀羅가 금릉의 도량사에서 번역하였다(443년). 원전에 가장 충실한 번역으로 다른 번역본에 비해 비교적 원초적인『능가경』의 형태를 전하고 있다. 이에 대해 산스크리트본, 위역(魏譯:『입능가경』을

말함), 당역(唐譯:『대승입능가경』을 말함), 티베트역에 보이는 여분의 3장章, 즉 「라바나왕羅婆那王이 부처를 권유해 불법을 청하는 품(Ravan adhyesana)」, 「최후의 다라니품(Dharani)」, 「게송으로 이루어진 1품(Sa gathakam)」의 부분은 구나발타라의 송역宋譯에는 없으며, 송역과 위역의 원본 사이에 경과한 100년에 걸쳐 부가된 것이라고 추정된다.

『속고승전續高僧傳』「법충전法沖傳」에 의하면 4권『능가경』의 서술을 두 가지로 나눌 수 있다. 첫째, 승찬僧粲 이하 여러 스님은 남천축南天竺 일승종一乘宗에 의거해 강술한 것이고, 둘째, 담천曇遷 등 스님들은 『섭대승론攝大乘論』에 의거해 강술한 것이다. 그러나 남북조 시대에 이 경전은 아직 보편적인 연구가 있지 않았고, 당나라 때에 이르러서야 선종禪宗의 발전에 따라 이 경전도 또한 함께 중시되었다. 당시에 소위 능가사楞伽師가 있었고, 능가종楞伽宗도 출현하였다. 따로 현책玄賾의『능가인법지楞伽人法志』. 정각淨覺의『능가사자기楞伽師資記』등이 찬술된 것을 보면 당시 이『능가경』이 상당히 많이 전파되고 사람들이 의지한 경전이란 걸 알 수 있다. 특히 신회神會 등은 반야 사상을 제안해서『능가경』의 주장을 대표했고, 처음으로 점차『금강경』을 중시하는 풍조도 나타났다. 첫 번째 것은 산스크리트 원전과 완전히 일치하고, 두 번째 것은 한역본의 중역본이다.

(2)『입능가경入楞伽經』10권 18품. 북위北魏의 보리류지菩提流支가 낙양에 있는 여남왕汝南王의 집과 업도鄴都의 금화사에서 번역하였다 (513년). 감산 대사의『능가경관기』에서는 이『입능가경』을 위역魏譯이라 칭하고 있다.

(3)『대승입능가경大乘入楞伽經』7권 10품. 당唐의 실차난타(實叉難

陀: Śikṣānanda, 652~710)가 번역하였다(700~704년). 그는 우전국于闐
國 출신으로 중국에『화엄경』을 가지고 와서 보리류지, 의정 등과
함께 번역하였다(669~695, 80권『화엄경』). 그가 번역할 때 측천무후가
번역 장소를 친히 방문해 서문을 사賜했다고 한다.

　『대승입능가경』의 번역에 참여했던 법장法藏의 기록에 의하면, 실
차난타가 번역을 마치고 퇴고推敲하기 전에 칙명을 받아 우전국으로
돌아가는 바람에 토화라(吐火羅: 중앙아시아에 살던 인도유럽 계통 유목민
족)의 삼장 미타산彌陀山이 천자의 명으로 실차난타의 번역을 참고해
다시 번역했다고 한다. 감산 대사의『능가경관기』에서는 이『대승입능
가경』을 당역唐譯이라 칭하고 있다.

　세 종류의 한역본을 비교하면『능가아발다라보경』은 전체를 '일체
불어심품一切佛語心品'이라 하여 세분하지 않고 있는데,『입능가경入楞
伽經』은 10권 18품,『대승입능가경』은 7권 10품으로 분류하고 있다.
권과 품의 분류로 보면『대승입능가경』이 산스크리트본이나 티베트본
과 일치한다.

　『대승입능가경』과『입능가경』의 각 품은「나바나왕권청품羅婆那王
勸請品」(請佛品),「집일체법품集一切法品」(集一切佛法品, 問答品),「무
상품無常品」(佛心品, 廬伽耶陀品, 涅槃品, 法身品, 無常品),「현증품現證
品」(入道品),「여래상무상품如來常無常品」(동일),「찰나품刹那品」(佛
性品, 五法門品, 恒河沙品, 刹那品),「변화품變化品」(化品),「단식육품斷
食肉品」(遮食肉品),「다라니품陀羅尼品」(동일),「게송품偈頌品」(總品)
으로 이루어져 있다.

　『능가경』의 세 종류 한역본은 각기 권수와 품의 수, 제목이 다르지만,

내용의 서술이나 줄거리에는 큰 차이가 없다.

또 북량北涼 담무참曇無讖(412년에 와서 433년까지)이 『능가경』 4권을 번역했다고 전해지는데, 『개원록開元錄』이 저술될 무렵인 730년에는 이미 존재하지 않는 상태였다. 이 밖에 법성(法成: Chos-grub)에 의한 두 종류의 티베트어 번역본이 있다.

『능가경』의 주소注疏는 아주 다양하다. 비교적 중요한 것으로는 『입능가경소入楞伽經疏』 5권(보리류지菩提流支)·『능가경소楞伽經疏』 7권(원효)·『능가경소楞伽經疏』 6권(수隋나라 담천曇遷)·『능가경주楞伽經註』 5권(당唐나라 지엄智嚴)·『입능가심현의入楞伽心玄義』 1권(법장法藏) 등이 있다. 아울러 서장대장경西藏大藏經 중에 『성입능가경주聖入楞伽經註』(범어 Āryalaṅkāvatāravṛtti)가 있으며, 이 밖에 정영사淨影寺 혜원慧遠의 『대승의장大乘義章』에는 이 『능가경』의 중요한 연구 논저가 있다. 네 가지 선법은 선종 역사상 중요한 자료로서 후기 유식학설, 특히 호법護法의 유식에 심대한 영향을 미쳤다.(『역대삼보기歷代三寶紀』 권9·『대당서역기大唐西域記』 권11·『개원석교록開元釋敎錄』 권4·권5·권6·권9)

우리나라에서는 신라의 원효(元曉, 617~686)가 중국의 많은 주석가들에 앞서서 이 경의 중요성을 발굴하여 널리 인용하였다. 이에 관한 원효의 주석서는 『능가경소楞伽經疏』 7권과 『능가경요간楞伽經料簡』·『능가경종요楞伽經宗要』 각 1권 등이 있었으나 현존하지는 않는다. 그러나 현존하는 원효의 저술 속에는 이 경이 가장 많이 인용되고 있어 그 중요성이 입증되고 있다. 원효 이후 근대에 이르기까지 우리나라에서는 이 경이 크게 유통된 예는 없지만, 최근에는 그 연구가 활발해지고 있다.

이 경전의 현존하는 판본으로는 해인사대장경 속의 것과 1636년에 경기도 용복사龍腹寺에서 간행한 『능가아발타라보경』, 해인사에서 조선 후기에 판각한 『대승입능가경』, 명나라 원가員珂가 회역會譯한 『능가아발타라보경회역楞伽阿跋陀羅寶經會譯』 등이 있다. 신라 때에는 『입능가경』이 가장 많이 유통되었고, 최근에는 7권본의 『대승입능가경』이 많이 유통되고 있다.

이 『능가경』의 중요한 특색을 살펴보면 다음과 같다.

식識에는 아뢰야식(阿賴耶識, ālaya), 의(意, manas), 의식意識의 팔식이 있다고 하고, 이것을 약설하면 진식眞識, 현식現識, 분별사식分別事識으로 나뉜다고 했다. 진식은 아뢰야식의 진眞의 면, 즉 식의 진상(眞相, jatilaksana)이다. 현식은 아뢰야식이 무시無始이래로부터 근본무명에 따라 나타나는 것으로 업상(業相, karmalaksana)이다. 그리고 분별사식은 식의 전상(轉相, pravrttilaksana)으로서 의意 및 의식意識이며, 또한 전식轉識이다. 그러므로 아뢰야식은 진眞과 망妄이 화합하고 있는 진망화합식眞妄和合識이다.

『능가경』에서는 아뢰야식과 여래장의 관계를 아뢰야식과 전식轉識의 관계로 설명해서 아뢰야식과 전식이 비일비이非一非異하여 마치 "장식藏識의 바다 속에 칠전식七轉識이란 파도"와 같은 관계로 설명한다. 즉 제7전식은 아뢰야식의 전변轉變에 지나지 않는다. 전식이라는 파도가 움직이든 움직이지 않든 아뢰야식이란 바다는 불멸한다. 이 아뢰야식의 진상眞相에 대한 규정은 바로 여래장설과 일치한다. 따라서 여래장과 아뢰야식은 동일한 여래의 경계다. 즉 자성청정自性淸淨하지만 객진客塵 번뇌에 덮여 청정치 못하다. 그러므로 아뢰야식의 진상眞相은 여래장과 동일하다는 것이다.

이런 점에서 『능가경』은 유식설이 주장하는 팔식설을 취하면서도 다른 한편으로는 중생 속에 감추어져 있는 여래가 될 수 있는 씨앗인 여래장 사상을 받아들여서 아뢰야식과 여래장을 조화·통일시키려는 의도를 가지고 있다. 그래서

첫째, 『능가경』은 대승경전 중 여래장 사상과 아뢰야식 사상을 종합·통일시키려는 시도가 최초로 분명하게 나타나고 있는 경전이며, 여래장 사상과 아뢰야식 사상을 융합해 일불승설一佛乘說을 주장하는 사상의 선구가 되었다. 이러한 사상적 경향은 그 후 『대승밀엄경』이나 『대승기신론』 등에 직접적인 영향을 미쳤다.

둘째, 선禪을 우부소행선愚夫所行禪·관찰의선觀察義禪·반연여선攀緣如禪·여래선如來禪의 네 가지로 구분하였다.

셋째, 우리나라에서 채택한 후기 유식설唯識說, 특히 호법護法의 유식설에 큰 영향을 준 점이다.

이 경에서 특히 강조되고 있는 중심사상은 무분별無分別에 의한 깨달음(覺)이다. 중생은 미혹迷惑으로 인해 대상에 집착한다. 이 때문에 과거로부터 쌓아온 습기習氣를 말미암고 그 습기에 집착하기 때문에 모든 현상이 스스로의 마음(自心)에 의해 나타난 것임을 알지 못한다. 이는 의식意識의 본성이라서 이를 철저히 깨닫는다면 능취能取와 소취所取의 대립을 여의고 무분별의 세계에 도달할 수 있다.

이런 의미에서는 여래장설이든 무아설無我說이든 무분별의 경계에

이르는 방편으로서 설해진다. 경전 속에 흩어져 통일된 것으로 보이지 않는 갖가지 사상들도 스스로 무분별을 체험한 철저한 이해에 의해서만 비로소 획득된다는 점에서 우리는 『능가경』 자체가 갖고 있는 일관된 입장을 읽을 수 있다.

또 유가행파瑜伽行派의 유식설에서 유래하는 오법五法·삼성三性·팔식八識·이무아二無我 등에 대해서 상세히 밝히고 있다. 특히 앞서도 말했지만, 자성청정의 아알라야식(아뢰야식)을 설하고 이를 여래장과 동일시하고 있는 것은 『대승기신론』 형성에 영향을 주었다. 그러나 이 교리들도 무분별의 경계에 이르기 위한 방편에 불과하며, 교설에 의하지 않고 실천 요가를 통해 스스로 진리를 체득하는 것이 중요하다는 일관된 주장을 하고 있다. 이 때문에 『능가경』 자체부터 버리게 된다. 이 관점에서는 교리와 구성이 통일되지 않고 섞여 있다는 주장은 결점이 아니라 오히려 『능가경』의 주된 종지를 반영하는 것이라 하겠다. 『능가경』은 실천 요가를 위한 경전으로 수행자를 위한 것이다. 『대승경전 해설 사전辭典』(北辰堂)에서는 『능가경』을 다음과 같이 요약하고 있다.

(1) 여래장은 무시無始이래로 갖가지 희론戱論의 습기에 훈습되어 있기 때문에 아알라야식이라 명명된다.

(2) 수은이 티끌에 오염되지 않고 청정한 것처럼 일체중생이 의지하는 아알라야식도 청정하다.

(3) 여래장인 아알라야식을 완전히 안다고 하는 일체 여래의 이 경계에 대해 그대와 다른 보살마하살들은 부지런히 격려해야 한다. 단지 듣는 것만으로는 만족하지 못한다.

(4) 『상액경』, 『대운경』, 『열반경』, 『앙굴마라경』, 『능가경』에서 나 세존은 고기를 멀리하였다.

(5) 보살의 일천제—闡提는 온갖 법이 본래 반열반하고 있다고 알고 있기 때문에 영구히 반열반하지 않는다. 그러나 일체의 선근을 단절한 일천제는 그렇지 않다. 왜냐하면 일체의 선근을 끊은 일천제라 해도 여래로 지켜져 있기 때문에 언젠가는 선근을 일으킬 것이다. 왜냐하면 온갖 여래는 일체중생을 저버리지 않기 때문이다. 이런 이유에서 보살의 일천제는 반열반하지 않는다고 말하는 것이다.

(6) 온갖 법은 불생이다. 온갖 법의 자성의 상相이 생기는 것은 내적인 성지聖智가 작용하는 경계이며, 어리석은 범부의 두 가지 허망한 분별이 작용하는 듯한 경계는 아니다. 신체와 수용과 의거依據의 자성의 상相은 아알라야식의 능취能取와 소취所取의 상相으로서 존재하고 있는데도 불구하고 범부들의 마음은 일체법이 생겨나고 상속하고 소멸한다는 삿된 견해에 떨어져서 일체법의 생기生起를 유有와 무無로서 허망하게 분별하는 것이다.

(7) 여래가 깨달음을 얻은 밤부터 반열반하는 밤에 이르기까지 여래는 단 한 글자도 설하지 않았고 또 설하지도 않는다.

(8) 진실은 문자를 여의어 있기 때문에 선남자와 선여인은 언어대로의 의미에 집착하는 것에는 익숙하지 않다. 손가락을 보지 말라. 예컨대 손가락으로 누구에게나 있는 것을 가리키려고 하면 그 자는 가리키는 손가락만을 보는 데 그치고 말 것이다.

(9) 모든 경전의 교설은 범부 스스로의 허망한 분별을 만족케 하는 것이라서 참된 성지聖智를 건립하는 것은 아니다. 그러므로 의미를

따라야지 교설의 언어에 집착하지 말아야 한다.

『능가경』의 요점은 유심唯心에 의한 자내증自內證이다. 즉 일체는 자심自心이 나타난 것일 뿐이니 이 자심을 자내증해서 무분별의 경지에 들어가야 한다는 것이다. 모든 경전은 이 자내증을 문자로 드러낸 것일 뿐이니, 자내증을 가리키는 손가락과 같은 문자에 집착하지 말라고 한다. 『능가경』「라바나권청품」에서 부처님은 이렇게 가르치고 있다.

"비유를 들어 말하면, 병은 깨어지는 것이므로 그 실체가 없는 것이오. 그런데 사람들은 병의 실체가 있는 줄로 압니다. 이와 같이 보는 법을 버리지 않으면 안 되오. 안으로 자기 마음의 본성을 보면 밖으로 집착할 것이 없소. 이와 같은 바른 견해로 법을 보는 것이 곧 법을 버리는 것이오. 비법이라고 하는 것은 토끼 뿔이라든지 석녀石女의 자식처럼 사실은 없는 것을 가리키오. 이처럼 집착할 것이 못 되기 때문에 버려야 합니다.

여래의 법은 모든 분별과 쓸데없는 논란을 떠나서 있소. 진실한 지혜만이 이것을 증득합니다. 중생들을 편안하게 하기 위해 법을 설하고 차별을 떠난 지혜를 여래라고 합니다. 여래는 진실한 지혜와 하나이기 때문에 분별의 지혜로는 헤아릴 수 없소. 왜냐하면 중생의 마음은 그 대상에 따라 빛깔과 형상을 인식하지만, 여래는 분별을 떠났기 때문에 헤아릴 수가 없는 것이오.

벽에 걸린 그림 속 사람에게 감각이 없듯이, 중생들도 꼭두각시와 같아 업도 없고 과보도 없는 것이오. 이와 같이 보는 것을 바른 견해라 하고, 이와 달리 보는 것을 분별의 소견이라 합니다. 분별에 의하기 때문에 법과 비법에 집착하는 것이오. 이를테면 어떤 사람이 물에 비치는 자기 얼굴을 보고 혹은 등불이나 달빛에 비친 자기 그림자를 보고 분별을 일으켜 집착하는 것과 같은 것이오. 법이라든가 비법이라고 하는 것도 사실은 분별에 지나지 않소. 분별에 의지하기 때문에 버리지 못하고 허망한 것에 팔려 열반을 얻지 못하는 것이오. 열반이란 여래의 장藏이오. 그러므로 스스로 지혜의 세계에 들어가 깨달음의 선정禪定을 얻어야 합니다."

이 외에도 이 경에서는 붓다의 자내증을 강조하여 주체에 관한 문제의식을 부각한다. 그리고 나가르주나(龍樹)의 공空 사상이 강조된다. 불가득不可得・불생不生・여환如幻・무자성無自性 등의 개념을 설명하고, 생멸生滅・단상斷常・유무有無의 대립 개념을 여의는 걸 말하고 있다. 그리고 외도의 학설을 인용하고 그들의 이론과의 차이성을 강조한 점도 특징이다.

다음으로 『능가경』의 주요 내용을 『능가경관기』에서는 어떻게 설명하고 있는지 살펴보자. 편의상 몇 가지 주요 사상에 대한 『능가경관기』의 설명을 그대로 전재한다.

자각성지自覺聖智

『능가경』에서는 '자각성지自覺聖智의 행상行相'을 자주 강조하고 있다. 자각성지는 『신화엄경론』에서 "심지心地의 법문法門을 표현한 것으로 수행도 없고 증득도 없어야(無修無證) 비로소 올라갈 수 있다"라고 하였고, 『능가경관기』에서 우전국의 서역 스님은 "『능가경』은 설할 수도 없고 얻을 수도 없는(不可說不可得) 법입니다"라고 하였는데, 『능가경관기』에서는 자각성지에 대해 이렇게 말하고 있다.

"소위 자각성지自覺聖智는 다름 아니라 오직 이것(유와 무)을 알고 이것을 여의었을 뿐 다시 얻을 만한 실다운 법이 없음을 말함이니, 이거야말로 실로 이 경전 종지의 궁극(宗極)이다. 수행하는 사람이 이걸 안다면 수행하면서도 수행이 없고 증득하면서도 증득이 없다고 할 수 있다. 가령 일념一念으로 수행하고 증득해도 그 일념을 잊지 못하면 다시 이 유와 무에 떨어지는데 하물며 언어와 문자를 분별해서 얻은 것이랴. 관觀하는 자가 이렇게 관하면 법의 실상을 알아챘다고 할 수 있다. …"

이것이 자각성지무상존정법문(自覺聖智無上尊頂法門: 자각성지의 더 이상 위가 없는 존귀하고 정상인 법문)으로서 몸과 마음의 세계가 당장에 녹아 내려서 생사와 열반이 때(時)에 감응하여 평등하니, 이에 이르면 마魔와 부처가 모두 공空해서 둘 다 얻을 수 없다.

정견正見과 사견邪見

보리류지菩提流支는 말한다.

"실답게 보는(如實見) 것은 이름하여 정견正見이라 하며, 만약 다른 견해라면 이름하여 사견邪見이라 한다. 가령 '분별'이란 이름하여 '둘을 취하는' 것이니, 모두 다 허망해서 적멸寂滅을 얻지 못한다. '적멸'이란 이름하여 일심一心이라 하며, '일심'이란 이름하여 여래장如來藏이라 하며, '여래장'이란 자내신自內身의 지혜 경계에 들어가는 것으로서 무생법인無生法忍의 삼매를 얻는다."

유와 무, 범凡과 성聖

대혜가 먼저 108가지 뜻으로 부처님께 여쭌 것은 대체로 일심一心이
전변轉變한 오법五法, 삼자성三自性, 팔식八識, 이무아二無我, 미혹과
깨달음(迷悟), 인과因果의 법에 의거해 질문한 것이다. 옛 설說에서는
108구句가 108번뇌의 대치對治를 나타낸다고 하는데, 이는 근본적인
지적이 아니다. 그러나 '일심一心'이란 부처의 어심語心이니, 소위 '적멸
寂滅'을 이름하여 일심이라 한다. 본래 십계十界의 색色과 심心, 의보依
報와 정보正報의 상相이 없지만, 그러나 이를 미혹해서 생사가 되기
때문에 일심을 변화시켜 삼계를 이루며, 이를 깨달아서 열반이 되기
때문에 삼계를 전변하여 일심이 된다.

　그러나 생사는 유有의 법이고 열반은 무無의 법이니, 이 두 법은
어리석은 범부의 분별망견分別妄見을 말미암아 생긴다. 하지만 이
적멸의 마음엔 본래 이런 일이 없다. 그렇다면 대혜가 질문한 내용은
바로 십계의 의보와 정보, 색色과 심心, 미혹과 깨달음, 심행心行의
갖가지 차별상이다. 요컨대 범속함(凡)과 성스러움(聖), 유有와 무無를
벗어나지 않으니, 이는 다만 분별망견인 대대법對待法일 뿐이다. 특히
이 적멸의 일심이 온갖 대대對待를 끊은 걸 알지 못하기 때문에 게송에
서 '있든(有) 있지 않든(無有)/이 둘을 모두 함께 여읨'이라고 말한
것이다. 부처님께선 가장 궁극의 심원心源을 곧바로 가리킬 것이기
때문에 하나하나 이어서 대답하셨으며, 그 내용을 배척해 '아니다(非)'
라고 말씀하신 것이다. 이는 심의식心意識을 올바로 여의어서 범속함

과 성스러움의 길을 벗어난 것이니, 오직 부처님들의 자각성지自覺聖智의 경계일 뿐이다. 비록 대지혜를 갖춘 사람일지라도 몇몇 구句에 떨어지는 걸 면하지 못할 텐데 하물며 그 밖의 다른 사람이랴.

내 생각에 이 108구는 총체적으로 삼계의 25유有에 의거해서 이 유有의 법 위에 사구의 견해를 일으켜 성립한 것이다. 말하자면 범부와 외도가 삼계를 실제 있는 법(有法)으로 보는 것을 유구有句라 하고, 이승二乘이 삼계를 없는 법(無法)으로 보는 것을 무구無句라 하며, 보살이 삼계를 진眞에 즉卽하고 속俗에 즉한 것으로 보는 것을 유구有句이기도 하고 무구無句이기도 하다고 하며, 부처가 삼계를 진眞도 아니고 속俗도 아니라고 보는 걸 가리켜서 유구도 아니고 무구도 아니라고 하니, 이거야말로 올바른 교리로 밝힌 것이다. 그러나 외도는 스스로의 종지를 유와 무(有無), 동일성과 차이성(一異), 함께함과 함께하지 않음(俱不俱), 항상함과 무상함(常無常)의 사구四句로 세워서 각기 하나의 견해에 집착하는데, 이는 모두 통상적인 정서로 분별하고 헤아린 것에 지나지 않는다.

식識이란 무엇인가?

문: 대혜가 부처님께서 108구에 대해 '일체가 다 아니다'라고 답하신 걸 이어받아서 다시 세존께 '온갖 식識에는 몇 종류의 생겨나고(生) 머물고(住) 멸함(滅)이 있습니까?'라고 갑자기 질문한 까닭은 무엇인가?

답: 여기부터 경전 마지막까지는 심생멸문心生滅門을 통틀어 잡아서 만법이 유식唯識임을 드러낸 것이다. 그리고 가장 먼저 법으로 진유식

량眞唯識量을 드러내었다.

생각건대 마명 대사大士는 이 경전을 종지로 『기신론』을 지었는데, 일심법에 의거해 두 가지 문門을 세웠으니, 첫째는 심진여문이고 둘째는 심생멸문을 말한다. 둘째인 심생멸문에 의거해 각覺과 불각不覺의 뜻이 있고, 불각의 뜻에 의거해 삼세육추三細六麤 등을 일으켜서 총체적으로 세간법과 출세간법을 섭수攝收하였다.

일심이 미혹과 깨달음의 근원임을 곧바로 가리켰으니, 이 때문에 이 경전에선 오법五法과 삼자성三自性이 모두 공空하다고 설했고 팔식八識과 이무아二無我를 다 함께 버렸다. 그런데 오법이란 명칭(名)·상相·망상妄想·정지正智·여여如如를 말하며, 삼자성이란 망상妄想·연기緣起·성성成을 말하는데, 일심에 의거해 미혹과 깨달음의 구별이 있기 때문에 이 여덟 가지가 있는 것이다. 일심을 미혹한 탓에 정지正智의 여여如如가 전변하여 명상名相의 망상妄想을 지으니, 그렇게 되면 모든 법이 망상의 연기緣起이다. 일심을 깨달은 탓에 명상名相의 망상이 전변하여 정지의 여여如如가 되니 이른바 성성成이다.

이 품의 명칭이 부처의 어심語心인 것은 소위 적멸의 일심을 이름하여 진여라 한 것이다. 『기신론』에서는 "심진여心眞如란 바로 일법계대총상법문一法界大總相法門의 체體"라고 하였다. 소위 마음의 성품은 생기지도 않고 멸하지도 않으며 일체 모든 법은 오직 망념에 의거해 차별이 있을 뿐이다. 만약 심념心念을 여의면 일체 경계의 상相이 없으니, 이로써 이전에 대혜가 질문한 내용이 명상名相의 망상 경계에 의거한 변사邊事임을 알 것이다. 그래서 세간과 출세간의 갖가지 법에 108견見이 있는 것이다. 그러나 세존께서는 일심의 근원이 언설言說의 상相을 여의고 명자名字의 상을 여의고 심연心緣의 상을 여의었음을 곧바로 가리켰기 때문에 일일이 배척하면서 '일체가 다 아니다'라고 하신 것이다.

　그렇다면 이전의 경문經文은 일심의 진여문을 올바로 잡은 것이다. 만약 진여문을 잡았다면 언설의 상相을 여읜 것이니, 삼계가 유심唯心뿐이기 때문에 단지 지혜로 현량現量을 증명하기만 할 뿐 언설을 용납하지 않는다. 언설이 가능한 것은 다 생멸문 속에서 망상의 연기에 의거한 변사邊事이다. 이 때문에 일반적으로 언어 표현(言詮)이 떨어져 나가니 바로 비량比量에 속하는 것이다. 그래서 이제부터는 생멸문을 잡아서 연기 차별의 온갖 법이 모두 오직 식識으로만 나타낸 것임을 드러내 보이고 있기 때문에 '만법유식'이라 말한 것이다. 그러나 식識은 허깨비나 꿈과 같은 것으로 단지 일심일 뿐이다. 마음이 적멸해서 알게 되면 참(眞)이든 거짓(妄)이든 다 여의니, 이를 이름하여 자각성지自覺聖智라 한다. 이렇게 해서 진유식량眞唯識量이 성립하기 때문에 대혜는 이미 일심이 말을 여읜 종지를 다루었고, 그 다음으로 "온갖 식識에는 몇 종류의 생겨나고(生) 머물고(住) 멸함(滅)이 있습니까?" 하고 문득 질문한 것이다. 진실로 불생불멸과 생멸의 화합을 통해 제8 아뢰야식阿賴耶識을 이룬 것이다. 그러므로 생멸문 속에서 가장 먼저 '온갖 식識에는 몇 종류의 생겨나고(生) 머물고(住) 멸함(滅)이 있습니까?' 하고 물은 것이고, 그 답변으로 '두 종류의 생겨나고 머물고 멸함이 있다'고 하면서 생겨남(生)은 곧 생겨나지 않음(無生)이고, 머묾(住)은 본래 머묾이 없고, 멸하면서도 멸하지 않음이기 때문에 '사량思量으로 알 수 있는 것이 아니다'라고 했다.

불생구不生句와 생구生句, 상구常句와 무상구無常句, 상구相句와 무상구無相句

이는 심진여문心眞如門을 총체적으로 잡아서 답한 것이다. 대혜가 질문한 뜻이 다양하긴 하지만 총체적으로는 생生과 무생無生, 상常과 무상無常, 상相과 무상無相의 법을 벗어나지 못한다. 그래서 세존께서는 이미 질문 내용을 조회하고 다시 그 대의大義를 종합해서 타파하기를 "이상 108구절은 모든 부처가 설한 것과 같다"고 한 것이다. 불생不生의 뜻은 이 생生하는 법이 문득 불생이라는 것이니, 생生이 본래 불생不生이기 때문이다. 진상眞常의 뜻이란 바로 무상無常이 문득 상常이라는 것이니, 모든 법의 당체當體가 진상眞常이기 때문이다. 상相이란 것은 모든 법이 본래 스스로 무상無相이기 때문이다. 이는 두 가지 번역(즉 당역과 위역)에 따라서 생구生句를 첫머리의 의해義解로 삼은 것이며, 만약 이 경전에 의거하면 불생구不生句를 첫머리의 의해로 삼은 것이다.

내 생각엔 모든 부처가 설한 진실한 무생無生은 생기生起의 견해를 용납하지 않는 것이다. 그래서 아래 경문에선 "일체법은 생겨나지 않는다"고 하면서 종지를 세우지 않았으니, 이는 그대가 불생不生의 견해를 짓자마자 생법生法에 떨어지고, 상견常見을 짓자마자 무상無常에 떨어진다고 여긴 것이다. 왜 그런가? 진여계眞如界 안에선 이런저런 논의를 용납하지 않으니, 마음을 들면(擧心) 곧 틀리고, 생각을 움직이면(動念) 곧 어긋나고, 상相은 본래 무상無相이기 때문이다. 그래서 "불생구不生句, 생구生句 등"을 말한 것이다. 이 이후로 일반적으로 분별한 것은 모두 진여실상眞如實相과는 이치가 상응하지 않기 때문에 하나하나 배척하면서 '아니다'라고 말한 것이다.

영가永嘉 대사는 "일체의 수數와 구句는 수와 구가 아니니, 나의 영각(靈覺: 신령스런 깨달음)과 무슨 교섭이 있겠는가!"라고 하였다. 삼계에서 삼계를 보는 것과는 같지 않아서, 실답지도(實) 않고 허망하지도(虛) 않으며 같지도(如) 않고 다르지도(異) 않으니, 이것이 바로 모든 부처가 증득한 자각성지自覺聖智의 경계이기 때문에 망상과 분별로는 도달할 수 없는 것이다. 그래서 종문宗門에서는 "삼구三句는 일구一句를 밝히고 일구는 삼구를 밝힌다. 삼과 일이 서로 관계하지 않는다면 향상向上의 길이 분명하다"고 했으니, 이를 요달하면 능가를 관觀했다고 인정하리라.

온갖 식識에는 전상轉相과 업상業相과 진상眞相이 있다

이는 팔식의 체상體相을 해석한 것으로 생멸문에 의거해 각覺과 불각不覺의 뜻이 있음을 밝힌 것이다. 진상眞相은 바로 본각本覺의 진심眞心이다. 전상과 업상은 바로 무명無明의 불각不覺이다.

문: 『기신론』에서는 삼세三細를 열거했는데 소위 업상(業), 전상(轉), 현상(現)이다. 이 『능가경』의 삼상三相에선 전상을 첫머리로 삼고 업상을 그 다음에 두고 이어서 진상을 두고 있는데, 그런데도 "온갖 식識에는 다 세 종류의 상相이 있다"고 한 까닭은 무엇인가?

답: 여덟 가지 식識이 모두 삼상을 갖추고 있음을 말한 것이라서 『기신론』에서 삼세를 단순히 제8식에 속한다고 한 것과는 같지 않다. 왜 그런가? 『기신론』에서 "첫째, 무명의 업상業相이니, 불각不覺에 의거하기 때문에 마음의 움직임을 업이라 칭한다"고 했는데, 이는

단순히 무명을 가리키는 것이고, "둘째, 능견상能見相이니, 움직임에 의거하기 때문에 능히 본다(能見)"고 했는데, 이는 이름하여 전상轉相이라 하고, "셋째, 경계상境界相이니, 능견能見에 의거하기 때문에 경계가 허망하게 나타난다"고 했는데, 말하자면 거울에 상像이 나타나듯 일체 경계를 능히 나타내는 것을 이름하여 현상現相이라 한다. 이것은 『기신론』의 뜻이다. 그러나 이 『능가경』은 『기신론』의 뜻과 같지 않다. 전상을 첫머리로 삼은 것은 이 전상이 삼세의 전상이 아니라 바로 앞서 "온갖 식識에는 각기 두 종류의 생겨나고 머물고 멸함이 있다"는 뜻을 해석한 것이기 때문이다. 말하자면 이 생겨나고 멸하면서 찰나찰나 생각 생각(念念) 유전流轉하는 것에 의존하므로 이 전상이 곧 앞서의 유주생멸流注生滅이니 이미 『기신론』의 삼세를 갖춘 것이다. 그리고 이 업業이란 글자는 바로 조상의 업(祖業), 업의 힘(業力), 업을 짓다(造業)의 업이니 바로 이전 상相이 생겨나고 머물고 멸한 것으로 육추六麤의 상相이 모두 이 가운데 갖춰져 있다. 그러나 사람은 생각 생각 생멸하면서 미혹을 일으키고 업을 짓는 것이 모두 진심眞心인 걸 모르고 있기 때문에 먼저 전상과 업상을 들고 이어서 진상을 든 것이다. 요컨대 망(妄: 허망)에 즉해 참(眞)을 밝힌 것이다. 바로 『기신론』에서 생멸문에 의거해 각覺과 불각不覺의 뜻이 있음을 밝힌 것이다.

아래 경문에서 "갖가지 여러 식識의 물결이 솟구치면서 전변해 생겨나는데 마치 바다의 물결과 같다"고 했는데, 그렇다면 차별이 없는 것이며, 온갖 식심識心도 이와 같아서 다른 점 역시 찾을 수 없다. 또 "장식藏識은 거대한 바다 같고 업의 상相은 파도와 같다"고 했으며,

당역에서는 "식의 전변(轉識)은 파도와 같기 때문에 업의 전변은 바로 두 종류 생멸生滅의 뜻을 해석한 것임을 알 수 있다. 만약 삼성三性을 잡아서 해석한다면, 전상轉相은 바로 의타기성(依他起)이니 마치 파도가 바닷물에 의거해 일어나는 것과 같고, 업상業相은 변계소집성(偏計執)이니 마치 파도의 솟구침만 보느라고 물인 줄 모르는 것과 같으며, 진상眞相은 원성실성(圓成實性)이니 오직 하나의 바닷물일 뿐이다. 그러나 이 진상이 곧 본각진여本覺眞如이니 바로 연緣을 따르면서도 불변하는 것이다.

식식識의 명칭에 대해

여기서는 앞에서 말한 온갖 식식識의 명칭을 해석하고 있다. 앞에서 '온갖 식식識'이라 말했지만 식식識에 몇 종류가 있는지 알지 못했기 때문에 여기서 "간략히 설명하면 세 종류의 식식識이 있고 자세히 설명하면 팔상八相이 있다"고 해석하였다. 그러나 위역에서는 "간략히 설명하면 두 가지가 있으니, 첫째는 요별식了別識이고 둘째는 분별사식分別事識이다"라고 하였고, 당역에서는 "간략히 오직 두 가지가 있으니, 소위 현식과 분별사식이다"라고 해서 두 번역에서 다 진식眞識 두 글자가 빠져 있다. 그런데 이 진식은 바로 불생불멸하는 여래장의 청정 진심(不生不滅如來藏淸淨眞心)으로 곧 진여眞如이다. 그러나 진여 역시 식식識이라 말하는 것은 경계를 비추는 작용이 있기 때문이니, 이 현식現識이 바로 제팔식이다. 그래서 『기신론』에서는 "아뢰야식에 의거해 무명無明의 불각不覺이 일어나서 능히 보고 능히 나타내고 능히 경계를 취한다"라고 설했다. 또한 지식智識이라고도 하는데, 이 가운데서 분별사식

分別事識은 바로 이전의 칠식이다. 가령 거울과 대상을 잡아서 비유하면 팔식은 일체一體로서 둘도 없고 차별도 없다. 그래서 『기신론』에서는 "현식現識이란 소위 일체의 경계를 능히 나타내는 것이니, 마치 밝은 거울이 갖가지 색상色像을 나타내는 것과 같다. 현식도 마찬가지라서 오진五塵의 대상이 이르면 그에 따라 즉시 나타내는데, 전후前後가 없이 어느 때(一切時)나 운運에 맡겨 일어나니 항상 현전해 있기 때문이다"라고 하였다.

이로 말미암아 살펴본다면, 이 『능가경』에서 말한 세 종류는 참(眞)과 거짓(妄)의 대립對立이니, 요컨대 식識이 곧 진여眞如임을 드러내기 때문이다. 그래서 아래 문장에선 "여래장을 장식識藏이라 칭한다"고 하였다. 그러나 위역과 당역에서 말한 요별了別과 현식現識은 진眞과 망妄을 합쳐서 설명한 것이다. 합쳐서 설명한 까닭은 불생불멸과 생멸이 화합하여 아뢰야식을 이루기 때문이다. 그러므로 경전에선 "부처가 설하신 여래장은 곧 아뢰야식이다"라고 하였고, 『종경록宗鏡錄』에선 "이 경전에선 팔식이 곧 진여라고 곧바로 가리켰다. 다른 경전에서 따로 구식九識을 수립한 것과는 비교할 수 없다"라고 했기 때문에 '진眞과 망妄을 합쳐서 설명한 것'이라고 했다.

상속相續의 멸함

상속은 곧 유주流注의 뜻이다. 말하자면 팔식은 담연(湛淵: 고요함)해서 본래 생멸이 없다. 다만 전칠식前七識의 바람이 고습(鼓習: 고동치는 습기)함으로 인해 종자를 이루기 때문에 생멸이 있을 뿐이다. 그러나 이 생멸은 이미 앞의 칠전식七轉識을 인해 생겼지만, 이제 소인所因이 소멸하면 이 유주流注의 상속도 저절로 소멸하기 때문에 "상속의 소인所因이 소멸하면 상속도 소멸한다"고 한 것이다. 이는 유주流注의 생멸 중 유주의 멸함을 해석한 것이다.

'소종所從이 소멸하고 소연所緣이 소멸하면 상속도 소멸한다'는 것은 상相의 생멸 중 유주의 멸함이다. 말하자면 칠전식은 본래 생멸이 없지만, 다만 근본의 비롯 없는 무명의 습기로부터 안으로 훈습을 받고 밖으로는 육진六塵 경계의 바람이 불어 심해心海를 고동鼓動시킨다. 이처럼 안과 밖이 서로 부채질을 하기 때문에 칠식의 파도가 일어난다. 이제 안의 문門에선 소종所從의 무명이 이미 소멸하면 밖의 문에선 경계의 바람이 멈춰서 심체心體가 고요하고 파도가 저절로 쉰다. 그러면 칠식은 당장 무생無生이다.

이제 소종所從과 소연所緣이 이미 소멸해서 상속이 즉각 소멸한다는 것은 일체의 동상動相이 다 무명에 의지해 일어나기 때문이니, 그래서 '이는 의지하는 바(所依)이기 때문이다'라고 해석한 것이다. '의지함(依)'이란 비롯 없는 망상의 훈습이다. 그러나 비롯 없는 망상은 곧 근본무명根本無明으로서 바로 지금 칠식이 생生을 결박해 상속한다고 지목하는 것이 되니, 이 훈습으로 인해 저 팔식은 지혜(智)를 이루질 못하고 늘 결박되어 있기 때문이다.

반연함(緣)이란 자기 마음의 견해 등 식識의 경계를 말하고, 망상이란 근根, 신身, 기器, 계界를 말한다. 본래 팔식이 변한 상분相分인데 도리어 팔식의 견분見分인 소연所緣의 경계가 되었으니, 이것이 바로 식론識論에서 밝힌 인연의因緣依이다. 이제 "상속의 소인所因이 소멸하면 생멸의 정情이 없어지고, 소연所緣이 소멸하면 근진(根塵: 육근과 육진)이 저절로 없어진다"고 했는데, 그렇다면 팔식八識의 무명無明은 명백히 평등하고 여여如如하여 생멸하지 않는 정지正智이다. 그래서 『기신론』에서 "오직 어리석음만 소멸하기 때문에 마음의 상相이 따라 소멸한다"고 했으니, 앞서의 생겨남이라면 다시 서로 생겨남이고, 지금의 소멸 또한 다시 서로 소멸하는 것이다.

다르지 않음(不異)

여기서는 다르지 않음(不異)을 올바로 해석해서 따로 하나의 법을 세워 생겨남의 원인(生因)으로 삼는 외도의 망녕된 집착을 타파하고 있다. 생각건대 전칠식과 제팔식이 다른 것이라면 팔식은 응당 전칠식과 더불어 생기生起의 인因을 짓지 않아야 한다. 그러나 지금 이미 전칠식과 더불어 인因이 되었다면 다르지 않음(不異)을 알 것이다. 전칠식의 진상眞相은 원래 팔식의 정명精明의 체體이고, 팔식의 진상은 원래 진여眞如이다. 그래서 위역과 당역에서는 단지 전식과 장식이 있을 뿐 진상眞相이란 두 글자는 없다. 그러나 위역과 당역에서는 단지 팔식의 다르지 않음(不異)을 잡았을 뿐이지만 이 번역에선 진상眞相 두 글자를 더했으니, 요컨대 참(眞)과 거짓(妄)이 다르지 않음을 밝혀서 장차 거짓(妄) 그대로 참(眞)임을 드러내기 위해서이다. 이 뜻은 그 자체로 충분하다(此義自足). 진상은 곧 팔식 자체이니 바로 본각本覺의 진여眞如이다. 지금 '장식이 인因이 된다'고 하는 것은 여래장이 생사의 원인이 될 뿐 아니라 열반의 원인이 되기도 함을 말한다. 뒷 문장에선 "여래장은 선善과 불선不善의 원인이니, 능히 보편적으로 홍기해서 일체의 중생을 창조한다"고 하였다.

동일하지 않음(不一)

여기서는 동일하지 않음(不一)을 해석해서 외도의 단멸斷滅의 견해를
타파하고 있다. 말하자면 팔식이 동일하다면 전칠식前七識이 소멸할
때 제팔식인 장식도 응당 소멸해야 하는데, 장식이 만약 소멸하면
누가 무생無生을 증득하겠는가? 그렇다면 팔식은 단지 희론戲論의
허망한 습기習氣를 소멸하는 것을 이름하여 '소멸'이라 했을 뿐이다.
그러나 실제로 팔식 자체는 본각의 진여로서 진실로 소멸하지 않기
때문에 "자체 진상(自眞相)의 식識은 소멸하지 않는다"고 말한 것이다.
『기신론』에선 "소멸이라는 말은 오직 심상心相의 소멸이지 심체心體의
소멸이 아니다"라고 했고, 또 "오직 어리석음이 소멸하기 때문에 심상
이 따라서 소멸할 뿐 심지心智가 소멸하는 것은 아니다"라고 하였다.

　이 업상은 곧 앞서 삼상三相 중의 업상이니, 무명의 혹업惑業을
통틀어 가리켜 업상이라 칭했을 뿐이다. 생각건대 소멸할 수 있는
것은 단지 허망한 습기의 혹업惑業일 뿐이지 진상이 어찌 소멸할 수
있겠는가? 그러므로 경전에서는 "자체 진상이 소멸한다면 장식이
소멸하는 것이니, 장식이 멸한다고 한다면 외도가 논의하는 단견斷見
과 다르지 않다"고 한 것이며, 당역에서도 "식識의 진상은 소멸하지
않고 단지 업상만 소멸한다. 만약 진상이 소멸한다고 하면 장식도
응당 소멸해야 하니, 만약 장식이 소멸한다면 외도의 단멸론과 다르지
않다"고 한 것이다.

성자성제일의 마음

여기서는 여래의 올바른 가르침의 양量을 내놓는다. 즉 제일의第一義를

종지宗旨로 삼는 것인데 외도의 나쁜 견해나 이론과는 같지 않다. 위역에서는 "나에게 일곱 가지 제일의 등이 있다"고 했는데, 말하자면 나의 이 일곱 가지 경계는 바로 과거, 현재, 미래의 모든 여래, 응공, 정등각의 성자성제일의性自性第一義의 마음이다. 이 성자성제일의의 마음은 여래의 세간과 출세간의 최상법을 성취하니, 이것이 바로 성스러운 혜안慧眼이 자상自相과 공상共相으로 건립한 여如를 증명하는 것이다. 여如는 칭稱이니, 말하자면 내가 건립한 것은 성품에 칭합(稱合: 부합)해 건립한 것이라서 외도의 나쁜 견해와는 함께하지 못한다. 입入은 증명(證)이다. 자상自相은 일심진여一心眞如를 말하고 공상共相은 바로 팔식의 인연이니, 내가 이미 유심唯心과 유식唯識의 도리를 증명해 들어간 것을 말한다.

생사와 열반의 평등, 대비大悲의 교묘한 방편

올바로 수행하는 보살이 만약 유심관唯心觀을 성취하여 오래지 않아 물듦과 청정의 평등을 얻게 되면 대비大悲 방편의 무공용행無功用行으로 온갖 중생을 제도하는데, 중생을 환幻과 같이 보므로 제도해도 제도했다는 상相이 없다. 그래서 연緣으로부터 생기함이 없기 때문에 '인연에 힘쓰지 않고'라 말한 것이고, 마음과 경계가 일여一如이기 때문에 '안팎의 경계를 멀리 여읜다'고 한 것이다. 오직 하나의 진심眞心일 뿐 이 마음을 제외하곤 한 조각의 일(事)도 얻을 수 없고, 지혜와 진여眞如가 평등하고 평등해서 모두 능취能取와 소취所取의 상相을 여의었기 때문에 '마음 밖에 보는 것(所見)이 없다'고 말한 것이다. 이 관觀이 순수하고 청정하면 무분별지無分別智를 얻어 최초로 초지初

地에 오른다. 그리고 점차 더욱 밝아지면 2지地, 3지, 나아가 8지에 이르기 때문에 '차례대로 모습 없는 곳(無相處)에 들어가서 점점 여러 지地로 올라가 삼매의 경계에 머문다'고 말한 것이다.

여환如幻삼매

여기서는 팔지부터 십지까지로 참(眞)에서 나와 거짓(假)으로 들어가는 것이다. 말하자면 팔지의 무공용행無功用行으로 구생아집俱生我執을 끊어버리고 나(我)가 공空한 이치를 증득하기 때문에 '스스로의 마음이 무소유無所有를 나타낸다'라고 말한 것이다. 그런데도 오히려 아공我空에 떨어지고 법공法空에 미혹해서 능히 공空을 공空할 수 없기 때문에 제도할 수가 없으니, 이 때문에 화엄종에서는 삼가칠권三加七勸을 마련해서 끌어낸 것이다. 그렇다면 여환관如幻觀으로 삼계가 환幻 같아서 실답지 않다고 관찰하고 여환대비如幻大悲로 환幻 같은 중생을 제도하기 때문에 '여환삼매如幻三昧를 얻게 되었다'고 말한 것이다. 그러므로 구지九地에 능히 법을 설해 중생을 제도하고 십지十地에 능히 몸을 나눠 시방의 모든 부처를 계승해 섬기기 때문에 '스스로의 마음을 제도해 무소유無所有이면 걸림 없는 반야바라밀에 머물게 되어 구생법집俱生法執을 끊는다'고 한 것이다. 만약 '제도해 있는 바가 없다(度無所有)'라고 할 수 없다면, 종문宗門에서는 그걸 일러 법신法身의 추락이라 한다. 소위 백척百尺 대나무 찰간刹竿 끝에 앉은 사람은 대단하긴 하나 아직 참(眞)에 들어가진 못했고, 백척 대나무 찰간 끝에서 거듭 한걸음 나가야 대천세계大千世界가 전신全身을 드러내기 때문에 "스스로의 마음을 제도해 무소유無所有를 나타내면 반야바라밀에 머물게 된다"고 한 것이다.

금강유삼마제(金剛喩三摩提: 금강유정)

여기서는 등각等覺 보살이 금강유정金剛喩定에 들어가 최초 생상生相의 무명無明을 단박에 끊고 단박에 묘각妙覺에 들어간다. '저 생겨남(彼生)'은 바로 생상生相의 무명無明이기 때문에 『기신론』에서도 "보살의 지地가 다하고 방편을 만족하면 일념一念이 상응하고 각심覺心이 처음으로 일어나지만 마음에는 최초라는 상相이 없으니, 미세념微細念을 멀리 여의기 때문이다. 마음의 성품을 보게 되면 마음이 즉각 상주常住하는 것을 이름하여 구경각究竟覺이라 한다"고 했으니, 이 때문에 "여래의 몸을 따라 들어간다"고 한 것이다. 여기서 '따라(隨)'는 즉卽이다. 『기신론』에서는 "이 같은 큰 방편지方便智로 무명無明을 제거해 없애면 본래의 법신을 보아서 즉시 진여眞如와 더불어 일체 모든 곳에 평등하게 두루한다"고 했으니, 이 때문에 "여래의 몸을 따라 들어가고, 여여如如한 화신을 따라 들어간다"고 한 것이다.

또 『기신론』에서 "자연히 부사의不思議한 업의 갖가지 작용이 있다"고 했기 때문에 "신통이 자재自在하고 자비와 방편으로 장엄莊嚴을 충분히 갖추어서"라고 하였다. 그러므로 관음대사(觀音大士: 관음보살)는 여환문훈문수如幻聞熏聞修의 금강삼매金剛三昧를 일념에 성취하여 홀연히 세간과 출세간을 초월해서 위로는 시방의 모든 부처와 동일한 자애의 힘(慈力)과 아래로는 육도六道의 중생과 함께하는 연민의 추앙(悲仰)을 즉시 얻기 때문에 "일체의 불찰佛刹과 외도가 들어간 곳에 평등하게 들어간다"라고 한 것이다.

돈오頓悟와 점수漸修

올바로 수행하는 보살이 여래의 법신을 속히 얻어서 자각성지自覺聖智의 경지를 증득하고자 하면, 응당 일심一心이 본래 청정하고 본래 스스로 무생無生이라서 일심 외에는 한 조각의 일(事)도 얻을 수 없음을 직관해야 한다.

❊

말하자면 올바로 수행하는 보살이 오직 마음과 식뿐인 관(唯心識觀)을 지으면 마음(心), 뜻(意), 의식意識의 경계를 여의는데, 이것이 바로 보살이 점차 생사生死의 몸을 전변해서 여래의 근본 법신인 이전의 과二轉依果의 방편을 증득하는 것이다. 그래서 "여환삼마제如幻三摩提: 여환삼매에 들면 손가락 튕기는 사이에 무학無學을 초월하니, 시방十方의 바가범婆伽梵이 한 길로 가는 열반문涅槃門이네"라고 한 것이다. 그러나 이 단박에 증득하는(頓證) 법문이 유식唯識을 직관해서 스스로의 마음을 단박에 깨닫는 것인데도 다시 '점차'라 한 것은 소위 이理는 모름지기 단박에 깨달아서 그 깨달음을 타고 아울러 소멸하지만併消 사事는 점차 없애서 차례대로 소진消盡하는 것이기 때문이다. 위산潙山 스님은 "만약 사람이 일념으로 스스로의 마음을 단박에 깨달으면 오히려 비롯 없이(無始) 쌓아온 생生의 현업現業의 유식流識이 점차 정화되기 때문에 점수漸修라고 말한다"고 하였다.

법(五法)과 자성의 상相, 바다 물결의 장식藏識 경계와 법신法身

이 질문은 일심의 전변轉變을 밝히고 있는데, 식識에는 여덟 가지

상相이 있는 것을 해석해 자세히 설하고 있다.

문: 대혜는 앞에서 '온갖 식識에는 몇 가지 생겨남과 머묾과 멸함이 있습니까?' 하고 여쭈었고 세존께서는 모두 답하셨다. 또 유심식관唯心識觀을 곧바로 제시함으로써 범속함을 전변해 성스러움을 이루는 공功을 이미 마쳤다. 그런데 대혜가 여기서 다시 마음, 뜻, 의식의 오법五法과 삼자성三自性의 해석을 청한 건 무엇 때문인가?

답: 이『능가경』은 적멸寂滅의 일심을 곧바로 가리키고 있다. 그러나 이 일심은 본래 미혹이나 깨달음이 없고 범속함이나 성스러움에도 속하지 않기 때문에 "오법과 삼자성이 모두 공空하고 팔식과 이무아二無我도 모두 내버려서 미혹과 깨달음의 분수를 따르기 때문에 참(眞)과 거짓(妄)의 구별이 있다"고 하였다. 이제 전변의 상相에 이르러서도 역시 이 네 가지 법을 벗어나지 않기 때문에 대혜는 우선 108구句로 질문을 한 것이다. 세존께서 '일체가 다 아니다'라고 말씀하신 것은 진여문眞如門에선 따지고 파고드는 걸 용납하지 않기 때문이다. 그리고 대혜가 그에 따라 '온갖 식識에는 몇 가지 생겨남과 머묾과 멸함이 있습니까?' 하고 질문한 것은 생멸문生滅門에서 언설言說을 용납한 것일 뿐이다. 앞서 세존께서 비록 유심식관唯心識觀을 제시해서 수증修證의 문문門을 대략 밝혔다 해도 대혜는 일심 전변轉變의 묘妙함까지는 도달하지 않았고, 또 온갖 식識이 어찌하여 생기는지는 알지 못했기 때문에 여기서 오법과 삼자성의 온갖 묘함의 법문을 청한 것이다. 그 의도는 생멸에 즉해서 진여를 단박에 증득하는 걸 드러내려는 것이니, 그래서 당역에서는 "오직 바라노니, 장식藏識의 바다와 물결, 그리고 법신의 경계를 설해 주소서"라고 말한 것이다. 그러나 마음·뜻·

의식은 바로 앞에서 세 종류의 식識이 있다고 간략히 설했고, 지금은 여덟 가지 상相이 있다고 자세히 설하고 있다. 오법五法이란 명칭(名)·상相·망상妄想·정지正智·여여如如를 말하고, 삼자성三自性이란 망상·연기緣起·성취(成)를 말하며, 이무아二無我란 바로 인무아와 법무아이다. 이제 '전변轉變의 묘함'이라 말한 것은 진실로 일심의 진여를 말미암아 명칭(名)을 여의고 상(相)을 여의는 것이니, 그렇다면 참지혜(眞智)가 홀로 비추어 본래 스스로 원만히 성취되어 있어서 사람과 법을 쌍雙으로 잊고 성스러움과 범속함을 함께 끊는다.

대체로 일심을 미혹해 팔식이 되기 때문에 진여가 연緣을 따르면서 명상名相의 경계로 변하고, 정지正智는 대대待對가 있어 망상의 마음으로 뒤집힌다. 그리하면 마음과 경계가 대립하고 연기가 상생相生하여 사람과 법이 쌍으로 드러나고 범속함과 성스러움이 현격히 떨어져 있게 된다. 그러다 일심을 깨달아 장성藏性이 되면 팔식을 전변하여 사지四智를 이루고, 명상名相이 곧 여여如如라서 연기에 성품이 없고 본래 스스로 원만히 이루어져 있어 사람과 법이 함께 공空하고 성스러움과 범속함이 일제히 소멸한다. 이는 생멸에 즉해 진상眞常을 증득하기 때문에 '장식藏識의 바다와 물결, 그리고 법신의 경계'라 말한 것이니, 이것이 진실상眞實相을 이루는 모든 부처의 어심語心인 까닭이며, 이것이 바로 자각성지自覺聖智가 반연된 바의 경계이다. 마음 스스로의 성품과 모습을 여의기 때문에 법신의 경계이니, 이 때문에 위역에서는 "법신인 여래가 설한 법을 설했기 때문"이라 말한 것이다. 그러면서도 전변轉變의 특수함은 단지 생生과 무생無生에 있으니, 만약 생이 본래 무생임을 요달하면 본래 갖춰진 법신이 저절로 나타난다. 그래서 앞으로 세존께서는 곧장 식識이 생겨난 이유를 드신 것 같으니, 전체 경전의 종지가 대체로 이를 벗어나지 않는다. 만약 한 마디 한 마디 전전展轉해 어려움을 끊게 된다면 외도의 견해를 타파하게 되는 것이니, 외도는 자기 마음의 현량現量을 요달치 못하기 때문에 망령되게 멋대로 계교하는 것이다. 그래서 "경계가 오직 마음뿐임을 요달치 못하면 갖가지 분별을 일으키지만, 경계가 오직 마음뿐임을 요달하고 나면 분별이 곧 생겨나지 않음(不生)"이라 한 것이다. 진실로 무성無性이 연생緣生이고 연생이 무성임을 회통하면 무생無生의 종지가 마음의 눈(心目)에 환히 밝아지니 일체의 언설은 다 군더더기인 것이다. 지혜로운 자는 깊이 살피길 청하노라.

가관假觀과 중도관中道觀

그래서 위역에서는 "모든 부처는 본래 스스로 원願을 세워 온갖 법을 주지住持한다"고 했는데, 이는 가관假觀의 뜻에 해당한다. '자각성지自覺聖智의 구경究竟의 상상相은 일체법의 상상相을 계교하거나 집착하는 바가 없다면 여환삼매如幻三昧의 몸을 얻는다'는, 말하자면 삼계는 같음(如)도 아니고 다름(異)도 아니라서 법과 비법非法의 상상相을 취하지 않으니, 그리하여 여환삼매를 얻어서 불지佛地의 지혜에 나아간다. 이는 중도관中道觀의 뜻에 해당한다.

화불과 법불의 단박(頓)과 점차(漸)

여기서는 화불과 법불의 단박(頓)과 점차(漸)를 잡아서 이理는 모름지기 단박에 깨치고 사事는 모름지기 점차 제거한다는 뜻을 밝히고 있다. 예전에는 단박과 점차 모두가 부처를 잡았지만, 그러나 제관諦觀의 비유 중에서 점차는 성숙을 취한 뜻이고 단박은 비추는 작용을 현현顯現하는 뜻을 취한 것이니, 이는 단박은 단순히 부처를 잡은 것이고 점차는 기틀(機)을 잡은 것일 뿐이다.

대체로 여래의 원만한 자각성지自覺聖智는 해인삼매海印三昧에 안주해 법계를 비추어 밝히고 평등하게 현현하니, 비유하면 밝은 거울이 형상을 나타내면서 실오라기 하나도 빠트리지 않는 것과 같다. 기틀을 조감하는(鑑機) 설법은 마치 해나 달이 하늘에 떠 있고 구름과 비가 두루 윤택하게 하는 것과 같지만, 그러나 산에는 높고 낮음이 있기 때문에 광명을 받을 때 먼저와 나중(先後)이 있고, 근기에 대승과 소승이 있기 때문에 성숙에 늦고 빠름이 있는 것이니, 소위 법은 본래 다르지 않고 스스로의 기틀이 다를 뿐이다. 그러므로 여래의 설법은 마치 스승이 아이를 다루는 것과 같아서 비록 돌이켜 흘겨보거나 자주 잔소리를(顧眄頻呻) 하더라도 모두 전력을 다한다. 이것은 화불과 법불에게 비밀스런 정하지 않은 뜻(祕密不定義)이 있는 까닭이다.

그러나 여기서 모두 '부처로써 단박頓)과 점차(漸)를 밝힘'을 잡은 것은 삼신三身의 설법에 의거한 것이다. 단박(頓)과 점차(漸)에는 네 가지 뜻이 있으니, 말하자면 돈돈頓頓, 돈점頓漸, 점돈漸頓, 점점漸漸이다. 진실로 중생은 각각 스스로의 마음이 본래 자각성지自覺聖智이지만, 단지 무명無明의 훈습熏習 때문에 업業이 나타나고 식識이 흐르게 된다. 이제 식識을 전변해 지혜를 이룸이 무명을 인한 두터움과 엷음(厚薄)이 있기 때문에 법에는 단박과 점차의 동일치 않음이 있는 것이다.

만약 어떤 중생이 본래 갖춘 법신의 지혜를 일념一念으로 단박에 깨달아서 스스로의 마음에 본래 없는 몸과 마음, 세계의 모습(相)을 비추어 밝혀 영원히 반연攀緣을 여읜다면, 일체의 근根과 양量의 모습이 소멸하면서 일념으로 자각성지를 단박에 증득한다. 소위 법불이 돈법頓法을 설해서 중생 '스스로의 마음'의 나타난 흐름(自心現流)을 단박에 정화하는데, 이것이 돈돈頓頓이다.

만약 어떤 중생이 스승이 가르친 훈습의 힘을 인해 비록 스스로의 마음을 요달해 깨달을 수 있다 해도 무명의 습기習氣의 힘 때문에 마음과 뜻과 의식(心意意識)의 망상 경계를 단박에 여읠 수 없다. 다만 일체 모든 법의 연생緣生은 성품이 없어서 일체의 몸과 마음과 세계가 허깨비처럼 실답지 않음을 관觀하면 오직 스스로의 마음이 나타난 것일 뿐이니 점차로 무명을 끊어서 자각성지를 증득한다. 먼저는 이해하고(解), 다음은 행行하고, 나중은 증득(證)이니, 이것이 바로 보불報佛이 설한 돈점법頓漸法으로 중생의 나타난 흐름(現流)을 정화한다. 이것이 돈점頓漸이자 점돈漸頓이다.

만약 온갖 중생이 비록 외연外緣을 만나더라도 스스로의 마음을 단박에 깨달을 수 없지만, 다만 여래의 권교대승權教大乘에서 설한 보시, 지계, 인욕, 정진, 선정, 지혜에 의거해 점차로 관찰해서 마음의 경계(心境)를 점차로 여의어 올바른 지견(正知見)을 얻는다. 이것이 화불化佛이 설한 점점법漸漸法으로 중생 스스로 마음의 나타난 흐름(自心現流)을 점차로 정화하니, 이것이 점점漸漸이다.

이로 말미암아 살펴보면, 부처에겐 비록 점차(漸)라도 역시 단박頓이니 평등하게 현현顯現하기 때문이다. 그러므로 단박(頓)은 단순히 부처를 잡은 것이다. 기틀(機)에겐 단박(頓)이라도 역시 점차(漸)이니 많은 생애 동안 오래 축적된 선근善根의 성숙함을 인하기 때문이다. 이제 비로소 일념一念으로 단박 깨달음이 비록 단박(頓)이라도 역시 점차(漸)를 인한 것이기 때문에 점차(漸)는 단순히 기틀을 잡은 것이다. 그러므로 아래에선 세 부처의 설법 방식을 따라 들어가면서 단박과 점차(頓漸)의 뜻을 해석해 이룬 것이다. 그러나 화불化佛이 비록 점차의 법을 설하더라도 삼신三身이 일체一體이기 때문에 비록 점차(漸)라도 역시 단박(頓)이다. 따라서 경전에선 "재차 다른 방편으로써 제일의第 一義也를 도와서 드러낸다"고 하였다.

돈점頓漸과 점돈漸頓의 뜻을 이룸으로써 여여如如를 드러냄

여기서는 보불報佛이 연생緣生은 성품 없는 법임을 밝히고 있으니, 앞서 말한 돈점頓漸과 점돈漸頓의 뜻을 이룸으로써 여여如如를 드러내고 있다. 법신으로부터 보신을 드리우기 때문에 "법의 불法依佛"이라 했다. 진여眞如는 자성을 지키지 않고 연緣에 따라 일체법을 이루기 때문에 "자상과 공상에 들어간다"고 했다. 무명이 인因이 되어 삼세三細를 낳기 때문에 "스스로의 마음이 나타낸 습기의 인因"이라 했고, 경계가 연緣이 되어 육추六麤를 성장시키기 때문에 "망상자성妄想自性을 상속해서 계교해 집착하는 인因"이라 했으니, 말하자면 일심一心의 진여眞如가 연緣에 따라 일체법을 이룬 것이다. 일체법의 연생緣生은 성품이 없기 때문에 갖가지로 실답지 않아 허깨비 같다(如幻)는 것이고, 망상이 본래 없어서 연緣에 따라 생기지만 그 생김도 또한 성품이 없기 때문에 얻을 수 없다는 것이다. 그러므로 화엄華嚴에서 법계연기

法界緣起를 종지로 삼기 때문에 여기서 "보불報佛이 연생법緣生法을 설한 것"이라고 한 것이다.

자성이 법신

대체로 자성自性이 곧 법신이며, 자성을 여의면 곧 해탈이며, 성스러운 지혜가 곧 반야이다. 진실로 법신에 집착이 없으면 곧 해탈이고, 해탈이 미혹하지 않으면 곧 반야이고, 반야가 상相을 여의면 곧 법신인, 이 세 가지 덕의 비장祕藏을 총체적으로 법신이라 칭한다. 외부 찰토(刹)의 탁월함은 곧 보신報身이니, 법신과 보신이 심오한 하나(冥一)이기 때문에 부사의不思議이다.

보살의 일천제는 반열반하지 않는다

'보살의 일천제가 열반에 들지 않음'은 법계가 여如하고 중생도 여如하기 때문에 중생계가 다할 수 없고 번뇌도 다할 수 없어서 행원行願도 다할 수 없는 것이니, 이것이 보현대사普賢大士가 항상 환화幻化에 거처하면서 열반에 들지 않는 까닭이다.

여래장심如來藏心

진실로 몸과 마음의 세계는 원래 하나의 여래장청정진심如來藏淸淨眞心으로 명칭(名)을 여의고 모습(相)을 여의어서 본래 스스로 여여如如하다. 다만 망상의 반연攀緣에 의거해서 행한다면 명상名相이 이에 흥기興起해서 멋대로 집착을 일으켜 취한다. 만약 자각성지에 의거해 행한다면 자심自心의 현량現量을 환히 통달하니, 그렇다면 법법마다 완벽하게 완성되는(圓成) 것은 오직 이 여래장심如來藏心뿐이다.

무엇이 인무아人無我인가?

여기서는 인무아人無我의 관觀으로써 가르친 것이다. 당역에서는 이렇게 말했다.

"무엇이 인무아의 상相인가? 말하자면 온蘊·계界·처處인 나(我)와 내 것(我所)을 여읜 것이며, 무지와 애착의 업으로 생기生起한 것, 눈 등의 식識이 생겨나서 빛깔 등을 취하여 계교와 집착을 일으킴을 여의는 것이다. 또 자심自心이 신身과 기器의 세계를 보는 것이 모두 장심藏心이 현현한 것으로서 찰나찰나 상속하며 변화와 붕괴(變壞)가 멈추질 않는다."

그러나 '인人'은 바로 현재의 오온이 뭉쳐진 허망한 몸으로서 허망한 집착을 아상(我相: 나의 모습)으로 여기는 것이고, 몸을 나(我)라고 여기고 또한 육진六塵이 수용하는 경계를 내 것(我所)으로 여기는 것이다.

지금 관觀하는 이런 것들은 본래 있지 않은 것으로 모두 무명無明과 애착의 업으로부터 생기生起한 것이며, 눈 등의 육근六根이 육진의 경계를 취해 계교와 집착을 내는 걸 수용受用으로 여겨서 허망하게 탐구(貪求: 탐내고 구함)를 낳으니, 일체의 근신根身과 기계器界가 모두 장식藏識이 나타낸 영상影像으로 당면한 체(當體) 전체가 공空하다. 다만 망상의 분별에 의거해 있는 듯이(似有) 나타내 보이는데, 하물며 찰나에 상속하고 변괴變壞가 멈추지 않음이랴! 이 가운데 관찰해서 끝내 무상無常하다면 무엇을 나(我)라 하겠는가. 그러므로 총체적으로

'여읜다'고 말한 것이며, 이는 무아를 올바로 관觀한 것이다.

무엇이 법무아法無我인가?

여기서는 법무아관法無我觀을 밝히고 있다. 말하자면 온蘊, 처處, 계界 등 일체 모든 법이 본래 스스로 여여如如하고 나(我)와 내 것(我所)을 여의어서 오직 쌓임(積聚)만이 공통임을 관찰한 것이다. 그러나 애착 과 업의 속박을 인해 서로 연기緣起가 되고 성품이 없기 때문에 능히 짓는 자(作者)가 없으니, 이를 예로 관찰하면 온갖 법도 마찬가지라서 자상과 공상을 여읜다. 그리하여 허망한 분별로 갖가지 모습이 나타나 는 것은 어리석은 범부의 망상의 힘이지 성현이 아니다. 이처럼 일체 모든 법을 관찰해서 심의식心意識과 오법자성을 여의어서 모두 다 무아無我라면, 이를 이름하여 법무아의 지혜라 한다.

여래장이 청정한 연기를 따름

여기서는 여래장如來藏이 청정의 연기(淨緣起)를 따름으로써 부사의하 게 변하는 업의 작용 및 능력을 드러내고 있다. 능엄楞嚴의 관음觀音이 원만함(圓)을 증득하고 성품에도 통해 있으므로 '생멸이 이미 소멸하니 적멸寂滅이 현전現前한다'고 말한 것이다. 그리하여 홀연히 세간과 출세간을 초월하여 두 가지 수승殊勝함을 얻는데, 위로는 시방의 모든 부처와 더불어 동일한 사랑의 힘(慈力)이고, 아래로는 육도六道의 중생과 더불어 공통으로 하나인 연민의 추앙(悲仰)이다.

제일의공第一義空

제일의공은 언설의 상相을 여의고 명자名字의 상을 여의고 심연心緣의 상을 여의어서 설명으로 제시할 수 없기 때문에 '진공眞空'이라 말한다. 그러나 이 진공은 전체가 망상으로 변성變成하기 때문에 망상 전체가 바로 진공이니, 이 때문에 '공공空空이란 바로 망상자성의 처소'라고 말한 것이다. 이 망상을 제외하고는 따로 재차 공공空空은 없으니, 마치 공공空空이 유有를 제외하지 않고 물이 흐름을 제외하지 않는 것과 같다.

찰나刹那

아래 게송에서 "일체법은 생겨나지 않음을 나는 찰나의 뜻이라 설한다. 사물(物)이 생겨나면 소멸도 있음은 어리석은 자를 위해 설한 것이 아니다"라고 했으니, 찰나에 유전流轉하기 때문에 자성이 없고, 자성이 없기 때문에 무생無生이며, 무생에 계합契合함은 바야흐로 찰나를 보는 것이고, 찰나에 머물지 않음을 요달함은 바야흐로 무생에 계합하는 것이다.

구경究竟의 종극宗極

어리석은 범부의 망상을 말미암아 유有이기도 하고 무無이기도 한데, 성인은 자각성지로 비추어 보므로 하나의 참(一眞)이 응적凝寂해서 만법이 다 여如이기 때문에 일체를 모두 여읜다. 그렇다면 일단 설해진 오법五法, 삼자성三自性, 팔식八識, 이무아二無我 등은 오히려 생生과 멸滅, 미혹과 깨달음의 변사邊事라서 반드시 공空, 무생無生, 둘이 없음(無二), 자성의 상相을 여읨에 이르는 걸 바야흐로 구경究竟의 종극宗極이라 한다.

모든 부처가 설한 대승의 요달한 뜻(了義)

처음엔 '적멸寂滅이란 이름하여 일심一心이라 한다'고 했고, 일심一心
이란 이름하여 여래장이라 한다. 그러나 이 여래장의 체體는 근본
이래로 일체의 염법染法과 더불어 상응하지 않기 때문에 '자성청정自性
淸淨'이라 한다. 모든 부처가 이를 증득해서 보리열반菩提涅槃이라
호칭하고 32묘상妙相을 이루며, 중생은 이를 미혹해서 생사의 번뇌라
여겨 8만 4천의 번뇌(塵勞)를 짓는다. 그렇다면 중생이 나날이 쓰고
현실로 증득하는 것은 온전히 여래의 과덕果德이기 때문에 '32상相을
굴려서 일체중생의 몸속에 들어가니'라고 한 것이며, 단지 오음五陰의
더러움으로 가려지고 탐욕과 어리석음의 망상으로 오염되기 때문에
마치 아주 값진 보배가 더러운 옷에 싸여 있는 것과 같다. 그러나
실제로 자성은 항상 머물며 변하지 않으니, 이것이 바로 일체 모든
부처가 설한 대승의 요달한 뜻(了義)이자 구경究竟의 극에 이른 담론이
다. 소위 '일심一心이자 법신法身이자 진아眞我에 항상 머문다.'

일심의 전변轉變일 뿐 다시 별다른 법은 없다.

말하자면 생사가 곧 열반이고 번뇌가 곧 보리이기 때문에 오법五法,
삼자성三自性, 팔식八識, 이무아二無我를 잡아서 여래장이 물듦과 청정
의 연緣을 따라 세간과 출세간의 법을 성취하고 업의 애착과 무지無知의
물든 연(染緣)을 따라 일어난다고 설하니, 그렇다면 여여如如의 정지正
智가 곧 명상名相의 망상을 이루어서 실아實我와 실법實法이 되기 때문

에 생사가 있는 것이다. 만약 연생緣生이 성품이 없다는 걸 관찰하면 곧 명상名相의 망상이 여여如如의 정지正智가 되고, 나(我)와 법(法)이 모두 공空함이 그대로 열반임은 오직 이 일심의 전변轉變일 뿐 다시 별다른 법은 없다.

보살마하살이 무생법인을 얻어서 제8 보살지菩薩地에 머물고 급기야 의생신을 얻어서 자각성지의 훌륭한 즐거움을 얻는다

화엄 구지九地의 성인聖人은 십계十界의 몸을 나타내서 법을 설해 중생을 제도하고 불토佛土를 장엄하고 온갖 부처를 받들어 섬기며 대불사大佛事를 짓는다. 소위 의생신意生身을 얻는 것이다. 여기에서 '팔지八地에서 얻는다'고 말한 것은 저 항포行布의 단절과 증득을 잡음이니, 말하자면 팔지에서 구생아집俱生我執을 단절하고 나서 평등의 진여眞如를 증득하고, 삼매의 즐거움을 집착하다 능히 삼매의 즐거움을 버리고서 중생 제도의 염원을 발하기 때문에 능히 십계의 몸을 나타내서 법을 설해 중생을 제도하고 뜻대로 자재(如意自在)함을 의생신이라 하는 것이다. 이 때문에 구지九地에서 바야흐로 얻는데, 이는 돈기(頓機: 단박의 기틀)를 잡은 것이다.

　그러나 능히 일념一念으로 무생無生을 단박에 증명해서 심心, 의意, 의식意識의 경계를 여읨은 범부의 지위로부터 즉각 부처 경계에 들어가는 것이니, 이 대응하는 지위(對位)는 바로 팔지에 해당할 뿐이지 점차로 단절하고 점차로 증득해 차례에 의거해 이르는 것을 말하는 것은 아니다. 그러므로 아래 경문에선 "초지初地가 곧 팔지이니, 있는 바가 없는데(無所有) 무슨 차례란 말인가?"라고 말한 것이다. 소위

'온갖 법의 올바른 성품(正性)을 얻는다'는 하나의 지地로부터 하나의 지地에 이르는 것이 아니니, 이는 단지 전체적인 모습(通相)을 잡아서 말한 것일 뿐이다. 소위 일심을 단박에 깨닫고 불지佛地를 단박에 증득하는 것이다. 비록 온갖 지地를 말하지만, 지위를 빌려 깨달음을 제시하는 것에 깊고 얕음이 있는 것은 실제로 있는 계급과 차제次第가 아니다. 고덕古德은 "성제聖諦 또한 추구하지 않으니, 어떤 계급이 있단 말인가?"라고 말했다.

수행의 요체

수행의 요체는 오직 의타기성과 변계소집성은 본래 없고 원성실성圓成實性만이 있을 뿐임을 요달하는 것이다.

교리 외에 따로 전한(教外別傳) 종지

교리 외에 따로 전한(教外別傳) 종지는 온 마음(擧心) 그대로 두고(錯), 생각(念)이 움직이면 곧 괴리하고, 언어의 길이 끊어지고(言語道斷), 마음 가는(心行) 곳이 소멸하고, 능能과 소所 양쪽을 잊고, 마음과 경계를 쌍으로 끊고, 오직 상응을 증득할 뿐이니, 어찌 망상의 언설이 분별해서 도달할 수 있겠는가?

사구四句의 악견과 망상을 여의어야 자연히 자각성지에 들어갈 수 있다

여기서는 결론으로 관觀하고 행行하는 사람은 반드시 앞서 말한 동일함(一)과 다름(異) 등 사구四句의 악견과 망상을 여의어야 자연히 자각성지에 들어갈 수 있다고 한다. 진실로 중생여衆生如이고 불여佛如이고,

일여一如이자 둘이 없는 여(無二如)이다. 만약 삼계와 오온이 허환虛幻하여 실답지 않음을 관觀하면 당체當體의 여여如如가 곧 자각성지이다. 만약 스스로 증득한 성지(自證聖智)의 법성문 중에서 불견佛見과 법견法見을 일으키고 동일함(一)과 다름(異) 등으로 분별하면 곧 외도의 삿된 견해에 떨어진다. 적멸의 일심이 나타낸 경계에서 사구四句의 견해를 일으키지만 단지 망상일 뿐 실다운 법(實法)이 아니니, 이 때문에 본래 여읠 수 있는 사구四句는 없는 것이다. 진실로 일념이 생기지 않으면 정情이 잊히고 집착이 물러나서 본래 스스로 여여如如하니, 소위 단지 범속한 정情을 다할 뿐 따로 성스러운 이해(聖解)는 없기 때문에 역시 얻을 수 있는 성지聖智는 없는 것이다. 이 범속한 정情과 성스러운 이해를 일제히 탕진蕩盡하게 되면 바야흐로 자각성지의 구경사究竟事이지만, 다만 털끝만큼이라도 보는 곳(見處)이 잊히지 않으면 곧 외도의 악견에 떨어진다.

열반의 상相

열반이 바로 자각성지의 경계이지 외도와 이승의 망상 경계는 아니니, 단멸(斷)과 항상(常), 있음(有)과 없음(無)의 분별을 여의기 때문이다. 범부의 가아假我 및 외도의 신아神我를 여의기 때문에 항상(常)이 아니며, 외도의 활달豁達 및 이승의 단멸斷滅을 여의기 때문에 단멸(斷)이 아니다. 파괴되지 않기 때문에 불멸不滅이고, 죽지 않기(不死) 때문에 생겨나지 않는다(不生). 불멸이기 때문에 뭇 성스러움의 영부靈府가 되고, 생겨나지 않기 때문에 온갖 생명의 안락한 저택이 되니, 이 때문에 "일체의 성스러움이 과거, 미래, 현재에서 자각自覺을 얻으니,

수행자가 귀의歸依할 곳이다"라고 하였다. 이 가운데 범부는 오온의 가아假我를 자상自相으로 허망하게 인정하며, 외도는 신아神我의 주체 主諦를 공상共相으로 허망하게 건립한다.

＊

진실로 삼승의 허망한 견해와 취하고 버림, 외도의 단멸과 항상, 동일함과 다름을 허망하게 집착하는 것은 총체적으로 허망한 견해의 분별에 속한다. 여래의 자성청정 대열반의 상相은 이 온갖 허물을 여의고 일체가 다 부정되기(非) 때문에 육조六祖는 이렇게 말했다.

"위없는 대열반無上大涅槃은 원만히 밝고 항상 고요히 비추는데, 범부의 어리석음은 그걸 죽음이라 하고, 외도는 그걸 집착해서 단멸(斷)이라 한다. 이승을 추구하는 온갖 사람들은 눈으로는 작용이 없다(無作)고 여기지만 다 정情으로 계교하는 것에 속하니, 육십이견의 근본은 텅 빈 가명假名을 허망하게 건립하는 것이거늘 무엇이 진실의 뜻이 되겠는가? 오직 양을 초과한 사람(過量人)이 있어서 취하고 버림이 없음을 통달했을 뿐이다. 그리하여 오온법 및 온蘊 속의 나(我)를 알고, 밖으로 뭇 색상色像과 하나하나 음성의 상相을 나타내고, 평등은 마치 환幻이나 꿈 같아서 범속함이나 성스러움의 견해를 일으키지 않고, 열반의 이해를 짓지 않아서 이변二邊과 삼제三際가 끊어지며, 항상 온갖 근根의 작용에 감응하면서도 작용의 상념을 일으키지 않으며, 일체의 법을 분별하면서도 분별의 상념을 일으키지 않으며, 겁화劫火가 바다 밑바닥까지 태우고 바람이 고동쳐서 산과 서로 부딪치더라도 참되고 항상하고(眞常) 적멸한 즐거움이니, 열반의 상相이 이와 같다."

가지加持

말하고 행하는 사람 안에는 참된 인(眞因)이 갖춰져 있어서 외적으로 뛰어난 연緣에 감응하여 두 가지 신력神力의 가지加持를 빙자함을 말미암으니, 이것이 외도와 성문과 벽지불의 지地에 떨어지지 않는 까닭이다. 그 의도는 수행인으로 하여금 결정적인 믿음을 내게 해서 구경究竟의 과果로 취향하도록 하는 것이다. 무릇 정법正法이 세간에 머묾을 관觀하는 대보살들은 모두 오랫동안 선근善根을 심고 직접 불족佛足을 이어받았으며, 또 일반적으로 행한 증득證得은 모두 여래 신력의 가지加持에 의거했는데 하물며 말법未法이랴. 슬프다! 성인이 떠나간 때가 오래되었고 마魔는 강하고 법은 약해서 우리의 선근은 얕고 천박하니, 진실로 모든 부처의 원력願力의 가지加持를 우러러 의존하지 않으면 생사를 벗어나 마원魔冤을 타파하고자 해도 또한 어려운 일이다.

가지加持에는 두 가지가 있다. 첫째, 모든 부처의 대원력大願力이며, 둘째, 수행자의 대신력大信力이다. 『법화法華』에서는 이렇게 말했다.

"만약 이 경전과 법을 수행하는 자가 있다면, 나는 이때 청정광명신淸淨光明身 등을 나타낸다."

『능엄楞嚴』에서는 이렇게 말했다.

"만약 말세에 도량에 앉고자 한다면, 먼저 비구의 청정금계淸淨禁戒를 지니고 이 심불心佛이 설한 신주神呪를 외워서 도량을 건립하고 시방의 국토에 현재 머무는 무상여래無上如來를 구하면, 대비大悲의 광명을 놓아 그 정수리에 와서 붓는다. 나는 스스로 몸을 나타내 그 사람 앞에 이르고 정수리를 어루만지며 위로함으로서 그를 개오開悟

하게 하니, 이는 수행인의 신력信力이다."

이 경전은 비록 원력願力을 단순히 설했지만, 그 의도는 결정적인 신력(決定信力)을 증대시키려 한 것일 뿐이다.

또 가지加持에 두 가지가 있다. 첫째는 명명冥이고, 둘째는 현顯이다. 이 두 가지는 가加를 드러낸다. '삼매의 정수正受로서 몸과 얼굴(身面)과 언설 등을 나타낸다'고 말한 것은 대체로 수행인이 삼매에 들어가서 바야흐로 두 가지 신력의 가지加持를 얻지만 자못 산란한 마음으로 얻을 수 있는 건 아니기 때문에 앞에서 "저 일체를 버리고 여읜다면 이는 있는 바가 없음이니(無所有), 일체의 찰토刹土에서 온갖 부처가 부사의不思議의 손으로 일시一時에 그 정수리를 어루만져서 여如의 상相에 수순隨順해 들어간다"고 한 것이다.

※

대혜의 의도는 여래가 이미 한량없는 신력으로 중생을 이롭게 하고 안락케 했는데, 어찌하여 단지 지地 위의 보살을 가加한다고 말하면서도 그 나머지 중생은 말하지 않는 것인가? 그러므로 세존께서는 "지地에 오른 보살은 처음으로 참(眞)에 들어가 도道를 보고 상相이 있음을 다양하게 관觀한다"고 하였다.

만약 가지加持하지 못하면 마업魔業에 떨어지기 때문에 『화엄』에서는 이렇게 말했다.

"보살에 열 가지 마魔가 있다. 보리심을 망실忘失했는데도 온갖 선근을 닦으면 이는 마업魔業이 되니, 그렇다면 초지初地에 가加하지 못하는 것이고, 그래서 마업에 떨어진다. 칠지七地 보살은 아직 심량心

量을 여의지 못하니, 만약 가加를 받지 못하면 외도의 삿된 길에 떨어진다. 팔지八地 보살은 순수한 무상관無相觀으로 삼매를 맛보아 집착해서 중생을 제도하려는 마음을 일으키지 않기 때문에 시방 온갖 부처의 세 가지 가加와 일곱 가지 권유(勸)로 적정寂定에서 끄집어낸다.

'일어나라, 선남자여. 삼매에 즐겨 머물지 말라. 그대의 삼매는 이승을 얻었기 때문에 여기서 가加하지 않으면 이승의 선禪에 떨어져서 여래의 자각지自覺地에 능히 도달하지 못한다.'

이 때문에 십지十地 이상의 금강유정金剛喩定에선 오히려 가장 극도의 미세한(最極細微) 두 가지 장애가 있기 때문에 승진勝進에 가加하지 못해서 극미極微의 두 가지 장애를 단박에 능히 끊을 수 없고 무상보리無上菩提를 능히 단박에 얻을 수 없다. 그러므로 온갖 부처 여래가 다 신력으로 온갖 보살을 섭수攝受하지만 나머지 지地 이전은 참 수행이 아니기 때문에 섭수하지 못한다."

아! 저 외도와 이승은 이미 생멸하지 않는 마음을 근본 수행의 원인(本修因)으로 능히 삼을 수 없고 또 시방 여래의 신력의 가지加持를 입을 수 없는데, 어떻게 구경究竟의 참되고 항상한 과果를 능히 얻을 수 있겠는가? 이것이 침륜沈淪에 기꺼이 떨어지는 까닭이니, 비루한 일을 즐기는 것이 마땅하다.

정견正見

아! 환화幻化의 경계는 다르지 않아도(不異) 성인과 범부의 견해는 자못 다르니, 소위 삼계와 같지 않으면서 삼계를 보기 때문에 온갖 법에서 동일함(一)이나 다름(異)의 견해를 일으키지 않는 것을 이름하여 정견正見이라 한다.

진여眞如

"진여眞如는 있음(有)의 상相도 아니고, 없음(無)의 상도 아니며, 있음의 상이 아닌 것도 아니고, 없음의 상이 아닌 것도 아님을 반드시 알아야 한다. 진실로 사구四句를 모두 여의고 백비(百非: 백 가지 부정)가 단박에 버려지며, 성스러움과 범속함의 정서가 다하면 당체當體가 여여如如하여 헤아림이나 논의를 용납하지 않는다."

※

"일체 모든 법이 오직 망념에 의거해 차별이 있으니, 만약 심념心念을 여읜다면 일체 경계의 상相이 없다. 그러므로 일체법은 근본 이래로 언설의 상相을 여의고, 명자名字의 상相을 여의고, 마음이 반연하는 상(心緣相)을 여의어서 필경에는 평등하여 변이變異가 있지 않으므로 파괴할 수 없고 오직 하나의 일심一心일 뿐이기 때문에 이름하여 진여眞如라고 한다."

※

"'진여眞如'란 역시 있음(有)의 상相이 없는 것이니, 일체법이 모두 여如와 동일하기 때문이다. 반드시 알라, 일체법은 설할 수 없고 생각할 수 없기(不可說不可念) 때문에 이름하여 진여라 한다."

환幻

부처는 '내가 일체법이 환幻 같다고 설했다'고 말한 것은 갖가지 환상幻相의 다양함을 집착하는 데 의거해 일체법이 환幻 같다고 말한 것이 아니다. 대체로 온갖 법이 신속히 일어났다 신속히 소멸함을 말한 것이니, 번갯불처럼 실답지 않기 때문에 환幻 같다고 설할 뿐이다. 비유하면 번갯불이 즉각 나타났다 즉각 소멸하는(卽現卽滅) 것과 같으니, 올바르게 반드시 나타난 때 즉시 소멸하는 것이지 소멸 후에야 소멸이라 말하는 것이 아니다. 만약 번갯불이 나타난 때 즉각 소멸함을 안다면 온갖 법의 생김(生)이 본래 무생無生임을 아는 것이니, 이 때문에 아래 게송에서는 이렇게 말했다.

"사물이 생기는 즉시 소멸함은

어리석은 자를 위한 설명이 아니다."

이것은 범부의 어리석음으로 알 수 있는 것은 아니기 때문에 '어리석은 범부는 보지(現) 못한다'고 했고, 그러므로 나는 일체 모든 법은 본래 스스로 생겨나지 않는다고 설했다.

그러므로 나는 온갖 법이 환幻 같다고 설함으로써 생겨남(生)이 본래 무생無生이란 뜻을 제시했을 뿐이지 자못 갖가지 온갖 법을 집착하는 환상幻相에 의거해서 환幻 같다고 말한 것은 아니다.

※

있음(有)이든 없음(無)이든 그 성품 없는 연생緣生을 봄으로써 생겨남(生)이 본래 생겨남이 아니기(不生) 때문에 환幻 같다고 설할 뿐이지 내가 전후로 서로 어긋나는 허물이 있는 건 아니다. 그러나 내가 설한 무생無生은 또한 설명일 뿐만 아니라 외도가 허망하게 수립한 인생因生을 타파하기 위한 것이기 때문에 나는 일체법의 성품이 본래 스스로 무생無生이라고 설한 것이다.

※

만약 온갖 법이 환幻 같다고 능히 관찰할 수 있다면 일체법의 상相은 분별을 일으키지 않는다. 분별하지 않으면 마음의 경계가 적멸寂滅하고, 적멸하면 생기지 않으니, 그렇다면 환 같음(如幻)과 무생無生은 본래 둘이 아닌 것이다.

※

만약 과연 능히 실답게 본 일체법이 자심의 현량을 초월할 수 있다면 나는 무생無生 두 글자를 또한 설하지 않았을 것이니, 자못 내가 설한 환幻 같음과 무생無生은 서로 어긋나는 허물이 있지 않은 것이다.

무생無生

처음 생겨나는 즉시 소멸이 있음은 본래 생겨나는 성품이 없기 때문이다. 따라서 "상相의 일어남(起)은 무생無生의 성품이라서 무상無常이 항상(常)하다"고 말하는 것은 자못 이 온갖 법을 여의는 것 외에 따로 진상眞常을 구하는 것은 아니다. 일체가 다 여如와 똑같기 때문에 진여眞如를 제외하고는 한 조각 일도 얻을 수 없다. 따라서 저 온갖 법에 즉한 생겨남(生)과 무생無生의 성품은 당체當體가 진상眞常이니, 이는 앞서 말한 '혹란惑亂이 항상(常)하다'이다.

자각성삼매승락白覺聖三昧勝樂

이 경전은 성제聖諦도 수립하지 않는데 어찌 계급이 있겠는가? 대체로 과果를 들어서 인因을 시험하는 것이다. 그러나 십지十地 또한 그 이름이 불지佛地다. 대개 평등平等과 무상無相과 진여眞如는 부처가 노닐면서 밟는 경지(地)이다. 나는 진실로 있음의 상(有相)을 능히 단박에 초월해 마음이 일진一眞에 계합해서 법신法身과 더불어 똑같이 노닐고, 걸음걸음마다 편안히 자재하고 업의 작용이 광대廣大하므로 점차로 지地에서 지地에 이르는 것이 아니다. 이 뛰어난 과果를 들어서 요컨대 참된 인(眞因)을 나타낸 것이니, 만약 삿된 인(邪因)이 무인無因이라면 또 어찌 여기에 족히 이를 수 있겠는가? 그리고 수행인에게 이를 알게 했으니, 또한 적은 걸 얻었다고 만족하지 말고 위로 위로 증진하길 바람으로써 반드시 자각성삼매승락白覺聖三昧勝樂에 안주하게 된 후에야 그만두게 하였다.

반연여선攀緣如禪

여기서는 사대四大가 본래 스스로 생기지 않는다고 말함으로써 반연여선攀緣如禪을 해석하고 있다. '반연攀緣'이란 망상이고, '사대四大'란 명상名相이다. 그러나 망상은 원래 정지正智이고 명상은 본래 스스로 여여如如하다. 저 어리석은 범부가 삼계가 오직 마음이 나타낸 것일 뿐임을 요달하지 못했기 때문에 사대 및 조성된 사진四塵을 실제로 있다(實有)고 허망하게 보는 것이니, 이 때문에 대大의 종성을 허망하게 집착해서 생인生因으로 여기니, 이는 정지正智를 미혹해 망상妄想이 되고 여여如如가 변하여 명상名相이 된다. 그래서 단지 반연을 일으켜 사구四句의 잘못된 이해를 짓고, 갖가지 삿된 집착 때문에 여如에서 여如하지 못한다.

이제 보살이 정지正智로 저 온갖 대大의 종성을 관찰하니 당체當體가 적멸하고 진실眞實은 생겨나지 않아서 삼계의 일체 명상名相을 환하게 본다. 다만 이는 망상의 분별로 오직 마음이 나타난 것일 뿐 본래 외부 사물(外物)이 없으니, 이렇게 관관觀할 때면 대大의 종성이 조성한 것은 모두 다 성품을 여의게 된다. 만약 대大의 종성이 성품을 여의게 되면 네 가지 계교가 단박에 끊어져서 사물과 내(物我)가 모두 공空하니, 그렇다면 망상에 즉卽해 정지正智가 되고 명상名相이 본래 여여如如함을 요달해서 일심一心이 실다운 곳(如實處)에 머물며 만법이 모두 다 생겨나지 않는다. 이 때문에 당역에서는 "실다운 곳(如實處)에 머물면 무생無生의 상相을 이룬다"고 한 것이니, 이것이 사대四大가 생겨나지 않음을 관관觀함이 반연여선攀緣如禪이 되는 까닭이다. 반연 그대로 여如이지 반연의 여如가 아니기 때문에 '훌륭히 사대가 색色을 조성한다. …'라고 한 것이다. 사대가 생겨나지 않음을 요달하기 때문에 '훌륭히(善)'라고 말했고, 외도가 요달하지 못하기 때문에 '훌륭하지 못하다'고 한 것이다.

※

나는 오음이 모두 공空하다고 설했지 절대적으로 없다(絶無)고 하지 않았다. 다만 성스러운 지혜(聖智)로 관관觀하면 환幻처럼 실답지 않으니, 소위 연생緣生은 성품이 없다는 걸 요달하면 그 체體가 모두 공空해서 단지 동일함(一)과 다름(異) 등 망견의 시설施設을 짓지 않을 뿐이므로 어찌 절대적으로 소멸해버린 없음(絶然滅無)이겠는가? 그러나 이 오음은 바로 법신의 영명影明으로 꿈속의 몸과 같고 거울 속의 영상과 같아서 따로 있는 바(所有)가 없기 때문에 다름도 아니고 다름 아님도 아니라고(非異非不異) 설하는 것이다. 그러므로 내가 오음이 본래 여如라고 말해도 어리석은 범부는 이를 요달하지 못하고 허망하게 동일함(一)과 다름(異) 등 분별의 견해를 지을 뿐이다. 영가永嘉 대사는 이렇게 말했다.

"허깨비로 화한 텅 빈 몸(幻化空身)이 곧 법신이다."

그렇다면 오음의 당체當體는 원래 법신法身이다. 오음의 망상이 나타날 때 법신도 일제히 나타나지만 단지 성인과 범부의 소견所見에 따라 같지 않을 뿐이다. 만약 망상으로 분별하면 법신은 은폐되면서 오음이 나타나고, 만약 성스러운 지혜(聖智)로 관觀하면 법신은 나타나지만 오음은 사라지니, 이 때문에 앞서의 경문에서 말한 것이다. 그러나 저 혹란惑亂은 온갖 성인에게도 나타나지만 전도顚倒하지 않기 때문에 '성스러운 지혜(聖智)의 갈래(趣)에도 똑같은 음陰의 망상이 나타나지만 실제로 망상은 본래 여如하다'고 말한 것이니, 능히 이를 관찰할 수 있는 걸 소위 반연여선攀緣如禪이라 한다.

돈오점수頓悟漸修와 돈오돈수頓悟頓修

앞서 관찰의선觀察義禪의 행行이 성취되어서 범부로부터 해행解行에 들어가면 즉각 초지初地에 오른다. 점차적인 관(漸觀)으로 깊이 들어가 상상지上上地에 이르는 것은 진리眞理를 단박에 봄으로써 점차 무명無明을 끊기 때문이니, 소위 단박에 깨닫고 점차로 닦는다(頓悟漸修)가 이에 해당한다. 이제 반연여선攀緣如禪의 관행觀行이 성취되면 단박에 팔지八地에 오르고, 단박에 무생無生을 증득하고, 단박에 무명無明을 끊고, 단박에 장식藏識을 버리니, 소위 단박에 깨닫고 단박에 닦는다(頓悟頓修)가 이에 해당한다.

망상의 당체當體가 적멸하면 곧 열반

대체로 망상의 당체當體가 적멸하면 곧 열반이라 말할 뿐 다시 전변(轉)을 기다리지 않는다. 왜 그런가? 망상에는 성품이 없기 때문이다. 그렇다면 저 외도와 이승은 견습見習의 다함이 열반이라서 반드시 따로 구할 필요가 없다. 당체가 무생無生이기 때문에 다시 전변할 것이 없으니, 이것이 바로 최상일승最上一乘이다. 실제로 이 경전의 궁극적 종지(宗極)이기 때문에 앞서의 경문에서 '칠식七識은 생겨나지 않는다'고 말한 것이다.

팔식八識이 본래 열반

여기서는 질문을 통해 팔식八識이 본래 열반이란 뜻을 밝히고 있다. 부처는 앞서 말한 장식藏識의 전변을 말미암은 망견의 습기를 열반이라 했지만, 그러나 장식藏識은 팔식이고 견습見習은 칠식이다. 이제 여기서 단지 육식六識의 소멸을 열반이라 한다고 말했기 때문에 여기서는 팔식을 건립하지 않은 것이냐고 의심하여 물었다. 부처는 건립했다고 답했다. 또 이미 건립했고 또 칠식은 생사의 뿌리가 되는데, 어째서 단지 육식의 소멸만을 열반이 된다고 말하고 칠식은 말하지 않았느냐고 물었다. 부처께서는 이렇게 말씀하셨다. "팔식이란 바로 여래장청정진심如來藏淸淨眞心으로 본래 적멸寂滅하고, 칠식은 체體가 없어서 본래 스스로 생겨나지 못하는데, 단지 저 육식만이 팔식에 의거하여 반연攀緣을 일으키고 팔식은 육식의 반연을 인해 생멸生滅이 있다. 그래서 '저것의 인因 및 반연이기 때문이다'라고 한 것이다. 이제 의식意識이 만약 적멸하다면 칠식이 생겨나지 않고, 팔식의 당체도 원래 청정열반淸淨涅槃인데, 또 어찌 전변을 기다린 후에야 바야흐로 열반이 되겠는가?"

여기서는 앞서 칠식이 생겨나지 않는다는 뜻을 해석하고 있다. 당역에서는 이렇게 말하고 있다.

"의식이 경계를 분별하여 집착을 일으킬 때 온갖 습기를 낳고 장식藏識을 길이 배양하며, 이 뜻(意)이 함께함을 말미암아 나(我)와 내 것(我所)을 집착하고 사량思量이 그에 따라 굴러가지만 따로 체體의 상相은 없다."

말하자면 칠식이 생겨나지 않는 까닭은 체體가 없기 때문이다. 다만 의식이 오진五塵의 경계를 반연함을 인因할 때 습기를 생기生起하여 저 장식藏識을 훈습하고, 장식은 훈습을 받아 습기의 힘으로써 근根, 신身, 기器, 계界를 그림자로 나타내고 이 그림자를 허망하게 본다. 그리하여 나(我)와 내 것(我所)으로 집착하는 것을 바로 이름하여 칠식이라 하기 때문에 '뜻(意)을 함께한다'고 말한 것이다. 그렇다면 칠식의 사량思量은 단지 육식과 팔식에 따라 안팎의 문門이 전변한 것으로 바로 팔식의 영명影明이니, 마치 등불의 모륜毛輪과 같아서 따로 체體가 있지 않고 비록 명칭은 있어도 실다움이 없다. 그리하여 오직 하나뿐인 정진精眞이기 때문에 '신상身相을 무너뜨리지 않는다'고

한 것이다.

장식藏識은 전전展轉하면서 서로 인因이 된다

여기서는 장식이 원래 부동지不動智의 체體이지만, 그러나 육식이 반연한 자심의 경계를 인해 온갖 식識이 서로의 인因으로 생겨나기 때문에 장식의 명칭을 얻는다고 말한 것이다. 의식이 한 번 일어남을 말미암아 온갖 식識이 일제히 일어나기 때문에 '마음 덩어리(心聚)가 생긴다'고 한 것이다. 그러나 팔식은 맑고 고요해(湛淵) 본래 생멸이 없고, 다만 육식의 반연으로 인해 생멸이 있고, 칠식은 팔식을 인해 집착을 일으키고, 육식은 칠식을 인해 분별을 일으키고, 오식은 육식을 인해 경계를 관장하고, 육식은 또 오식을 인해 반연하고, 칠식은 또 육식을 인해 견습見習을 증장增長하고, 팔식은 또 칠식의 아집我執과 오염(染汚)을 인해 해탈하지 못하기 때문에 '전전展轉하면서 서로 인因이 된다'고 한 것이다. 그렇다면 생겨남(生)은 육식이 서로 인因이 되면서부터 생겨나고, 소멸함(滅)은 육식이 소멸하면서 온갖 식識도 일제히 소멸하니, 이것이 소위 하나의 근根이 이미 근원으로 돌아갔다면(返源) 육근六根도 함께 해탈한다는 것이다.

칠식은 본래 생겨나지 않는다

여기서는 비유를 통해 칠식이 본래 생겨나지 않음을 나타내고 있다. 바다는 장식藏識을 비유하고, 물결은 칠식을 비유하며, 경계는 바람과 같다. 말하자면 장해藏海는 맑고 고요해서 본래 칠식의 물결이 없다. 다만 스스로의 의식이 육진六塵의 경계를 반연해서 바람이 불기 때문에 생기하고 소멸함이 있는 것이다. 이제 만약 의식이 일어나지 않고 경계의 바람이 멈춘다면 칠식의 당체當가 적멸寂滅하다. 그렇다면 생겨남은 단지 인연의 생겨남이고 소멸함은 단지 인연의 소멸함뿐이니 칠식이 아니다. 이 때문에 '칠식은 생겨나지 않는다'고 한 것이다.

의식이 소멸하면 갖가지 식識도 생겨나지 않는다

문: 온갖 교리에서는 모두 칠식이 의근意根이 되니 바로 생멸의 추기樞機이다. 이제 칠식은 생겨나지 않는다고 말하지만, 그러나 의식이 소멸하면 곧 열반이 된다고 말하는 것은 왜 그런가?

답: 여기서는 돈오무생(頓悟無生: 단박에 깨달아 생겨남이 없음)의 종지를 곧바로 제시하고 있으니 바로 선종禪宗에서 마음을 닦는 비결이다. 만약 칠식을 의근意根으로 삼는 것이 정해져 있다고 말한다면, 오랜 겁을 상속하면서 어찌하여 일체를 말미암아 단박에 무생無生을 증득하는가? 이제 칠식이 생겨나지 않음을 요달하면 의식이 체體를 벗어나 의지함이 없고, 의식이 의지함이 없으면 망상은 성품이 없어서 당장(當下)에 적멸寂滅하고, 망상이 적멸하면 일체 안팎의 마음과 경계가 적멸하지 않음이 없다. 정명淨名은 이렇게 말했다.

"일체중생은 본래 열반이라 다시 재차 소멸하지 않는다."

이 때문에 '이처럼 의식이 소멸하면 갖가지 식識도 생겨나지 않는다'고 한 것이다. 이는 실제로 자각성지自覺聖智의 경계이니, 어찌 저 외도의 삿된 견해와 삼승의 비지比智로 들어갈 수 있겠는가? 그러므로 고덕古德은 이렇게 말했다.

"신령한 광명이 홀로 비추어서 근根과 진塵을 아득히 벗어났고,

체體는 참되고 항상함(眞常)을 드러내어 문자에 구애받지 않고, 마음의 성품은 물듦이 없이 본래 스스로 원만히 완성되어 있으니, 단지 허망한 반연(妄緣)만 여의면 바로 여여불如如佛이다."

원성실성圓成實性

여기서는 비유를 통해 제일의제가 온갖 허물을 멀리 여읨으로써 원성실성圓成實性을 나타냄을 읊고 있다. 논論에서는 "저 제일의제에서 원성실圓成實은 늘 이전의 성품을 멀리 여읜다"고 했다. 원성실圓成實함으로써 법 그대로(法爾) 연緣을 따라 일체법을 이루고 법법마다 모두 참(眞)이다. 다만 망상이 두루 계교함을 말미암아 갖가지를 집착해 취하기 때문에 참(眞)에서 참(眞)이 아니다. 만약 정情을 잊고 집착이 물러나면 만법이 모두 여如라서 스스로의 원顯이 원만히 성취되기 때문에 단지 '망상이 청정해지는 것도 마찬가지다'라고 한 것이다. 이 때문에 아래 경문에선 단지 망상의 허물을 내놓을 뿐이다.

진여眞如의 성품은 법 그대로(法爾) 연緣을 따른다

또 지증智證은 이렇게 말했다.

"진여眞如의 성품은 법 그대로(法爾) 연緣을 따르며, 비록 연을 따름에 즉卽하더라도 법 그대로(法爾) 성품으로 돌아간다. 연을 따를 때 흡사 현현顯現함이 있는 듯하니, 마치 환법幻法을 관觀하는 듯해서 있지 않은데도 있고, 마치 꿈의 경계를 관하는 듯해서 보지 않는데도 보고, 마치 물속의 그림자를 관하는 듯해서 나감(出)도 없고 들어옴(入)도 없으며, 마치 거울 속의 상像을 관하는 듯해서 안(內)도 아니고 밖(外)도 아니다. 성품이 없어서 연을 따르기 때문에 이理가 성취되지 않고, 연을 따라 성품이 없기 때문에 사事가 성취되지 않으니, 이와 사가 성취되지 않으면 일체법도 함께 이루어지지 않는다. 그러니 아주 사소한 망심妄心은 또 어디를 좇아 기탁하겠는가?"

오법五法과 세 가지 자성 등이 모두 여여如如를 넘어서지 않음

여기서는 총체적인 결론으로 앞서의 오법五法과 세 가지 자성 등이 모두 여여如如를 넘어서지 않음을 읊고 있다. 진실로 진여는 연緣을 따름을 말미암아 일체법을 이루어서 법법마다 다 참(眞)이지만, 단지 망상의 집착으로만 차별이 있을 뿐이다. 만약 자각성지自覺聖智로 관觀한다면 저 온갖 법은 본래 적멸해서 이 세 가지 성품(三性)은 여여를 넘어서지 않는다. 허나 진여의 이理를 미혹해서 명상名相이 되기 때문에 정지正智가 뒤집혀 망상이 되고, 명상의 본여本如를 깨달으면 바로 망상이 정지가 되니, 이 오법은 여여를 넘어서지 않는다. 이 때문에 수행하는 인사人士에게 '능히 이와 같은 관觀을 지을 수 있다면 하나하나의 사물을 나날이 쓰더라도 사물이 모두 여여하다'라고 훈계한 것이다.

일승의 깨달음

여기서는 평등한 과果의 깨달음으로써 여여如如의 이理를 제시함을 밝혔다. 말하자면 능취能取와 소취所取의 분별을 여의고 여실如實한 곳에 머물러서 일념一念이 생겨나지 않으면 바로 여여如如의 이理를 증득한다. 소위 상相을 취하지 않으면 여여부동如如不動하니, 이를 이름하여 일승의 깨달음이라 한다. 이것은 오직 부처와 부처만이 바로 온갖 법의 실상實相을 능히 궁구하여 다할 수 있기 때문에 '오직 여래를 제외하곤 나머지 외도, 성문, 연각, 범천왕 등이 능히 얻을 수 있는 것이 아니니'라고 말한 것이다.

세 가지 의생신意生身

대체로 팔식八識을 전변하여 사지四智를 이루는데, 지금은 사지四智를 묶어서 삼신三身을 지을 뿐이다. 그렇다면 삼매락의생신三昧樂意生身이란 바로 육식六識에 의거해 이공二空의 지혜를 일으켜 평등의 진여를 증득하는 것으로 제7식을 전변하여 평등성지平等性智가 되는 것이니, 이것이 바로 오온의 허망한 몸이 소법신素法身을 증득하는 것이다. 그러나 이 법신은 아직 순수하고 청정하지 않아서 선정에 들면 밝고, 선정에서 나가면 어둡기 때문에 단지 삼매락정수의생신三昧樂正受意生身을 얻을 뿐이다.

삼매의 즐거움(三昧樂)을 버리는 것에서부터 구지九地, 십지十地에 진입하여 진리를 칭하고 중생을 제도하는 업을 널리 닦아서 기틀을 조감照鑑하여 법을 설하고 유정有情 중생을 이롭고 즐겁게 하고 만행萬行으로 장엄하니, 이는 평등의 진여로부터 커다란 이용利用을 발휘하는 것이다. 그리하여 평등성지平等性智에 의거해 묘관찰지妙觀察智를 일으켜서 여환如幻삼매를 얻고 십지의 기틀에 감응해 광대존특타수용보신廣大尊特他受用報身을 나타내기 때문에 '각법자성성의생신覺法自性性意生身'이라 했을 뿐이다. 따라서 마치 환幻과 꿈, 물속의 달(水月), 거울의 영상과 같다. 만덕萬德이 원만히 갖춰졌으니, 이 때문에 마치 묘한 꽃이 장엄한 것 같아서 실다운 보신報身이다.

만약 금강심金剛心에 이르면 저 생상生相의 무명無明을 끊으며, 제8식을 전변하여 대원경지大圓鏡智를 이루면 전오식前五識이 일시에 함께 전변하여 성소작지成所作智가 되니, 즉 저 유작有作으로 무작無作을 이루기 때문에 '여러 종류가 함께 생기지만 무행無行으로 의생신을 짓는다'고 한 것이다. 대원경지에 의거해 평등이 현현하면 천만 가지 종류의 몸이 일시에 두루 감응하니, 이에 이르면 한 물건(一物)도 이 묘체妙體를 환하게 밝히지 않음이 없으며, 일시에 보현普賢의 행문行門을 닦지 않음이 없다. 이것이 바로 법신과 보신으로부터 드리워진 타수용他受用 및 대승과 소승의 품류品類에 따른 화신이다. 이것이 마음(心), 뜻(意), 의장식意藏識을 전변하여 대열반이 됨을 말미암으면 사지四智와 삼신三身이 일념一念에 단박에 얻어지니, 이 어찌 저 외도와 이승이 무인無因과 사인邪因으로 얻을 수 있는 것이겠는가? 그러므로 여기서 결론으로 '나의 대승은 타는 것이 아니니…'라고 한 것이다.

일단의 얘기한 바(所談)가 여기서 극極에 다다랐으니, 수행인은 반드시 통상적인 길의 큰 종지를 식별해서 깊이 관觀하기를 청하니, 결코 어리석음에 집착하다 종통宗通과 설통說通에 어두워지지 말아야 한다. 앞에서는 '의생신은 무간행無間行에 의거해서 얻었다'고 했기 때문에 향후에는 오무간행五無間行을 질문했으니, 바로 마음(心), 뜻(意), 의장식意藏識을 전변해 대열반이 됨을 나타냈을 뿐이다.

종통宗通의 상相

당역에서는 이렇게 말한다.

"일체의 올바르지 못한 사유와 지각(思覺)을 초월해서 마魔와 외도를 항복시키고 지혜의 광명을 낸다."

이로 말미암아 관觀하건대, 수행하는 인사人士가 초심初心으로 선禪에 들어가 오온을 아직 타파하지 못했다면 보이는 경계가 다 실증實證이 아니니, 그래서 『능엄경楞嚴經』에서는 50가지 중요한 마魔의 경계를 상세히 변론했다.

그렇다면 앞의 세 가지 음陰을 타파하지 못해서 나타난 경계가 바로 이 경전에서 말한 '허망한 각覺의 상념(想)'이며, 나중의 세 가지 음陰을 타파하지 못해서 일어난 온갖 견해가 바로 이 경전에서 말한 '일체의 외도와 뭇 마魔'이다. 이제 이런 것들을 여의고자 하고 항복시키고자 하면, 바야흐로 그 이름이 자각自覺을 반연하여 정행正行에 취향해서 자성自性에 본래 갖춘 지혜 광명이 자연히 광휘를 발한다고 하는 것이다.

그러나 이런 것들을 여의고자 하고 항복시키고자 하면, 금강심金剛心으로 자성금강自性金剛의 무루보계無漏寶戒를 잡지 않으면 결단코 불가능하다. 그러므로 위역에서는 "무루無漏의 올바른 계(正戒)를 능히 취해서 온갖 지地의 상相을 증득한다"라고 했으며, 그래서 『능엄경』에서는 "식음識陰이 만약 다하면 그대는 온갖 근根의 상호 작용을 현전하고, 상호 작용으로부터 보살의 금강건혜金剛乾慧에 능히 들어가서 원만히 밝은 정심精心이 그 가운데서 발화發化한다"라고 하였다.

이처럼 십신十信, 십주十住, 십행十行, 십회향十廻向, 나아가 십지十地와 등각等覺까지 초월해서 여래의 묘장엄해妙莊嚴海에 들어가니, 이것이 소위 무루無漏의 올바른 계(正戒)를 취하여 온갖 지地의 수행상

修行相을 증득하는 것으로 바야흐로 이름하여 스스로 얻은 뛰어난 진보의 상(自得勝進相)을 반연함이라 한다. 저 배척해 없앰(撥無)은 이미 자심自心을 능히 요달하지 못해서 곧 의지를 갖고 수행하며, 또 여래가 설한 참다운 수행의 문門을 능히 잘 요달하지 못하기 때문에 망상의 각관覺觀을 능히 멀리 여의지 못해서 온갖 마魔의 경계에 떨어진다. 그러나 스스로 '얻었다'고 여기는 것은 무루無漏의 올바른 계(正戒)를 아직 잡지 못해서 악습惡習에 부림을 당하기 때문이다. 짓는 바(所作)와 하는 바(所爲)가 마업魔業을 올바른 행(正行)으로 삼으니 괴이하지 않은가!

설통說通의 상相

일반적으로 핵심은 본래 설함도 없고 제시함도 없음을 요달해서 다름(異)과 다르지 않음(不異), 있음(有)과 없음(無) 등의 상相을 여의는 것이니, 바로 여래가 증득한 자득自得의 망상을 여읜 언설 없는 곳에 의거해서 훌륭하고 교묘한 방편으로 중생의 희망하는 마음에 수순隨順하여 각기 감응된 바에 따라 근기(機)에 부합해 설함으로서 중생을 득도得度하게 한다. 마치 강물을 건너는 뗏목과 같아서 이미 강을 건넜다면 문득 뗏목을 버려야 하니, 실다운 법(實法)이 아니기 때문이다. 관觀하는 자가 만약 설함 없는 설함(無說之說)을 능히 요달할 수 있다면, 스스로 말을 여의고 뜻을 관함(離言觀義)에 즉하여 법상法相을 취하지 않고 또한 비법상非法相을 취하지도 않는다.

저 배척해 없앰(撥無)이란 자심自心을 요달하지 못하기 때문에 뜻(義)에 능숙하지 못하고, 다만 언설에 집착해 실다운 법(實法)으로 여긴다. 장차 여래가 대승을 요달한 뜻(了義)을 자기 견해(己見)로 돌이켜서 그 탐냄과 성냄을 방자하게 하니, 소위 제호醍醐가 오히려 독약이 될 뿐이다. 부처는 "내가 설한 법은 마치 달을 가리키는 손가락과 같다"고 했기 때문에 일반적으로 배우는 자는 가르침을 듣고 스스로 관심觀心에 합해서 손가락을 여의어야 바야흐로 달을 식별할 수 있으니, 소위 법을 요달함은 말에 있지 않으므로 말 없는(無言) 지평(際)으로 잘 들어가야 능히 언설을 제시할 수 있다. 마치 메아리가 세간에 두루한 것과 같으니, 이와 같은 것을 바야흐로 이름하여 설통說通의 상相이라 한다.

무생無生인 까닭

말하자면 일체법이 본래 스스로 무생無生인 것은 연緣으로부터 생겼기 때문이며, 이미 연으로부터 생겼다면 생겨남은 단지 연생緣生이라 자생自生이 아니고, 지음(作)은 단지 연으로 지은 것이라 자작自作이 아니기 때문에 '지은 것(所作)은 스스로 있음(自有)이 아니다'라고 한 것이니, 자체自體가 있지(有) 않기 때문에 생기지 않는 것일 뿐이다.

진여眞如 일심의 현량

여기서는 진여眞如 일심의 현량이 참(眞)과 거짓(妄)을 쌍으로 끊음으로써 구경究竟에 참된 무아無我의 뜻을 밝힘을 말하고 있다. 마음과 경계가 쌍으로 끊어지기 때문에 성품이 아니고(非性), 참(眞)도 성립하지 못하기 때문에 성품 아님도 아니다(非非性). 참(眞)과 거짓(妄)을 함께 여의어서 바야흐로 적멸일심寂滅一心이 구경究竟에 해탈하게 되기 때문에 이를 이름하여 자심의 현량이 된다고 나는 설한다. 이와 같다면 무릇 여여如如라고 말한 것, 공空이라 말한 것, 실제實際라 말한 것, 열반이라 말한 것, 법계라 말한 것, 갖가지 의생신意生身 등이라 말한 것이 모두 이 일심一心의 현량現量의 다른 칭호일 뿐이다. 여래장如來藏 속에서는 가고 옴(去來), 미혹과 깨달음(迷悟), 생생과 사死를 구해도 끝내 얻을 수 없기 때문이다. 그렇다면 오법五法과 세 가지 자성自性을 모두 여의고 팔식八識과 이무아二無我를 함께 버린 것을 바야흐로 이름하여 여래 자각성지自覺聖智의 구경究竟의 경계라 한다.

명언名言을 허망하게 집착함이 소지장所知障을 이룬다

말(語)과 뜻(義)에 대한 가르침을 응당 여실如實하게 관觀해야 하지 말(語)에 따라 이해를 내서는 안 된다. 당역에서는 이렇게 말한다.

"만약 불생불멸不生不滅한 자성自性의 열반과 삼승, 일승, 오법五法의 온갖 마음의 자성 등을 있다(有)고 해서 말(言)대로 뜻(義)을 취한다면 건립 및 비방의 견해에 떨어진다. 저 외도가 분별을 일으키는 것과는 다르기 때문에 마치 환사幻事를 보고서 실답다고 계교한 것과 같으니, 이는 어리석은 범부의 견해이지 성현은 아니다."

옛날에 이렇게 말했다.

"아는 바(所知)는 장애가 아니고, 장애를 받음이 아는 바(所知)를 장애한다."

그러나 아는 바(所知)란 진제眞諦의 적멸이니 어찌 장애하겠는가? 하지만 명언名言을 집착해 취함으로써 장애로 여기기 때문에 능히 증득해 들어갈(證入) 수가 없으니, 소위 사상四相에 잠재된 신(潛神)은 깨달음(覺)이 아니면 어기고 거부할 뿐이다.

식識과 지智의 상相

말하자면 온갖 업행業行을 모아서 경계에 속박되고 집착한 자는 식識이 되고, 능히 온갖 법을 관찰해서 망상의 생멸을 완벽히 비추는 자는 지智가 된다. 만약 마음과 경계가 다 공空함을 요달해 있는 바 없음(無所有)을 통달해서 뛰어나고 묘한(勝妙) 부처 경계에 들어가면 곧 슬기(慧)가 된다.

※

식識의 근본은 지智이다. 단지 사유의 망상 때문에 참(眞)이 아닌 것이다. 이제 이미 멀리 여의어서 식識에 즉해 지智를 이루면, 이는 사유가 없고 심식心識의 처소를 여읜 것이니, 오직 팔지八地 및 부처 경계이기 때문에 성문으로선 알 수 있는 것이 아니다.

온갖 법도 또한 전변의 상相이 있지 않다

여기서는 비유로 온갖 법이 본래 전변의 상相이 없어서 동일함(一)이나 다름(異)의 견해를 지을 수 없다는 걸 밝히고 있다. 말하자면 우유, 낙酪, 술, 열매가 익으면서 맛은 비록 다르더라도 성품은 다르지 않으니, 실제로 전변할 수 있는 상相이 있지 않으며 온갖 법도 역시 마찬가지다. 외도는 오직 마음뿐임(唯心)을 통달하지 못하기 때문에 허망하게 전변의 분별을 짓는다. 그러나 저 온갖 법도 또한 전변의 상相이 있지 않다. 전변하지 않는 까닭은 온갖 법이 있음(有)과 없음(無)에 속하지 않아 실체가 없기 때문이니, 그래서 '있음(有)이든 없음(無)이든 자심自心이 외부에 성품과 성품 아님을 나타낸 것이다'라고 한 것이다. 당역에서는 "자심自心이 보는 바(所見)에 외부 사물(外物)이 없기 때문이다"라고 하였다.

※

문: 만약 온갖 법이 전변하지 않는다고 말한다면, 이 온갖 법은 생멸하지 않는다. 온갖 법의 생멸을 나타내 보는 것을 방해하지 않는 것이 가능한가?

답: 이 같은 온갖 법은 본래 스스로 무생無生이라서 또한 다시 소멸도 없다. 그런데도 생멸이 있다고 보는 것은 모두 이 어리석은 범부 중생이 스스로 망상의 습기로 훈습해 전변함으로써 생기는 것이니, 실제로는 생기하든 소멸하든 하나의 법도 있지 않다. 즉 그 보는 바(所見)가 모두 당체當體가 실답지 않기 때문에 당역에서는 이렇게 말했다.

"마치 허깨비나 꿈을 인해서 온갖 색色을 보는 것과 같으며, 마치 석녀石女의 아이에게 생사가 있다고 설하는 것과 같다."

반야의 덕德

여기서는 능관能觀의 지智와 소관所觀의 경계(境)가 다름(異)도 아니고 다르지 않음(不異)도 아님으로써 반야般若의 덕德을 나타냄을 밝히고 있다. 그러므로 당역에서는 이렇게 말했다.

"이처럼 지智와 소지所知는 다름(異)도 아니고 다르지 않음(不異)도 아니니, 이는 법신과 해탈과 반야가 다름(異)도 아니고 다르지 않음(不異)도 아님을 거침으로써 구경究竟의 일심一心과 삼덕三德의 비장祕藏을 나타냄이 종縱도 아니고 횡橫도 아니라서 원만圓滿히 융섭融攝하는 것이다."

이 때문에 영가永嘉 대사는 이렇게 말했다.

"법신이 어리석지 않음이 곧 반야般若이고, 반야가 집착이 없음이 곧 해탈이며, 해탈의 적멸寂滅이 곧 법신이니, 하나를 들면 곧 셋을 갖추고 셋의 체體가 곧 하나라고 말한다."

그래서 삼제三諦는 하나의 경계이고, 법신의 이理는 항상 청정하고, 삼지三智는 일심一心이다. 반야의 광명은 항상 비춰서 경계와 지智가 그윽이 합하며(冥合), 해탈의 감응이 기틀(機)에 따라서 종縱도 아니고 횡橫도 아니니, 원이(圓∴)의 도道가 현묘하게 회통하기(玄會) 때문에 삼덕三德의 묘한 성품이 완연해서 어긋남이 없다. 일심이 깊고 광대해서 사유하기 어려우니, 어떤 출요出要인들 길이 아니겠는가? 따라서 즉심卽心을 도道로 삼는 것은 흐름을 찾아서 근원을 얻는 것이라 할 수 있다."

이 때문에 아래에서는 그 근根과 양量을 둘 다 부정함으로써 구경究竟의 일심의 극과極果를 나타냄을 해석하였다.

자각성지의 경계

여기서는 일심진여의 자성열반自性涅槃이 바로 심心, 의意, 식識을 여읜 자각성지의 경계란 걸 결론으로 제시하고 있다. 논論(『대승기신론』)에서는 이렇게 말한다.

"심진여心眞如란 바로 일법계대총상一法界大總相 법문의 체體이다. 소위 심성心性은 불생불멸이고, 일체 온갖 법은 오직 망념에 의거해서 차별이 있을 뿐이다. 만약 심념心念을 여의면 일체 경계의 상相이 없으니, 그러므로 일체법은 본래부터 명자名字의 상相을 여의고, 언설 言說의 상相을 여의고, 심연心緣의 상相을 여의었으며, 필경 평등하고 변이變異가 없어서 파괴할 수 없어 오직 일심一心뿐이기 때문에 이름하여 진여眞如라고 한다. 일체의 언설은 가명假名으로 실답지 않아서 단지 망념을 따를 뿐이니, 얻을 수 없기(不可得) 때문이다. 진여眞如란 말은 또한 상相이 있지 않은 것이다. 말하자면 언설의 궁극(極)은 말을 인因해서 말을 버리는 것이니, 이것이 진여의 체體로서 버릴 만한 것이 있지 않다. 일체법이 모두 다 참(眞)이기 때문에 또한 세울 만한 것이 없으니, 일체법은 모두 동일한 여如이기 때문이다. 반드시 알아야 하나니, 일체법은 설할 수도 없고 생각할(念) 수도 없기 때문에 이름하여 진여眞如라 한다.

문: 만약 이와 같은 뜻이라면, 온갖 중생 등은 어떻게 수순隨順하여 능히 들어갈 수 있는가?

답: 만약 일체법을 알면, 비록 설하더라도 능히 설할 수 있는 설(能說可說)이 없고, 비록 생각(念)하더라도 역시 능히 생각(念)할 수 있는 생각(念)이 없으니, 이를 이름하여 수순隨順이라 한다. 만약 생각(念)을 여의면 이름하여 들어감(入)을 얻는다고 한다."

이 때문에 '마치 진실의 뜻(眞實義)으로 보는 것과 같으니, 먼저 망상의 마음인 심수법心數法을 여의어야 여래의 자각성지自覺聖智를 얻게 되는 것, 나는 이를 열반이라고 설한다'라고 한 것이다.

보신불報身佛과 화신불化身佛

여기서는 온갖 승乘과 온갖 지地를 건립한 것이 모두 보신불報身佛과 화신불化身佛이 설한 것이지 법신불法身佛이 설한 건 아니라고 한다. 말하자면 자각성지自覺聖智를 얻었다면 색구경천色究竟天의 보화궁전 寶華宮殿에서 등정각等正覺을 이루고 광대하고 존엄한 몸을 나타내 보이면서 광명이 찬란히 비추고 삼유三有에 화현化現하니, 이는 보신불 報身佛이다. 논론論에서는 이렇게 말한다.

"이 보살의 공덕은 원만함을 이루고, 색구경처色究竟處에서 일체 세간에서 가장 높고 큰 몸을 제시한다."

일념一念이 슬기(慧)에 상응함으로써 무명無明이 단박에 다하는 것을 이름하여 일체종지一切種智라 한다. 저절로 그러하게(自然) 부사 의업不思議業이 있어서 능히 시방에 나타나 중생을 이롭게 한다. 삼유三 有에 화현化現한다는 것에 대해 이 당역에서는 이렇게 말했다.

"혹은 변화를 나타내기도 하고, 혹은 앞선 시기에 화현하기도 하니, 이는 응화불應化佛이다."

오직 이 보신불과 화신불만이 온갖 승乘과 온갖 지地를 연설하니, 비록 삼승을 설하더라도 실제로는 일승이 되기 때문에 '저기에서 연설 한 승乘은 모두가 여래지如來地이다'라고 한 것이다. 그러므로 비록 온갖 지地가 있더라도 실제로는 차제次第의 상상相相이 없다. 치열하게 눈을 파괴하지 않는다는 것은 말하자면 독룡毒龍이 광명을 놓는 것은 바로 사람 눈을 손상시키지만, 여래의 광명은 사람 눈을 손상시키지 않으니, 소위 마음(意)이 기쁘고 청량하다는 것이다.

여래장如來藏

여기서는 여래장의 자성청정으로써 법신의 참되고 청정한 덕德을 나타냄을 말하고 있다. 여래장如來藏이란 바로 자성청정심自性淸淨心이 속박되어 있는 명칭이다. 대혜는 오음五陰이 무아無我인 걸 의심해서 '만약 나(我)가 있지 않다면 누가 생기고 누가 소멸하는가? 누가 고통이 다함을 알고, 누가 열반을 증득하는가?'라고 생각했다. 부처께서는 이렇게 말씀하셨다.

"음陰, 계界, 입入이 비록 무아無我라도 여래장이 있음은 중생의 불성佛性이 된다. 오직 이 장藏의 성품만이 능히 세간과 출세간의 선善과 불선不善의 인因이 되어서 능히 육도六道의 생사와 형색形色의 물드는 법을 두루 일으켜 창조할 수 있으니, 마치 광대가 온갖 일을 변화해 나타내는 것과 같다."

그러나 본래는 나(我)와 내 것(我所)이 없어서 또한 능히 출세간의 청정한 법을 성취할 수 있다. 이승은 이 여래장의 성품이 생사의 인因이 되는 걸 알지 못해서 바로 근根, 진塵, 식識의 세 가지 연緣이 화합한 방편으로 생인生因이 된다고 여기고 있으며, 외도는 이 여래장의 성품을 알지 못해서 신아神我가 작자作者로서 생인이 된다고 허망하게 계교한다. 그러나 이런 장藏의 성품은 대체로 비롯 없는 허위와 악습이 훈습해 변한 것이라서 그 여래장의 명칭을 잃고 단지 식장識藏이라 칭할 뿐이다.

그래서 이렇게 말한다. "부처가 설한 여래장은 바로 아뢰야阿賴耶이다. 이 장식藏識에 의거해 무명주지無明住地를 낳고 전칠식前七識의 물결을 변화해 일으켜서 생멸이 멈추지 않기 때문에 여래장 역시 칠식七識에 따라 생사를 유전流轉하는데, 마치 바다 물결의 맑음이 바람으로 인因해 물결을 일으키기 때문에 생사가 상속하면서 오랜 겁劫에 걸쳐 끊어지지 않는 것과 같다. 그러나 실제로 여래장의 성품은 본래 스스로 상주常住하면서 이승의 무상이라는 견해를 여의었고, 본래 스스로 무아無我라서 외도의 신아神我라는 논란을 여의었으니, 비록 속박과 수면으로 오염되어 있더라도 실제로 자성은 무구無垢해서 필경 청정하다. 이것이 소위 이 성품을 미혹해서 생사가 되고, 이 성품을 깨달아서 열반이 되는 것이다. 이 장藏의 성품은 무상無常으로 파괴할 수 없기 때문에 진상眞常이 되고, 온갖 고통이 침범할 수 없기 때문에 진락眞樂이 되고, 생사가 구속할 수 없기 때문에 진아眞我가 되고, 번뇌가 오염시킬 수 없기 때문에 진정眞淨이 되니, 이것이 여래 무상열반無上涅槃의 진실한 과체果體가 되는 까닭이다."

※

여기서는 여래장이 출세간의 정인淨因이 된다는 걸 말한다. 말하자면 장식藏識의 명칭을 전변해서 여래장을 보면 곧 팔지八地의 공용功用이 없는 도道를 얻어서 바야흐로 법무아法無我의 지혜를 증득한다. 게송에서는 이렇게 말한다.

"부동지不動地 이전에 겨우 장藏을 버리니
이 장식藏識의 오염된 명칭을 버림이
바로 여래 청정의 장藏으로

따로 얻는 바가 있는(有所得) 건 아니다."

법집法執이란 말은, 말하자면 오법五法, 삼자성三自性, 팔식八識, 이무아二無我 등으로써 일체의 참과 거짓(眞妄)을 대치對治하는 법이다. 장식藏識을 아직 전변하지 못할 때에 칠식이 아직 소멸하지 않은 건 모두 집착하는 것이 있고 그걸 취해서 나(我)라고 여기기 때문이다. 이제 장식이 이미 전변했으면 칠식은 소멸하고, 칠식이 소멸하면 오법, 자성, 인무아, 법무아가 당장(當下) 따라서 소멸하니, 오법五法 등이 모두 장식에 의거해 성립하기 때문이다.

이제 식識이 전변하여 저것들도 소멸하니, 소위 피부가 이미 존재하지 않는데 털이 어찌 붙어 있겠는가? 이것이 법무아를 얻어서 팔지八地로 나가게 되는 것이다. 이 생멸이 이미 소멸하는 데 도달하면 대치對治도 또한 쇠망해서 공功을 쓸 수가 없기 때문에 '공용功用이 없는 도道'라 하는 것이다. 이미 공용功用이 없어서 법무아를 얻는다면, 일체 외도의 악견惡見이 경동傾動할 수 없기 때문에 이름하여 부동지不動地에 머문다고 한다. 이 부동지에 머물고 나면 곧바로 열 가지 삼매문三昧門의 즐거움을 얻는다. 그러나 이 보살은 예전에 생멸을 수고롭게 사려思慮하고 각식覺識이 번거롭게 움직여서 참된 즐거움을 얻지 못하는데, 지금은 생멸이 이미 소멸하고 적멸寂滅이 현전現前해서 더할 나위 없이 즐거우니, 그렇다면 맛보고 집착하느라 삼매에서 일어나지 못하고 중생을 제도하겠다는 생각(念)이 전혀 없는 것이다.

만약 부처의 힘(佛力)이 가지加持하여 이끌어내 나오게 하지 못한다면 이승에 떨어지기 때문에 온갖 부처의 삼매와 신력神力으로 가지되는 것이다. 또 옛날 본원本願의 힘으로 가지되기 때문에 비록 열반을 증득하더라도 실제實際에 머물지 않고 또한 삼매의 즐거움도 취하지 않는 것이다. 그래서 여환如幻삼매로 의생신意生身을 나타내 중생을 이롭게 함으로써 자각성지自覺聖智의 궁극적인(究竟) 과果에 나아가니, 이것이 외도와 이승이 수행하는 도道와는 똑같지 않은 것이다. 그러므로 보살로서 여실행如實行을 닦아 뛰어난 법(勝法)을 구하는 자는 반드시 여래장 속 식장識藏의 명칭을 정화해야 한다. 단지 이것뿐이니, 이것 외에 따로 증득할 만한 것은 없다.

여여如如

여기서는 오법 중 여여如如를 말하고 있다. 만약 식識으로써 안다면(知) 명상名相이 멋대로 생기고, 만약 정지正智로써 관觀하면 명상이 성립하지 않으니, 이는 곧 명상의 본여本如가 명상 밖에 따로 여如가 있음을 여의지 않는 것이다. 다만 명상이 일어나지 않는 데서 있음(有)과 없음(無)의 두 가지 견해로 건립하고 비방할 뿐이다. 명상이 본래 스스로 생기지 않음을 알기 때문에 이름하여 여여라 할 뿐이니, 이 때문에 "명상을 건립하지 않음도 아니다. …"라고 한 것이다. 소위 오직 여여지如如智만이 홀로 존재하는데, 그러나 명상은 생기지 않고 경계(境)는 여如이다. 그러므로 명상이 생기지 않음을 아는 것은 심여心如이고, 심경心境이 여여하기 때문에 하나의 법도 성립하지 않는다.

성자성(成自性: 완성된 자성)

말하자면 정지正智의 여여如如는 바로 묘한 성품의 천연(妙性天然)이니, 법을 지을(作法) 수 없기 때문에 무너뜨릴 수 없고, 무너뜨릴 수 없기 때문에 본래 저절로 완벽하게 완성되어서(本自圓成) 그 이름을 성자성(成自性: 완성된 자성)이라 한다.

동체대비同體大悲

여기서는 비유로 동체대비同體大悲를 나타내고 있다. 중생 업의 성품이 다함(業性盡)이 여래의 법신이다. 그렇다면 중생이 극도로 큰 고통을 받는 것이 모두 여래를 핍박하는 것이다. 이 때문에 중생이 아직 열반을 궁진窮盡하지 않았어도 여래 역시 상락아정常樂我淨을 얻지 못한 것이다. 그러므로 하나의 미세한 중생도 열반에 들어가지 못하는 데까지 이른다 해도 여래 역시 법계, 자삼매自三昧, 원락願樂으로 중생을 제도하는 사업事業을 버리지 않으니, 동체대비로 유지되기 때문이다. 기름은 성내는 마음을 비유한 것이다. 위역에서는 "온갖 부처 여래는 온갖 중생의 고뇌로 압착을 당한다 해도 성냄은 얻을 수 없다"고 하였다.

관능가기 략과觀楞伽記略科 제사題辭

경전을 과科로써 구분하는 것은 옛 제도(古製)를 따른 것이다. 예전에 도안道安 법사는 경전을 세 가지 과科로 나누었다. 당시 사람들은 도안이 경전의 뜻(義)을 분리해 분석하는 것을 비난했지만, 급기야 「친광론親光論」이 전해지자 과연 그 경전 전체를 세 가지 과科로 나누고 있어서 당시 사람들은 비로소 그 고상한 합치를 찬탄하였다.

대체로 경전은 각 경전마다 강령綱領과 종지宗旨가 있다. 과科는 바로 강요綱要를 대동하면서도 그 강요를 떨쳐 일으킴으로써 관觀하는 자로 하여금 그 요령要領을 얻게 하니, 대개 말을 여의고 뜻(義)을 얻어 깨달아 들어가는 것은 전제筌蹄[1]를 버리게 하는 것이라서 아마도 글의 내용을 가지와 마디로 나누어(支分節解)[2] 멋대로 억측하고 단정하는 것과는 다를 것이다. 후대의 의학義學은 말을 여읜 종지宗旨에 우매해서 저마다 자기 견해만 믿고서(恃) 설명할 때 쓸데없는 군더더기만 덧붙이다 법을 비방하는 허물을 취하는 바람에 배우는 자로 하여금 믿고 따를 수 없게 하니, 이는 바로 소위 다기망양多岐亡羊[3]일 뿐이다.

---

1 ①고기를 잡는 통발과 토끼를 잡는 올가미라는 뜻. 목적을 달성하기 위한 방편을 이르는 말. ②사물의 길잡이가 되는 것.

2 지체와 관절을 분해한다는 뜻으로, 글의 내용을 세밀하게 나누어 자세히 조사함을 이르는 말이다.

3 달아난 양을 찾다가 여러 갈래 길에서 길을 잃었다는 뜻. 어떤 일을 할 때 정확한

이 『능가경』은 언설을 여읜 제일의第一義를 종지로 삼아서 말솜씨와
는 관련이 없으니, 또 어찌 망상의 분별로 능히 들어갈 수 있겠는가?
그러나 경문을 과科로 단락을 지은 것은 대체로 경문은 간결하고
예스러우며 문맥(血脈)은 그윽이 잠겨 있어서 그 문門을 찾아 들어가지
못하기 때문이다. 그래서 특별히 그 강령綱領을 제시하여 문답問答의
기원을 알게 하고 원융과 회통을 일관되게 함으로써 마음의 눈(心目)을
요연了然하게 한다면, 이는 말을 잊고 뜻을 얻을 수 있길 바라고 문언文
言을 장애로 삼지 않은 것일 뿐이지 억측으로 단정하는 것은 아니다.
이렇게 하는 것도 이미 군더더기 법이 된 것이니, 후대의 각자覺者는
결코 이를 부족하다고 여기지 말아야 한다. 그런데도 더욱 그 설명을
더하고 보탠다면 스스로 법을 비방한 죄를 지음이 얕지 않을 것이다.

만력萬曆 무술년戊戌年 첫여름(孟夏) 부처님 성도일成道日 사문沙門
덕청德淸이 오양五羊의 청문루靑門壘 벽 사이에 제題하다.

방향을 잡지 못하고 오락가락하다가 실패하는 것을 비유한 말이다.

관능가아발다라보경기觀楞伽阿跋多羅寶經記 약과略科

해인사문海印沙門 석덕청釋德淸 교정(排訂)

전체적인 과과를 나눔(두 항목)(경전 1권 초初)

(일반적으로 경전은 세 가지로 나누는데, 이 경전은 전체가 다 전래되지 않았기 때문에 유통분流通分이 빠져 있다.)

I. 서분序分

II. 정종분正宗分(두 항목)

1. 일심一心의 진여眞如를 곧바로 가리킴으로써 삼계가 유심(三界唯心)임을 온전히 드러냄(두 항목)

   (1) 숫자의 구句를 잡아서 질문함(108가지 질문)

   (2) 숫자의 구句 아닌 것으로 답함(두 항목)

      1) 조회(牒)(무상장無上章 전체)

      2) 답변(불생구장不生句章 전체)

2. 일심의 생멸生滅을 자세히 제시함으로써 만법이 유식(萬法唯識)임을 드러냄(여덟 항목)

   (1) 참(眞)과 거짓(妄)의 인의因依를 밝혀서 팔식八識으로 생멸 인연의 상相을 드러냄을 널리 제시한 것이다.(두 항목)

1) 유식唯識으로 삿됨과 올바름(邪正)의 인因을 구별하는 걸 간략히
　　밝힌 것이다.(세 항목)

　가. 진유식량(眞唯識量; 참된 유식의 양)으로 삿된 종지를 변별함
　　　을 밝힌 것이다.(세 항목)

　　(가) 진유식眞唯識을 나타냄(온갖 식〔諸識〕 이하 아홉 단락)

　　(나) 비유를 통해 두 가지 견해(二見)를 타파함(비유하면〔譬如〕
　　　　이하 세 단락)

　　(다) 삿된 종지를 가려내 변별함(온갖 외도를 타파함〔破諸外道〕
　　　　이하 세 단락)

　나. 일곱 가지 성스러운 뜻(聖義)을 제시함으로써 삿된 견해를
　　　구별함(두 항목)

　　(가) 올바른 뜻(正義)을 제시함(일곱 가지가 있다〔有七種〕 한
　　　　단락)

　　(나) 배척해 비판함(斥非)을 밝힘(무엇이 외도인가?〔云何外道〕
　　　　2절節)

　다. 삿된 인因을 가려냄으로써 올바른 인因을 제시함(두 항목)

　　(가) 삿된 인因을 가려냄(망상에는 세 가지 고통이 있다〔妄想三有
　　　　苦〕 이하 여덟 단락)

　　(나) 올바른 인因을 제시함(만약 다시 온갖 여타의〔若復諸餘〕 이하
　　　　1장章)

2) 팔식을 널리 밝힘으로써 식지識智의 상相을 제시함(두 항목)

　가. 팔식의 상相을 밝힘(심心, 뜻〔意〕, 의식意識 등을 질문한 전체
　　　장章)

　나. 삼지三智의 상相을 밝힘(성스러운 지혜의 세 가지 상相 전체

장章)

(2) 허망함을 돌이켜 참으로 돌아감〔返妄歸眞〕을 밝혀 오법五法, 자성自性, 무아無我를 잡음으로써 삿됨과 올바름의 인과의 상相을 변별한다.

(3) 오법五法, 자성自性, 팔식八識, 무아無我의 구경究竟 차별상差別相을 밝힘.

(4) 법신法身의 상주常住를 밝힘으로써 생사와 열반의 평등상平等相을 제시한다.

(5) 장심藏心의 자성을 제시함으로써 참과 거짓(眞妄), 생겨남과 소멸함(生滅)의 평등상平等相을 밝힘.

(6) 육도六度를 자세히 밝힘으로써 자성의 묘행妙行과 닦음 없는(無修) 상相을 제시한다.

(7) 뭇 의문을 자세히 결택決擇함으로써 법신이 허물을 여의었음을 나타냄.

(8) 특별히 성계性戒를 제시함으로써 중생과 부처의 평등을 환히 밝힘.

△이상 인연과因緣科를 마친다.

(2) 허망함을 돌이켜 참으로 돌아감(返妄歸眞)을 밝혀 오법五法, 자성自性, 무아無我를 잡음으로써 삿됨과 올바름의 인과의 상相을 변별하는 분分 (두 항목)(이 과科는 4권 중간까지이다)

1. 삿됨과 올바름을 변별해서 일승一乘의 이행理行과 인과因果의 상相을 단박에 제시함(두 항목지)

　(1) 인지因地의 마음을 변별해 밝힘(두 항목)

　　1) 삿됨을 타파하여 올바름을 드러냄으로써 항상 머무는 진리(常

住眞理)를 제시함(두 항목)

가. 세 가지 문門을 잡아 삿된 인因을 타파함으로써 올바른
   인因을 드러냄(다섯 항목지)

　(가) 오법五法을 밝힘(여섯 항목)

　　　가) 명상名相의 망상妄想을 타파함(대중의 심념心念을 안다
　　　　　이하의 질문과 답변, 있음과 없음 전체 장章)

　　　나) 정지正智의 여여如如를 나타냄(자심自心의 현재 흐름〔現
　　　　　流〕을 청정히 소제한다 이하 1장章은 정지正智를 나타내고,
　　　　　법의불법法依佛 장章은 여여如如를 나타낸다)

　　　다) 두 가지의 삿된 인因을 타파함(두 항목)

　　　　a) 이승二乘의 삿된 인因에 즉卽함으로써 올바른 인因을
　　　　　제시함(두 가지 성문聲聞 1장章)

　　　　b) 성스러운 지혜〔聖智〕로 외도의 삿된 인因을 타파함
　　　　　(상부사의常不思議 1장章)

　　　라) 과과果를 들어서 인험因驗을 증험함(이승과 외도의 1장章)

　　　마) 과과果를 조사하여 인因을 앎(오무간五無間 전체의 장章)

　　　바) 안인因과 과과果의 일여一如를 제시함(일천제一闡提 전체의
　　　　　장章)

　(나) 삼자성三自性을 밝힘(1장章)

　(다) 이무아二無我를 밝힘(1장章)

　(라) 있음〔有〕과 없음〔無〕의 두 견해를 타파함(건립과 비방의
　　　　1장章)

　(마) 올바른 인〔正因〕을 결론으로 제시함(선지심장善知心意 이하
　　　　게송 마지막까지)

나. 일심—心으로 허망한 계교를 타파함으로써 진리를 나타냄
을 잡음(두 항목)

　　(가) 적멸寂滅의 일심을 밝힘(공空, 무생無生, 무이無二 자성自性을
　　　　여읨의 1장章)

　　(나) 여래장의 성품을 제시함(경전 2권 초初)(여래장을 외도의
　　　　나〔我〕와 똑같다고 의심함 1장章)

　2) 이理에 의거해 감정勘訂함으로써 삿됨과 올바름의 두 행行을
　　변별함

(2) 과지果地의 각覺을 밝힘을 변별함

2. 앞서 이행理行에 의거해 미혹을 끊고 참을 증득하는 인과의 상相을
　단박에 제시함

△이상 이理를 나타냄을 마쳤다. △아래에선 행行을 나타낸다.

(2)-1 이理의 감정勘訂에 의거함으로써 삿됨과 올바름의 두 행行을 변별함(네 항목)

1. 올바른 행(正行)의 방향을 총체적으로 제시함(네 항목)

　(1) 능관能觀의 지혜〔智〕 1장章

　(2) 타파된 미혹(연생緣生의 성품 없음으로 의타기依他起를 타파함을 밝히
　　고, 망상의 성품 없음으로 변계집遍計執을 타파함을 밝힘)

　(3) 원만하게 완성된 이理를 나타냄(떼어낼 수 있는 사구四句도 없고,
　　얻을 수 있는 성지聖智도 없다)

　(4) 허물을 여의고 잘못〔非〕을 끊음을 나타냄(여래의 설법은 이러한

사구四句 등을 여읜다 두 단락)

2. 삿됨과 올바름의 인과의 상相을 간략히 제시함(네 항목)

  (1) 삿됨과 올바름의 두 가지 인因을 간략히 제시함(두 항목)

    1) 두 가지 삿된 인因의 선禪을 제시함

    2) 세 가지 올바른 인因의 선禪을 제시함

  (2) 삿됨과 올바름의 두 가지 과果를 간략히 밝힘(두 항목)

    1) 여래 열반의 참된 과(眞果)(이때〔爾時〕)

    2) 이승 열반의 과果는 가짜(假)이다(부차復次)

  (3) 두 가지 성품을 당면해 전변함當轉을 간략히 제시함(언설자성言說自性과 사자성事自性)

  (4) 감응의 두 가지 징조를 간략히 제시함(몸과 얼굴을 나타낸 언설의 가지加持, 손으로 관정灌頂하는 신력神力의 가지加持)

3. 삿됨과 올바름의 인과의 차별상差別相을 자세히 밝힘(두 항목)

  (1) 앞의 세 가지 선禪으로써 삼승의 차별적인 인과의 상相을 나타냄을 자세히 해석함(두 항목)

    1) 인因의 차별을 자세히 변별함(세 항목)

     가. 어리석은 범부가 행하는 선禪을 해석함(두 항목)

      (가) 외도의 삿된 선(邪禪)(두 항목)

       가) 연기緣起의 성품 없음으로써 언설자성의 상相을 타파함(연기緣起의 1장章)

       나) 망상의 성품 없음으로써 사자성事自性의 상相을 타파함을 변별함(일곱 항목)

        a. 허망한 경계의 참되고 항상함(眞常)으로써 단멸(斷)

의 견해를 타파함을 밝힘('상성常聲이란 무슨 일을 설한
것인가?'에서 '성스러운 언설이 아니다'까지의 0.5장章)

b. 법은 하나이지만 봄[見]은 다름으로써 상견常見을
타파함을 밝힘('혹란惑亂이 두 가지 종성種性을 일으킴'
에서 '종성의 뜻[義]'까지의 0.5장章)

c. 마음과 경계의 여여如如함으로써 동일함과 다름의
견해를 타파함을 밝힘

d. 연생緣生이 환幻과 같음으로써 있음[有]과 없음[無]
의 견해를 타파함을 밝힘

e. 본래 스스로 무생(本自無生)으로써 인因에서 생겨난
다는 견해를 타파함을 밝힘(문: 일체 성품은 무생無生
인가? 1장章)

f. 언설의 성품 없음으로써 명언名言의 습기習氣를 타파
함을 밝힘(명구名句와 형신形身에 당면해 설함 1장章)

g. 명자(名)와 언어를 쌍으로 단절함으로써 말을 잊고
묵묵히 증득함을 훈계함을 나타냄('미래 세상에 지자
智者의 지론止論' 1장章에서 '게송의 글은 자성을 여읜다'
까지)

(나) 이승의 치우친 선禪

나. 뜻(義)을 관찰하는 선禪

다. 반연여攀緣如를 해석한 선(세 항목)

(가) 사대四大의 여如를 관찰함

(나) 오음五陰의 여如를 관찰함

(다) 올바른 관찰(正觀)을 결론으로 제시함

2) 과果의 구별을 자세히 변별함(먼저 삿된 과果를 제시하고, 나중에
올바른 과果를 제시함)

(2) 여래선如來禪이 망상의 여여如如를 원융해 회통함으로써 일승의
평등 인과의 상相을 나타냄을 자세히 해석함(세 항목)

1) 허망함에 즉卽하고 참됨에 즉함으로써 인因의 평등을 나타냄
을 밝힘(12가지 망상 1장章)

2) 마음에 즉卽하고 경계에 즉함으로써 과果의 평등을 나타냄을
밝힘('망상의 성품 없음' 0.5장으로써 마음에 즉함을 나타내고, 일승
의 0.5장으로써 경계에 즉함을 나타냄)

3) 권도(權)에 즉卽함이 실제(實)에 즉함으로써 법의 평등을
나타냄(일승을 설하지 않음 1장章)

4. 과果를 들어 인因을 증험함으로써 일승의 참된 인(眞因)의 상相을
제시함(두 항목)(경전 3권 초初)

(1) 의생신意生身의 참된 과(眞果)의 상相을 들음(의생신意生身 1장章)

(2) 오무간행五無間行의 참된 원인(眞因)의 상相을 제시함(오무간五無
間 1장章)

△이상 첫 권 제2 허망함을 돌이켜 참됨으로 돌아가는(返妄歸眞)
과科 중에서 처음에 단박에 이행理行을 제시함으로써 인지因地의
마음을 변별함을 마쳤다.

(2)-2 과지果地의 각분覺分을 변별함(세 항목)

1. 삼신三身으로써 법신의 영원한 덕德을 나타냄을 밝힘(세 항목)

(1) 부처의 지각知覺을 총체적으로 제시함(1장章)

(2) 보신과 화신을 나타냄(사등四等 1장章)

(3) 상주常住의 법신을 나타냄(한 글자[一字]도 설하지 않음 1장章)

2. 두 가지 견해를 타파함으로써 열반이 허물을 여의었음을 나타냄(있음
[有]과 없음[無]의 상相 1장章)

3. 이통二通을 제시함으로써 과해果海가 말을 여의었음을 밝힘(종통宗通
과 설통說通 1장章)

△이상 삿됨과 올바름을 변별해서 일승의 이행理行과 인과의 상相을
단박에 제시한다. 앞서의 첫 권 오법장五法章에서부터 여기 이통二
通까지이다.

**(2)-3 이하 앞서의 이행理行에 의거해 끊고 증득한(斷證) 인과의 상분相分을
단박에 제시함(두 항목)(이 과科는 첫 권부터이다)**

1. 인행因行을 뒤집어 나타냄(두 항목)

(1) 자리自利의 공功이 원만함(네 항목)

1) 망상의 실답지 않음으로써 아집我執을 타파해 번뇌장煩惱障을
끊음을 밝힘('문: 실답지 않은 망상' 장章 전체)

2) 언설의 성품이 공空함으로써 법집法執을 타파해 소지장所知障
을 끊음을 밝힘(네 항목)

가. 언설이 법집의 근본이 됨을 밝힘('말[語]과 뜻[義]을 당면해
설함' 장章 전체)

나. 지智와 식識이 속박과 해탈의 근원이 됨을 제시함(지智와 식識의 상相 장章 전체)

다. 전변轉變이 상相에 즉卽함으로써 움직임(動)이 본래 움직임이 아님을 밝힘(아홉 가지 전변轉變 장章 전체)

라. 상속의 마음을 끊음으로써 생겨남(生)이 본래 무생無生임을 밝힘('문: 일체법이 상속하는 뜻〔相續義〕 장章 전체)

3) 경계의 지혜(境智)를 버림으로써 지혜(智)도 없고 얻음도 없음을 밝힘(두 항목)

가. 소관所觀 경계의 분수를 버림(두 항목)

(가) 사事의 경계를 버림(피피망상彼彼妄想의 장章 전체)

(나) 이理의 경계를 버림('일체법은 생기지 않는다' 장章 전체)

나. 능관能觀의 지智를 버림(반연한 일을〔攀緣事〕을 얻지 못한다 1장章)

△이상 단멸해 증득하는 인因의 상相을 밝혔다.

△이하에선 단멸해 증득하는 과果의 상相을 밝힌다.

4) 말을 잊고 단박에 증득함으로써 과해果海가 연緣을 여의었음을 나타낸 걸 밝힘(어리석은 범부 1절節)

(2) 이타행利他行의 원만함(두 항목)

1) 두 가지 행行을 쌍으로 결론 지음(이통二通 장章 전체)

2) 이타利他를 특별히 제시함(지론止論 1장章)

2. 과덕果德을 올바로 나타냄(두 항목)

(1) 전의열반과轉依涅槃果(두 항목)

1) 21가지 삿된 종지를 가려냄('문: 열반' 앞의 0.5장章)

2) 최상最上 일승의 정과正果를 제시함(如我所說涅槃一節)

(2) 전의보리과轉依菩提果(다섯 항목)(경전 4권 초初)

1) 법신 진아眞我의 덕德을 나타냄(두 항목)

가. 세 가지 덕德의 비장秘藏을 나타냄('법신, 반야, 해탈을 밝힘'

공통의 1장章)

나. 일심의 진여眞如를 나타냄(두 항목)

(가) 일체의 상상을 여읨을 밝힘('명자名字의 상상을 여읨, 언설의

상상을 여읨, 심연心緣의 상상을 여읨' 공통의 1장章)

(나) 구경究竟의 일심을 결론지음('상상 없는 견해의 수승함' 이하

게송 마지막까지)

2) 법신의 참되고 항상한 덕德을 나타냄(두 항목)

가. 일곱 가지 무상無常을 타파함(일곱 가지 무상無常 1장章)

나. 참되고 항상함〔眞常〕을 올바로 나타냄(글은 착간錯簡으로

삼매장三昧章 뒤에 있다)

3) 법신의 참되고 즐거운 덕德을 나타냄(삼매 전체의 장章)

4) 법신의 참되고 청정한 덕德을 나타냄(여래장 0.5장章)

5) 의문을 풀고 수행을 권유함('만약 식장識藏의 명칭이 없다면'

이하 세 단락)

△앞서의 첫 권 분별자성장分別自性章으로부터 시작해 단지 이 대과

大科의 제2통通에서만 세 가지 문門을 잡아서 삿됨과 올바름(邪正),

이리와 행行, 인因과 과果의 상상을 변별했다.

(3) 오법五法, 자성自性, 팔식八識 무아無我의 구경究竟 차별상差別相을 밝힘 (두 항목)

1. 미혹과 깨달음의 인의因依를 총체적으로 밝힘('문: 오법五法 등' 1장章)

2. 사문四門의 섭입攝入을 개별적으로 나타냄(다섯 항목)

   (1) 오법五法의 차별상差別相을 밝힘(두 항목)

      1) 차별의 법을 총체적으로 밝힘('어리석은 범부의 장〔愚夫章〕'에서 '이 명칭이 여여如如이다'까지)

      2) 여여如如에 머무는 사람을 나타냄('여여如如에 머무는 자' 2단락)

   (2) 삼문三門이 오법五法에 들어감을 밝힘(두 항목)

      1) 세 가지 자성(三自性)이 오법五法에 들어감을 밝힘(장章 전체)

      2) 팔식八識과 무아無我가 오법五法에 들어감을 밝힘('다시 다음에 〔復次〕' 1장章)

   (3) 사문四門이 일체법을 섭수함을 밝힘(오법五法 1절節)

   (4) 여여如如에 총체적으로 돌아감으로써 정관正觀을 제시한다는 걸 밝힘(오법五法 0.5장章)

   (5) 결론으로 수행하고 배울 것을 권유함('이 명칭' 1절節)

△이상 제3과科 사문四門의 차별상差別相을 마쳤다.

(4) 법신의 상주常住로써 생사와 열반의 평등상平等相을 제시함을 밝힘(두 항목)

1. 법신의 상주常住를 밝힘('항사恒沙 앞의 0.5장章)

2. 평등의 여여如如를 밝힘('생사의 본제本際' 0.5장章)

(5) 장심藏心의 자성自性을 제시함으로써 참[眞]과 거짓[妄], 생겨남[生]과 소멸함[滅]의 평등한 상相을 밝힘(찰나刹那 장章 전체의 게송이 착간錯簡으로 육도六度의 장章 뒤에 있다)

(6) 육도六度를 자세히 밝힘으로써 자성의 묘행妙行의 닦음 없는[無修] 상相을 제시함(육도六度 장章 전체)

(7) 뭇 의문을 자세히 결택決擇함으로써 법신이 허물을 여의었음을 나타냄 (육의六疑 장章 전체)

(8) 성계性戒를 특별히 제시함으로써 중생과 부처의 평등을 환히 드러냄(고기를 먹지 않음[不食肉] 장章 전체)

觀楞伽記略科관능가기약과 끝

관능가아발다라보경기

觀楞伽阿跋多羅寶經記

송宋 천축天竺 삼장三藏 사문沙門 구나발타라求那跋陀羅 번역

명明 건업建鄴 해인海印 사문沙門 석덕청釋德淸 필기筆記

관기 과거의 주석(舊注)에서 능가楞伽는 산 이름으로, 한역하면
'갈 수 없다(不可往)'이다. 또 능가는 성성 이름이라고도 하는
데, 산 정상에 야차왕夜叉王[4]의 성성이 있기 때문이다. 산은 남해南海
물가에 위치해 있다. 아발타라阿跋多羅는 한역하면 무상無上이고, 보寶
는 귀중하다는 뜻이니, 이 경전이 갈 수 없는 무상 보배의 경전(不可往無
上寶經)이란 걸 통틀어 비유하고 있다.

하지만 이런 견해는 잘못이다. 수공受公은 자각성지(自覺聖智: 자각
의 성스러운 지혜)의 경계는 삿된 지혜로 이룰 수 있는 것이 아니기
때문에 '갈 수 없다'고 말했으며, 빛깔에 따라 변하는 마니주摩尼珠[5]는

---

4 야차는 산스크리트어 yakṣa의 음사. 용건勇健이라 번역. ①팔부중八部衆의 하나.
수미산 중턱의 북쪽을 지키는 비사문천왕毘沙門天王의 권속으로, 땅이나 공중에
살면서 여러 신神들과 불법佛法을 수호한다는 신神. ②사람을 괴롭히거나 해친다
는 사나운 귀신.

세상의 보배로는 비교할 수 있는 것이 아니라서 '무상無上'이라 했다. 말하자면 갈 수 없는 곳에 이 무상의 보배가 있다는 뜻인데, 이 해석 역시 충분치 못하다. 『화엄론華嚴論』[6]에서 말한다.

"세존께서는 남해南海 마라야산摩羅耶山[7] 정상에 있는 능가성에서 법을 설했다. 마라야산은 높이가 오백 유순由旬[8]으로 아래로는 큰 바다를 내려다보고 있으며 위로 올라갈 길도 없다. 능가성은 온갖 보배로 이루어졌으며, 그 광명은 해와 달을 비추고 있다. 성 안으로 들어가는 문이 없어서 신통神通[9]을 얻은 자라야 올라갈 수 있는데, 이는 심지心地[10]의 법문法門을 표현한 것으로 수행도 없고 증득도 없어야(無修無證) 비로소 올라갈 수 있다."

이 설명이 참으로 맞다. 나는 오대산五臺山[11]에 머물 때 서역 스님

---

5 마니摩尼는 산스크리트어, 팔리어 maṇi의 음사. 주珠·보주寶珠라고 번역. 보배 구슬을 통틀어 일컫는다.

6 정식 명칭은 『신화엄경론新華嚴經論』이다. 40권. 당唐의 이통현李通玄 지음. 80권 『화엄경』의 특징을 열 가지로 나누어 서술한 다음에 이 경의 취지와 체계를 밝히고 문장의 뜻을 풀이한 저술이다.

7 산스크리트어 malaya의 음사. 남인도의 서해안에 뻗어 있는 산맥 이름으로, 전단栴檀의 산지로 유명하다.

8 산스크리트어, 팔리어 yojana의 음사. 고대 인도의 거리 단위로, 실제 거리는 명확하지 않지만 보통 약 8~10km로 간주한다.

9 산스크리트어 abhijñā. 수행으로 갖추게 되는 불가사의하고 자유자재한 능력.

10 심지心地는 심인心印, 또는 불심인佛心印으로 선종에서 문자나 언어로써 나타낼 수 없는 부처의 자내증을 일컫는 말이다. 즉 필설筆舌에 의하지 않는 결정적이고 불변하는 깨달음의 세계, 즉 불심佛心의 인증引證을 말한다.

11 중국 산서성에 있는 산맥(태행산맥)의 주봉인 오대산을 가리킨다. 5세기경부터

한 명을 만난 적이 있었다. 그는 우전국于闐國[12] 사람으로 1장丈이 넘는 장발에다 나이도 몇 살인지 말하지 않았다. 그러나 이 땅에 들어온 지 30여 년이 되었으며 선관禪觀에 정통하고 아울러 교리에도 밝았으며, 또한 지역 언어에도 능했다. 나의 요청으로 아란야阿蘭若[13]에 3년간 함께 머물렀다. 매번 담론을 하다가 이미 알고 있는 경전 속 산스크리트어를 가지고 그를 시험해 봤는데, 그가 말하는 내용은 모두 고역古譯과 물 흐르듯이 부합하였다. 나의 질문이 『능가경』에까지 미치자, 그 스님은 놀라며 말했다.

"여기에 그『능가경』이 있습니까?『능가경』은 설할 수도 없고 얻을 수도 없는(不可說不可得) 법입니다. 내 나라의 국왕께서 보배처럼 귀중히 여기죠."

그리고는 몇 권이나 있냐고 질문했다. 내가 대답했다.

"전래된 것은 네 권입니다."

스님이 웃으며 말했다.

"전부 다 전래되지는 않았군요. 이 경전은 40권으로 되어 있으니까

문수보살이 사는 청량산에 해당한다고 믿어서, 보현보살의 아미산, 관음보살의 보타락산과 함께 중국 3대 불교 성지의 하나가 되었다. 정토교의 담란(曇鸞, 476~542)이 여기에 놀러 왔다가 성적聖跡에 감탄해서 출가했다는 이야기는 유명하다.

12 타클라마칸(Taklamakan) 사막의 남서쪽, 지금의 화전和田 지역에 있던 고대 국가. 코탄(Khotan).

13 산스크리트어 araṇya, 팔리어 arañña의 음사. 공한처空閑處·원리처遠離處라고 번역. 한적한 삼림. 마을에서 떨어져 수행자들이 머물기에 적합한 삼림이나 넓은 들을 말한다.

겨우 10분의 1만 전래되었군요."

그리하여 경문의 지취旨趣를 물었는데 하는 말마다 발명發明하여 심의식心意識[14]의 경계를 여읜 것이라서 상세히 기술할 수가 없다.

또 능가산楞伽山이 어디에 있냐고 묻자, 그 스님이 답했다.

"능가산은 천축국天竺國[15]의 남해南海에 있습니다."

다시 내가 어째서 능가를 명칭으로 삼았는지 묻자, 스님이 답했다.

"능가는 보배의 명칭입니다. 그 모양은 팔릉(八楞: 팔각형)인데 둥근 원으로 보이죠. 그 몸체는 극히 견고해서 뚫을 수가 없으며 항상 광명을 놓는데, 세간의 보배로는 이를 능가하는 것이 없기 때문에 아발다라阿跋多羅, 한역하면 무상無上이라 합니다. 이 산은 순수하게 이 보배로 되어 있고 보배 명칭을 산 이름으로 삼았기 때문에 '능가아발

---

14 심心은 산스크리트어 citta의 번역어로 질다質多라고도 음역하며, 집기集起를 뜻한다. 의意는 산스크리트어 manas의 번역어로 말나末那라고도 음역하며, 사량 思量을 뜻한다. 식識은 산스크리트어 vijñāna의 번역어로 비야남毘若南이라고도 음역하며, 요별了別을 뜻한다. 크게 보면 심의식心意識, 즉 심心·의意·식識은 모두 마음(6식 또는 8식, 즉 심왕, 즉 심법)과 관련된 것이므로 심의식이라고 통칭하여 칭할 때나 심·의·식 개별로 칭할 때나 모두 마음(6식 또는 8식, 즉 심왕, 즉 심법)을 가리킨다고 할 수 있다. 하지만 세부적으로는 심·의·식의 개별에 대하여 부파불교와 대승불교가 차이가 있고, 나아가 대승불교 간에도 차이가 있다. 그럼에도 불구하고 심心이 집기集起를 뜻하고, 의意가 사량思量을 뜻하고, 식識이 요별了別을 뜻한다는 것에는 부파불교와 대승불교 모두가 의견을 같이하고 있다. 다시 말하면, 마음(6식 또는 8식, 즉 심왕, 즉 심법)에 집기, 사량, 요별의 작용 또는 측면이 갖추어져 있다는 것에는 모두가 견해를 같이하지만, 마음(6식 또는 8식, 즉 심왕, 즉 심법)의 어떤 작용 또는 측면을 집기라고 하고, 사량이라고 하고, 요별이라고 하는가에 대해서는 의견이 갈린다.

15 오늘날의 인도를 말한다.

타라보산楞伽阿跋多羅寶山'이라고 합니다. 산 정상에 성城이 있는데다 이 보배 하늘을 이루고 있어서 들어갈 문이 없습니다. 그래서 야차귀왕 夜叉鬼王[16]이 점거하게 되었죠. 부처님께선 이 산 정상의 성 안에서 이 경전을 설하셨기 때문에 장소로서 경전 명칭을 삼은 겁니다."

다시 내가 물었다.

"이 산에 사람이 갈 수 있습니까?"

스님이 대답했다.

"사람은 갈 수 없습니다. 이 산은 아래가 가늘고 위가 장대한데 늘 짙은 먹구름이 낀 캄캄한 밤입니다. 간혹 파도가 솟구치면 그 산은 더욱 형태가 분명히 드러나고 광명도 더욱 치성해집니다. 또 바다가 고요해지고 허공이 맑아서 하늘에 구름 한 점 없으면 바다와 허공이 한 빛깔이 되어서 그 산도 보이지 않습니다. 그러나 그 땅에서 선禪을 닦는 승려는 바닷가를 경행經行[17]하다가 그곳을 바라봄으로써 관觀에 들어갑니다."

생각건대 『화엄론』은 이 서역 스님의 말에 준거한 것으로 보인다. 즉 보배로써 산의 이름을 짓고 처소處所로써 경전 이름을 지은 것에는 깊은 의미가 있으니, 『연기경緣起經』[18]에서는 "들어가기 어려운 미증유

---

16 야차들의 왕.

17 승려가 좌선 중에 졸음이 오거나 피로할 때에 심신을 가다듬기 위하여 경문을 외면서 일정한 장소를 조용히 걷는 행보. 움직이면서 하기 때문에 행선行禪이라고 도 한다.

18 7세기 중엽 당나라의 학승 현장(玄奘, 602~664)이 번역하였다. 1권으로 된 이 경은 사람들이 고통스러운 세상에서 생존하게 되는 원인과 조건들의 상호관계를 나타낸 12인연에 대해 설법하고 있다. 이 경과 같은 내용은 『잡아함경』 50권의

未曾有[19]의 회상에서 다른(他) 연기를 따르는 다라니 지혜(隨他緣起陀羅尼智)를 이름하여 능가왕식楞伽王識이라 설했다"고 하였다. 대체로 처소를 잡아 법을 표현한 것에도 심오함과 현묘함이 보인다. 그러나 교법에서 칭하는 지해智海, 성해性海, 각해覺海, 심해心海 나아가 보명공해寶明空海[20]까지도 이 『능가경』에서는 장식해藏識海 또는 생사유해生死喩海, 열반유해涅槃喩海라고 한다. 산산의 비유에서는 오온을 역시 산에 비유하고 있고, 게다가 야차夜叉는 '두려운 귀신(可畏鬼)'이라 하는데 하늘을 날아다니며 살아 있는 생명을 잡아먹는 자이다. 그러나 우리 부처님은 이 바다에 있는 보산寶山의 야차왕성夜叉王城에 특별히 머물면서 이 경전을 설하여 자각성지自覺聖智의 경계境界를 나타내 보이셨다. 경전에서 언급된 것으로는 오법五法[21], 삼자성三自性[22], 팔식八識[23], 이무아二無我[24]가 있는데, 이는 바로 관법觀法에 처한 것으로

제47권에도 있다.

19 산스크리트어 adbhuta-dharma ①전례 없던 일. 예전에 들어 본 적이 없던 일. 매우 놀라운 일. 아주 드문 일.

20 보배처럼 밝은 텅 빈 바다란 뜻으로 일진법계(一眞法界: 하나의 참 법계)를 말한다.

21 명(名: 명칭), 상(相: 모습), 분별分別, 정지正智, 여여如如를 말한다.

22 자성(自性, 산스크리트어: svabhāva, sva-laksana, svalakṣaṇa, 팔리어: sabhāva)은 다른 어떤 것과도 관계하지 않는 자기만의 특성이다. 즉 어떤 법法의 본질적 성질을 그 법法의 자성이라고 하며, 간단히 성性이라고도 하며, 또한 다른 말로 체體 또는 실체實體라고도 하며, 또한 체성體性이라고도 한다.
삼자성은 다음과 같다. (1) 변계소집성遍計所執性: 온갖 분별로써 마음속으로 지어낸 허구적인 대상. 온갖 분별로 채색된 허구적인 차별상. (2) 의타기성依他起性: 온갖 분별을 잇달아 일으키는 인식 작용. (3) 원성실성圓成實性: 분별과 망상이 소멸된 상태에서 드러나는, 있는 그대로의 청정한 모습.

그 지취旨趣가 미묘하다. 왜 그런가? 경전에서는 "장식해藏識海는 항상 머물고 있다. 경계의 바람으로 움직이면서 큰 파도가 어두컴컴한 골짜기를 단절되는 때 없이 끊임없이 쳐댄다"고 하니, 그렇다면 지혜의 바다(智海)는 자체의 성품이 없어서 각覺의 망녕됨(妄: 거짓)을 인해 범속함(凡)을 이루고, 맑고 고요한 심해心海는 변화해서 생사生死의 업해業海가 되고, 보명묘심(寶明妙心: 보배처럼 밝은 묘한 마음)은 변화해서 팔식과 오온의 환망(幻妄: 허깨비나 거짓)으로 이루어진 몸과 마음이 되니, 이 때문에 보배가 팔릉八楞인 것이다. 산의 높이가 오백 유순由旬이지만 번뇌와 생사의 야차에게 점거되어 있는데, 하지만 먹구름이 긴 캄캄한 밤이 와서 파도가 솟구쳐 오를 때 산의 형태가 더욱 드러난 것은 소위 망상이 흥기해서 열반이 나타난 것이다. 야차귀왕이 부처님께 설법을 청한 것은 소위 번뇌가 일어나서 불도佛道가 이루어진 것이다. 아니면 이 보명묘성(寶明妙性: 보배처럼 밝은 묘한 성품)을 더욱 드러낸 것이니, 비록 생사대해生死大海의 오온산五蘊山에 머물지라도 번뇌에 침탈당하지 않고, 생사의 파도에 휩쓸리지 않고, 경계의 바람에 흔들리지 않으며, 무명無明의 캄캄한 어둠(黑暗)에서도 그 어둠이 능히 혼미하게 하지 못하며, 기나긴 밤의 어둠(冥冥) 속에서도 신령스런 광명이 홀로 드러날 뿐이다.

---

23 유식설唯識說에서 분류한 여덟 가지 마음 작용. 곧 안식眼識·이식耳識·비식鼻識·설식舌識·신식身識·의식意識·말나식(末那識: 제7식)·아뢰야식(阿賴耶識: 제8식).

24 인간은 오온五蘊의 일시적인 화합에 지나지 않으므로 거기에 불변하는 실체가 없다는 인무아人無我와 모든 현상은 여러 인연의 일시적인 화합에 지나지 않으므로 거기에 불변하는 실체가 없다는 법무아法無我를 말한다.

또 "바다는 고요하고 허공은 맑아져서 산은 곧 나타나지 않는다"는 더욱 더 지혜 바다(智海)가 원만하고 맑음을 보자 삼라만상이 환해지면서 일제히 인印을 치고, 몸과 마음의 세계가 당장에 녹아 내려서 생사와 열반이 때(時)에 감응해 평등하니, 이에 이르면 마魔와 부처가 모두 공空해서 둘 다 얻을 수 없다. 아! 신실信實하도다, 이것은 자각성지무상존정법문(自覺聖智無上尊頂法門: 자각성지의 더 이상 위가 없는 존귀하고 정상인 법문)이로다. 또 이 경전의 명칭이 뜻으로 번역하면 '갈 수 없다'라서 오직 신통을 지닌 자라야 능히 이를 수 있으니, 그 의미는 이 법문이 심행처(心行處: 마음이 가는 곳)가 아니고 오직 상상上上 근기의 사람만이 한 번에 들어가고 단박에 들어가지 이리저리 더듬어 찾거나 모으는 짓을 허락하지 않는다는 것이다. 들어가지 못함(不入)은 사량思量의 반연攀緣을 허락하지 않는 것으로 단지 경계의 파도와 번뇌의 흑암黑暗 속에서 관觀할 뿐이니, 관하지 못하면 생사의 바다 속에 이 물건(物)이 있음을 알지 못한다. 이 『능가경』은 근기가 성숙한 자를 위해서 업식業識[25]의 종자種子가 여래장如來藏[26]임을 단박에 설했

---

25 진여眞如의 본성本性이 무명無明의 힘에 의해 처음으로 움직이는 것. 일반적으로는 과거에 저지른 미혹한 행위와 말과 생각의 과보로 현재에 일으키는 미혹한 마음 작용이다.

26 여래장如來藏은 타타가타가르바(Tathāgatagarbha)의 뜻에 따라 번역한 것으로, 여래태如來胎라고 하기도 한다. '여래'(타타가타Tathāgata)는 부처를 의미하고 '장' 또는 '태'(가르바Garbha)는 모태와 태아 둘 다를 뜻한다. 따라서 여래장은 '그 태내에 부처를 잉태하고 있는 것'과 '성장해서 부처가 될 태아'라는 두 가지 뜻을 담고 있다. 달리 말하면, 여래장은 인간이 본래부터 가지고 태어나는, 부처가 될 수 있는 가능성을 일컫는 말이다.

여래장 사상에서는, 깨치지 못한 상태의 사람('범부凡夫')의 마음은 비록 현실적으

으니, 이름하여 돈교頓敎[27]의 대승大乘이다. 고덕古德은 이렇게 말했다.

"『능가경』에서는 오법과 삼자성이 모두 공空하고 팔식八識과 이무아 二無我를 모두 떨쳐버렸다고 설했기 때문에 달마 대사는 이 경전을 심인心印으로 삼은 것이다."

마 대사馬大師가 말한다.

"『능가경』은 부처의 말씀과 마음을 종지宗旨로 삼고 무문無門을 법문으로 삼는다. 그래서 종문宗門의 사장(師匠: 스승)이 사람을 가르 치면 곧바로 심의식心意識을 여의고 참구參究해야 하며 범속함과 성스 러움의 길을 벗어나서 배워야 한다. 그런데도 가르침을 설하는 자가 단지 명칭을 표방하고 법을 세우기만 할 뿐 오법과 삼자성이 모두 공空하고 팔식八識과 이무아二無我를 모두 떨쳐버림을 알지 못한다면

로는 미혹迷惑과 더러움에 뒤덮여 있지만 그 본성은 청정하며('자성청정심自性淸淨 心'), 수행에 의해 그 청정한 본성을 전부 나타낼 수 있으며, 그 청정한 본성을 전부 나타내게 된 상태가 여래라고 주장한다. 인간의 미혹과 깨달음, 일상심日常心 과 여래장의 관계에 대해 이와 같은 주장을 하고 논지를 편 불교 이론 또는 교의가 여래장연기설如來藏緣起說이다. 여래장은 본질적으로 불성佛性 또는 진여 眞如와 동일한 개념이다.

27 오교五敎의 하나. 오교는 화엄종을 창시한 당나라의 두순杜順의 교판을 법장法藏 이 발전·체계화한 것으로, ① 소승교小乘敎: 사제(四諦: 苦·集·滅·道의 네 가지 진리), 십이연기十二緣起를 설하는 『아함경阿含經』의 가르침, ② 대승시교大乘始 敎: 공空을 설하는 『반야경般若經』과 유식唯識을 설하는 『해심밀경解深密經』의 가르침, ③ 대승종교大乘終敎: 진여眞如·여래장如來藏을 설하는 『대승기신론大乘 起信論』 등의 가르침, ④ 돈교頓敎: 곧바로 깨달음에 들어간다고 하는 『유마경維摩 經』 등의 가르침, ⑤ 원교圓敎: 일승一乘을 설하는 『화엄경華嚴經』의 가르침을 말한다.

후대의 배우는 사람에게 어떤 이익을 줄 수 있겠는가. 조사祖師의
심인心印도 이와 같을 뿐임을 억측해 헤아리니, 슬프도다!"

일체불어심품一切佛語心品 제1의 상上

관기 품품의 이름을 마음으로 지은 것은 일심一心[28]을 종지로 삼은
것이다. 소위 '적멸'을 이름하여 일심이라 하니, 즉 성자성청정
제일의심性自性淸淨第一義心[29]이다. 일체 모든 부처는 모두 이 마음을
증득했고, 중생에게 열어 보인 것도 오직 이 마음을 가리켰을 뿐이니,
이 때문에 '일체 부처의 깨달은 마음(一切佛悟心)'이라 말한 것이다.

옛 주석에서는 이 경전의 대부大部가 십만 개의 계偈, 사십만 개의
구句, 삼백이십만 개의 말(言), 백오십 개의 품品으로 이루어졌다고
했다. 하지만 전래된 것은 오직 이 일품一品뿐이다. 비록 문장이 광대하
고 권수가 많더라도 그 진실하고 총체적인 내용은 모두 이 일심법一心法
을 단박에 제시한 것이다. 이 경전은 십이부部[30] 중에 미증유부未曾有部

---

28 ①대립이나 차별을 떠난 평등한 마음. ②한곳에 집중하여 산란하지 않는 마음.
   통일된 마음. ③중생이 본래 갖추고 있는 청정한 성품. ④아뢰야식阿賴耶識.
29 성자성인 청정한 제일의의 마음. 성자성性自性은 사물에 갖춰진 본성을 뜻한다.
30 부처의 가르침을 그 내용이나 서술의 형식에 따라 12가지로 분류한 것으로,
   12부경部經이라고도 한다. 이 분류법은 불경의 최초 편찬과 더불어 이루어진
   것이다. 12부경은 다음과 같다.
   ①경經: 계경契經·법본法本이라고도 한다. 산문散文에 의하여 설교된 가르침의
   요강, 즉 사상적으로 그 뜻을 완전히 갖춘 경문經文을 말한다. 수트라(sūtra,
   修多羅). ②중송重頌: 응송應頌이라고도 한다. 경(수트라)을 게송偈頌으로써 재설再

說한 것으로 운을 붙이지 않은 시체 형식을 취하고 있으며, 산문으로 된 본문의 뜻을 거듭 설명하는 형식을 취하고 있다. 게야(geya, 祇夜). ③수기授記: 기별記別이 라고도 한다. 부처가 제자의 질문에 대해서나, 그 미래에 대해서 기설記說한 것이다. 즉 부처가 제자들에게 다음 세상에 어떤 환경에서 성불하리라는 것을 구체적으로 예언한 경문의 부분이다. 뱌카라나(vyakarana, 和伽羅那). ④고기송孤 起頌: 송송頌·풍송諷頌이라고도 한다. 가르침을 게송으로 나타내는 것이다. 즉 본문과는 관계없이 노래한 운문을 말한다. 가타(gatha, 伽陀). ⑤무문자설無問自說: 자설自說이라고도 한다. 다른 사람으로부터의 질문을 기다리지 않고, 부처가 우희憂喜의 감흥에 의해서 스스로 설법한 것, 즉 부처가 체험한 감격을 누구의 질문에 의하지 않고 스스로 설한 경전을 말한다. 우다나(udana, 優陀那). ⑥인연因 緣: 연기緣起라고도 한다. 경이나 율이 설법된 연유를 밝힌 것이다. 즉 어떤 경전을 설법하게 된 사정이나 동기 등을 서술한 부분을 말한다. 니다나(nidana, 尼陀那). ⑦비유譬喩: 부처 이외의 인물을 주인공으로 한 과거세過去世 이야기이다. 즉 경전 가운데서 비유나 우언寓言으로 교리를 해석하고 설명한 부분을 말한다. 아바다나(avadana, 阿波陀那). ⑧여시어如是語: "이와 같이 세존世尊은 설법하였다" 라고 시작되는 부분, 즉 경전의 첫머리의 "여시아문如是我聞" 곧 "이와 같이 내가 들었노라"라고 적혀 있는 것을 말한다. 이 말 속에는 부처가 이와 같이 설법한 것이므로 그대로 믿고 의심하지 않는다는 뜻도 포함되어 있다(다만 과거세 이야기의 한 가지로 보는 전승도 있음). 이티브리타카(itivṛttaka, 伊帝目多伽, 本師). ⑨본생本生: 부처의 전생 이야기, 즉 부처가 전생에 수행하였던 이야기를 적은 경문을 말한다. 자타카(jataka, 闍陀伽). ⑩방광方廣: 방등方等이라고도 한다. 심원 한 법의法義를 넓게 설법한 것이다. 즉 그 의미를 논리적으로 더 깊고 넓게 확대, 심화시켜 가는 철학적 내용의 성격을 띤 경문을 말한다. 바이풀랴(vaipulya, 毘佛略). ⑪미증유법未曾有法: 희법稀法·희유법希有法이라고도 한다. 부처나 불제 자들의 공덕이 드물고(稀有) 가장 뛰어난(最勝) 것을 설법한 것, 즉 경전 가운데 불가사의한 일을 말한 부분이다. 아드부타 다르마(Adbhūta dharma, 阿浮達磨). ⑫논의論議: 부처의 가르침을 논의·해설한 것, 즉 해석하고 논술한 연구논문 형식의 경문을 말하는데, 부처가 논의하고 문답하여 온갖 법의 내용을 명백히 밝힌 부분이다. 우파데샤(upadeśa, 優婆提舍).

에 속하며, 오교五教 중에는 돈교대승頓教大乘이다. 또 돈교와 원교를
겸하기도 한다. 말하자면 원만圓滿의 일심을 단박에 제시한 것이니,
오성五性[31]과 삼승三乘[32]이 다 똑같이 증명하기 때문이다. 만약 천태天台
오의五義의 관점에서 해석한다면 단순 비유(單喩)를 이름으로 삼은
것이니, 능가의 보배가 식識의 성품을 비유하기 때문이다. 보배 산과
보배 성城에 부처와 마魔가 함께 머무는 것은 오온의 몸과 마음이
일체 성현과 범부가 의지依止하는 바임을 비유하기 때문이며, 여래장
을 체體로 삼는 것은 말하자면 여래장이 선善과 불선不善의 원인이기
때문이며, 자성청정自性淸淨[33]이 삼십이상상相[34]으로 전변하여 일체중생

---

31 법상종法相宗에서, 선천적으로 정해져 있는 중생의 소질을 다섯 가지로 차별한
   것. (1) 보살정성菩薩定性: 보살의 소질을 지니고 있는 자. (2) 연각정성緣覺定性:
   연각의 소질을 지니고 있는 자. (3) 성문정성聲聞定性: 성문의 소질을 지니고
   있는 자. (4) 부정성不定性: 보살·연각·성문 가운데 어떤 소질인지 정해지지
   않은 자. (5) 무성無性: 청정한 성품으로 될 가능성이 전혀 없는 자.
32 삼승三乘의 산스크리트어는 트리야나(tri-yāna)이다. 승乘은 중생을 깨달음으로
   인도하는 부처의 가르침이나 수행법을 뜻한다. 삼승은 부처가 중생의 능력이나
   소질에 따라 설한 세 가지 가르침으로 다음과 같다. (1) 성문승聲聞乘: 성문을
   깨달음에 이르게 하는 부처의 가르침. 성문의 목표인 아라한阿羅漢의 경지에
   이르게 하는 부처의 가르침. 성문의 수행법. (2) 연각승緣覺乘: 연기緣起의 이치를
   주시하여 깨달은 연각에 대한 부처의 가르침. 연각의 경지에 이르게 하는 부처의
   가르침. 연각에 이르는 수행법. (3) 보살승菩薩乘: 깨달음을 구하면서 중생을
   교화하는 수행으로 미래에 성불成佛할 보살을 위한 부처의 가르침. 자신도 깨달음
   을 구하고 남도 깨달음으로 인도하는 자리自利와 이타利他를 행하는 보살을
   위한 부처의 가르침.
33 중생이 갖추고 있는 진여심의 체성은 본래 청정해 물들거나 거리낌이 없는 것.
34 부처나 전륜성왕이 몸에 지니고 있다는 32가지 모습. 상相은 전생에 쌓은 공덕이

의 몸속으로 들어가기 때문이다. 성자성性自性[35] 제일의第一義의 마음을 종지로 삼는 것은 일체 성인과 범부가 함께 증명하는 것이기 때문이며, 삿됨을 꺾고 올바름을 드러내서 의심을 끊고 믿음을 낳는 것은 용用이니, 외도外道[36]와 이승二乘[37]의 삿된 소견과 의심의 그물을 찢어버려서 결정코 일승一乘[38]의 올바른 믿음을 생기게 하기 때문이다. 무르익은 연유(숙소熟酥)[39]를 교상(敎相: 교리의 양상)으로 삼으니, 말하자면 오성五性과 삼승이 모두 성불의 분수가 있다고 설한 것이다. 다만 아직 수기授記를 받지 못한 것은 한 번 변해야 도道에 도달할 수 있기 때문이다. 마치 저 열을 가한 연유가 한 번 변해야 제호醍醐[40]에 이를

신체적인 특징으로 나타난 것이다.

35 자성에 대해서는 각주 22를 보라. 성자성性自性은 『능가경』에서 말하는 집성集性자성. 성性자성. 상성相性자성. 대종성大種性자성. 인성因性자성. 연성緣性자성. 성성成性자성의 일곱 가지 자성 중 하나이다.

36 불교 이외의 가르침을 말한다. 육사외도六師外道·육파철학六派哲學 등이 여기에 해당한다. 이에 반해 불교는 내도內道라고 한다.

37 성문승과 연각승을 일컫는 말이다.

38 일불승一佛乘이라고도 한다. 불교의 가르침은 다양하게 설해져 있지만 그것들은 모두 사실은 방편설이고, 궁극적 진실의 가르침은 유일·절대적이다. 이 유일·절대적인 가르침이 듣는 사람의 능력·소질·조건·환경 등에 맞춘 방편으로서 설해진 것이 삼승이며, 일승이란 이들 모두를 통일하는 불승佛乘임을 설한 데서 비롯되었다.

39 우유를 정제하여 만든 다섯 가지 유제품 중 네 번째 제품이다. 이 다섯 가지 유제품을 불전은 오미五味라고 하는데 우유(乳)·락酪·생소生酥·숙소熟酥·제호醍醐이다.

40 우유를 정제하면 유, 락, 생소, 숙소, 제호의 다섯 가지 단계의 제품이 나오는데, 이 중 제호의 맛이 가장 좋다. 제호는 제호상미醍醐上味의 준말로 비교할 수

수 있는 것과 같으니, 공功을 베풀기가 쉽기 때문이다. 말하자면 방편을
열어 실제를 드러내는(開權顯實) 기틀을 대략 제시한 것은 법화法華로
가기 위한 사전 인도로 여기기 때문이다. 만약 종취(宗趣: 종지의 지취)
로써 말한다면, 제일의第一義⁴¹의 마음을 종지로 삼고 자각성지自覺聖
智를 지취로 삼는 것이며, 또 자각성지의 무상법문無相法門을 종지로
삼고 말을 잊고 묵묵히 증득하는 것을 지취로 삼는다.

이와 같이 나는 들었다. 한때 부처님께서는 남해 바닷가에 있는 능가산
에 머물고 계셨다. 그곳은 갖가지 보화(寶華: 보배 꽃)로 장엄되었고
대비구 승려와 대보살 대중이 함께 있었다. 이들은 갖가지 다른 불찰佛
刹⁴²로부터 왔는데, 이는 여러 보살마하살의 무량삼매자재력無量三昧
自在力에서 나온 신통의 유희이다.

대혜大慧보살마하살이 상수上首⁴³가 되었는데, 일체 모든 부처님의
손이 그의 정수리에 관정灌頂⁴⁴을 하자 자기 마음이 경계를 나타내서

없이 좋은 맛을 뜻하며, 불교에서는 가장 숭고한 부처의 경지를 의미하는 말로
쓰인다. 산스크리트로는 만다manda라고 한다.

41 산스크리트어 paramārtha. 가장 뛰어난 이치. 궁극적인 이치. 또는 근본 뜻을
가리킨다.

42 절. 또는 부처님이 계시는 국토라는 뜻에서 불국佛國·불토佛土라고도 한다.

43 수행자들 가운데 우두머리. 설법하는 자리에 모인 대중 가운데 우두머리.

44 산스크리트어 아비세차나abhisecana 또는 아비세카abhiseka의 번역. 수계하여
불문에 들어갈 때 물이나 향수를 정수리에 뿌린다는 뜻. (1) 원래 인도에서는
제왕의 즉위식 및 태자를 책봉할 때 그 정수리에 바닷물을 뿌리는 의식. (2)
보살이 구지九地에서 제십 법운지法雲地에 들어갈 때 온갖 부처가 지수智水를
그 정수리에 뿌려 법왕의 직책을 받았음을 증명하는 것. 이것을 수직관정受職灌頂

그 뜻을 잘 이해했으며, 갖가지 중생, 갖가지 마음과 색色, 한량없는 제도의 법문을 품류에 따라 두루 나타냈다. 그리고 오법五法, 삼자성三自性, 팔식八識, 이무아二無我에 대해서도 구경(究竟: 궁극)까지 통달하였다.

如是我聞. 一時佛住南海濱楞伽山頂. 種種寶華以爲莊嚴. 與大比丘僧及大菩薩衆俱. 從彼種種異佛刹來. 是諸菩薩摩訶薩無量三昧自在之力. 神通遊戲. 大慧菩薩摩訶薩而爲上首. 一切諸佛手灌其頂. 自心現境界善解其義. 種種衆生. 種種心色. 無量度門. 隨類普現. 於五法自性識二種無我究竟通達.

관기 이 단락은 설법의 이유를 서술하고 있다. '여시아문如是我聞' 등은 소위 여시如是의 법으로 '나는 부처님으로부터 들었다'는 뜻이다. '한때(一時)'는 기연이 감응하여 모이는 때이지 고정된 때를 가리키는 것은 아니다. 부처(佛)는 설법의 주체이며, 산은 설법의 처소이며, 보살은 청중이다. 이 결집結集[45]은 부처님의 고명顧命[46]으로 언설을 수립한 것으로서 모든 경전의 첫머리에는 모두 다 놓여 있고

이라 한다. 또 십주十住의 제십위十位를 관정주灌頂住라고도 한다. 혹은 『대사大事』(석존의 사적과 본생 등을 기록한 책)에 있는 보살 십지十地 중 제십지를 관정지灌頂地라 한다. 관정위灌頂位란 이 밖에 특히 등각위等覺位를 가리킬 때 쓰인다.

[45] 산스크리트어 상기티saṃgīti의 의역. 자격 있는 사람들이 모여 불전佛典을 올바로 평가하고 편찬하는 일을 의미한다. 인도에서는 전후 네 차례의 결집이 있었다고 한다.

[46] 유명遺命 또는 유훈遺訓이라고도 한다. 부처가 남긴 말.

번잡한 다른 교설은 없다.

'산 정상은 갖가지 보화로 장엄되었다'는 이 무상정법無上頂法의 여래장심如來藏心이 바로 일체 모든 부처의 인지因地임을 말한 것이다. '부처와 보살이 모두 다른 불찰로부터 왔다'는 여기서는 범속함과 성스러움이 성립하지 않음을 보이기 때문이다. '대혜가 상수上首가 되었다'는 이 법이 심식心識으로는 도달할 수 없고 오직 대지大智라야 들어가는 걸 허락하기 때문이다.

'자기 마음(自心)' 이하는 덕을 찬탄한 것이다. '갖가지 중생, 갖가지 마음과 색色, 한량없는 제도의 법문, 그리고 오법, 삼자성, 팔식, 이무아' 등의 법은 모두 자기 마음의 경계를 나타낸 것으로서 대지혜를 갖춘 사람만이 그 뜻을 잘 이해해 구경究竟까지 통달한다. 두 번역[47]에서 모두 말한다.

"바가바婆伽婆[48]께서는 큰 바다(大海) 물가에 있는 마라야산摩羅耶山[49] 정상의 능가성楞伽城에 머무셨는데, 그 성은 바로 바라나야차婆羅

---

47 위魏 나라 때 보리류지가 서기 513년에 번역한 『입능가경入楞伽經』 10권과 당唐의 실차난타(實叉難陀: Śikṣānanda, 652~710)가 700~704년에 번역한 『대승입능가경大乘入楞伽經』 7권을 말한다. 여기서 전자는 위역魏譯이라 하고, 후자는 당역唐譯이라 한다.

48 산스크리트어 bhagavat의 음사. 박가범薄伽梵이라고도 한다. 유덕有德·중우衆祐·세존世尊이라 번역. 모든 복덕을 갖추고 있어서 세상 사람들의 존경을 받는 자, 세간에서 가장 존귀한 자, 곧 부처를 일컫는다.

49 산 이름. Malaya, 혹은 마라야魔羅耶·마라연摩羅延·마리산摩梨山이라고도 한다. 남천축 마리가라야국摩利伽羅耶國의 남방에 위치하고 있으며, 이 나라 이름으로 인해 마라야산이란 이름을 얻었다. 그 산에 백전단목白旃檀木이 있어 전단향旃檀香이 나온다고 한다.

那夜叉 왕이 점거하고 있었다. 부처님께서는 바다의 용왕궁龍王宮에서 7일간 설법을 마친 후 큰 바다로부터 나와서 눈을 들어 산 정상의 성을 바라보며 이렇게 말씀하셨다.

'옛날 여러 여래응정등각如來應正等覺께서는 여기서 스스로 터득한 성지증법(聖智證法: 성스러운 지혜로 증득한 법)을 설하셨는데 그건 외도의 억측으로 헤아린 사견邪見 및 이승二乘이 수행하는 경계가 아니다. 나도 이제 응당 바라나왕을 위해 이 법을 열어 보이겠다.'

당시 야차왕은 부처의 신력神力을 통해 부처의 말씀(言音)을 듣고서 즉시 권속들과 함께 부처님께서 그 성에 돌아와 줄 것을 청했다. …"

두 번역에는 모두 야차왕이 법을 묻는 인연이 실려 있는데 이 경전에선 생략되었다. 이 경전을 보는 자가 두 번역과 융합하여 회통會通한다면 이 경전의 종취宗趣를 단박에 볼 것이다.

이때 대혜보살과 마제보살이 함께 일체 모든 부처님 찰토(刹土: 국토)를 유행遊行하다 부처님의 신력神力을 받아 자리에서 일어났다. 그리고는 오른쪽 어깨를 드러내고 오른쪽 무릎을 땅에 댄 채 합장으로 공경을 표하면서 부처님을 찬란하는 게송을 읊었다.

爾時大慧菩薩與摩帝菩薩俱遊一切諸佛刹土. 承佛神力. 從座而起. 偏袒右肩. 右膝著地. 合掌恭敬. 以偈讚佛.

 이것은 해당 기연機緣[50]이 부처님을 뵙는 의식儀式을 따로 서술한 것이다. 대혜가 '해당 기연'이 된 것은 이 무상無上 법문이 대지혜를 갖춘 사람이 아니면 감당할 수 없기 때문이며, '마제摩帝와 함께 유행했다'는 것은 마제 역시 '지혜(慧)'라는 말로 번역되니, 소위 통달한 자로서 함께 열반의 길을 유행한 것이다.

세간의 생멸을 여읨이
마치 허공 꽃과 같으니
지혜(智)가 유有와 무無를 얻지 못하자
커다란 연민의 마음(大悲心)이 일어난다.

일체의 법은 환상과 같아서
심식心識을 멀리 여의니
지혜(智)가 유有와 무無를 얻지 못하자
커다란 연민의 마음(大悲心)이 일어난다.

단견斷見과 상견常見을 멀리 여의어서
세간은 항상 꿈과 같으니
지혜(智)가 유有와 무無를 얻지 못하자
커다란 연민의 마음(大悲心)이 일어난다.

인무아人無我와 법무아法無我를 알고
번뇌 및 이염爾欲[51]도 알면

---

50 ①중생의 소질이나 능력이 부처의 가르침을 받을 만한 조건이 되는 것. ②가르침을 주고받게 된 스승과 제자의 인연. ③어떤 일이 일어나게 되는 계기·동기.

항상 청정하고 상相이 없어서
커다란 연민의 마음이 일어난다.

일체는 열반이 없고
열반한 부처도 있지 않으니
부처의 열반도 있지 않아서[52]
각覺과 소각所覺을 멀리 여읜다.

있든(有) 있지 않든(無有)
이 둘을 모두 함께 여읨은
석가모니의 적정寂靜한 관觀이니
그렇다면 생겨남(生)을 멀리 여읜다.
이를 이름하여 '취하지 않음'이라 하니
지금 세상에서도 뒷세상에서도 청정하리라.

---

51 산스크리트어 Jñeya의 음역. 이염爾炎이라고도 한다. 의역인 소지所知, 경계境界,
지모智母, 지경智境, 그리고 성명聲明, 공교명工巧明, 의방명醫方明, 인명因明, 내명內
明 등 5명明의 법이 모두 능히 지혜를 낳을 수 있는 경계라 하며 이염爾焰이라
칭한다. 『승만보굴勝鬘寶窟』 권상(上大三七·一六中)에 다음과 같이 말한다. "이염爾
炎은 지모智母라 칭하는데 능히 지혜를 낳기 때문이다. 또한 지경智境이라 칭하기
도 한다. 즉 5명 등의 법은 능히 지해智解를 낳기 때문에 지모智母는 지혜로
비추는 것으로서 지경智境이라 칭한다."(『보살지지경菩薩地持經』 권9, 『유가사지론瑜
伽師地論』 권86, 『현응음의玄應音義』 권12)

52 여기서 무(無: 없음)와 유(有: 있음)는 실체성이 있는 무와 유이지 언어적인 무와
유가 아니다.

世間離生滅. 猶如虛空華. 智不得有無. 而興大悲心. 一切法如幻.
遠離於心識. 智不得有無. 而興大悲心. 遠離於斷常. 世間恒如夢.
智不得有無. 而興大悲心. 知人法無我. 煩惱及爾燄. 常淸淨無相.
而興大悲心. 一切無涅槃. 無有涅槃佛. 無有佛涅槃. 遠離覺所覺.
若有若無有. 是二悉俱離. 牟尼寂靜觀. 是則遠離生. 是名爲不取.
今世後世淨.

관기 이는 경전 전체의 종지와 지취旨趣를 정확히 계발한 것이다.
이염爾燄은 산스크리트어인데, 한역하면 소지所知이고 또는
지혜의 장애(智障)라고도 한다. '일체는 열반이 없고(一切無涅槃)'는
위역魏譯[53]에서는 '유有와 무無를 둘 다 여의고'라고 하였다. 대체로
'일체'는 바로 생사인 유법有法이고 '열반'은 무법無法이다. '무無'[54]란
유와 무가 둘 다 공하기 때문에 『잡화엄雜華嚴』에서는 이렇게 말했다.

"유의 다툼(有諍)은 생사를 설명하고, 무의 다툼(無諍)은 열반을
설명하는데, 생사와 열반은 둘 다 얻을 수 없다."

그리하여 다음 해석에선 이렇게 말한다.

"열반한 부처도 있지 않고 부처의 열반도 있지 않으니, 각覺과 소각所
覺을 멀리 여의어서 유有와 무無 둘 다 여읜다. 이것이 이 둘을 아는
것이며 바로 망견妄見을 분별하는 것이다."

그리고 두 번째 번역(二譯: 『대승입능가경』)에서 실차난타實叉難陀는
이렇게 말하고 있다.

---

53 앞서 말한 보리류지가 번역한 『입능가경』(10권)을 말한다.
54 여기서 '무'는 앞에 나온 '무법의 무'이다. 즉 유有도 무無도 공空한 '무'이다.

"야차왕은 부처님에게 능가성에 드시도록 청해서 공양을 다 바치고 난 뒤 곧바로 두 가지 법으로 부처님께 질문했다.

'여래께서는 항상 「법도 응당 버려야 하거늘 하물며 비법非法이랴?」라고 설하십니다. 어떻게 해야 이 두 가지 법을 버리게 됩니까? 무엇이 법이고 무엇이 비법입니까?'

세존께서 답하셨다.

'법과 비법의 차별상差別相은 범부들이 분별하는 것이지 성스러운 지혜로 보는 것이 아니다. 나아가 무엇이 법인가? 소위 이승二乘과 외도들은 허망하게 분별해서 실체 따위를 두어 모든 법의 원인이 된다고 설하는데, 이런 따위의 법은 응당 버려야 하고 응당 여의어야 하지 그 속에서 분별하여 상相을 취하지 말아야 한다. 자기 마음의 법성法性을 보면 집착이 없다. 관觀을 행하는 사람들이 비발사나(毘鉢舍那: 비파사나)[55]로 실답게 관찰하는 것을 이름하여 「온갖 법을 버린다」고 한다.

무엇이 비법인가? 소위 온갖 법은 성품도 없고 모습도 없어서(無性無相) 영원히 분별을 여의었다. 이를 실답게 보는 자는 있다(有)거나 없다(無)거나 하는 경계를 모두 일으키지 않으니, 이를 이름하여 「비법을 버린다」라고 한다.'"

보리류지菩提流支[56]는 말한다.

---

55 산스크리트어 vipaśyanā, 팔리어 vipassanā의 음사. 관觀이라 번역. 몸과 마음은 무상·고·무아라고 통찰한다. 지혜로써 대상을 있는 그대로 자세히 주시한다. 마음을 한곳에 집중하여 산란을 멈추고 평온하게 된 상태에서 대상을 있는 그대로 응시하고 통찰하는 수행.

"실답게 보는(如實見) 것은 이름하여 정견正見이라 하며, 만약 다른 견해라면 이름하여 사견邪見이라 한다. 가령 '분별'이란 이름하여 '둘을 취하는' 것이니, 모두 다 허망해서 적멸寂滅을 얻지 못한다. '적멸'이란 이름하여 일심一心이라 하며, '일심'이란 이름하여 여래장如來藏이라 하며, '여래장'이란 자내신自內身의 지혜 경계에 들어가는 것으로서 무생법인無生法忍의 삼매를 얻는다."

그래서 이 게송으로 부처가 유有와 무無 둘 다 여의었음을 찬탄한 것이다. 심하구나! 유와 무의 두 견해가 법신法身을 침해하는 것이!

소위 자각성지自覺聖智는 다름 아니라 오직 이것(유와 무)을 알고 이것을 여의었을 뿐 다시 얻을 만한 실다운 법이 없음을 말함이니, 이거야말로 실로 이 경전 종지의 궁극(宗極)이다. 수행하는 사람이 이걸 안다면 수행하면서도 수행이 없고 증득하면서도 증득이 없다고 할 수 있다. 가령 일념一念으로 수행하고 증득해도 그 일념을 잊지 못하면 다시 이 유와 무에 떨어지는데. 하물며 언어와 문자를 분별해서 얻은 것이랴. 관觀하는 자가 이렇게 관하면 법의 실상을 알아챘다고 할 수 있다.

그렇다면 앞으로 대혜가 질문한 내용은 모두 유와 무의 두 법이니, 세존께서는 이걸 여의고 이걸 버리도록 했을 뿐이기 때문에 일체가 다 부정된 것이다. 진실로 이걸 여의고 이걸 버린다면 그거야말로

---

56 산스크리트 이름은 Bodhi-ruci이고, 북위北魏 때의 승려다. 북천축北天쯘 사람으로, 보리류지菩提留支로도 불린다. 의역意譯으로는 도희道希이다. 508년에 낙양洛陽에 들어와 영녕사永寧寺에 머물며 역경에 종사하여 『입능가경』, 『금강반야바라밀경』, 『왕생론』 등을 비롯하여 총 39부 127권을 번역하였다.

자각성지가 아니고 무엇이겠는가. 그래서 아래 게송에서 보리류지는 "만약 이와 같이 부처를 관한다면 적정寂靜하여 생멸生滅을 여읜다"라고 했으며, 실차난타實叉難陀[57]는 "이 사람은 지금 세상에서나 뒷세상에서나 집착을 여의어서 취하는 것이 없다"라고 했다. 그렇다면 경전 전체의 종지는 야차왕의 한 가지 질문을 벗어나지 못하고, 아울러 이걸 대혜가 게송으로 찬탄했을 뿐이다.

이상 서분을 마친다.(I. 서분序分)

다음 정종분은 두 가지로 나눈다.(II. 정종분正宗分[두 항목])

1. **일심의 진여眞如[58]를 곧바로 가리킴으로써 삼계[59]가 오직 마음뿐임(三界唯心)을 나타냄에 두 가지가 있다.**

(1) **숫자의 구句를 잡아서 질문함**(108가지 질문)

이때 대혜보살이 게송으로 부처님을 찬탄하고 나서 스스로 자신의

---

57 산스크리트어 śikṣānanda의 음사. 학희學喜라 번역한다. 우전국于闐國 출신으로, 695년에 범본梵本 『화엄경』을 가지고 낙양에 와서 불수기사佛授記寺에서 번역하여 699년에 80권으로 완성하였다. 또 『대승입능가경大乘入楞伽經』·『대방광보현소설경大方光普賢所說經』 등 불경 19종을 번역하였다.

58 원어는 thatā(이와 같이)에 추상명사를 만드는 어미 tā를 더한 단어로, 여실如實·여여如如라고도 번역한다. 생멸生滅에 대칭되는 말이면서도, 불교에서는 제법諸法의 실상實相을 나타내고 있는 '있는 그대로'의 존재양식을 진리로 생각하고, 어떤 특수한 원리에 근거한 진리를 배척한다.

59 불교의 세계관에서 중생이 생사 유전한다는 미망의 세계로 욕계欲界·색계色界·무색계無色界의 세 가지가 있는데, 이를 삼계라 한다.

성명姓名을 말했다.

"제 이름은 대혜입니다. 대승을 통달하기 위해 이제 108가지 뜻으로 부처님을 우러러 질문합니다."

세간해(世間解: 부처의 별칭)께서 대혜가 말한 게송을 들으시고 일체중생을 관찰하고는 제자들에게 고했다.

"너희 불자들이여, 이제 다 질문을 하도록 하라. 내가 응당 너희들을 위해 자각自覺의 경계를 설하리라."

이때 대혜보살마하살은 부처님께서 승낙하시자 부처님 발에 고개 숙여 절하고는 합장으로 공경을 표하면서 게송으로 질문을 올렸다.

爾時大慧菩薩偈讚佛已. 自說姓名. 我名爲大慧. 通達於大乘. 今以百八義. 仰諮尊中上. 世間解之士. 聞彼所說偈. 觀察一切衆. 告諸佛子言. 汝等諸佛子. 今皆恣所問. 我當爲汝說. 自覺之境界.

爾時大慧菩薩摩訶薩承佛所聽. 頂禮佛足. 合掌恭敬以偈問曰.

관기 대혜가 먼저 108가지 뜻으로 부처님께 여쭌 것은 대체로 일심一心이 전변轉變한 오법五法, 삼자성三自性, 팔식八識, 이무아二無我, 미혹과 깨달음(迷悟), 인과因果의 법에 의거해 질문한 것이다. 옛 설설說에서는 108구句가 108번뇌의 대치對治를 나타낸다고 하는데, 근본적인 지적이 아니다. 그러나 '일심一心'이란 부처의 어심語心이니, 소위 '적멸寂滅'을 이름하여 일심이라 한다. 본래 십계十界[60]의 색色과

---

60 불교에서 말하는 미迷·오悟 양계兩界의 경지를 다시 열 가지로 세분한 것. 불계佛界·보살계菩薩界·연각계緣覺界·성문계聲聞界(이상은 오계), 천상계天上

심心, 의보依報와 정보正報[61]의 상相이 없지만, 그러나 이를 미혹해서 생사가 되기 때문에 일심을 변화시켜 삼계를 이루며, 이를 깨달아서 열반이 되기 때문에 삼계를 전변하여 일심이 된다.

그러나 생사는 유有의 법이고 열반은 무無의 법이니, 이 두 법은 어리석은 범부의 분별망견分別妄見을 말미암아 생긴다. 그러나 이 적멸의 마음엔 본래 이런 일이 없다. 그렇다면 대혜가 질문한 내용은 바로 십계의 의보와 정보, 색色과 심心, 미혹과 깨달음, 심행心行의 갖가지 차별상이다. 요컨대 범속함(凡)과 성스러움(聖), 유有와 무無를 벗어나지 않으니, 이는 다만 분별망견인 대대법對待法[62]일 뿐이다. 특히 이 적멸의 일심이 온갖 대대對待를 끊은 걸 알지 못하기 때문에 게송에서 '있든(有) 있지 않든(無有)/ 이 둘을 모두 함께 여읨은'이라고 말한 것이다. 부처님께선 가장 궁극의 심원心源을 곧바로 가리킬 것이기 때문에 하나하나 이어서 대답하셨으며, 그 내용을 배척해 '아니다(非)'라고 말씀하신 것이다. 이는 심의식心意識을 올바로 여의어서 범속함과 성스러움의 길을 벗어난 것이니, 오직 부처님들의 자각성지自覺聖智의 경계일 뿐이다. 비록 대지혜를 갖춘 사람일지라도 몇몇 구句에 떨어지는 걸 면하지 못할 텐데 하물며 그 밖의 다른 사람이랴.

界·인간계人間界·수라계修羅界·축생계畜生界·아귀계餓鬼界·지옥계地獄界(이상은 미계)이다. 천상계 이하의 여섯 세계는 미망의 경계로서 범부의 세계이므로 이를 육범六凡이라고 하고, 성문계 이상의 네 세계는 증오證悟의 세계, 즉 성자의 세계이므로 이를 사성四聖이라고도 한다.

61 부처나 중생의 몸이 의지하고 있는 국토와 의식주 등을 의보依報, 과거에 지은 행위의 과보로 받은 부처나 중생의 몸을 정보正報라고 한다.

62 상대적인 법을 말한다. 범속함(凡)과 성스러움(聖), 유有와 무無 등등의 법이다.

내 생각에 이 108구는 총체적으로 삼계의 25유有[63]에 의거해서 이
유有의 법 위에 사구四句[64]의 견해를 일으켜 성립한 것이다. 말하자면
범부와 외도가 삼계를 실제 있는 법(有法)으로 보는 것을 유구有句라
하고, 이승二乘이 삼계를 없는 법(無法)으로 보는 것을 무구無句라

---

63 25유는 생사를 윤회하는 미혹의 세계(迷界), 즉 유정의 미혹된 상태를 25가지로
구분한 것이다. 25유는 삼계와 육도를 세분한 것으로, 간략히 말하면 25유가
곧 고제苦諦이고, 삼계이고 육도이다. 『천태사교의天台四敎儀』에 의거하면 25유는
욕계 14유, 색계 7유, 무색계 4유이다.

욕계: 지옥유地獄有, 축생유畜生有, 아귀유餓鬼有, 아수라유阿修羅有(이상 사악도四惡
道라 함), 불바제유弗婆提有, 구야니유瞿耶尼有, 울단월유鬱單越有, 염부제유閻浮提有
(이상 사천하四天下 또는 사대주四大洲라 함), 사천처유四天處有, 삼십삼천처유三十三天
處有, 염마천유炎摩天有, 도솔천유兜率天有, 화락천유化樂天有, 타화자재천유他化自
在天有(이상 육욕천六欲天이라 함).

색계: 초선유初禪有, 대범천유大梵天有(이상 초선천初禪天이라 함), 2선유二禪有(이상
이선천二禪天이라 함), 3선유三禪有(이상 삼선천三禪天이라 함), 4선유四禪有, 무상유無
想有, 정거아나함유淨居阿那含有(이상 사선천四禪天이라 함).

무색계: 공처유空處有(무색계 제1천이라 함), 식처유識處有(무색계 제2천이라 함),
불용처유不用處有(무색계 제3천이라 함), 비상비비상처유非想非非想處有(무색계 제4
천이라 함).

64 하나의 개념A, 또는 서로 대립되는 두 개념을 기준으로 해서 모든 현상을 판별하는
네 가지 형식. 곧 제1구 'A이다', 제2구 '비非A이다', 제3구 'A이면서 또한 비非A이
다', 제4구 'A도 아니고 비非A도 아니다.' 예를 들어 유有와 무無를 기준으로
하면 유有·무無·역유역무亦有亦無·비유비무非有非無의 사구四句가 성립되고, 그
외 일一과 이異, 상常과 무상無常, 자自와 타他 등의 경우에도 사구가 성립된다.
불교의 진리는 모든 분별이 끊어진 상태이므로 사구백비四句百非라고 하는데,
백비百非는 유有와 무無 등의 모든 개념 하나하나에 비非를 붙여 그것을 부정하는
것을 말한다. 곧 불교의 진리는 사구의 분별도 떠나고 백비의 부정도 끊어진
상태라는 뜻.

하며, 보살이 삼계를 진眞에 즉卽하고 속俗에 즉한 것으로 보는 것을 유구有句이기도 하고 무구無句이기도 하다고 하며, 부처가 삼계를 진眞도 아니고 속俗도 아니라고 보는 걸 가리켜서 유구도 아니고 무구도 아니라고 하니, 이거야말로 올바른 교리로 밝힌 것이다. 그러나 외도는 스스로의 종지를 유와 무(有無), 동일성과 차이성(一異), 함께함과 함께하지 않음(俱不俱), 항상함과 무상함(常無常)의 사구四句로 세워서 각기 하나의 견해에 집착하는데, 이는 모두 통상적인 정서로 분별하고 헤아린 것에 지나지 않는다.

사견邪見과 정견正見에는 여덟 가지가 있고, 소견所見의 경계에는 백 가지가 있기 때문에 보리류지가 '108가지 견해'라 말한 것이다. 하지만 정위正位에서는 모두 다 비방하는 말이다. 만약 사구四句를 이미 여의었다면 백비百非는 저절로 버려질 터이니, 또 무슨 번뇌를 버릴 것이며 또 무슨 불도佛道를 취할 수 있겠는가. 그래서 어떤 승려가 마조馬祖[65] 대사에게 "사구四句와 백비百非를 여의고서 대사께서 달마가 서쪽에서 온 뜻을 곧바로 가리켜 주십시오!"라고 하자, 마조 대사는 "내가 오늘 머리가 아파서 너에게 설명해줄 수가 없구나. 지장智藏[66]에게 가서 묻거라"라고 답한 것이다.

---

65 당나라 때의 승려. 성은 마馬, 이름은 도일道一. 사천 사람. 조계 혜능의 3세에 해당하는데, 홍주(洪州, 강서성) 개원사를 도량으로 삼아 새로운 남종선南宗禪의 선조가 되었기 때문에 마조라는 이름으로 친숙하다.

66 당나라 때의 승려. 강서성江西省 건화虔化 출신. 마조 도일(馬祖道一, 709~788)에게 사사師事하여 그의 법을 이어받았다. 강서성 건주虔州 서당西堂에 머물면서 선풍禪風을 크게 일으켰다.

어떻게 해야 그 생각(念)을 정화합니까?

어째서 생각이 더욱 늘어나는 겁니까?

어째서 견해(見)는 어리석어지고 미혹되는 겁니까?

어째서 미혹은 더욱 늘어나는 겁니까?

(당역唐譯[67]: 어째서 계탁計度[68]을 일으킵니까?

어떻게 해야 계탁을 정화합니까?

어째서 미혹을 일으킵니까?

어떻게 해야 미혹을 정화합니까?)

云何淨其念. 云何念增長. 云何見癡惑. 云何惑增長. (唐譯云. 云何起計度. 云何淨計度. 云何起迷惑. 云何淨迷惑)

관기   이 내용은 총체적으로 일심의 생멸과 미오迷悟 두 길에 의거해 질문한 것이다. 그래서 대혜가 108가지 뜻을 청하면서 입을 열자마자 이 사구四句를 질문한 것이다. 대체로 일심의 참 근원은 범속함과 성스러움이 평등해서 차별상이 완벽히 없지만, 그러나 미혹과 깨달음의 분수를 잡았기 때문에 십계의 의보와 정보, 인因과 과果의 갖가지 성품과 모습(性相)에서 차이가 있는 것이다. 하지만 이제 십계의 근원을 궁구하려 하기 때문에 가장 먼저 미혹과 깨달음의 견해를 내놓은 것이다. 이른바 일심을 미혹해서 올바른 지혜(正智)가 뒤집혀 망상이 되고 여여如如가 뒤집혀 명상名相이 되니, 이것이 바로 생각과

---

67 실차난타가 번역한 『대승입능가경』을 말한다.

68 이리저리 헤아려 분별하는 것.

미혹이 더욱 늘어나는 것이다. 그리고 일심을 깨달으면 망상이 즉각 올바른 지혜를 이루고 명상名相이 바로 여여如如이니, 이것이 바로 생각과 견해의 어리석음과 미혹을 정화하는 것이다.

그러나 모두 미혹과 깨달음의 변사(邊事: 변두리 일)이기 때문에 경전에서는 이렇게 말했다.

"유전流轉을 따르는 자는 생사를 허망하게 보고, 유전을 싫어하는 자는 열반을 허망하게 본다."

그렇다면 대혜는 생멸문에 의거해 미혹과 깨달음의 대대對待로서 질문한 것이다. 그래서 먼저 생각을 정화함(淨念)과 생각을 정화하지 않음, 견해가 미혹됨(見惑)과 견해가 미혹되지 않음으로 시작했다. 부처님은 단순히 일심 진여眞如에 의거해 답하셨기 때문에 다음에 나오는 질문 초기에 즉시 고하기를 "생겨나든 생겨나지 않든 열반 및 공상空相은 유전流轉하면서 자성自性이 없다"라고 했다. 즉 이 '생겨나든 생겨나지 않든'과 '열반 및 공상'의 두 구절은 대혜의 질문을 총체적으로 남김없이 조회하는 것이며, 유전流轉 두 글자는 대해의 견해를 남김없이 배척한 것이다. 이른바 생사와 열반은 모두 광로狂勞하고 뒤바뀐(顚倒) 꽃의 모습이니, 이 때문에 이것은 총체적으로 유전에 속한다. 그리고 무자성無自性 세 글자는 모든 법의 실상을 남김없이 드러내서 대혜의 의문을 남김없이 타파한 것이다. 하지만 세존께서 비록 이렇게 답하셨더라도 여전히 생멸의 대대對待이다. 오직 적멸한 마음 근원에는 이런 일이 도무지 없다. 그래서 연속적으로 이어진 질문을 다 마치고 나자 하나하나 곧바로 '아니다'라고 제시한 것이다. 이는 바로 이른바 '법도 응당 버려야 하거늘 하물며 비법이랴'라고

한 것이다. 있든(有) 있지 않든(無有) 이 둘을 모두 여읜 것이니, 배우는
자가 이를 요달하면 능가에 입문했다고 인정할 수 있다.

어떤 것이 찰토刹土의 화현化現이며
찰토의 모습 및 (찰토에서 사는) 외도들입니까?
무엇이 받아들임 없음의 차제次第이며
무엇을 이름하여 '받아들임이 없다'고 하고
무엇을 이름하여 '부처의 자식'이라 합니까?
해탈하면 어디로 가는 것이며
누가 속박하고 누가 해탈합니까?

何故刹土化. 相及諸外道. 云何無受次. 何故名無受. 何故名佛子.
解脫至何所. 誰縛誰解脫.

관기 ⃝ 이 내용은 십계의 의보와 정보, 명칭과 모습(名相)이 무엇을
원인으로 해서 있는 것인지 질문한 것이다. 찰토가 화현한
모습은 통틀어 두 개의 땅을 가리키는데, 이른바 실다운 과보로 장엄한
땅과 범부와 성인이 함께 거주하는 땅이다. 명칭과 모습(名相)을 잡은
것이라서 적광(寂光: 적광토)69은 말하지 않았다. '외도들'은 삼계의
범부를 통틀어 가리킨다. '받아들임 없음의 차제'는 말하자면 '받아들임

───────────────

69 적광토寂光土 혹은 상적광토常寂光土라고도 한다. 청정한 지혜의 광명을 있는
  그대로 드러내는 진리 그 자체, 우주 그 자체를 부처의 세계로 간주한 말. 곧
  법신불法身佛의 세계.

없음에서의 차제'로서 삼승의 유학有學을 통틀어 가리킨 것이며, '받아들임 없음'은 삼승의 무학無學을 통틀어 가리킨다. '부처의 자식(佛子)'은 단순히 보살을 가리킨다. '해탈'은 열반을 말하고 '속박'은 바로 생사이니, 생사는 누가 속박한 것이며 열반은 누가 해탈한 것이냐를 말한 것이다. 대체로 열반은 불계佛界[70]를 가리킨다.

무엇이 선禪의 경계입니까? 어찌하여 삼승이 있는가요? 오직 해설해 주시길 원합니다. 연기緣起는 어떻게 생겨나는 겁니까? 무엇이 지음(作)이며 지은 바(所作)입니까? 어찌하여 이설異說들이 함께하는 건가요? 어찌하여 더욱 늘어나는 겁니까?(당역唐譯에서는 "어찌하여 온갖 유有가 일어납니까?"라고 하였다) 무엇이 무색정無色定[71]이고 무엇이 멸진정(滅盡定: 滅正受)[72]입니까? 무엇이 상념(想)의 소멸입니까? 어떤 원인으로 선정에서 깨어납니까? 어떻게 지은 바(所作)가 생기고, 점점 나아가 급기야 몸을 지니게 됩니까? 어떻게 분별을 나타냅니까? 어떻게 여러 지地가 생겨납니까?

何等禪境界. 云何有三乘. 唯願爲解說. 緣起何所生. 云何作所作. 云何俱異說. 云何爲增長. (唐譯云. 云何諸有起) 云何無色定. 及與滅

---

70 ①부처의 세계·경지. ②부처가 사는 세계·국토.

71 4무색정을 말한다. 무색계의 4무색천은 선정 수행의 관점에서 4무색정四無色定 또는 4공정四空定이라고도 한다.

72 오온五蘊 중의 수受·상想에 의해 일어나는 일체소연—切所緣에 의한 마음의 작용을 그치도록 한 선정.

正受. 云何爲想滅. 何因從定覺. 云何所作生. 進去及持身. 云何現分別. 云何生諸地.

(관기) 이 열다섯 구句는 구계九界의 차별상을 개별적으로 질문한 것이다. 맨 앞의 세 구절은 삼승의 행상行相이 어찌하여 있는지 질문한 것이다. '연기'는 정법正法을 질문한 것이고, 그 다음 두 구절은 외도와 삿된 견해가 어찌하여 일어나는지 질문한 것이다. '어찌하여 더욱 늘어나는 것입니까?'의 두 구절은 삼계의 인과가 어찌하여 있는 건지 질문한 것이다. '멸정수滅正受' 두 구절은 소승이 어찌하여 적정寂定에 머무는 것만 즐거워할 뿐 법을 설하는 걸 좋아하지 않는지 질문한 것이고, '어떤 원인으로 선정에서 깨어납니까?' 이하 네 구절은 대승의 보살이 어찌하여 법을 설하여 중생을 제도하길 즐거워하는지 질문한 것이다. '어떻게 여러 지地를 낳습니까?'라고 한 구절은 보살이 어찌하여 다시 지위地位와 명목名目을 다시 수립하는지 질문한 것이다.

삼유三有를 타파하는 자는 누구입니까? 어느 곳의 몸이 어떻게 되며, 또 왕생往生하면 어느 곳에 이릅니까? 무엇이 가장 뛰어난 겁니까? 어떻게 하면 신통과 자재自在 삼매를 얻습니까? 어떤 것이 삼매의 마음입니까? 가장 뛰어난 이께서 저를 위해 설해 주소서.

破三有者誰. 何處身云何. 往生何所至. 云何最勝子. 何因得神通. 及自在三昧. 云何三昧心. 最勝爲我說.

이 여덟 구절은 삼승의 행상行相을 특별히 물은 것이다. 말하자면 삼승의 사람은 어떻게 해서 삼계를 벗어나고, 이미 삼계를 벗어났다면 다시 어느 곳에 태어나며, 이 몸을 버렸다면 다시 어느 몸을 받으며, 궁극적으로는 어느 곳에 머무느냐를 말한 것이다.

그리고 어찌하여 보살을 불제자佛弟子라 칭하면서, 무슨 이유로 다시 신통과 삼매의 일을 설하는 것인지, 게다가 삼매의 마음은 어떤 모양(相狀)인지 알지 못하겠다고 말한다.

무엇을 이름하여 장식藏識[73]이라 합니까? 무엇이 의意와 식識입니까? 무엇이 생겨남이고 소멸함입니까? 무엇이 이환(己還: 不還果)[74]을 보는 겁니까? 무엇을 종성[75]이라 하며, 무엇을 비종성과 심량心量[76]이라 합니까? 무엇이 상相을 건립함이며, 무엇이 비아非我의 뜻입니까? 무엇이 중생이 없음이며, 무엇이 세속의 설說입니까? 무엇이 단견과 상견이 생겨나지 않는 겁니까? 무엇이 부처와 외도가 그 상相이 서로 어긋나지

---

73 아알라야식을 말한다. 산스크리트어 ālaya는 거주지·저장·집착을 뜻하고, 식識은 산스크리트어 vijñāna의 번역이다.

74 아나함阿那含을 말한다. 아나함은 산스크리트어, 팔리어 anāgāmin의 음사로 불환不還·불래不來라고 번역한다. 욕계의 수혹修惑을 완전히 끊은 성자. 이 성자는 색계·무색계의 경지에 이르고 다시 욕계로 되돌아오지 않는다고 하여 불환不還이라 한다.

75 산스크리트어는 gotra. ①가족. 혈통. 씨족, ②깨달음의 바탕이 되는 소질. 깨달을 가능성. 깨달을 수 있는 잠재력, ③타고난 성품.

76 산스크리트어는 citta-mātra. 오직 마음이 작용하여 대상을 분별하고 차별한다는 뜻.

않는 겁니까? 어째서 미래 세상에 갖가지 이설異說의 부파部派가 일어났습니까?

云何名爲藏. 云何意及識. 云何生與滅. 云何見已還. 云何爲種性.
非種及心量. 云何建立相. 及與非我義. 云何無衆生. 云何世俗說.
云何爲斷見. 及常見不生. 云何佛外道. 其相不相違. 云何當來世.
種種諸異部.

관기 이 16구절은 마음의 성품은 하나인데 어찌하여 중생의 소견은 갖가지로 다른지를 통틀어 질문한 것이다. 처음 네 구절은 여래장의 마음은 하나인데 어찌하여 다시 장식이라 칭하며, 또 명의名意와 의식意識이라 칭하느냐를 말한 것이며, 또 어찌하여 생멸의 허망한 견해(妄見)를 설하면서도 다시 불생멸의 마음을 설하는지를 말한 것이다. '견이환(見已還: 이환을 본다)'은 위역魏譯에서는 '소견을 끊는 (斷所見)' 것이라 했고, 당역唐譯에서는 '온갖 견해를 물리치는' 것이라 했는데 모두 생멸하지 않는다는 뜻이다. 다음 '종성種性'의 두 구절은 성인이든 범부든 이 마음을 똑같이 품부稟賦받았는데 어찌하여 다시 삼승의 사람은 종성이고 외도와 일천제(闡提)[77]는 비종성非種性이어서

_____

77 대승불교에서 영구히 깨달음을 얻을 수 없는 것으로 보이는 일군의 중생에 대하여 붙인 이름. 산스크리트 '이찬티카icchantika'의 본뜻은 '욕망을 가진 사람 (세간적)'이지만, 교리적으로는 선근을 단절한 자(斷善根), 불교의 신심을 갖고 있지 않은 자(信不具足), 불교 교리, 특히 대승의 법을 비방하는 자(謗法) 등으로 설명되며, 불성佛性, 즉 부처가 될 가능성이 없다는 의미에서 무성無性이라고도 한다.

그 마음에 모두 한량限量이 있느냐고 설했는지를 말한 것이다. 다음 '상相을 건립함'의 세 구절은 마음은 이미 상相이 없는데 어떤 원인으로 아我와 인人과 중생의 상[78]을 건립하고, 어찌하여 다시 아我와 인人과 중생이 없는 상을 설했는지를 말한 것이다. 다음 '세속의 설說' 다섯 구절은 삼계의 범부와 외도는 어찌하여 단견과 상견의 두 견해를 일으켰냐는 말이다. 대체로 세속의 설은 바로 범부와 외도의 단견과 상견이니, 또 어찌해야 단견과 상견이 생겨나지 않을 수 있으며, 어찌해야 중생과 부처가 평등해서 둘이 아닐 수 있겠느냐고 말한다. 다음 '미래 세상'의 두 구절은 부처가 이미 가르침을 베풀었는데, 어찌하여 부처의 멸도(滅度: 열반) 후에 제자들은 다시 갖가지 이견異見을 일으켰느냐는 말이다.

어찌하여 공空이라 칭하고, 어찌하여 찰나의 무너짐이라 합니까? 어찌하여 태장胎藏에서 생겨나며, 어찌하여 세간이 부동不動입니까? 어찌하여 허깨비나 꿈과 같고, 건달바성 같고, 세간은 뜨거울 때의 불꽃 같고, 물속의 달빛과 같습니까? 어찌하여 각지覺支[79]와 보리분菩提分[80]

---

78 『금강경』에선 깨치지 못한 중생들이 전도顚倒된 생각에서 실재한다고 믿는 네 가지 분별심을 아상我相·인상人相·중생상衆生相·수자상壽者相이라 했는데, 이 중 세 가지를 예시한 것으로 보인다.

79 칠각지七覺支를 말한다. 열반에 이르기 위해 닦는 37종의 도행道行 중 여섯 번째 도행. 칠보리분七菩提分·칠각분七覺分·칠각의七覺意 또는 각지覺支라고도 한다. ①택법각지擇法覺支: 지혜로 모든 것을 살펴 선한 것은 택하고 악한 것을 버리는 일. ②정진각지精進覺支: 여러 가지 수행을 할 때 쓸데없는 고행은 그만두고 바른 도에 전력하여 게으르지 않는 일. ③희각지喜覺支: 참된 법을 얻어 기뻐하는

을 설하는 것이며, 어찌하여 국토가 혼란한 것이며, 어찌하여 유견有見
이 있습니까?

云何空何因. 云何刹那壞. 云何胎藏生. 云何世不動. 何因如幻夢.
及揵闥婆城. 世間熱時燄. 及與水月光. 何因說覺支. 及與菩提分.
云何國土亂. 云何作有見.

관기

이 12구절은 세계와 중생이 몽땅 유상有相의 법인데, 어찌하여
생멸과 불생멸, 상常과 무상無常, 참과 거짓으로 똑같지 않은
지를 통틀어 질문한 것이다. 처음 두 구절은 위역魏譯에서는 "어찌하여
공이라 칭하는 것이며, 어찌하여 생각이 머물지 않는 겁니까?(云何名爲
空. 云何念不住)"라고 했는데, 이는 대체로 의보依報의 세계가 무엇
때문에 이루어지고(成), 머물고(住), 무너지고(壞), 텅 비는(空) 것인
지를 질문한 것이다. 다만 공空과 괴壞를 들어서 성成과 주住까지

___

일. ④제각지除覺支: 그릇된 견해나 번뇌를 끊어버리고, 능히 참되고 거짓됨을
가려서 올바른 선근善根을 기르는 일. ⑤사각지捨覺支: 바깥 세상에 집착하던
마음을 끊음에 있어 거짓되고 참되지 못한 것을 추억하는 마음을 버리는 일.
⑥정각지定覺支: 선정禪定으로 마음을 통일하여 깨달음에 들어가는 일. ⑦염각지
念覺支: 불도를 수행함에 있어 잘 생각하여 정定·혜慧가 고르게 하는 일들이다.
80 삼십칠보리분법三十七菩提分法을 말한다. 초기 불교의 수행법을 총칭하여 부르는
삼십칠보리분법의 산스크리트어 원명은 saptatriṁśatbodhipakṣa dharma이지
만 삼십칠도품, 삼십칠조도품, 삼십칠품 등 매우 다양한 이름으로 불렸다. 그
내용은 사념처四念處(사념주四念住), 사정단四正斷(사정근四正勤), 사신족四神足(사여
의족四如意足), 오근五根, 오력五力, 칠각지七覺支(칠각분七覺分), 팔정도八正道 등 총
7종 37가지로 구성되어 있다.

포함한 것일 뿐이다.

'어찌하여 태장胎藏[81]에서 생겨나며' 한 구절은 정보正報의 중생이 무엇 때문에 생사生死를 옮겨가며 유전流轉하는지를 질문한 것이다. 대체로 생생生을 들어서 사死까지 포함하였다. '어찌하여 세간이 부동不動입니까?' 한 구절은 세계와 중생의 현재를 보면 변천하여 무상無常하다는 의미인데, 무엇 때문에 항상 머물면서 움직이지 않는다(常住不動)고 하는지를 물은 것이다. 세世라는 글자는 유정有情 세간과 무정無情 세간의 두 세간을 가리킨다. '어찌하여 허깨비나 꿈과 같고' 이하 네 구절은 당역唐譯에서는 "어찌하여 온갖 세간이 허깨비 같고 꿈과 같은지(云何諸世間. 如幻亦如夢)…" 등으로 되어 있다. 생각건대 앞서 말한 온갖 중생과 세계의 유위법有爲法은 지금 현재 실제로 있는데, 어찌하여 허깨비 같다는 등 실답지 않다고 설했는지를 말한 것이다.

'어찌하여 각지覺支를 설했는가?' 이하 두 구절은 어째서 깨달음(覺)에서 본 세간은 모든 법이 실답지 않은지를 말한 것이며, 또 당체當體가 항상 머문다고 하면 정지正智가 됨을 말한 것이다. 각지覺支와 보리菩提는 모두 정지正智를 가리킨다. '어찌하여 국토가 혼란한 것이며' 이하 두 구절은 어찌하여 앞에서 본 세간의 온갖 법이 실유實有이면서 무상無常인 것을 이름하여 유견有見이라 하는지를 말한 것이다. 대체로 혼란(亂)은 생멸이 멈추지 않는 것이며, 유견有見은 바로 망상으로 분별하

---

81 태장은 첫째는 모태母胎, 자궁. 둘째는 태아胎兒를 의미한다. 태장계胎藏界는 산스크리트어로 garbha-dhātu이다. 『대일경大日經』에 의거하여 보리심菩提心과 대비大悲와 방편方便을 드러낸 부문이니, 모태가 태아를 보살피듯, 대비에 의해 깨달음의 성품이 드러난다는 뜻에서 태장胎藏이라 한다.

는 것이다.

○이상은 명상名相과 망상妄想과 정지正智를 통틀어 물은 것이다.
△다음은 여여如如를 질문한 것이다.

어찌하여 생멸하지 않는 것이며, 어째서 세간은 허공 꽃[82] 같은가요?
어찌하면 세간을 깨닫는 것이고, 어찌하여 문자를 여의는 걸 설합니까?
망상을 여의는 자는 누구이고, 어찌하여 허공의 비유를 하십니까?

云何不生滅. 世如虛空華. 云何覺世間. 云何說離字. 離妄想者誰.
云何虛空譬.

관기
　　　이 여섯 구절은 여여如如[83]를 질문한 것이다. 당역唐譯에서는
"어찌하면 세간을 압니까? 어찌해야 문자를 여읩니까? 무엇
이 허공 꽃과 같아서 생겨나지도 않고 소멸하지도 않습니까?(云何知世
間. 云何離文字. 云何如空華. 不生亦不滅)"로 되어 있다.

그 뜻은 이렇다. 어떻게 해야 저 세간의 생멸하는 온갖 법의 당체當體
가 여여如如한 걸 깨닫는가? 언설言說의 모습(相)을 여의고 명자名字의
모습을 여의어서 마치 허공 꽃이 생겨나지도 않고 소멸하지도 않는

---

82 눈의 장애로 말미암아 생기는 허공의 꽃. 없는 것을 있는 것으로, 관념을 실재하는
　　객관 대상으로, 고유한 실체가 없는 것을 실체가 있는 것으로 보는 착각·환상·편
　　견 등을 비유한다.
83 산스크리트어 tathatā의 번역. 분별이 끊어져 마음 작용이 일어나지 않는 상태.
　　분별이 끊어져 둘이 아닌(不二) 있는 그대로의 상태.

것 같아야 하니, 망상의 분별을 멀리 여의어서 마치 허공과 같다면 바로 진여眞如[84]이다.

○이상은 오법의 자성自性이 생기하는 모습을 통틀어 물은 것이다.
△다음은 차별상을 질문한 것이다.

진여는 실제로 몇 가지 종류가 있고 몇 가지 바라밀[85]의 심법이 있습니까? 어찌하면 온갖 지(地: 경지)를 초월합니까? '받아들이는 바 없음'에 누가 도달합니까? 무엇이 이무아입니까? 어떻게 이염(爾燄: 아는 바)을 정화합니까? 지혜에는 몇 가지 종류가 있습니까? 중생의 성품에는 몇 가지 계戒가 있습니까?

如實有幾種. 幾波羅密心. 何因度諸地. 誰至無所受. 何等二無我. 云何爾燄淨. 諸智有幾種. 幾戒衆生性.

관기 이 여덟 구절은 단순히 여여정지如如正智의 차별상을 물은 것이다. 앞의 네 구절은 진여는 실제로 하나인데 어찌하여 닦음(修)과 증득(證), 단박(頓)과 점진(漸)의 차이가 있는지 물은 것이

---

84 산스크리트어 tathatā의 번역어로 여여如如 또는 여如라고도 한다. 분별이 끊어져 둘이 아닌(不二) 있는 그대로의 상태.

85 산스크리트어 pāramitā의 음사. 도피안到彼岸·도度·도무극度無極이라 번역. 깨달음의 저 언덕으로 건너감. 완전한 성취. 완성. 수행의 완성. 6바라밀은 보시布施·지계持戒·인욕忍辱·정진精進·선정禪定·반야般若 바라밀이고, 10바라밀은 6바라밀 외에 방편方便·원願·역力·지智 바라밀을 더한 것이다.

니, 이 때문에 '진여는 실제로 몇 가지 종류가 있습니까?'라고 말한 것이다. '몇 가지 바라밀'은 인행因行의 차별을 말한 것이고, 온갖 지地는 지위와 계급을 말한 것이다. 도度는 초월이니 어찌하면 온갖 지地를 단박에 초월할 수 있는지를 말한 것이다. '받아들이는 바가 없음(無所受)에 도달하는' 것은 궁극의 부처 경지를 물은 것이다.

'무엇이(何等)' 이하 네 구절은 정지正智의 차별을 물은 것이다. 두 가지 아我는 번뇌장煩惱障[86]이고, 이염爾燄은 곧 소지장所知障[87]이다. 실차난타는 "어찌해야 아는 바(所知)를 정화하는가? 이무아二無我이면 아는 바를 정화한다"라고 했으니, 이것이 바로 올바른 지혜(正智)로 두 가지 장애를 타파한 것이다. 올바른 지혜가 이미 하나인데 어찌하여 다시 근기根器[88]에 따라 법을 수여함이 있는가? 그렇다면 '지혜에 몇 가지 종류가 있느냐'는 중생 근기의 성품이 일정치 않아서이고, 또 가르침의 계율도 몇 가지 종류가 있다는 것이다.

○앞서 첫 질문에서부터 여기에 이르기까지 통틀어 일심의 참 근원(一心眞源)에 의거하였다. 미혹과 깨달음의 대대對待와 명名과 상相, 망상妄想,

---

86 ①청정한 지혜가 일어나는 것을 방해하여 무지의 속박에서 벗어나지 못하게 하는 번뇌. ②자아에 집착하는 아집我執에 의해 일어나 끊임없이 인식 주관을 산란하게 하고 어지럽혀 열반涅槃을 방해하는 번뇌.

87 인식된 차별현상에 집착하는 법집法執에 의해 일어나 보리菩提를 방해하는 번뇌.

88 산스크리트로는 인드리야indriya이며, 근기根機 또는 줄여서 기機라고도 한다. 사람이 가지고 있는 근본적인 바탕, 즉 본성을 나무의 뿌리(根)에 비유하고 그것의 작용을 기機라고 한 것이다. 불교에서는 특히 부처의 가르침을 받아들이고 교화될 수 있는 능력 또는 그 대상을 가리킨다.

정지正智, 여여如如인 오법五法 차별의 다름을 잡아서 십계의 의보와 정보, 인과 과의 상相을 드러냈다. 그 의도는 일심을 여의지 않음을 드러내는 것이니, 이 때문에 뒤집어서 여여如如의 정지正智로 돌아가는 것이다.

○앞으로 "누가 온갖 보배의 성품을 낳았습니까?(誰生諸寶性)" 이하는 곧바로 질문의 마지막에 도달한 것이다. 다만 명상名相, 망상妄想, 연기緣起, 범부와 성인, 의보와 정보, 대승과 소승, 물듦과 청정함의 온갖 법法과 심념心念, 성욕性欲, 음성音聲, 색상色相 등 갖가지 차별의 동일하지 않음을 질문한 것일 뿐이다.

누가 마니주나 진주 같은 온갖 보배의 성품을 낳았습니까? 누가 온갖 언어와 중생의 갖가지 성품을 낳았습니까? 명처明處와 기술은 누가 나타내 보인 겁니까?

誰生諸寶性. 摩尼眞珠等. 誰生諸語言. 衆生種種性. 明處及伎術. 誰之所顯示.

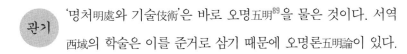

'명처明處와 기술伎術'은 바로 오명五明[89]을 물은 것이다. 서역西域의 학술은 이를 준거로 삼기 때문에 오명론五明論이 있다.

---

[89] 명明은 학문을 뜻한다. 고대 인도의 다섯 가지 학문. (1) 성명聲明: 언어·문학·문법에 대한 학문. (2) 인명因明: 주장 명제의 정당성이나 확실성을 이유와 구체적인 예를 들어 증명하는 논리학. (3) 내명內明: 자기 종교의 취지를 밝히는 학문. 예를 들면, 바라문교에서는 베다학, 불교에서는 불교학. (4) 의방명醫方明: 의학·약학 등의 의술에 대한 학문. (5) 공교명工巧明: 공예·기술에 대한 학문.

첫째, 성명聲明이다. 훈자訓字를 해석하고 주해하며, 세목을 설명하고 계통을 따라 가르는 것을 말한다. 둘째, 공교명工巧明이다. 기술, 기관機關, 음양陰陽과 역수歷數를 말한다. 셋째, 의방명醫方明이다. 금주禁呪로 삿됨을 막는 것과 약, 침술, 쑥뜸을 말한다. 넷째, 인명因明이다. 정正과 사邪를 고찰해 헤아리는 것, 거짓을 깊이 궁구하여 밝히는 것을 말한다. 다섯째, 내명內明이다. 오승五乘[90]의 인과와 묘리妙理를 연구하고 창달하는 것을 말한다. 앞의 세 가지는 외예(外藝: 외도의 기예)이고, 뒤의 두 가지는 내교(內敎: 불교의 가르침)이다.

가타伽陀[91]는 몇 종류가 있습니까? 무엇이 장송長頌이고 단구短句입니까? 학문은 몇 종류가 있습니까? 무엇을 이름하여 논論이라 합니까?(위역魏譯에서는 "법은 다시 몇 종류가 있습니까? 해의[解義: 뜻의 해석]는 다시 몇 가지가 있습니까?"라고 하였고, 당역唐譯에서는 "도리는 몇 가지가 같지 않습니까? 해석은 몇 가지 차별이 있습니까?"라고 하였다)

---

90 승乘은 중생을 깨달음으로 인도하는 부처의 가르침이나 수행법을 뜻한다. (1) 인승人乘: 오계五戒를 지키면 그 과보로 인간의 세계에 태어난다는 가르침. (2) 천승天乘: 십선十善을 행하면 그 과보로 천상의 세계에 태어난다는 가르침. (3) 성문승聲聞乘: 성문을 깨달음에 이르게 하는 부처의 가르침. 성문의 목표인 아라한阿羅漢의 경지에 이르게 하는 부처의 가르침. (4) 연각승緣覺乘: 연기緣起의 이치를 주시하여 깨달은 연각에 대한 부처의 가르침. 연각의 경지에 이르게 하는 부처의 가르침. (5) 보살승菩薩乘: 자신도 깨달음을 구하고 남도 깨달음으로 인도하는 자리自利와 이타利他를 행하는 보살을 위한 부처의 가르침.

91 산스크리트어, 팔리어 gāthā의 음사. 게偈라고도 음사. 십이부경十二部經의 하나. 경전의 서술 형식이 운문체로 된 것

어찌하여 음식이 생겼고 온갖 애욕이 생겨났습니까? 무엇을 이름하여 왕이라 하고, 전륜왕과 작은 왕이라 하나요? 어째서 나라를 수호하나요? 천天들은 몇 종류가 있나요? 무엇을 이름하여 대지라 하고 성수星宿와 일월日月이라 하나요? 해탈한 수행자는 각기 몇 종류가 있나요? 부처님 제자는 몇 종류가 있나요? 무엇이 아사려阿闍黎[92]입니까? 부처는 몇 종류가 있나요? 그리고 다시 몇 종류의 중생이 있나요? 마魔와 온갖 이단의 학문, 그들은 각기 몇 종류가 있나요? 자성과 마음, 그것은 각기 몇 종류가 있나요? 무엇이 양量을 시설한 겁니까?(위역에서는 '가명假名의 시설'이라 했고, 당역에서는 '오직 가假만의 시설'이라 하였다) 바라노니, 최승자(最勝子: 부처님)께서는 설하소서.

伽陀有幾種. 長頌及短句. 成爲有幾種. 云何名爲論. (魏譯云. 法復有幾種. 解義復有幾. 唐譯云. 道理幾不同. 解釋幾差別) 云何生飮食. 及生諸愛欲. 云何名爲王. 轉輪及小王. 云何守護國. 諸天有幾種. 云何名爲地. 星宿及日月. 解脫修行者. 是各有幾種. 弟子有幾種. 云何阿闍黎. 佛復有幾種. 復有幾種生. 魔及諸異學. 彼各有幾種. 自性及與心. 彼復各幾種. 云何施設量. (魏譯作施假名. 唐譯作唯假設) 唯願最勝說.

---

92 제자의 품행을 규정糾正하는 일을 하거나 일반 승려들에게 덕행을 가르치는 승려를 높여 부르는 말. 본래 범어梵語 Ācārya로 '아사리(阿闍梨·闍黎)'라고도 하는데, '사리(闍黎·闍利·闍梨)'로 줄여서 표기하기도 하며, '궤범軌範 또는 '정행正行'으로 의역하기도 한다.

관기 이상은 모두 명상名相과 망상妄想이다. 그러나 언어, 음식, 애욕, 심성은 모두 망상에 속하고, 그 나머지는 모두 명상이다. 또 '어찌하여 있는가'는 다 연기緣起를 물은 것이다. 아사려阿闍黎는 한역하면 궤범사軌範師이다. 부처에겐 법신法身, 보신報身, 화신化身[93] 이 있기 때문에 '부처는 몇 가지 종류가 있나요?'라고 물은 것이다.

어찌하여 허공에서 바람과 구름이 생기나요?(위역에서는 "어찌하여 바람 과 비가 있습니까?"라고 하였다) **무엇을 염念의 총명이라 합니까?**

云何空風雲. (魏譯云. 何因有風雨) 云何念聰明.

관기 이 구절은 앞에서 '심성은 하나인데 어찌하여 염혜念慧의 구별 이 있는 것인지'를 이어받았다. 총명聰明은 바로 개별적인 경계 속의 슬기(慧)이다. 그래서 위역에서는 "어찌하여 힐혜黠慧[94]가 있나요?"라고 했고, 당역에서는 "염지念智는 어찌하여 있는 겁니까?" 라고 했는데, 이 역시 망상에 속할 뿐이다.

---

93 삼신三身의 하나. 삼신은 부처의 세 가지 유형이다. (1) 법신法身: 진리 그 자체, 또는 진리를 있는 그대로 드러낸 우주 그 자체. 비로자나불과 대일여래가 여기에 해당한다. (2) 보신報身: 중생을 위해 서원을 세우고 거듭 수행한 결과 깨달음을 성취한 부처. 아미타불과 약사여래가 여기에 해당한다. (3) 응신應身: 때와 장소와, 중생의 능력이나 소질에 따라 나타나 그들을 구제하는 부처. 석가모니불을 포함한 과거불과 미륵불이 여기에 해당한다.

94 지혜. 약삭빠른 지혜. 약은 지혜.

무엇을 숲과 나무라 합니까? 무엇을 넝쿨풀이라 합니까? 무엇을 코끼리, 말, 사슴이라 합니까? 어찌하여 포획해서 잡으려는 겁니까? 무엇이 비천하고 누추한 건가요? 어째서 비천해지고 누추해지는 건가요? 어찌하여 1년은 여섯 절기(節)로 나누나요?(당역에서는 "여섯 시기[時]로 나누나요"라고 하였다. 옛 주석에서는 "서역에서는 2개월을 시時라 해서 1년을 여섯 절기로 나누었다"고 하였다. 외도에는 육절사六節師가 있다) 무엇을 일천제一闡提라 합니까?(일천一闡은 신신이라 하고 제提는 불구不具라 하니, 말하자면 믿음을 갖추지 못한 사람이란 뜻이다) 남자, 여자, 그리고 남자도 여자도 아닌 사람, 이들은 모두 어찌하여 생겨나는 겁니까? 무엇이 수행에서 물러나는 겁니까? 무엇이 수행을 생기게 하는 겁니까?(위역과 당역에서는 모두 "수행해서 나아감[修行進]"이라 하였다)

선사는 어떤 방법으로 가르쳐서 어떤 사람을 세우나요?(위역에서는 "어떤 사람을 수행하도록 가르쳐서 어떤 법에 머물게 하나요?"라고 하였다)

중생은 온갖 취趣에 태어나는데 어떤 모습이고 어떤 상像의 종류입니까? 무엇을 재부財富라 하나요? 또 어떻게 재부를 이루나요? 무엇을 석가의 종성種姓이라 하나요? 어찌해야 석가의 종성이 되나요? 무엇이 감자甘蔗[95]의 종성인지, 바라노니 무상존無上尊[96]께서는 설하소서.

云何爲林樹. 云何爲蔓草. 云何象馬鹿. 云何而捕取. 云何爲卑陋. 何因而卑陋. 云何六節攝. (唐譯云. 六時攝. 舊注. 西域兩月爲時. 年分六

---

95 산스크리트어 ikṣuvāku의 번역어로 감자甘蔗 외에도 일종日種·선생善生이라 번역. 석가족釋迦族의 시조始祖.

96 가장 존귀한 사람. 부처에 대한 존칭.

節. 外道有六節師) 云何一闡提. (一闡云信. 提云不具. 謂信不具之人) 男
女及不男. 斯皆云何生. 云何修行退. 云何修行生. (二譯皆作修行進)
禪師以何法. 建立何等人. (魏譯云. 敎何等人修. 令住何等法) 衆生生諸
趣. 何相何像類. 云何爲財富. 何因致財富. 云何爲釋種. 何因有釋
種. 云何甘蔗種. 無上尊願說.

관기 감자甘蔗의 종성은 바로 구담(瞿曇: 고타마) 석釋씨의 종성이다.
구주舊注에서는 『본행경本行經』을 인용해서 이렇게 말한다.
"겁劫의 시초에 대묘초왕大茆草王이 왕선王仙[97]을 이루게 되었다.
그런데 사냥꾼의 화살에 맞아 대지에 피를 흘렸다. 거기서 사탕수수(즉
감자) 두 개가 나왔는데 햇볕을 쬐자 열매가 열렸다. 하나는 동남童男이
나왔고 하나는 동녀童女가 나왔다. 관상을 보는 점술사가 남자 이름을
선생善生이라 하니 바로 관정灌頂[98]을 받은 감자왕甘蔗王이다. 여자의
이름은 선현善賢으로 제1 왕비가 되었다. 구담의 석釋씨 종족이 그
후예이다."
대혜는 감자의 종성이 어떻게 있게 되었느냐고 질문한 것이다.

**무엇이 오랫동안 고행을 한 선인仙人인가요? 그들은 어떻게 가르쳤나
요?**(당역에서는 "선인은 항상 고행하는데, 이는 누구의 가르침인가요?"라고

---

97 대묘초왕이 나라 일을 대신들에게 맡기고 산에 들어가 수행하여 5신통을 얻었을
때 그 수행자의 명칭이 왕선이다.

98 물을 정수리에 붓는다는 뜻으로, 본래 인도에서 왕이 즉위할 때나 태자를 세울
때 바닷물을 정수리에 붓는 의식儀式.

하였다)

여래는 어찌하여 일체一切 시간, 일체 찰토刹土에 나타납니까? 그리고 어찌하여 갖가지 이름과 빛깔(名色)로 나타나며, (수없는 존재가) 최승자最勝子를 둘러쌉니까?

어찌하여 육식을 하지 않아야 합니까? 어떻게 육식을 절제하고 끊습니까? 육식을 하는 온갖 종류는 어째서 육식을 하는 겁니까?

云何長苦仙. 彼云何教授. (唐譯云. 仙人常苦行. 是誰之教授) 如來云何於一切時刹現. 種種名色類. 最勝子圍繞. 云何不食肉. 云何制斷肉. 食肉諸種類. 何因故食肉.

관기 "누가 온갖 보배 성품을 낳았습니까?"에서부터 여기까지는 천지만물의 같지 않음, 범부와 성인의 품류品類가 각기 구별됨, 심행心行과 성욕性欲이 동일하지 않음과 같음 등 모든 것이 어찌하여 있느냐고 질문한 것이다. 다만 그 말이 이어지진 않지만 뜻은 여기서 벗어나지 않으니, 『화엄경』「문명품問明品」을 보면 이 가운데 돌아가는 의취意趣를 알 것이다.

어찌하여 모든 국토가 해나 달의 형상이며, 수미산[99]과 연꽃(蓮華)

---

[99] 산스크리트어, 팔리어 sumeru의 음사. 묘고妙高·안명安明이라 번역. 고대 인도인들의 세계관에서, 세계의 중심에 솟아 있다는 거대한 산. 이 산을 중심으로 네 대륙과 아홉 개의 산이 있고, 산과 산 사이에 여덟 개의 바다가 있는데, 이들은 거대한 원통형의 금륜金輪 위에 있고, 금륜은 수륜水輪 위에 있고, 수륜은

모양입니까? 어찌하여 사자師子의 뛰어난 모습의 찰토가 있습니까? 어찌하여 옆으로 누운 세계, 바로 선 세계, 엎어진 세계가 있나요? 어찌하여 어떤 세계는 인드라 그물(因陀羅網)[100]처럼 온갖 진귀한 보배로 이루어졌나요? 어찌하여 어떤 세계는 공후箜篌[101] 같고 허리가 잘록한 북과 같나요? 그리고 갖가지 온갖 꽃 모양이며, 혹은 해나 달의 광명을 여의는 등 이와 같이 한량이 없나요?

云何日月形. 須彌及蓮華. 師子勝相刹. 側住覆世界. 如因陀羅網. 或悉諸珍寶. 箜篌細腰鼓. 狀種種諸華. 或離日月光. 如是等無量.

관기 이는 불찰(佛刹: 불국토)의 안립安立과 형상이 일정치 않음을 질문한 내용이다. 자세히는 「화장세계품華藏世界品」에 있으니, 이 때문에 결론에서 "이와 같이 한량이 없다"고 한 것이다. 인다라因陀羅는 한역하면 제帝이니, 즉 제망帝網이다. 제석천帝釋殿에 있는

풍륜風輪 위에 있고, 풍륜은 허공에 떠 있다고 한다. 수미산 중턱에는 사천왕四天王이 거주하는 사왕천四王天이 있고, 그 정상에는 도리천忉利天이 있다고 한다.

100 인다라因陀羅는 산스크리트어 indra의 음사로, 제석帝釋을 말한다. 제석이 살고 있는 궁전을 덮고 있는 거대한 그물로, 그 마디마디에 달려 있는 무수한 보배 구슬이 빛의 반사로 서로가 서로를 반사하고, 그 반사가 또 서로를 반사하여 무궁무진하다고 한다. 걸림 없이 서로가 서로에게 끝없이 작용하면서 어우러져 있는 장엄한 세계를 비유한다.

101 고대 한국과 중국 등지에서 사용되던 현악기이다. 하프와 유사하다. 와공후臥箜篌 13현, 수공후竪箜篌 21현, 대공후大箜篌 23현, 소공후小箜篌 13현으로 나뉜다. 본래 서역에서 전래된 악기로 중국을 거쳐 한국에 들어왔다.

온갖 보배 구슬로 이루어진 그물을 말하는데, 비록 백천百千 겹이라도 서로 장애하지 않고 상호 섭입涉入하며 서로 빛을 비추며 벌려 있다. 세계가 그렇다는 것이다.

무엇이 화신불化身佛입니까? 무엇이 보생불報生佛[102]입니까? 무엇이 여여불如如佛[103]입니까? 무엇이 지혜불智慧佛입니까?

云何爲化佛. 云何報生佛. 云何如如佛. 云何智慧佛.

관기 이는 부처가 유일한 참(眞)임을 질문한 것이다. 어찌하여 이름과 뜻(義)이 같지 않은 건가? 기연機緣에 따라 보편적으로 응하면 화신불이고, 숙세宿世의 인因을 갚으면 보신불이고, 체성體性에 둘이 없으면 이름하여 진여불眞如佛이고, 본각本覺이 드러나 비추면 지혜불智慧佛이다. 대체로 진여의 지혜가 바로 법신法身이다. 이름과 뜻은 네 가지라도 오로지 삼신三身에 속할 뿐이다.

어찌하여 욕계에서는 등정각等正覺[104]을 이루지 못하나요? 어째서 색구

---

102 중생을 위해 서원을 세우고 거듭 수행한 결과로 깨달음을 성취한 부처. 아미타불과 약사여래가 여기에 해당한다.

103 ①차별을 떠난, 있는 그대로의 참모습을 깨달은 부처. ②진리 그 자체, 또는 진리를 있는 그대로 드러낸 우주 그 자체를 뜻한다. 법신불의 이칭異稱으로도 쓰인다.

104 산스크리트어는 samyak-saṃbodhi로 바르고 원만한 깨달음을 말한다. samyak-saṃbuddha는 그 깨달음을 성취한 사람.

경천[105]에서 욕망을 여의어야 보리를 얻는 겁니까?

云何於欲界. 不成等正覺. 何故色究竟. 離欲得菩提.

관기   이는 부처가 이미 현신現身해서 백성과 함께 우환을 겪음을 질문한 것이다. 어찌하여 욕계에 나아가 성불하지 못하는 건가? 바로 유정천有頂天[106]처럼 욕망을 여읜 처소라야 보리를 얻기 때문이다.

선서善逝[107]가 열반에 든 후 누가 정법을 지켜나가나요? 천사天師는 얼마나 오래 세간에 머무시나요? 정법은 언제까지 세간에 머무나요? (위역과 당역은 모두 천사가 세존世尊으로 되어 있다)

善逝般涅槃. 誰當持正法. 天師住久如. 正法幾時住. (二譯皆以天師作世尊)

---

105 색계 십팔천色界十八天의 열여덟째인, 맨 위에 있는 하늘. 사선 구천四禪九天의 아홉째인 맨 위에 있는 하늘. 색구경천色究竟天의 색色은 빛으로서 형체를 말함이고, 구경究竟은 마침이다. 형체가 있음을 이 하늘이 마치므로 색구경色究竟이라 한다. 오정거천五淨居天의 하나.

106 여기서는 색구경천色究竟天을 말한다. 또 하나는 무색계 4천天 가운데 가장 위에 있는 비상비비상천非想非非想天을 말한다. 삼계三界의 가장 위라는 뜻.

107 산스크리트어, 팔리어 sugata. 여래 십호十號의 하나. 깨달음에 잘 이르렀다는 뜻으로, 곧 부처를 일컫는다.

관기 이는 법이 머무는 기한과 멸도(滅度: 열반) 후엔 누가 정법을 지켜나가는지에 대한 질문이다. 정법을 지키는 것은 바로 정법안장正法眼藏[108]을 전하는 것이다.

실단悉檀과 봄(見)은 각기 몇 종류나 있습니까? 비구들이 지닌 비니毗尼는 무슨 인연으로 제정되었나요?

悉檀及與見. 各復有幾種. 毗尼比丘分. 云何何因緣.

관기 이는 법의 차별을 물은 것이다. '실단悉檀'이란 중국어와 산스크리트어를 함께 사용한 것이다. 실悉은 편(偏: 두루하다)이고 단檀은 한역하면 시(施: 베풀다)이다. 부처님께서 네 가지 법으로 중생에게 두루 베푼 것을 말하기 때문에 '실단'이라 한 것이다. 네 가지 법이란 세계世界, 위인爲人, 대치對治, 제일의第一義[109]를 말한다. 자세

---

108 부처님의 바른 교법이라는 뜻. 석가모니불이 깨친 진리의 비밀. 직지인심·견성성불·교외별전의 심인心印.

109 사실단은 불佛의 설법을 4종류로 분류한 것으로 세계실단世界悉檀·위인실단爲人悉檀·대치실단對治悉檀·제일의실단第一義悉檀이다. 실단悉檀은 신역 실담悉曇과 같은 성취의 뜻으로 이 4법을 통해 중생의 불도를 성취시킴으로써 이름 지은 것이다. 세계실단은 부처가 중생의 뜻에 맞추어 세간적인 설법을 하여 깊은 마음을 일으키는 것이고, 위인실단은 부처가 중생의 소질의 얕고 깊음에 따라 각각의 사람들에게 상응한 법을 설하여 선을 행하게 하는 것이고, 대치실단은 상대방의 마음의 병에 따라 적당한 설법을 하는 것이고, 제일의실단은 중생을 깨달음에 들게 하는 최고의 진리, 구경의 진리를 설하여 중생을 깨달음에 들게 하는 것이다.

히는 지관止觀[110]에서 밝힌 것과 같다. 봄(見)은 피동적인 기틀(機)을 말하며, 보는 바(所見)는 각기 몇 가지 종류가 있다. 비니毗尼는 한역하면 율律이고, '비구가 지닌(比丘分)'은 바로 비구의 250계戒이다. 무엇이 비니이며, 어찌하여 또 비구가 지녀야 하는 계를 마련했느냐고 물은 것이다.

저 뛰어난 불자佛子들, 즉 연각과 성문은 어찌하여 온갖 변역생사變易生死[111]에 있나요? 어찌해야 온갖 '받아들임 없음(無受)'에 들어가나요? 무엇이 세속을 통달한 것이고, 무엇이 세간을 벗어난 출세간出世間[112]입니까? 무엇이 7지地입니까? 오로지 바라노니 연설하여 주소서.

彼諸最勝子. 緣覺及聲聞. 何因百變易. 云何百無受. 云何世俗通.

---

110 지止는 산스크리트어의 śamatha의 역어로 마음의 어지러움을 고요히 하는 방법을, 관觀은 vipaśyanā의 역어로 대상을 자세히 관찰하여 대상의 참된 모습을 통찰하는 방법을 의미한다. 그리하여 일반적으로 지관은 깨달음이라는 불교의 최고선을 이루기 위한 실천적 방법을 가리키는 개념으로 쓰인다. 여기서는 천태종의 지자智者 대사가 지은 『마하지관』의 가르침을 말하는 것으로 보인다.

111 삼계三界의 괴로움을 벗어난 성자가 성불할 때까지 받는 생사. 신체와 수명을 자유자재로 변화시킨다고 하여 변역變易이라 한다. 이에 비해 분단생사分段生死는 삼계三界에서 태어나고 죽는 일을 되풀이하는 범부의 생사이다. 각자 과거에 지은 행위에 따라 신체의 크고 작음과 목숨의 길고 짧음이 구별된다고 하여 분단分段이라 한다.

112 생멸 변화하는 미혹한 세계를 벗어나 열반으로 들어가는 것. 사성제의 멸제(열반 또는 열반의 세계)를 말하거나 또는 열반에 들어갈 수 있게 하는 길, 즉 사성제의 도제를 말한다. 혹은 번뇌의 더러움에 물들지 않은 청정한 깨달음의 경지.

云何出世間. 云何爲七地[113]. 唯願爲演說.

 이는 삼승三乘의 사람과 법에 어째서 차별이 있느냐고 물은 것이다. 당역에서는 이렇게 되어 있다.

"일체의 불자들, 독각獨覺과 성문은 어떻게 의거하는 바를 전변해서 어떻게 무상無相을 얻으며,[114] 어떻게 세속을 통달하게 되고 어떻게 출세간을 얻습니까? 또 어째서 마음이 7지地에 머뭅니까?"

이 내용을 살펴보면 백 가지 변역(百變易)의 두 구절을 아는 것이니, 말하자면 초지보살初地菩薩[115]이 어찌하여 온갖 부처 세계의 몸을 능히 나타내서 온갖 종류의 삼매를 얻느냐는 것이다. 받아들임 없음(無受)은 즉 삼매이다. 세속의 통달은 오지五地[116]의 성인聖人이 어떻게 세제世諦[117]를 통달해서 세속과 교섭해 중생을 이롭게 하는지를 말한 것이다. 7지地는 원행지遠行地로서 이름하여 출세간出世間이다.

---

113 보살이 수행하는 계위階位인 52위 가운데 십지十地의 일곱 번째 단계, 곧 원행지遠行地를 말한다. 원행이란 삼계三界에서 멀리 떠난다는 뜻이며, 심원지深遠地라고도 한다. 이 지위의 보살은 법왕法王의 지위에 거의 다가간 상태이다.

114 당역에는 있지만 여기서는 빠져 있어서 보충했다.

115 초지는 보살이 수행하는 계위인 52위 가운데 십지의 첫 단계, 곧 환희지歡喜地를 말한다.

116 난승지難勝地를 말한다. 번뇌를 모두 끊음으로써 속지俗智와 진지眞智가 잘 조화를 이루게 된 경지이다.

117 산스크리트어는 loka-saṃvṛti-satya, 제諦는 진리를 뜻한다. 허망한 분별을 일으키는 인식 작용으로 알게 된 진리. 대상을 분별하여 언어로 표현한 진리로서 세속의 일반적인 진리를 말한다.

승가는 몇 종류가 있습니까? 무엇이 승단을 파괴하는 겁니까? 의방론醫
方論이란 무엇이며, 무슨 인연으로 있는 건가요?

僧伽有幾種. 云何爲壞僧. 云何醫方論. 是復何因緣.

(관기) 이는 승가의 차별 및 기연機緣에 응한 법이 하나가 아님을
질문한 것이다. 승단을 파괴하는 자는 계를 갖추지 못한 자를
말한다. 의방론醫方論은 세속의 의약 처방을 말하는 것이 아니다.
부처를 삼계의 의왕醫王이라 말하는데, 부처의 설법은 기연에 응해
마련된 것이 마치 병에 따라 약을 주는 것과 같기 때문에 의방론이라
말한다. 『대경大經』에는 구의舊醫와 신의新醫가 있고, 『법화경』에는
의사의 비유가 있다. 당역에서는 "의방론을 자세히 설했는가?"라고
했는데, 이는 불법을 말했을 뿐이란 걸 알 것이다. "무엇이 화신불입니
까"부터 여기까지는 삼보三寶[118]가 어째서 차별이 있는지 통틀어 질문한
것이다.

어찌하여 대모니大牟尼[119]께선 가섭불[120], 구류손불[121], 구나함불[122]이

---

118 산스크리트어 tri-ratna, ratna-traya. 부처와 부처의 가르침과 그 가르침에
   따라 수행하는 사람들의 집단. 곧 불보佛寶와 법보法寶와 승보僧寶.

119 부처님의 존칭. 석가모니(釋迦牟尼, Sakiyamuni)라는 호칭은 석가족 출신의 성자
   라는 뜻이다.

120 불교 경전에 나오는 부처. 과거칠불過去七佛 중 여섯 번째 부처이고 현겁(賢劫,
   現在劫) 천불千佛 중 세 번째 부처이다. 산스크리트 Kasyapa-Buddha의 음사.
   이를 의역한 음광불飮光佛이라는 이름으로 더 잘 알려졌다.

모두 나(我)라고 주장하신 겁니까?

何故大牟尼. 唱說如是言. 迦葉拘留孫. 拘那舍是我.

관기 이는 앞에서 부처에게 네 가지 다른 명의名義가 있다고 말했기 때문에 질문한 것이고, 어찌하여 또 가섭불 등 많은 부처를 나(我)라고 설했고, 이는 또 별개가 아니라고 했는지 질문한 것이다.

어찌하여 단견斷見[123]과 상견常見[124], 그리고 아我와 무아無我를 설하시나요? 어찌하여 일체 시時에 진실의 뜻을 연설하지 않으시나요? 그리하여 다시 중생을 위해 심량心量[125]을 분별해 설하시나요?

何故說斷常. 及與我無我. 何不一切時. 演說眞實義. 而復爲衆生.
分別說心量.

---

121 산스크리트어 krakucchanda-buddha의 음사. 과거칠불의 하나. 현겁賢劫 중에 출현하여 시리사수尸利沙樹 아래에서 성불하였다고 한다.

122 산스크리트어 kanakamuni-buddha의 음사. 과거칠불의 하나. 현겁 중에 출현하여 오잠파라수烏暫婆羅樹 아래에서 성불하였다고 한다.

123 인도철학에서 죽음 이후 모든 존재가 소멸한다는 관념. 다른 말로 '단견(斷見, uccheda-dṛṣṭi)'이라고도 한다.

124 세간世間과 자아自我는 사후死後에도 없어지지 않는다는 견해.

125 산스크리트어 citta-mātra. 오직 마음이 작용하여 대상을 분별하고 차별한다는 뜻이다.

관기 이는 앞서 말한 법의 차별로 인해 다시 정도와 사도(邪正), 방편과 실제(權實)의 같지 않음을 질문한 것이다. 단견과 상견과 아我는 외도의 삿된 종지이고, 무아는 바로 불법의 정법正法이다. 심량은 망상분별의 심수법心數法[126]이다. 그 뜻은 어찌하여 단견과 상견 및 아我와 같은 삿된 종지를 말하느냐는 것이며, 어찌하여 무아를 정법이라 설하느냐는 말이다. 그러나 무아는 이미 진실인데 어찌하여 시종일관 그 진실의 법을 설하지 않고 다시 중생을 위해 망상妄想의 심수心數인 실답지 않은 법을 설하느냐는 것이다.

어찌하여 남녀림男女林이 있으며, 또 가리訶梨 나무나 아마륵阿摩勒 나무가 있는 건가요?

何因男女林. 訶梨阿摩勒.

관기 이는 숲의 나무와 열매가 동일하지 않음을 질문한 것이다. 남녀림男女林은 시다림屍陀林[127]이라고도 하는데, 그 열매가 남녀의 형상과 같다. 익으면 그 빛깔이 아름답고 탐스럽지만 얼마 가지 않아 땅에 떨어진다. 형상이 죽은 시체와 같고 냄새나 더러움을

---

126 심수心數는 범어 Caitta 혹은 cetasika 또는 caitasika의 번역이다. 마음에 속한 것이란 뜻으로 심소心所, 심소법이라 한다. 심소심所의 구역舊譯이다.

127 ①시다尸陀는 산스크리트어 śīta의 음사, 한寒·냉冷이라 번역. 마가다국magadha 國의 왕사성王舍城 부근에 있던 숲으로, 시체를 버리던 곳. ②죽은 자를 위해 장사지내기 전에 설법하고 염불하는 의식.

견디지 못한다. 부처님 제자들 중에는 이 숲에 의지해 부정관不淨觀[128]
을 닦은 자가 많다. 대혜는 이 숲이 어째서 있게 되었느냐고 질문한
것이다. 가리訶梨와 아마륵阿摩勒은 둘 다 열매 이름으로 모두 약으로
쓰인다. 가리는 예전에는 가리륵訶梨勒이라 했고, 새로운 번역에선
가리달계訶梨怛雞라 하는데 한역하면 천상지래天上持來이고, 아마륵
은 그 열매가 호도와 같다. 그 뜻인즉 하나같이 모두 나무 열매인데,
어찌하여 남녀의 형상을 하고 있느냐는 말이다.

어찌하여 계리雞羅와 철위鐵圍[129], 그리고 금강金剛과 같은 여러 산들이
둘러싸고 있나요? 그 산들은 어찌하여 한량없는 보배로 장엄되어
있으며 신선들이 가득 차 있나요?

雞羅及鐵圍. 金剛等諸山. 無量寶莊嚴. 仙闥婆充滿.

---

128 오정심관五停心觀의 하나. 탐욕을 버리기 위해 육신의 더러움을 주시하는 수행법.
오정심관은 삼현三賢의 하나로 마음을 어지럽히는 다섯 가지 번뇌를 멈추기
위한 수행법이다. (1) 부정관不淨觀: 탐욕을 버리기 위해 육신의 더러움을 주시함.
(2) 자비관慈悲觀: 노여움을 가라앉히기 위해 모든 중생에게 자비심을 일으킴.
(3) 인연관因緣觀: 어리석음을 없애기 위해 모든 현상은 인연으로 생긴다는
이치를 주시함. (4) 계분별관界分別觀: 나에 불변하는 실체가 있다는 그릇된
견해를 버리기 위해 오온五蘊·십팔계十八界 등을 주시함. (5) 수식관數息觀: 산란
한 마음을 집중시키기 위해 들숨과 날숨을 헤아림.
129 산스크리트어 cakravāda. 작가라研迦羅는 음사. 수미산의 사주四洲를 둘러싸고
있는 철위산鐵圍山을 말한다.

관기 이는 팔부八部 대중[130]이 어찌하여 인간과 천상에 머물지 않고 철위산이나 칠금산七金山[131] 속에 머무는지 질문한 것이다. 당역에서는 "신선과 건달바[132]가 일체에 다 가득 차 있는데, 이 모두가 무슨 인연인지 부처님께 바라노니 저를 위해 설명해 주소서(仙人乾闥婆. 一切悉充滿. 此皆何因緣. 願佛爲我說)"라고 했다. 이상은 급及 자를 빼면 대혜의 질문이다. 단지 운하云何, 하인何因, 하고何故, 하등何等을 취한 것은 수(誰: 누구, 무엇, 어째서) 자의 종류로 뜻을 삼은 것이다. 그렇다면 130여 구절 속에 담긴 의의意義도 십계十界[133]와 사문四門[134]을 벗어나지 못한다. 그러나 세존께서는 진여일심眞如一心에 의거해 답을 하셨다. 그렇다면 일법一法도 수립하지 않은 것이기 때문에 하나하나

---

130 '팔부신장八部神將' '팔부신중八部神衆' '천룡팔부天龍八部' '용신팔부龍神八部' 등으로 부르며, 약칭하여 팔부八部라고도 한다. 불법을 수호하는 8명의 신장神將으로 천天·용龍·야차夜叉·건달바乾達婆·아수라阿修羅·가루라迦樓羅·긴나라緊那羅·마후라가摩睺羅伽이다. 대승경전에서 항상 법회 자리를 수호하는 신중神衆으로 등장한다. 원래는 인도의 토속신으로, 불교에 수용되어 불법과 불국토를 수호하는 역할을 담당하였다.

131 금金·은銀·폐류리吠琉璃·파지가頗胝迦의 네 보석으로 된 수미산須彌山과 쇠로 된 철위산鐵圍山의 중간에 있는, 금金으로 된 일곱 개의 산.

132 산스크리트어 gandharva의 음사. 식향食香·심향尋香·향음香陰이라 번역. 팔부중八部衆의 하나. 제석帝釋을 섬기며 음악을 연주하는 신神으로 향기만 먹고 산다 한다.

133 미혹과 깨달음의 경지를 다시 열 가지로 세분해서 해석하는 세계관. 불계佛界·보살계菩薩界·연각계緣覺界·성문계聲聞界(이상은 오계), 천상계天上界·인간계人間界·수라계修羅界·축생계畜生界·아귀계餓鬼界·지옥계地獄界(이상은 미계)이다.

134 여기서는 오법五法, 삼자성三自性, 팔식八識, 이무아二無我를 사문四門이라 한 것으로 보인다.

'아니다'라고 말한 것이다. 만약 생멸문生滅門에 의거해 식識만으로만 건립했다면 경전 전체의 종지가 모두 이 질문에 따로 답을 했어야 한다. 그러나 비록 경전 전체가 전래되지 않았다 해도 이 네 권의 경문으로도 오법, 삼자성, 팔식, 이무아 네 문門의 명의名義와 개합開合의 종지를 표현하기에 충분하다. 이 경전을 살피는 자는 경문에 임해 뜻을 회통해서 스스로 증득해야 한다. 앞으로는 세존의 조회와 답인데, 먼저 조회하고 나중에 답한다.

△차초且初

더 이상 위가 없는 세간해世間解[135]께서 그가 설한 게송, 즉 대승의 여러 제도濟度의 문門은 부처님들의 마음을 제일第一로 삼는다는 게송을 들으시고 "훌륭하고 훌륭하다, 물음이여. 대혜는 잘 들으라, 내가 이제 순서대로 너의 질문에 대해 설하리라"라고 하셨다.

無上世間解. 聞彼所說偈. 大乘諸度門. 諸佛心第一. 善哉善哉問. 大慧善諦聽. 我今當次第. 如汝所問說.

관기   이는 결집結集한 사람이 순서대로 늘어놓은 것이고 아울러 부처가 찬탄하고 허락한 언사言辭이다. 앞의 한 게송을 당역에 서는 "이때 세존께서 그가 대승의 미묘한 모든 불심佛心의 최상 법문을

---

135 산스크리트어 loka-vid. 십호十號의 하나. 세간을 모두 잘 안다는 뜻으로, 곧 부처를 일컫는다.

청하는 걸 듣고서"라고 했다. 그러나 대혜가 질문한 것은 바로 십계의 의보와 정보의 차별상이니, 바로 삼승과 범부와 외도의 망견妄見으로 분별한 경계이다. 실제로 대혜는 이로 인해 의심을 일으킨 자로서 이런 종류의 온갖 법이 어찌하여 있는지 알지 못했기 때문에 이런 질문을 제기한 것이다. 그러나 결집한 사람은 즉시 미묘한 불심佛心의 최상 법문이라 지적하였다. 왜 그런가?『금강반야경金剛般若經』에서 는 "일체 성현이 다 무위법無爲法으로도 차별이 있다"고 했는데 하물며 중생의 세계이겠는가! 소위 일체의 분별은 모두 자기 마음을 분별한 것이니, 만약 분별이 생겨나지 않는다면 당체當體가 그대로 모든 부처 의 자각성지自覺聖智라 칭한다. 이 때문에 여기서 질문한 범부와 성인, 의보와 정보, 정도와 사도, 인因과 과果도 자성自性이 항상 머문다면 바로 미묘한 불심이다. 지혜의 눈이 아니면 밝게 보이지 않는데, 어떻게 여기에 참여하겠는가? 그래서 순서대로 늘어놓은 것이다.

생生과 불생不生, 열반, 공空, 찰나는 궁극적으로 자성自性이 없는 것이다.

生及與不生. 涅槃空刹那. 趣至無自性.

관기 이는 세존께서 대혜가 질문한 뜻을 총체적으로 다룬 것이다. 말하자면 질문의 종류는 다양하지만 생生과 불생不生, 열반과 공상空相을 벗어나지 못한다. 찰나刹那는 생멸의 유전流轉이다. 취지趣 至는 구경究竟과 같다. 당역에서는 "생生이든 불생不生이든, 열반과 공상이든 유전流轉하여 자성自性이 없다"고 하였다. 말하자면 이 세간이든 출세간이든 모두 생멸이 유전하는 망견妄見의 법이라서 하나하나가 구경(究竟: 궁극)으로 본래 자성이 없다는 말이다. 이것은 그 뜻을 총체적으로 하나하나 다루면서도 모두 침묵으로 답해서 종결지은 것이다. 뜻(義)은 이미 앞의 주석에서 보았으며, 향후에는 하나하나 모두 대혜가 묻는 말을 총체적으로 서술했을 뿐이다. 그러나 앞에서 질문한 말이 생략되거나 빠졌더라도 세존께서는 모두 보충해서 내놓으셨다. 대체로 상호 간에 발명發明하기도 하지만 다만 그 말은 편의에 따르고 있으니, 이 때문에 들쑥날쑥해서 분류할 수가 없어도 그 뜻은 저절로 다 담고 있다.

불법의 갖가지 바라밀, 불자와 성문, 연각, 외도들, 그리고 무색행無色行, 이런 갖가지 일들

佛諸波羅蜜. 佛子與聲聞. 緣覺諸外道. 及與無色行. 如是種種事.

관기 이는 대혜가 질문한 사안을 종합적으로 다룬 것이다. 말하자면 질문한 사안이 비록 많다 해도 총체적으로 십계의 인人과 법法, 인因과 과果를 벗어나지 못할 뿐이다. 부처, 불자, 성문, 연각은 사성四聖이다. 무색無色은 천도天道에 해당한다.[136] 외도外道는 사람과 삼도三途[137]에 해당하니, 외도의 삿된 행行이 바로 삼도의 원인이기

---

136 무색계는 천상의 길에 해당한다는 뜻.

137 삼도는 세 가지 길이란 뜻. 죄를 지은 결과로 태어나서 고통을 받는 곳으로

때문이다. 이는 모두 사람(人)이다. 바라밀波羅蜜은 사성四聖의 법이다. 무색행無色行은 그 뜻이 외도의 육범六凡[138]의 법에 해당한다. 인因과 과果, 의보와 정보가 갖춰지지 않음이 없기 때문에 '이런 갖가지 일들'이라 했다. 대혜의 질문 내용이 모두 이를 벗어나지 않았다는 뜻이다. 아래 내용에서는 하나하나 거듭 그 말씀을 서술하고 있다.

수미산, 거대한 바다, 산, 대륙, 찰토, 대지, 성수星宿, 해와 달, 외도의 천天, 아수라

(이 내용은 앞서 질문한 "천天들은 몇 종류가 있나요? 무엇을 이름하여 대지라 하고 성수星宿와 일월日月이라 하나요?"를 다룬 것이다. 하나하나의 뜻은 삼계의 육범六凡에 해당한다),

해탈자재의 신통[139], 십력[140], 선정, 삼마제, 멸진滅盡[141]과 여의족[142],

지옥地獄·아귀餓鬼·축생畜生을 말한다.

138 십계十界 중에서 천상계天上界·인간계人間界·수라계修羅界·축생계畜生界·아귀계餓鬼界·지옥계地獄界의 여섯 세계는 미망의 경계로서 범부凡夫의 세계이므로 이를 육범六凡이라고 하고, 불계佛界·보살계菩薩界·연각계緣覺界·성문계聲聞界의 네 세계는 증오證悟의 세계, 즉 성자의 세계이므로 이를 사성四聖이라고 한다.

139 수행으로 갖추게 되는 여섯 가지 불가사의하고 자유자재한 능력. (1) 신족통神足通 마음대로 갈 수 있고 변할 수 있는 능력. (2) 천안통天眼通 모든 것을 막힘없이 꿰뚫어 환히 볼 수 있는 능력. (3) 천이통天耳通: 모든 소리를 마음대로 들을 수 있는 능력. (4) 타심통他心通: 남의 마음속을 아는 능력. (5) 숙명통宿命通: 나와 남의 전생을 아는 능력. (6) 누진통漏盡通: 번뇌를 모두 끊어 내세에 미혹한 생존을 받지 않음을 아는 능력.

140 부처만이 갖추고 있는 열 가지 지혜의 능력. (1) 처비처지력處非處智力: 이치에

각지覺支¹⁴³와 도품道品,¹⁴⁴ 온갖 선정의 한량없음

(이 내용은 앞서 말한 "어찌하여 각지覺支와 보리분菩提分을 설하는 것이며"를
다룬 것이다. 자세히는 37조도품¹⁴⁵과 네 가지 성스러운 법¹⁴⁶이다)

맞는 것과 맞지 않는 것을 분명히 구별하는 능력. (2) 업이숙지력業異熟智力:
선악의 행위와 그 과보를 아는 능력. (3) 정려해탈등지등지지력靜慮解脫等持等至
智力: 모든 선정禪定에 능숙한 능력. (4) 근상하지력根上下智力: 중생의 능력이나
소질의 우열을 아는 능력. (5) 종종승해지력種種勝解智力: 중생의 여러 가지
뛰어난 판단을 아는 능력. (6) 종종계지력種種界智力: 중생의 여러 가지 근성을
아는 능력. (7) 변취행지력遍趣行智力: 어떠한 수행으로 어떠한 상태에 이르게
되는지를 아는 능력. (8) 숙주수념지력宿住隨念智力: 중생의 전생을 기억하는
능력. (9) 사생지력死生智力: 중생이 죽어 어디에 태어나는지를 아는 능력. (10)
누진지력漏盡智力: 번뇌를 모두 소멸시키는 능력.

141 모든 마음 작용이 소멸된 선정禪定.

142 뜻대로 자유자재한 신통력을 일으키는 다리. 곧 네 가지 뜻이 같은 신족神足이니,
곧 욕여의족欲如意足·정진여의족精進如意足·심여의족心如意足·사유여의족思惟
如意足이다. 또는 사여의분四如意分·사신족四神足이라고도 한다.

143 산스크리트어 bodhy-aṅga, 팔리어 bojjhaṅgā. 깨달음에 이르게 하는 수행의
갈래. 칠각지七覺支가 있다.

144 팔리어 bodhipakkhiyā dhammā, 산스크리트어 bodhipakṣa dharma. 깨달음에
이르게 하는 수행의 갈래. 37도품三十七道品이 있다.

145 4념처(四念處, 四念住)·4정단(四正斷, 四正勤)·4신족(四神足, 四如意足)·5근五根·5력
五力·7각지(七覺支, 七覺分)·8정도八正道의 37가지 도품道品 또는 수행법修行法을
말한다.

146 사성제四聖諦를 말한다. 산스크리트어 catvāri āryasatyāni. 이 세상은 모두가
고통이라는 고성제苦聖諦, 고품의 원인은 애착과 집착이라는 집성제集聖諦, 이
애착과 집착을 완전히 없애면 고통이 사라진다는 멸성제滅聖諦, 이 고통을 없애는
방법이 있다는 도성제道聖諦이다.

갖가지 음신陰身[147]이 왕래하고

(이 내용은 앞서 말한 "중생은 온갖 취趣[148]에 태어나는데"를 다룬 것이다)

정수(正受: 삼매)와 멸진정滅盡定

(이 내용은 앞서 말한 "무엇이 멸정수〔滅正受: 멸진정〕입니까?" 두 구절을 다룬 것이다)

삼매에서 마음을 일으키는 설說

(이 내용은 앞서 말한 "어떤 원인으로 선정에서 깨어납니까?" 네 구절을 다룬 것이다)

마음, 뜻과 식識, 무아와 오법五法, 자성과 상想과 소상所想, 그리고 능견能見과 소견所見, 승乘과 갖가지 종성種性

(이상은 "무엇을 이름하여 장식藏識이라 하나요?"에서부터 비아非我의 뜻에 이르기까지 여덟 구절을 다룬 것으로 총체적으로 사문四門에 귀속된다)

금과 은, 그리고 마니摩尼[149] 등

(이상은 앞서 말한 "누가 온갖 보배의 성품을 낳았나요?" 등을 다룬 것이다)

일천제와 대종大種[150]

(이상은 앞서 말한 "무엇이 일천제입니까?"를 다룬 것이다. 그러나 대종에

---

147 중음신中陰身을 말한다. 사람이 죽은 뒤 다음 생의 몸을 받아 날 때까지의 영혼의 상태. 중유中有·중온中蘊이라고도 한다. 사람이 죽은 뒤 49일 동안은 중음의 상태로 있다가 다음 생의 몸을 받게 된다고 한다.

148 산스크리트어 gati. 나아가 이른 상태·세계. 즉 중생衆生의 업인業因에 의하여 나아가는 곳이다.

149 산스크리트어, 팔리어 maṇi의 음사. 주珠·보주寶珠라고 번역. 보배 구슬을 통틀어 일컫는다.

150 땅, 물, 불, 바람의 네 종자를 말한다.

대한 질문은 없다. 대체로 세존의 뜻은 일천제와 외도가 헤아린 대종이 생겨남의 원인[生因]이 됨을 가리킨 것이지 단지 사대四大[151]만을 말한 것은 아니다)

황란荒亂과 일불一佛, 지혜와 이염爾燄, 해탈의 방향을 얻음(得向)

(황란은 앞서 말한 "무엇이 국토의 혼란입니까?"를 다룬 것이고, 일불은 앞서 말한 "가섭 등이 나[我]이다"를 다룬 것이고, 지혜와 이염은 앞서 말한 "이염을 정화시키나요?" 두 구절을 다룬 것이고, 득향得向은 앞서 말한 해탈의 수행을 다룬 것이다)

중생의 있음과 있지 않음

(이상은 앞서 말한 "그리고 아我와 무아"를 다룬 것이다)

코끼리와 말 등 온갖 짐승들은 어찌하여 포획하는지

(이상은 앞서 말한 "무엇이 코끼리, 말, 사슴이며, 어찌하여 그것들을 포획하는가?"를 다룬 것이다)

비유譬喩[152]와 인명因明[153]이 실단悉檀[154]을 이루는지, 그리고 작용하는

---

151 대상의 특성을 형성하는 네 가지 성질, 곧 지地·수水·화火·풍風을 말한다.

152 ① 산스크리트어 dṛṣṭānta. 어떤 사물의 성질을 다른 것에 빗대어 표현한다. ② nidarśana. 구체적인 예. ③ 산스크리트어 avadāna. 경전의 서술 내용에서, 비유로써 가르침을 설한 부분. ④ 산스크리트어 upamāna. 어떤 사실을 근거로 다른 사실을 미루어 헤아림, 곧 유추類推.

153 인도의 논리학. 산스크리트의 본뜻은 '추론에서의 이유 개념에 대한 학'으로 논리학을 말한다. 인도의 논리학은 니아야Nyāya 학파와 불교에 의해 체계화되었다고 볼 수 있으나 중국 등지에서 특히 불교논리학을 인명이라 부른다.

154 산스크리트어 siddhānta의 음사. 종宗이라 번역. ① 요지, 중요한 뜻. ② 스스로 체득한 궁극적인 진리, 언어로 표현할 수 없는 스스로 체득한 깨달음 그 자체. ③ 어떤 학파에서 확정된 학설, 어떤 학파에서 주장하는 명제.

것과 작용되는 것

(이상은 앞서 말한 "실단과 지견은 각기 몇 종류나 있습니까?"를 다룬 것이다. 당역에서는 "무엇을 인명과 비유가 상응相應하여 실단을 이루는 겁니까"라고 했는데, 말하자면 네 가지 실단이 모두 인명과 비유로 이루어졌다는 것이니, 이 때문에 뜻을 아울러 조회한 것이다. 그러나 능히 작용하는 것과 작용되는 것은 모두 망견妄見에 속한다)

총림叢林과 같은 미혹을 통달해도 심량心量에는 나타나질 않고

(이상은 앞서 말한 "무엇이 세속의 통달입니까?"를 다룬 것이니, 말하자면 중생의 심상心想이 삿된 견해로 빽빽이 차 있는 것이 총림과 같다는 말이다. 다음 구절은 앞서 말한 "무엇이 출세간입니까"를 다룬 것인데, 당역에서는 "온갖 숲과 미혹/ 이와 같은 진실의 이理는/ 오직 마음일 뿐 경계가 없다"고 하였으며, 위역에서는 "상相을 실답다고 미혹하지만/ 단지 마음일 뿐 경계가 없다"고 했으니, 이는 대체로 그 뜻을 내놓은 것이다)

온갖 지地가 서로 이르지 않고

(이상은 앞서 말한 "어찌하면 온갖 지[地: 경지]를 초월합니까?"를 다룬 것이다)

온갖 것으로 변하는 것과 온갖 것을 받아들이지 않는 것, 의술과 공교工巧[155]에 대한 논論, 그리고 기술에 대해 밝은 분야들

(문장대로 알 수 있다. 이 '온갖 산과 수미산[156]과 대지' 이하부터 '털구멍과

---

155 미술·공예·문예·노래 등에 대한 기술.

156 산스크리트어, 팔리어 sumeru의 음사. 묘고妙高·안명安明이라 번역. 고대 인도인들의 세계관에서, 세계의 중심에 솟아 있는 거대한 산으로, 금金·은銀·폐류리吠琉璃·파지가頗胝迦의 네 보석으로 되어 있다고 한다.

눈썹은 미진微塵이 몇 개인가?'에 이르기까지는 대혜의 질문이 이르지 못한 곳이지만 세존께서 지적해서 내놓으셨다)

온갖 산과 수미산과 대지, 거대한 바다와 일월日月의 양量, 상·중·하 중생들의 몸은 각기 몇 개의 미진微塵인가? 하나하나의 찰토는 몇 개의 미진이고, 일궁一弓의 수는 얼마인가? 주肘와 보步는 몇 구루사이며, 반 유연由延과 유연의 차이는 얼마인가?

토호兔毫와 창진窓塵과 기蟻, 양모羊毛와 굉맥穬麥과 진塵은 어떠한가?

須彌巨海山. 洲渚刹土地. 星宿及日月. 外道天脩羅. (此領上問諸天有幾種. 云何名爲地. 星宿及日月. 牒意該三界六凡也) 解脫自在通. 力禪三摩提. 滅及如意足. 覺支及道品. 諸禪定無量. (此領上云何說覺支. 及與菩提分. 蓋廣牒三十七品助道. 四聖法也) 諸陰身往來. (領上衆生生諸趣) 正受滅盡定. (領上及與滅正受二句) 三昧起心說. (領上何因從定覺四句) 心意及與識. 無我法有五. 自性想所想. 及與現二見. 乘及諸種性. (此領上云何名爲藏已下至非我義八句. 總歸四門) 金銀摩尼等. (領上誰生諸寶性等) 一闡提大種. (領上云何一闡提. 然大種無問. 蓋世尊意指闡提外道所計大種爲生因者. 非特言四大也) 荒亂及一佛. 智爾焰得向. (荒亂. 領上云何國土亂. 一佛. 領上迦葉等是我. 智爾焰. 領上爾焰淨二句. 得向. 領上解脫修行) 衆生有無有. (領上及與我無我) 象馬諸禽獸. 云何而捕取. (領上云何象馬鹿. 云何而捕取) 譬因成悉檀. 及與作所作(領上悉檀及與見. 唐譯云. 云何因譬喩. 相應成悉檀. 謂四悉檀. 皆因譬所成者. 故倂意牒之. 然能作所作皆屬妄見) 叢林迷惑通. 心量不現有. (上句領云何世俗通. 謂衆生心想邪見稠密如叢林也. 下句領云何出世間. 唐譯云. 衆林與迷惑.

如是眞實理. 唯心無境界. 魏譯云. 相迷惑如實. 但心無境界. 此蓋牒出其義
也) 諸地不相至. (領上何因度諸地) 百變百無受. 醫方工巧論. 伎術諸
明處. (如文可知. 此諸山須彌地已下. 至毛孔眉毛幾. 乃大慧問不到處. 而世
尊指而出之) 諸山須彌地. 巨海日月量. 下中上衆生. 身各幾微塵. 一
一刹幾塵. 弓弓數有幾. 肘步拘樓舍. 半由延由延. 兎毫窻塵蟻. 羊毛
䵎麥塵.

관기 7극미진極微塵은 1창진窻塵을 이루고, 7창진은 1토모두진兎毛
頭塵을 이루고, 7토모두진은 1양모두진羊毛頭塵을 이루고,
7양모두진은 1우모두진牛毛頭塵을 이루고, 7우모두진은 1기蟻를 이루
고, 7기는 1슬虱을 이루고, 7슬은 1개芥를 이루고, 7개는 1대맥大麥을
이루고, 7대맥은 1지절指節을 이루고, 7지절은 0.5척(半尺)을 이루고,
0.5척이 두 개면 1척을 이루고, 2척은 1주肘를 이루고, 4주는 1궁弓을
이루고, 5궁은 1장丈을 이루고, 20장은 이름하여 1식息이고, 80식은
이름하여 1구로사俱盧舍이고, 8구로사는 1유순由旬을 이루고, 유연由
延은 바로 유순由旬이다. 이상은 옛 주석에서 인용한 산스크리트어를
해석한 말이다.

발타鉢他는 몇 굉맥이고, 아라阿羅는 몇 굉맥인가? 독룡과 나구리,
늑차와 거리, 나아가 빈파라는 각기 얼마나 되는 수數인가?

鉢他幾䵎麥. 阿羅䵎麥幾. 獨籠那佉梨. 勒又及擧利. 乃至頻婆羅. 是
各有幾數.

관기 발타鉢他는 1승升이고, 아라阿羅는 1두斗이고, 독룡獨籠은 1곡斛이고, 나가리那伽梨는 10곡斛이고, 늑차勒又는 1만萬이고, 거리擧利는 1억億이고, 빈바라頻婆羅는 1조兆이다. 즉 몇 굉맥의 진塵이 1승升을 이루고, 또 몇 굉맥의 진塵이 1두斗를 이루는가를 말하며, 나머지는 예에 따라서 알 것이다.

몇 아누를 이름하여 사리사바라 하며, 몇 사리사바를 이름하여 1뢰제라 하는가? 몇 뢰제가 마사이며, 몇 마사가 타나인가? 다시 몇 타나라가 가리사나이며, 몇 가리사나가 1파라가 되는가? 이들 쌓인(積聚) 모습은 몇 파라미루인가?

爲有幾阿瓮. 名舍梨沙婆. 幾舍利沙婆. 名爲一賴提. 幾賴提摩沙. 幾摩沙陀那. 復幾陀那羅. 爲迦梨沙那. 幾迦梨沙那. 爲成一波羅. 此等積聚相. 幾波羅彌樓.

관기 아누阿瓮 역시 진塵이다. 사리사바舍利沙婆는 겨자(芥子)이고, 뢰제賴提는 풀씨(草子)이고, 마사摩沙는 콩(豆)이고, 타나陀那는 수銖[157]이고, 가리사나迦利沙那는 양兩이다. 파라波羅는 근斤이고, 미루彌樓는 수미산이다. 즉 몇 근의 진塵이 능히 이 미루의 산을 이룰 수 있느냐는 말이다. 당역에서는 "몇 근이라야 수미산을 이루는가?"라고 했는데, 이는 옛 주석을 살핀 것이다.

---

157 무게의 단위. 양兩의 24분의 1이다.

이런 것들이 응당 청해야 할 것이거늘 어찌 다른 일을 물을 필요가 있겠는가? 성문, 벽지불, 부처와 최승자는 몸이 각기 몇 개인데, 어찌하여 이건 묻지 않는가? 화염은 몇 아누이며, 바람은 아누가 또 몇 개인가? 근根 하나하나는 몇 아누이며, 털구멍과 눈썹은 몇 개인가?(당역에서는 "불과 바람은 각기 몇 개의 진塵이며, 하나하나의 근根에는 몇 개의 진塵이 있고, 눈썹과 온갖 털구멍은 다시 저마다 몇 개의 진塵으로 이루어졌는가?"라고 하였다)

是等所應請. 何須問餘事. 聲聞辟支佛. 佛及最勝子. 身各有幾數. 何故不問此. 火燄幾阿㝹. 風阿㝹復幾. 根根幾阿㝹. 毛孔眉毛幾. (唐譯云. 火風各幾塵. 一一根有幾眉及諸毛孔. 復各幾塵成)

관기 '여러 산과 수미산과 대지' 이하부터 여기에 이르기까지 도합 39구句 32가지 일이 있는데 모두 대혜의 질문이 미치지 못한 곳이라서 세존께서 특별히 나타내 보인 것이다. 그러면서도 어찌하여 이를 질문하지 못했냐고 질책했는데, 그 이유는 무엇인가? 가령 『화엄경』의 여러 품품들은 모두 불력佛力의 가피加被[158]로 보살이 설한 것이다. 그러나 「아승지품」에 이르러서는 부처가 직접 설했다. 그 너무나 미세한 일을 일체종지一切種智[159]가 아니면 다 알고 다 볼 수 없기

---

158 부처나 보살이 자비심으로 중생에게 힘을 주는 것. 가우加祐, 가비加備, 가호加護라고도 한다.

159 ①모든 현상의 있는 그대로의 평등한 모습과 차별의 모습을 두루 아는 부처의 지혜. ②삼지三智의 하나. 모든 현상의 전체와 낱낱을 아는 부처의 지혜.

때문이다. 보살이 알 수 있는 것이 전혀 아니었고, 이처럼 알지 못했기 때문에 질문이 미치지 못했던 것이다. 그리고 정말로 질문이 미치지 못했다면 마음 밖에 잉여剩餘의 법이 있는 것이기 때문에 부처님께서 특별히 나타내어 내놓으신 것이다. 자각성지自覺聖智로 법을 남김없이 사무쳐 드러내셨으니, 신실信實하도다, 부처의 지견知見이여! 염부제閻浮提[160]에 비가 오면 그 빗방울 수효를 모두 알고, 소나무의 곧음, 가시나무의 굽음, 백조의 흰 빛깔, 까마귀의 검은 빛깔을 현전現前해서 근원의 원인(元因)을 모두 요달한다. 그러나 수미산은 대체로 의보依報의 총상總相을 가리키고, 그 궁弓·보步의 미진微塵은 별상別相을 가리킨다. 삼승의 성인은 몸의 크기가 크고 작음이 있는데 대체로 몸은 곧 정보正報의 총상이고, 그 수량인 털구멍의 미진은 별상이다. 생각건대 대혜는 단지 온갖 법의 총상만을 알았지 별상은 알지 못했다. 그렇다면 단지 공상共相만 알 뿐 자상自相[161]은 요달하지 못한 것이니, 자기 마음(自心)의 현량現量[162]을 미혹함이 많은 것이다. 그래서 부처님

---

160 불교 우주관에 나타나는 주洲, 대륙의 명칭으로 섬부주贍部洲라고도 한다. 염부閻浮·섬부贍部는 jambu의 음역어이며, 제提와 주洲는 dvipa의 각각 음역어 및 의역어이다. 수미산 남쪽에 있다는 대륙으로 남섬부주南贍部洲라고도 한다. 우리 인간들이 사는 곳이다.

161 공상은 다른 것과 공통되는 일반적인 성질이고, 자상은 다른 것과 공통되지 않은 특별한 성질, 즉 본질을 말한다. 가령 가을의 산이 빨갛고 불이 빨갛고 옷이 빨갛다고 할 때의 공통의 빨강을 가리켜 공상共相이라고 하고, 파랑 혹은 노랑 등과 구별되는 빨강 그 자체를 가리켜 자상自相이라고 한다.

162 산스크리트어 pratyakṣa. ①언어와 분별을 떠난 직접 지각이나 직접 체험. 주관과 객관의 대립을 떠난 직접 지각. 판단이나 추리나 경험 등의 간접 수단에 의하지 않고 있는 그대로 직접 파악한다. ②깨달음의 체험. 언어를 떠난, 스스로

께서는 지극히 미세한 지혜로 그를 계발한 것이다.

○다음 문장은 다시 대혜의 질문을 받는다.

어찌하면 재물을 보호하는 자재왕이 되고, 어찌하면 성스러운 제왕
인 전륜왕[163]이 되며, 어찌해서 왕이 수호하며, 어떤 것을 해탈이라
하는가?
광의廣義의 설명과 구句의 설명이 있으니, 그대가 질문한 것처럼 중생
에겐 갖가지 욕망과 갖가지 음식들이 있다.
어찌하여 남녀의 숲이 있고, 금강처럼 견고한 산이 있는가? 어찌하여
허깨비 같고 꿈같다거나 야생 사슴이 사랑을 갈구하는 비유를 하는가?
어찌하여 산에는 천선天仙과 건달바의 장엄이 있는가?(당역에서는 "어
찌하여 묘한 산들에는 신선과 건달바의 장엄이 있는가?"라고 하였다)
해탈하면 어느 곳에 이르며, 누가 속박하고 누가 해탈하는가? 무엇이
선禪의 경계이고, 무엇이 신통 변화이고 외도인가? 무엇이 원인 없는
작용인가? 무엇이 원인 있는 작용이고, 무엇이 원인 있기도 하고
원인 없기도 한 작용이고, 무엇이 원인이 있는 것도 아니고 원인이
없는 것도 아닌 작용인가?

체득한 깨달음 그 자체.

163 수미산須彌山 둘레의 사천하四天下, 곧 사주四洲의 세계를 통솔하는 대왕. 윤왕輪
王. 금륜왕金輪王은 수미須彌 사주四洲를 다스리고, 은륜왕銀輪王은 동·남·서
삼주三洲를 다스리고, 동륜왕銅輪王은 동·남 이주二洲를 다스리고, 철륜왕鐵輪王
은 남녘 염부제閻浮提 일주一洲를 다스린다고 한다.

(옛 주석에서 이 네 가지 원인은 앞서 말한 "어찌하여 이설異說이 함께하는가?"
를 다룬 것이다)

어찌하여 나타난 것이 이미 소멸하며

(이상은 앞서 말한 "무엇이 보는 바를 끊는 건가?"를 다룬 것이다)

**어떻게 여러 감각들을 정화하는가? 어떻게 여러 감각들이 전변하고
온갖 소작所作들을 전변하는가?**

(이상은 앞서 말한 "어떻게 해야 그 생각〔念〕을 정화하는 건가? 어째서 생각이

더욱 늘어나는 건가?"를 다룬 것이다)

**어떻게 해야 온갖 상념을 끊으며, 어떻게 삼매가 일어나는가? 삼유三
有[164]를 타파하는 자는 누구이며, 어느 곳에서 어떤 몸이 되는가? 어찌하
여 중생이 없다고 하면서 나(我)가 있다고 설하는가? 무엇이 세속의
설인가?**

(이상은 앞서 말한 "무엇이 상相을 건립함인가?" 네 구절을 다룬 것이다)

오로지 바라노니 자세히 설하여 주소서.(당역과 위역에서는 이 한 구절이

없다)

질문한 바의 상相은 어떠하며, 아울러 질문한 것은 '나'가 아닌가(非我)?

(이 역시 상相을 건립한 네 구절의 뜻에 속한다)

무엇을 태장胎藏[165] 및 갖가지 다른 몸(異身)이라 하는가?

---

164 모든 중생衆生들이 생사윤회生死輪廻하는 세계를 말하는 것으로서 탐욕의 세계인
　　욕유慾有, 색욕의 세계인 색유色有, 정신의 세계인 무색유無色有 등을 가리킨다.
　　욕계慾界·색계色界·무색계無色界 등으로 쓰여 삼계三界라고도 한다.

165 산스크리트어 garbha-dhātu. 『대일경大日經』에 의거하여 보리심菩提心과 대비大
　　悲와 방편方便을 드러낸 부문. 모태母胎가 태아胎兒를 보살피듯, 대비에 의해

(이상은 앞서 말한 갖가지 명색名色의 상을 다룬 것이다)

무엇이 단견斷見과 상견常見이며, 어찌해야 마음은 정(定: 삼매)을 얻는가?

(이상은 앞서 말한 "무엇이 삼매의 마음입니까?"를 다룬 것이다)

무엇이 언설言說과 갖가지 지혜이며, 무엇이 계의 종성種性과 불자佛子인가?

(이상은 앞서 말한 "누가 언어를 낳았는가?" 두 구절과 "지혜에는 몇 가지 종류가 있는가? 중생의 성품에는 몇 가지 계戒가 있는가?"의 두 구절을 다룬 것이다)

무엇이 학문이고 논論인가?

(이상은 앞서 말한 "학문은 몇 종류가 있는가? 무엇을 이름하여 논論이라 하는가?"를 다룬 것이다)

무엇이 스승과 제자인가? 갖가지 중생들, 이들은 또한 무엇인가? 무엇을 음식이라 하는가?

(이상 한 구절은 "부처님 제자는 몇 종류가 있는가? 무엇이 아사려阿闍黎인가?"를 다룬 것이다. 이하 세 구절은 "남자, 여자, 그리고 남자도 여자도 아닌 사람", "중생은 여러 취趣에서 태어나는데"의 네 구절의 뜻을 종합적으로 다룬 것이다)

무엇이 총명이고 마魔의 시설施設인가?

(이 한 구절은 마魔와 여러 이학異學 이하 여섯 구절의 뜻과 "무엇을 염念의 총명이라 하는가?" 한 구절을 종합적으로 다룬 것이다)

───────

깨달음의 성품이 드러난다는 뜻에서 태장胎藏이라 한다.

무엇을 나무의 뒤엉킴이라 하는가?

(앞서 말한 "무엇을 숲과 나무라 하는가? 무엇을 넝쿨풀이라 하는가?" 두 구절을 다룬 것이다)

최승자最勝子가 물어야 하는 것이니, 무엇이 갖가지 찰토刹土인가?

(앞으로 자연스럽게 찰토의 형상을 다룬 구절이 있는데, 여기서는 응당 "어떤 것이 찰토刹土의 화현化現이며" 한 구절의 뜻을 다룬 것이다)

신선은 어찌하여 오랜 세월 고행하는가?

(이는 "어찌하여 오랫동안 고행하는 신선이 있는가?" 두 구절을 다룬 것이다)

무엇을 족성族姓이라 하는가?

(이는 앞서 말한 "무엇을 석가의 종성種姓이라 하는가?" 네 구절을 다룬 것이다)

어떤 스승으로부터 배웠는가?

(이는 "선사는 어떤 방법으로 가르쳐서" 두 구절을 다룬 것이다)

어찌하여 못생기고 누추한가? 어찌하여 사람이 수행을 하는가?

(이 한 구절은 앞서 말한 "무엇이 수행에서 물러나는 건가?" 두 구절을 다룬 것이다)

욕계에서는 어찌하여 깨닫지 못하는가? 아가니타阿迦膩吒[166]는 어떻게 이루어지는가?

(이는 앞서 말한 "어찌하여 욕계에서는 등정각等正覺을 이루지 못하는가?" 네 구절을 다룬 것이다. 아가니타는 한역하면 색구경천色究竟天이다)

무엇이 세속의 신통인가?

---

[166] 산스크리트어 akaniṣṭha의 음사. 색계 17천天 가운데 가장 위에 있으므로 색구경色究竟이라 번역. 형상에 얽매여 있는 경지의 가장 위에 있으므로 유정천有頂天이라고도 한다.

(이상은 앞서 말한 "무엇이 세속의 신통인가?"를 다룬 것이다)

무엇을 비구라 하는가?

(이상은 "비구들이 지닌 비니毗尼[167]는" 두 구절을 다룬 것이다)

무엇이 화신불이며, 무엇이 보신불이며, 무엇이 여여불如如佛이고 평등 지혜의 불佛인가? 무엇이 승단인가?

(이 한 구절은 앞서 말한 "승가에는 몇 종류가 있는가?" 두 구절을 다룬 것이다)

불자는 이렇게 물을 것이니, 어찌하여 공후와 같고 허리 잘록한 북과 같은가? 어찌하여 찰토는 광명을 여의었는가?

(이상은 앞서 말한 "어찌하여 모든 국토가 해나 달의 형상이며" 열 구절을 다룬 것이다)

심지心地에는 어찌하여 일곱이 있는가?

(이상은 앞서 말한 "무엇을 칠지七地라 하는가?"를 다룬 것이다)

묻는 바가 모두 실다우니, 이것과 다른 많은 것들을(당역에서는 "이것과 나머지 다른 뜻에 대해서는"이라 하였다) 불자라면 응당 물어야 할 것이다. 하나하나가 서로 상응해서 온갖 소견의 허물을 멀리 여읜다.

護財自在王. 轉輪聖帝王. 云何王守護. 云何爲解脫. 廣說及句說. 如汝之所問. 衆生種種欲. 種種諸飮食. 云何男女林. 金剛堅固山. 云何如幻夢. 野鹿渴愛譬. 云何山天仙. 犍闥婆莊嚴. (唐譯云. 云何諸妙山. 仙闥婆莊嚴) 解脫至何所. 誰縛誰解脫. 云何禪境界. 變化及外

---

167 불교의 이른바 삼장三藏 중 계율에 관한 경전을 모은 율장. 산스크리트 비나야 Vinaya의 의역이며, 비나야毘奈耶(鼻那耶)라고도 한다.

道. 云何無因作. 云何有因作. 有因無因作. 及非有無因. (舊注. 此四因. 領上云何俱異說) 云何現已滅. (領上云何見已還) 云何淨諸覺. 云何諸覺轉. 及轉諸所作. (領上云何淨其念. 云何念增長) 云何斷諸想. 云何三昧起. 破三有者誰. 何處爲何身. 云何無衆生. 而說有吾我. 云何世俗說. (領上云何建立相四句) 唯願廣分別. (二譯皆無此一句) 所問相云何. 及所問非我. (此猶屬建立相四句義) 云何爲胎藏. 及種種異身. (領上種種名色相) 云何斷常見. 云何心得定. (領上云何三昧心) 言說及諸智. 戒種性佛子. (領上誰生語言二句. 及諸智有幾種. 幾戒衆生性二句) 云何成及論. (領上成爲有幾種. 云何名爲論) 云何師弟子. 種種諸衆生. 斯等復云何. 云何爲飮食. (上一句. 領弟子有幾種. 云何阿闍黎二句. 下三句. 綜領男女及不男. 及衆生生諸趣四句意) 聰明魔施設. (此一句. 綜領魔及諸異學已下六句意. 及云何念聰明一句) 云何樹葛藤. (領上云何爲樹林. 云何爲蔓草二句) 最勝子所問. 云何種種刹. (下自有領刹土形狀之句. 此應是領何故刹土化一句之意) 仙人長苦行. (此領云何長苦仙二句) 云何爲族姓. (此領云何爲釋種四句) 從何師受學. (領禪師以何法二句) 云何爲醜陋. 云何人修行. (此一句. 領云何修行退二句) 欲界何不覺. 阿迦膩吒成. (此領云何於欲界. 不成等正覺四句. 阿迦膩吒. 此云色究竟天) 云何俗神通. (領上云何世俗通) 云何爲比丘. (領上毗尼比丘分二句) 云何爲化佛. 云何爲報佛. 云何如如佛. 平等智慧佛. 云何爲衆僧. (此一句領上僧伽有幾種二句) 佛子如是問. 箜篌腰鼓革. 刹土離光明. (領上云何日月形已下十句) 心地者有七. (領上云何爲七地) 所問皆如實. 此及餘衆多. (唐譯云. 此及於餘義) 佛子所應問. 一一相相應. 遠離諸見過.

관기 이 다섯 구절은 대혜의 질문 내용이 이理에 부합해서 허물이 없다고 찬탄한 것이다. 그러나 대혜가 질문한 뜻에는 순서대로 주主가 있으나, 세존께서 하나하나 다룬 것은 대체로 그의 언사를 총괄한 것이지 순서를 따른 것은 아니다. 또한 하나하나 드는 것이 다함없기 때문에 맺는말에서 "이것과 나머지 다른 많은 것들을"이라 말한 것이다. 일반적으로 불자佛子들이 질문하는 것과 관계있다고 생각하는데, 하나하나가 다 실다운 이(實理)와 상응해서 온갖 소견의 허물을 멀리 여의고 있다. 그러나 비록 그렇다 하더라도 법이 언설을 여읜 것일 뿐이다. 이제 말 없음(無說)으로 말(說)을 제시하기 때문에 아래 글에서 매듭지어 말한 것이다.

실단悉檀은 언설을 여의었지만, 나 이제 응당 차례대로 건립하는 구句를 드러내 보이리니, 불자는 삼가 잘 들어라.
이상 108구절은 여러 부처님께서 설하신 것과 같도다.

悉檀離言說. 我今當顯示. 次第建立句. 佛子善諦聽. 此上百八句. 如諸佛所說.

관기 이 여섯 구절은 질문의 뜻을 매듭지은 것이다. 설법을 허락하고 삼가 들으라고 한 것은 질문을 듣고 답한다는 뜻이다. 생각건대 대혜의 질문 내용이 이理에 부합해 허물이 없다지만 그러나 법은 본래 말을 여읜 것이니, 이제 말 없는 곳(無說處)에서 언설을 나타내 보여야 하기 때문에 차례대로 건립할 뿐이다.

　그리고 이상 108구句의 뜻(義)이 모든 부처가 설한 것처럼 하나하나 다 부정되었으니, 이 때문에 이 두 구절은 위 내용을 매듭짓고 아래 내용을 일으킨 것이라서 뜻(義)이 아래 문장을 관통해서 해독한 것이다. 그러나 108구句는 위역에서는 108견見이라 했다. 처음에 대혜는 "이제 108가지 뜻(義)으로 부처님(尊中上: 존귀한 분 중에서도 최상자)을 우러르며 여쭙니다"라고 하였는데, 그 질문을 살펴보면 190여 구절이 있다. 다만 운하云何, 하인何因, 하고何故, 하등何等, 수자誰字와 같은 종류를 뜻(義)으로 삼은 걸 취했다면 130여 구절이 있다. 아울러 세존께서 대혜의 질문이 미치지 못한 것을 보충해 내놓은 것이 또한 32구절이니, 이렇게 되면 "이상 108구절은 여러 부처님께서 설하신 것과 같도다"라고 말한 것이 과연 108구절에 고정된 것이겠는가. 그리고 해설자(說者)가 그 아래 세존께서 직접 그 구절을 단지 104가지로 나누고 4구절이 적음을 살펴서 필경 이를 결정된 견해로 삼는다면 이 어찌 각주구검刻舟求劒이 아니겠는가. 이는 단지 하나의 구句라는 글자에 가로막혔을 뿐이라서 대혜가 말한 108가지 뜻(義)이나 보리류지가 말한 108가지 견(見)으로는 살피지 못한 것이다. 만약 뜻(義)과 견見 두 글자로 살핀다면 사통팔달의 안목을 갖추었다 할 수 있을 것이다. 진실로 구절의 수효가 합치되기 어렵다면 아마도 삼계의 법에 의거해 유有와 무無 등의 네 구절[168]을 짓는 나의 견해로써 준거를 삼아야 할 것이다.

---

[168] 사구四句를 말한다. 하나의 개념A, 또는 서로 대립되는 두 개념을 기준으로 해서 모든 현상을 판별하는 네 가지 형식. 곧 제1구 'A이다', 제2구 '비非A이다', 제3구 'A이면서 또한 비非A이다', 제4구 'A도 아니고 비非A도 아니다'. 예를 들어 유有와 무無를 기준으로 하면, 유有·무無·역유역무亦有亦無·비유비무非有

다만 부처의 가르침이 밝힌 내용이 이 사구四句를 벗어나지 못한다
해도 외도의 계교計較 역시 이 사구를 벗어나지 못하니, 그렇다면
정도正道와 사도邪道가 도합 팔구八句가 있는 것이다. 그리하여 능히
분별하는 견見이 여덟 가지이고 소견所見의 경계가 백 가지이기 때문에
108견見이라 말한 것이다. 그러므로 아래 경전에서는 "여래의 설법은
이와 같은 사구를 여의었으니, 소위 동일성(一)과 차이성(異), 유有와
무無 등이다"라고 했으며, 또 "두 종류의 장애를 정화했기 때문이다"라
고 하였다. 비유하자면 상주商主가 108구절의 무소유(無所有)를 차례
대로 건립한 것과 같다. 그래서 세존께서 '일체가 다 아니다'라고 답해서
여러 승乘과 여러 지地의 상相을 잘 분별하신 것이다. 그리하여 아래에
서는 생멸문生滅門[169]의 건립에 의거해 언설이 있기 때문에 하나하나
개별적으로 답했을 뿐이지만, 그러나 설해진 내용은 역시 이 네 가지
계교를 타파한데 지나지 않는다. 이상은 그 질문의 언사를 종합적으로
다룬 것이고, 아래에서는 우선 심진여문心眞如門[170]을 잡아서 총체적으
로 답한 것이다.

非無의 사구四句가 성립되고, 그 외 일一과 이異, 상常과 무상無常, 자自와 타他
등의 경우에도 사구가 성립된다.

불교의 진리는 모든 분별이 끊어진 상태이므로 사구백비四句百非라고 하는데,
백비百非는 유有와 무無 등의 모든 개념 하나하나에 비非를 붙여 그것을 부정하는
것을 말한다. 곧 불교의 진리는 사구의 분별도 떠나고 백비의 부정도 끊어진
상태라는 뜻.

169 중생이 본디 갖추고 있는 청정한 성품이 무명無明에 의해 분별과 대립을 일으키는
방면.

170 중생이 본디 갖추고 있는 분별과 대립이 소멸된 청정한 성품의 방면.

불생구不生句, 생구生句(당역에서는 "생구生句, 비생구非生句"라고 하였다),
상구常句, 무상구無常句, 상구相句, 무상구無相句,(위역에서는 "생견生見,
불생견不生見, 상견常見, 무상견無常見, 상견相見, 무상견無相見"이라 하였다)

不生句. 生句. (唐譯云. 生句. 非生句) 常句. 無常句. 相句. 無相句.
(魏譯云. 生見. 不生見. 常見. 無常見. 相見. 無相見.)

관기 이는 심진여문心眞如門을 총체적으로 잡아서 답한 것이다.
대혜가 질문한 뜻이 다양하긴 하지만 총체적으로는 생生과
무생無生, 상常과 무상無常, 상相과 무상無相의 법을 벗어나지 못한다.
그래서 세존께서는 이미 질문 내용을 조회하고 다시 그 대의大義를
종합해서 타파하기를 "이상 108구절은 모든 부처가 설한 것과 같다"고
한 것이다. 불생不生의 뜻은 이 생生하는 법이 문득 불생이라는 것이니,
생生이 본래 불생不生이기 때문이다. 진상眞常의 뜻이란 바로 무상無常
이 문득 상常이라는 것이니, 모든 법의 당체當體가 진상眞常이기 때문이
다. 상相이란 것은 모든 법이 본래 스스로 무상無相이기 때문이다.
이는 두 가지 번역(즉 당역과 위역)에 따라서 생구生句를 첫머리의
의해義解로 삼은 것이며, 만약 이 경전에 의거하면 불생구不生句를
첫머리의 의해로 삼은 것이다. 내 생각엔 모든 부처가 설한 진실한
무생無生은 생기生起의 견해를 용납하지 않는 것이다. 그래서 아래
경문에선 "일체법은 생겨나지 않는다"고 하면서 종지를 세우지 않았으
니, 이는 그대가 불생不生의 견해를 짓자마자 생법生法에 떨어지고
상견常見을 짓자마자 무상無常에 떨어진다고 여긴 것이다. 왜 그런가?

진여계眞如界 안에선 이런저런 논의를 용납하지 않으니, 마음을 들면 (擧心) 곧 틀리고 생각을 움직이면(動念) 곧 어긋나고 상相은 본래 무상無相이기 때문이다 그래서 "불생구不生句, 생구生句 등"을 말한 것이다. 이 이후로 일반적으로 분별한 것은 모두 진여실상眞如實相과는 이치가 상응하지 않기 때문에 하나하나 배척하면서 '아니다'라고 말한 것이다. 영가永嘉 대사[171]는 "일체의 수數와 구句는 수와 구가 아니니, 나의 영각(靈覺: 신령스런 깨달음)과 무슨 교섭이 있겠는가!"라고 했다. 삼계에서 삼계를 보는 것과는 같지 않아서, 실답지도(實) 않고 허망하지도(虛) 않으며 같지도(如) 않고 다르지도(異) 않으니, 이것이 바로 모든 부처가 증득한 자각성지自覺聖智의 경계이기 때문에 망상과 분별로는 도달할 수 없는 것이다. 그래서 종문宗門에서는 "삼구三句는 일구一句를 밝히고 일구는 삼구를 밝힌다. 삼과 일이 서로 관계하지 않는다면 향상向上의 길이 분명하다"고 했으니, 이를 요달하면 능가를 관觀했다고 인정하리라.

주이구住異句, 비주이구非住異句, 찰나구刹那句, 비찰나구非刹那句, 자성구自性句, 이자성구離自性句, 공구空句, 불공구不空句,(위역에서는 "이자성견離自性見, 비이자성견非離自性見, 공견불공견空見不空見"이라 하였고, 당역에서는 "자성구自性句, 비자성구非自性句라고 하였다)

---

171 당나라 때의 승려. 호는 일숙각一宿覺이고, 자는 명도明道며, 속성俗姓은 대戴씨고, 온주溫州 영가永嘉 사람이다. 뒤에 조계曹溪의 육조혜능六祖慧能을 뵙고 의심을 결단했다. 바로 떠나려고 했는데, 혜능이 하루를 묵게 해 '일숙각'이라 불린다.

住異句. 非住異句. 刹那句. 非刹那句. 自性句. 離自性句. 空句. 不空句. (魏譯云. 離自性見. 非離自性見. 空見不空見. 唐譯云. 自性句. 非自性句)

이것은 앞서의 세 구句를 아우른 것이다. 대체로 부처가 스스로 버린 언사이다. 이전의 이어진 글 첫머리에서 '생生과 불생不生, 열반, 공, 찰나는 궁극적으로 자성이 없는 것이다'라고 했는데, 세존께서는 이전에 대혜가 유有에 집착해 세간과 출세간의 나고 머물고 변하고 소멸하는(生住異滅) 것으로써 질문했다고 생각했기 때문에 '나는 애오라지 이 구句의 뜻으로 그의 집착하는 정情을 타파할 뿐'이라 했다. 이는 실다운 법(實法)이 아니니 진여의 이理 속에선 본래 언설이 없기 때문이다. 그래서 답변에선 "이 역시 모두 아니다"라고 하신 것이다. 말하자면 무생無生뿐만 아니라 주住, 이異, 멸滅도 다 얻을 수 없고 찰나 생멸하는 것이다. 그러나 앞의 상常의 구절은 곧 열반을 가리킨다. 위역에서는 "이자성견(離自性見: 자성을 여읜 견해), 비이자성견(非離自性見: 자성을 여의지 않은 견해)"라고 했고, 그 이전엔 "궁극적으로 자성이 없다(趣至無自性)"고 했다. 그러나 취지趣至는 구경(究竟: 궁극)이란 말과 같다. 대체로 세간과 출세간의 법은 궁극적으로 모두 자성이 없다고 말한 것이다. 이 말은 자성을 여읜 구句도 전혀 얻을 수 없다는 말이기 때문에 몽땅 '아니다'라고 말한 것이니, 이는 부처가 스스로 버린 언사이다. 아래에서는 모두 대혜가 집착한 언사를 버린 것이다.

단구斷句, 부단구不斷句, 변구邊句, 비변구非邊句, 중구中句, 비중구非中

句, 상구常句, 비상구非常句,

斷句. 不斷句. 邊句. 非邊句. 中句. 非中句. 常句. 非常句.

관기 이것은 세간과 출세간의 삿되고 올바른(邪正) 법을 통틀어 배척한 것이다. 이전의 상常과 무상無常의 구句는 바로 열반은 진상眞常이고 생사는 무상無常이지만, 여기서 상구常句는 바로 외도의 단멸(斷)과 항상(常)의 두 견해이다. 말하자면 사상(死常: 죽음의 항상 함)을 확정한 것인데 비상구非常句로 그 사상死常을 배척하였다. 중中 은 바로 출세간의 일승一乘의 중도법中道法이다. 변邊은 공空과 유有의 두 변으로 바로 출세간의 삼승법이다. 단멸과 항상(斷常)은 세간의 외도의 사견법邪見法이다. 진여眞如의 이理 속에선 성스러움(聖)도 범속함(凡)도 세우지 않고 미혹과 깨달음이 모두 공空하기 때문에 몽땅 '아니다'라고 한 것이다.

연구緣句, 비연구非緣句, 인구因句, 비인구非因句, 번뇌구煩惱句, 비번뇌 구非煩惱句, 애구愛句, 비애구非愛句, 방편구方便句, 비방편구非方便句, 교구巧句, 비교구非巧句,(당역에서는 "선교구善巧句, 비선교구非善巧句"라 하였다) 정구淨句, 비정구非淨句, 성구成句, 비성구非成句, 비구譬句, 비비구非譬句, 제자구弟子句, 비제자구非弟子句, 사구師句, 비사구非師 句, 종성구種性句, 비종성구非種性句, 삼승구三乘句, 비삼승구非三乘句, 소유구所有句, 비소유구非所有句,(위역에서는 "적정견寂靜見, 비적정견非寂 靜見"이라 하였고, 당역에서는 "무영상구無影像句, 비무영상구非無影像句"라 하였다) 원구願句, 비원구非願句, 삼륜구三輪句, 비삼륜구非三輪句, 상구相句, 비상구非相句,(당역에서는 "표상구標相句, 비표상구非標相句"라 하였다) 유품구有品句, 비유품구非有品句,(당역에서는 "유구有句, 비유구非有句, 무구無句, 비무구非無句"라 하였다) 구구俱句, 비구구非俱句, 연자성지현법락구緣自聖智現法樂句, 비현법락구非現法樂句,(당역에서는 "자증성지구自證聖智句, 비자증성지구非自證聖智句, 현법락구現法樂句, 비현법락구非現法樂句"라 하였다) 찰토구刹土句, 비찰토구非刹土句, 아누구阿㝹句, 비아누구非阿㝹句,(당역에서는 "진구塵句, 비진구非塵句"라 하였다) 수구水句, 비수구非水句, 궁구弓句, 비궁구非弓句, 실구實句, 비실구非實句,(당역에서는 "대종구大種句, 비대종구非大種句"라 하였다) 수구數句, 비수구非數句,(당역에서는 "산수구算數句, 비산수구非算數句"라 하였다) 수구數句, 비수구非數句,

緣句. 非緣句. 因句. 非因句. 煩惱句. 非煩惱句. 愛句. 非愛句. 方便句. 非方便句. 巧句. 非巧句. (唐譯云. 善巧句. 非善巧句) 淨句. 非淨句. 成句. 非成句. 譬句. 非譬句. 弟子句. 非弟子句. 師句. 非師句. 種性句. 非種性句. 三乘句. 非三乘句. 所有句. 非所有句. (魏譯云. 寂靜見. 非寂靜見. 唐譯云. 無影像句. 非無影像句) 願句. 非願句. 三輪句. 非三輪句. 相句. 非相句. (唐譯云. 標相句. 非標相句) 有品句. 非有品句. (唐譯云. 有句. 非有句. 無句. 非無句) 俱句. 非俱句. 緣自聖智現法樂句. 非現法樂句. (唐譯云. 自證聖智句非自證聖智句. 現法樂句. 非現法樂句) 刹土句. 非刹土句. 阿㝹句. 非阿㝹句. (唐釋云. 塵句. 非塵句) 水句. 非水句. 弓句. 非弓句. 實句. 非實句. (唐譯云大種句非大種句) 數句. 非數句. (唐譯云. 算數句. 非算數句) 數句. 非數句.

관기 당역과 위역에서 모두 이 구句는 없다. 옛 주석에선 이 수數라는 글자를 상성上聲으로 읽고 썼는데 잘못된 것이다. 먼저 나온 수구數句는 바로 아누阿㝹 이하 세존께서 보충한 32구句를 조회하면 모두 수를 센 것이다. 다음에 나오는 수구는 바로 진여의 이理 속엔 본래 이런 수량數量이 없다고 말한 것이다. 바로 일체의 수구는 수구가 아니라는 말이다.

명구明句, **비명구**非明句,(당역에서는 "신통구神通句, 비신통구非神通句"라고 하였다) **허공구**虛空句, **비허공구**非虛空句, **운구**雲句, **비운구**非雲句, **공교 기술명처구**工巧伎術明處句, **비공교기술명처구**非工巧伎術明處句, **풍구** 風句, **비풍구**非風句, **지구**地句, **비지구**非地句, **심구**心句, **비심구**非心句, **시설구**施設句, **비시설구**非施設句, **자성구**自性句, **비자성구**非自性句,(당 역에서는 "체성구體性句, 비체성구非體性句"라 하였다) **음구**陰句, **비음구**非陰 句, **중생구**衆生句, **비중생구**非衆生句, **혜구**慧句, **비혜구**非慧句, **열반구**涅 槃句, **비열반구**非涅槃句, **이염구**爾燄句, **비이염구**非爾燄句,(당역에서는 "소지구所知句, 비소지구非所知句"라 하였다) **외도구**外道句, **비외도구**非外道 句, **황란구**荒亂句, **비황란구**非荒亂句, **환구**幻句, **비환구**非幻句, **몽구**夢句, **비몽구**非夢句, **염구**燄句, **비염구**非燄句,(당역과 위역 모두 "양염陽燄"이라 하였다) **상구**像句, **비상구**非像句, **윤구**輪句, **비륜구**非輪句,(당역에서는 "화륜구火輪句"라 하였다) **건달바구**揵闥婆句, **비건달바구**非揵闥婆句, **천구** 天句, **비천구**非天句, **음식구**飲食句, **비음식구**非飲食句, **음욕구**婬欲句, **비음욕구**非婬欲句, **견구**見句, **비견구**非見句, **바라밀구**波羅蜜句, **비바라 밀구**非波羅蜜句, **계구**戒句, **비계구**非戒句, **일월성수구**日月星宿句, **비일**

월성수구非日月星宿句, 제구諦句, 비제구非諦句, 과구果句, 비과구非果句, 멸기구滅起句, 비멸기구非滅起句,(당역에서는 "멸구滅句, 비멸구非滅句, 기구起句, 비기구非起句"라 하였다) 치구治句, 비치구非治句,(당역에서는 "의방구醫方句"라 하였다) 상구相句, 비상구非相句,

明句. 非明句.(唐譯云. 神通句. 非神通句) 虛空句. 非虛空句. 雲句. 非雲句. 工巧伎術明處句. 非工巧伎術明處句. 風句. 非風句. 地句. 非地句. 心句. 非心句. 施設句. 非施設句. 自性句. 非自性句.(唐譯云. 體性句. 非體性句) 陰句. 非陰句. 衆生句. 非衆生句. 慧句. 非慧句. 涅槃句. 非涅槃句. 爾燄句. 非爾燄句.(唐譯云. 所知句. 非所知句) 外道句. 非外道句. 荒亂句. 非荒亂句. 幻句. 非幻句. 夢句. 非夢句. 燄句. 非燄句.(二譯皆云陽燄) 像句. 非像句. 輪句. 非輪句.(唐譯云. 火輪句) 犍闥婆句. 非犍闥婆句. 天句. 非天句. 飲食句. 非飲食句. 婬欲句. 非婬欲句. 見句. 非見句. 波羅蜜句. 非波羅蜜句. 戒句. 非戒句. 日月星宿句. 非日月星宿句. 諦句. 非諦句. 果句. 非果句. 滅起句. 非滅起句.(唐譯云. 滅句. 非滅句. 起句. 非起句) 治句. 非治句.(唐譯云. 醫方句) 相句. 非相句.

관기 답변 내용에는 일반적으로 세 가지 상구相句가 있다. 옛 주석에서 가장 앞서 말했던 명상名相의 상相이 있고, 다음은 표상標相의 상이 있다. 여기서는 점상占相의 상이니, 의방醫方이 앞의 글에서 으뜸이기 때문인데 이는 잘못이다.

하지만 점상은 총체적으로 오명五明[172]에 있지만, 이 의방醫方의

구절은 앞서 따로 의방에 관한 질문에 답한 것으로서 부처의 기연에
감응하는 법(應機之法)을 비유한 것이지 세속의 의방은 아니다. 앞의
해설에서 자세히 밝혀 놓았는데, 그렇다면 점상의 상이 아니라는
것은 분명하다. 다만 대혜가 질문한 뜻에 세 가지 상相의 구절이 있기
때문에 여기서 차례대로 답했을 뿐이다. 첫 질문은 "어떤 것이 찰토刹土
의 화현化現이며, 찰토의 모습 및 찰토에서 사는 외도들입니까?" 등인
데, 바로 십계의 의보와 정보, 성스러움과 범속함, 이름과 모습(名相)의
일이 어찌하여 있는지를 통틀어 물은 것이기 때문에 여기서 처음으로
"상구相句, 무상구無相句"로 답한 것이다. 생각건대 저 범속함과 성스러
움, 의보와 정보의 상相은 본래 스스로 무상無相이기 때문이라는 것이
다. 다음 질문은 "어찌하여 상相을 건립합니까"라고 질문한 것인데,
말하자면 마음은 이미 무상無相이거늘 어찌하여 나(我), 사람(人),
중생衆生, 수명壽命의 상相을 건립했느냐는 것이다. 그래서 이 질문에
는 "표상구標相句, 비표상구非標相句"로 답한 것이다. 표標는 바로 건립
의 뜻이니, 저 건립 역시 본래는 건립의 상相이 없음을 말한 것이다.
후에 다시 "중생은 온갖 취趣에 태어나는데 어떤 모습(像)이고 어떤
종류입니까?"라고 물었다 그러나 상相은 바로 중생의 형상이고 상像은
바로 지체支體의 모양이기 때문에 여기서 답한 뜻은 "중생은 본래

---

172 명명은 학문을 뜻한다. 고대 인도의 다섯 가지 학문. (1) 성명聲明: 언어·문학·문법
에 대한 학문. (2) 인명因明: 주장 명제의 정당성이나 확실성을 이유와 구체적인
예를 들어 증명하는 논리학. (3) 내명內明: 자기 종교의 취지를 밝히는 학문.
예를 들면, 바라문교에서는 베다학, 불교에서는 불교학. (4) 의방명醫方明: 의학·
약학 등의 의술에 대한 학문. (5) 공교명工巧明: 공예·기술에 대한 학문.

중생의 상相이 없거늘 또 어찌 지체의 나눔이 있겠는가?"이니, 그래서 "상구相句, 비상구非相句"라 말한 것이고, 다음 문장에서 곧바로 '지체의 나눔(支分)'을 말한 것이다.

지구支句, 비지구非支句,(당역에서는 "지분구支分句"라 하였다) 교명처구巧明處句, 비교명처구非巧明處句,(당역에는 이 구句가 없다) 선구禪句, 비선구非禪句, 미구迷句, 비미구非迷句, 현구現句, 비현구非現句, 호구護句, 비호구非護句, 족구族句, 비족구非族句,(당역에서는 "종족구種族句"라 하였다) 선구仙句, 비선구非仙句, 왕구王句, 비왕구非王句, 섭수구攝受句, 비섭수구非攝受句, 보구寶句, 비보구非寶句, 기구記句, 비기구非記句, 일천제구一闡提句, 비일천제구非一闡提句, 여남불남구女男不男句, 비여남불남구非女男不男句, 미구味句, 비미구非味句, 사구事句, 비사구非事句, 신구身句, 비신구非身句, 각구覺句, 비각구非覺句, 동구動句, 비동구非動句, 근구根句, 비근구非根句, 유위구有爲句, 비유위구非有爲句, 무위구無爲句, 비무위구非無爲句, 인과구因果句, 비인과구非因果句, 샛구경구色究竟句, 비색구경구非色究竟句, 절구節句, 비절구非節句,(당역에서는 "시절구時節句"라 하였다) 총수갈등구叢樹葛藤句, 비총수갈등구非叢樹葛藤句, 잡구雜句, 비잡구非雜句,(당역에서는 "종종구種種句"라 하였다) 설구說句, 비설구非說句,(당역에서는 이 아래에 결정구決定句, 비결정구非決定句가 있다) 비니구毘尼句, 비비니구非毘尼句, 비구구比丘句, 비비구구非比丘句, 처구處句, 비처구非處句,(당역과 위역에서는 다 "주지구住持句, 비주지구非住持句"라 하였다) 자구字句, 비자구非字句.(당역에서는 "문자구文字句"라 하였다)

支句. 非支句. (唐譯云. 支分句) 巧明處句. 非巧明處句. (唐譯無此句)
禪句. 非禪句. 迷句. 非迷句. 現句. 非現句. 護句. 非護句. 族句.
非族句. (唐譯云. 種族句) 仙句. 非仙句. 王句. 非王句. 攝受句. 非攝受
句. 寶句. 非寶句. 記句. 非記句. 一闡提句. 非一闡提句. 女男不男
句. 非女男不男句. 味句. 非味句. 事句. 非事句. 身句. 非身句. 覺句.
非覺句. 動句. 非動句. 根句. 非根句. 有爲句. 非有爲句. 無爲句.
非無爲句. 因果句. 非因果句. 色究竟句. 非色究竟句. 節句. 非節句.
(唐譯云. 時節句) 叢樹葛藤句. 非叢樹葛藤句. 雜句. 非雜句. (唐譯云.
種種句) 說句. 非說句. (唐譯此下. 有決定句. 非決定句) 毗尼句. 非毗尼
句. 比丘句. 非比丘句. 處句. 非處句. (二譯皆云. 住持句. 非住持句)
字句. 非字句. (唐譯云. 文字句)

관기 이상은 일심진여문一心眞如門을 잡아서 108구를 전부 답한
것이다. 그러나 모두 '아니다'라고 말한 까닭은 진여의 성품
중에는 본래 이런 온갖 구句와 수數가 없기 때문이다. 『기신론起信論』에
서는 이렇게 말했다.

"마땅히 알라, 진여의 자성自性은 유상有相도 아니고 무상無相도
아니며, 유상 아닌 것도 아니고 무상 아닌 것도 아니며, 유상과 무상이
함께 있는 것도 아니며, 일상一相도 아니고 이상異相도 아니며, 일상
아님도 아니고 이상 아님도 아니며, 일상과 이상이 함께 있는 것도
아니다.

본래부터 일체의 염법染法과 일체중생의 망심분별妄心分別로는 모
두 상응相應하지 않기 때문이다. 바로 이 진심眞心이 항상 영원토록

변치 않고 정법淨法이 충만해서 또한 유상有相으로 취할 만한 것이 없으니, 생각(念)을 여읜 경계로서 오직 증득(證)으로만 상응할 뿐이기 때문이다."

그래서 여기서는 '일체가 다 아니다'라고 답한 것이다. 그러나 앞의 문장에선 하나하나 그 언사를 갖추어 나열했고 여기서도 하나하나 그 구句를 중첩하면서 그것이 아니라고 배척했으니, 대체로 서역西域의 문장은 그 경향(勢)이 이러하다. 일반적으로 질문이 있으면 반드시 그 언사를 일일이 갖추어놓고서 답하는 것이다. 말은 비록 중복된 듯하지만 그 뜻(義)은 실로 명쾌해서 모두 제일의제第一義諦[173]의 언설 言說을 여읜 곳으로 돌아감을 가리킨 것이다. 위의 일구一句는 바로 질문을 중복한 것이고, 아래의 '비非'라는 글자 일구는 타파하고 배척한 것이다. 마명馬鳴보살은 이『능가경』등 백부百部의 대승경전을 종합해 『기신론』을 지으면서 중도(中立)의 뜻을 논하고 일심이문一心二門[174]을 나누었으니, 이 때문에 지금 역시 그의 논論을 종지로 삼는다. 나중에 그의 논의를 많이 인용할 것이다.

대혜야, 이 108구는 앞선 부처께서 설하신 것이니, 그대와 보살마하살들은 반드시 수학修學해야 한다.

---

173 산스크리트어 paramārtha-satya(제諦)는 진리를 뜻한다. ①분별이 끊어진 상태에서, 있는 그대로 파악된 진리. 분별이 끊어진 후에 확연히 드러나는 진리. 직관으로 체득한 진리. ②가장 뛰어난 진리. 궁극적인 진리. 가장 깊고 묘한 진리.

174 두 가지 문門은 심진여문心眞如門과 심생멸문心生滅門이고, 일심은 이 둘을 통합한 것이다.

大慧. 是百八句. 先佛所說. 汝及諸菩薩摩訶薩應當修學.

관기 이는 결론으로 수학修學을 권한 것이다. 앞에서 "이상 108구는 모든 부처가 설한 내용과 같다"고 했다면 일체가 다 아닌(非) 것이니, 그래서 여기서는 결론으로 "이 108구는 과거의 앞선 부처가 설하신 것이니 그대와 보살들은 응당 이렇게 수학해야 한다"고 한 것이다.

1. 과목 처음(科初)에는 일심진여一心眞如를 곧바로 가리킴으로써 삼계가 유심唯心임을 온전히 드러냈다.

   (1) 숫자의 구句를 잡아서 질문함(108가지 질문)
   (2) 숫자의 구句 아닌 것으로 답함

   1) 조회〔牒〕(無上全章)
   2) 답변(不生句全章)

2. 일심의 생멸을 자세히 제시함으로써 만법이 유식唯識임을 드러냈는데, 이는 통틀어 여덟 과科로 나눈다.

   (1) 참(眞)과 거짓(妄)의 인의因依[175]를 밝혀서 팔식識으로 생멸인연의 상相을 드러냄을 널리 제시한 것이다. 여기서도 두 가지로 나누는데,

   1) 유식으로 삿됨(邪)과 올바름(正)의 인因을 구별하는 걸 간략히 밝힌 것이며,

   2) 팔식으로 식지識智의 상相을 제시하는 걸 자세히 밝힌 것이다.

   이제 1)에도 다시 세 가지가 있다.

---

175 서로 인因하고 의지함.

가. 진유식량眞唯識量[176]으로 삿된 종지를 변별함을 밝힌 것이
니, 여기에도 다시 세 가지가 있다.

(가) 법法으로 진유식량眞唯識量을 드러냄,

(나) 비유로 (현경懸鏡을 이루어서) 두 가지 견해를 타파함,

(다) 올바로 삿된 종지를 가려내 변별함.

이때 대혜보살마하살이 다시 부처님께 여쭈었다.

"세존이시여, 온갖 식識에는 몇 종류의 생겨나고(生) 머물고(住) 멸함
(滅)이 있습니까?"

부처님께서 대혜에게 고하셨다.

"온갖 식識에는 두 종류의 생겨나고 머물고 멸함이 있지만 사량思量으
로 알 수 있는 것이 아니다.

爾時大慧菩薩摩訶薩復白佛言. 世尊. 諸識有幾種生住滅. 佛告大
慧. 諸識有二種生住滅. 非思量所知.

관기 여기부터 경전 마지막까지는 심생멸문心生滅門을 통틀어 잡아
서 만법이 유식唯識임을 드러낸 것이다. 그리고 가장 먼저
법으로 진유식량眞唯識量을 드러내었다.

---

176 유식무경비량唯識無鏡比量이라고도 한다. 중인도 곡녀성曲女城에서 계일왕이
18일의 무차대회를 열었을 때 현장 대사는 계일왕의 요청에 따라 논주論主로
등장해서 후대에 진유식량이라고 하는 논증식을 제시했다. 당시 5천축국의
법의法義를 아는 사람과 바라문 및 소승·외도까지 대적했지만 18일이 지나도록
타파하지 못했다고 한다.

물음: 대혜가 부처님께서 108구에 대해 '일체가 다 아니다'라고 답하신 걸 이어받아서 다시 세존에게 '온갖 식識에는 몇 종류의 생겨나고(生) 머물고(住) 멸함(滅)이 있습니까?'라고 갑자기 질문한 까닭은 무엇입니까?

생각건대 마명 대사大士[177]는 이 경전을 종지로 『기신론』을 지었는데, 일심법에 의거해 두 가지 문門을 세웠으니, 첫째는 심진여문이고 둘째는 심생멸문을 말한다. 둘째인 심생멸문에 의거해 각覺과 불각不覺의 뜻이 있고, 불각의 뜻에 의거해 삼세육추三細六麤[178] 등을 일으켜서 총체적으로 세간법과 출세간법을 섭수攝收하였다. 일심이 미혹과 깨

---

[177] 산스크리트어 아슈바고샤Asvaghosa. 고대 인도의 불교 시인. 초기 대승불교 학자로, 불교를 소재로 한 산스크리트의 미문체 문학을 창작하여 인도 문학사상 불후의 업적을 남겼다. 대표작으로 『불소행찬』, 『손타리난타시』, 『대승기신론』 등이 있다.

[178] 삼세는 『기신론』에서 설하는, 무명無明에 의해 움직이는 마음의 세 가지 미세한 모습. (1) 무명업상無明業相: 무명에 의해 최초로 마음이 움직이지만 아직 주관과 객관의 구별이 없는 상태. (2) 능견상能見相: 마음의 움직임에 의해 일어나는 인식 주관. (3) 경계상境界相: 인식 주관의 작용으로 나타나는 객관.
육추는 『기신론』에서 설하는, 무명으로 일어난 인식 주관이 대상에 대해 일으키는 여섯 가지 거친 작용. (1) 지상智相: 대상에 대해 차별을 일으키는 지혜의 작용. (2) 상속상相續相: 대상을 차별함으로써 괴로움이나 즐거움이 끊이지 않는 상태. (3) 집취상執取相: 괴로움이나 즐거움이 주관의 작용임을 알지 못하고 실재하는 대상으로 잘못 생각하여 집착함. (4) 계명자상計名字相: 실재하는 것으로 잘못 생각하여 집착하는 그 대상에 이름을 부여하고, 그 이름에 집착하여 여러 가지 번뇌를 일으킴. (5) 기업상起業相: 이름에 집착하여 여러 가지 그릇된 행위를 일으킴. (6) 업계고상業繫苦相: 그릇된 행위에 얽매여 괴로움의 과보를 받음.

달음의 근원임을 곧바로 가리켰으니, 이 때문에 이 경전에선 오법五法
과 삼자성三自性이 모두 공空하다고 설했고 팔식八識과 이무아二無我를
다 함께 버렸다. 그런데 오법이란 명칭(名), 상相, 망상妄想, 정지正智,
여여如如를 말하며, 삼자성이란 망상妄想, 연기緣起, 성成을 말하는데,
일심에 의거해 미혹과 깨달음의 구별이 있기 때문에 이 여덟 가지가
있는 것이다. 일심을 미혹한 탓에 정지正智의 여여如如가 전변하여
명상名相의 망상妄想을 지으니, 그렇게 되면 모든 법이 망상의 연기緣起
이다. 일심을 깨달은 탓에 명상名相의 망상이 전변하여 정지의 여여가
되니 이른바 성成이다. 이 품의 명칭이 부처의 어심語心인 것은
소위 적멸의 일심을 이름하여 진여라 한 것이다.

　『기신론』에서는 "심진여心眞如란 바로 일법계대총상법문一法界大總
相法門[179]의 체體"라고 하였다. 소위 마음의 성품은 생기지도 않고 멸하
지도 않으며, 일체 모든 법은 오직 망념에 의거해 차별이 있을 뿐이다.
만약 심념心念을 여의면 일체 경계의 상相이 없으니, 이로써 이전에
대혜가 질문한 내용이 명상名相의 망상 경계에 의거한 변사邊事임을

179　여기서 말하는 '심진여心眞如'는 만법이 일심으로 포섭됨을 보인 것이다. 마음을
　　떠난 법이 없고 일체법이 마음으로 귀일하므로 '진여'는 곧 '심진여'다. 심진여가
　　바로 일법계라는 것은 진여문이 의지하고 있는 체體가 일법계라는 것이고,
　　일법계란 다름 아닌 일심이다. 따라서 심진여=일심=일법계이다.
　　원효는 '대총상'에 대해 별상別相을 여읜 것은 아니지만, 여기서는 진여문의
　　총상만을 취한 것이라 하고, 나머지 논문의 법, 문, 체를 각각 병렬하여 다음과
　　같이 해석하고 있다. "궤범으로서 참된 이해를 내기 때문에 '법法'이라 이름하며,
　　통틀어 열반에 들어가기 때문에 '문門'이라 이름한다. 이는 일법계 전체가 생멸문
　　이 되듯이 일법계 전체가 진여문이 되는 것이다. 이런 뜻을 나타내기 때문에
　　'체體'라고 하는 것이다."

알 것이다. 그래서 세간과 출세간의 갖가지 법에 108견見이 있는
것이다. 그러나 세존께서는 일심의 근원이 언설言說의 상相을 여의고
명자名字의 상을 여의고 심연心緣의 상을 여의었음을 곧바로 가리켰기
때문에 일일이 배척하면서 '일체가 다 아니다'라고 하신 것이다. 그렇다
면 이전의 경문經文은 일심의 진여문을 올바로 잡은 것이다. 만약
진여문을 잡았다면 언설의 상相을 여윈 것이니, 삼계가 유심唯心뿐이
기 때문에 단지 지혜로 현량現量[180]을 증명하기만 할 뿐 언설을 용납하지
않는 것이다. 언설이 가능한 것은 다 생멸문 속에서 망상의 연기에
의거한 변사邊事이다. 이 때문에 일반적으로 언어 표현(言詮)이 떨어져
나가니 바로 비량比量[181]에 속하는 것이다.

그래서 이제부터는 생멸문을 잡아서 연기 차별의 온갖 법이 모두
오직 식識으로만 나타낸 것임을 드러내 보이고 있기 때문에 '만법유식'
이라 말한 것이다. 그러나 식識은 허깨비나 꿈과 같은 것으로 단지
일심일 뿐이다. 마음이 적멸해서 알게 되면 참(眞)이든 거짓(妄)이든
다 여의니, 이를 이름하여 자각성지自覺聖智라 한다. 이렇게 해서
진유식량眞唯識量이 성립하기 때문에 대혜는 이미 일심이 말을 여읜
종지를 다루었고, 그 다음으로 "온갖 식識에는 몇 종류의 생겨나고(生)
머물고(住) 멸함(滅)이 있습니까?" 하고 문득 질문한 것이다. 진실로

---

180 산스크리트어 pratyakṣa. ①언어와 분별을 떠난 직접 지각이나 직접 체험.
주관과 객관의 대립을 떠난 직접 지각. 판단이나 추리나 경험 등의 간접 수단에
의하지 않고 대상을 있는 그대로 직접 파악한다. ②깨달음의 체험. 언어를
떠난, 스스로 체득한 깨달음 그 자체.

181 산스크리트어 anumāna. 추리에 의한 인식. 어떤 사실을 근거로 해서, 그것과
같은 조건하에 있는 다른 사실을 미루어 헤아림.

불생불멸과 생멸의 화합을 통해 제8 아뢰야식阿賴耶識[182]을 이룬 것이다. 그러므로 생멸문 속에서 가장 먼저 '온갖 식識에는 몇 종류의 생겨나고(生) 머물고(住) 멸함(滅)이 있습니까?' 하고 물은 것이고, 그 답변으로 '두 종류의 생겨나고 머물고 멸함이 있다'고 하면서 생겨남(生)은 곧 생겨나지 않음(無生)이고, 머묾(住)은 본래 머묾이 없고, 멸하면서도 멸하지 않음이기 때문에 '사량思量으로 알 수 있는 것이 아니다'라고 했다.

온갖 식識에는 두 종류의 생겨남(生)이 있으니 소위 유주생流注生[183]과 상생相生이고, 두 종류의 머묾(住)이 있으니 소위 유주주流注住와 상주相住이고, 두 종류의 멸함(滅)이 있으니 소위 유주멸流注滅과 상멸相滅이다.

諸識有二種生. 謂流注生. 及相生. 有二種住. 謂流注住. 及相住. 有二種滅. 謂流注滅. 及相滅.

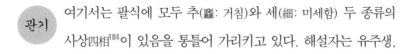

여기서는 팔식에 모두 추(麤: 거침)와 세(細: 미세함) 두 종류의 사상四相[184]이 있음을 통틀어 가리키고 있다. 해설자는 유주생,

---

182 아뢰야阿賴耶는 산스크리트어 ālaya의 음사로, 거주지·저장·집착을 뜻한다. 식識은 산스크리트어 vijñāna의 번역. 아뢰야阿賴耶를 진제眞諦는 a(無)+laya(沒)로 보아 무몰식無沒識, 현장玄奘은 ālaya로 보아 장식藏識이라 번역하였다. 과거의 인식·행위·경험·학습 등에 의해 형성된 인상印象·잠재력, 곧 종자種子를 저장하고, 육근六根의 지각 작용을 가능하게 하는 가장 근원적인 심층 의식이다.
183 유주流注는 흘러든다는 뜻이다.

유주주, 유주멸은 제8 아뢰야식에 단일하게 속하고, 상생, 상주, 상멸
은 전前 7식에 속한다고 말한다. 이제 경전의 뜻을 살펴보건대, '온갖
식識'이란 말은 대체로 여덟 개 식識에 모두 추麤와 세細의 사상四相이
있는 것을 말한다. 진실로 8식에는 모두 사량하고 요별了別하는 작용이
있어서 견見에 따라 즉卽에 따라 분별하는데, 이 행상行相이 거칠게
드러나기 때문에 "상생, 상주, 상멸"이라 한 것이다. 그 근저를 궁구해
보면 모두 제8 식정識精이 연緣에 감응한 업의 작용이다. 삼상(三相:
생김의 모습, 머묾의 모습, 소멸의 모습)이 은미하고 하나의 무리(一類)로
상속相續하기 때문에 '유주(流注: 흘러 들어감)'라고 말한다. 비록 8식으
로 위상位相을 나눈다 해도 실제로는 총체적으로 하나의 무리로 미세하
게 흘러 들어가서 종자種子가 현행現行하여 서로 교류하고 훈습해
발기함이 매우 깊고 미세해서 사량思量으로 논의할 수 없다. 그래서
『능엄경』에서는 "아타나阿陀那[185]의 미세식微細識은 습기習氣가 사나운
흐름을 이룬다'고 했으니, 이 때문에 "온갖 식識에는 두 종류의 생겨나
고 머물고 멸함이 있다"고 말한 것이다. 『밀엄경密嚴經』에서는 "여덟
가지 흘러들어가는 마음(流注心)은 비록 다소 체體가 없다 해도 어떤

---

184 모든 현상의 변화하는 네 가지 모습. (1) 생상生相: 생기는 모습. (2) 주상住相:
    머무는 모습. (3) 이상異相: 변해 가는 모습. (4) 멸상滅相: 소멸하는 모습.

185 산스크리트어 ādāna-vijñāna. '붙잡아 유지한다'는 뜻으로 집지執持라고 번역한
    다. 특히 아타나식이란 명칭은 상속집지위相續執持位와 관련해 사용되는데, 이때
    의 아타나阿陀那 즉 집지執持는 오로지 순純 무루의 종자만을 상속·유지한다는
    뜻으로, 이러한 뜻은 오직 불과佛果 즉 여래지如來地, 즉 부처의 경지에서만
    존재한다. 이러한 무루·청정의 뜻에서는 아타나식은 제8식의 다른 명칭인
    무구식無垢識과 동의어이다.

경우엔 연緣에 따라 단박에 일어나고 어떤 경우엔 때때로 점진적으로 생겨나는데 마치 파도가 물에 의지하는 것과 같다. 대체로 파도는 상相에 비유하고 물은 흘러들어감(流注)에 비유하는데, 서로 여의지 못하기 때문에 다음에 나오는 경문에선 "동일하지도 않고 다르지도 않다(非一非異)"고 말한 것이다.

대혜야, 온갖 식識에는 세 종류의 상相이 있으니 전상轉相[186]과 업상業相[187]과 진상眞相을 말한다.

大慧. 諸識有三種相. 謂轉相. 業相. 眞相.

이는 팔식의 체상體相을 해석한 것으로 생멸문에 의거해 각覺과 불각不覺[188]의 뜻이 있음을 밝힌 것이다. 진상眞相은 바로 본각本覺[189]의 진심眞心이다. 전상과 업상은 바로 무명無明의 불각不覺이다.

문: 『기신론』에서는 삼세三細를 열거했는데 소위 업상(業), 전상

---

186 무명無明에 의해 마음이 움직임으로써 일어나는 인식 주관.

187 무명無明에 의해 최초로 마음이 움직이지만 아직 주관과 객관의 구별이 없는 상태.

188 ①번뇌에 가려 청정한 마음의 근원을 깨닫지 못한 상태. 청정한 마음의 근원이 번뇌에 가려 있는 상태. ②마음의 근원을 깨달아 가는 과정에서, 괴로움의 과보를 받을 그릇된 행위를 저지르지는 않지만 아직 번뇌를 일으키는 단계.

189 『기신론』에서, 번뇌에 가려 드러나지 않은 청정한 깨달음의 성품. 중생이 본디 갖추고 있는 청정한 마음.

(轉), 현상(現)이다. 이『능가경』의 삼상三相에선 전상을 첫머리로 삼고 업상을 그 다음에 두고 이어서 진상을 두고 있는데, 그런데도 "온갖 식識에는 다 세 종류의 상相이 있다"고 한 까닭은 무엇인가?

답: 여덟 가지 식識이 모두 삼상을 갖추고 있음을 말한 것이라서 『기신론』에서 삼세를 단순히 제8식에 속한다고 한 것과는 같지 않다. 왜 그런가?『기신론』에서 "첫째, 무명의 업상業相이니, 불각不覺에 의거하기 때문에 마음의 움직임을 업이라 칭한다"고 했는데, 이는 단순히 무명을 가리키는 것이고, "둘째, 능견상能見相이니, 움직임에 의거하기 때문에 능히 본다(能見)"고 했는데, 이는 이름하여 전상轉相이라 하고, "셋째, 경계상境界相이니, 능견能見에 의거하기 때문에 경계가 허망하게 나타난다"고 했는데, 말하자면 거울에 상像이 나타나듯 일체 경계를 능히 나타내는 것을 이름하여 현상現相이라 한다. 이것이『기신론』의 뜻이다. 그러나 이『능가경』은『기신론』의 뜻과 같지 않다. 전상을 첫머리로 삼은 것은 이 전상이 삼세의 전상이 아니라 바로 앞서 "온갖 식識에는 각기 두 종류의 생겨나고 머물고 멸함이 있다"는 뜻을 해석한 것이기 때문이다. 말하자면 이 생겨나고 멸하면서 찰나찰나 생각 생각(念念) 유전流轉하는 것에 의존하므로 이 전상이 곧 앞서의 유주생멸流注生滅이니, 이미『기신론』의 삼세를 갖춘 것이다. 그리고 이 업業이란 글자는 바로 조상의 업(祖業), 업의 힘(業力), 업을 짓다(造業)의 업이니 바로 이전 상相이 생겨나고 머물고 멸한 것으로 육추六麤[190]의 상相이 모두 이 가운데 갖춰져 있다. 그러나

---

190 『기신론』에서 설하는, 무명으로 일어난 인식 주관이 대상에 대해 일으키는 여섯 가지 거친 작용. (1) 지상智相: 대상에 대해 차별을 일으키는 지혜의 작용.

사람은 생각 생각 생멸하면서 미혹을 일으키고 업을 짓는 것이 모두
진심眞心인 걸 모르고 있기 때문에 먼저 전상과 업상을 들고 이어서
진상을 든 것이다. 요컨대 망(妄: 허망)에 즉해 참(眞)을 밝힌 것이다.
바로 『기신론』에서 생멸문에 의거해 각覺과 불각不覺의 뜻이 있음을
밝힌 것이다. 아래 경문에서 "갖가지 여러 식識의 물결이 솟구치면서
전변해 생겨나는데 마치 바다의 물결과 같다"고 했는데, 그렇다면
차별이 없는 것이며, 온갖 식심識心도 이와 같아서 다른 점 역시 찾을
수 없다. 또 "장식藏識은 거대한 바다 같고 업의 상相은 파도와 같다"고
했으며, 당역에서는 "식의 전변(轉識)은 파도와 같기 때문에 업의
전변은 바로 두 종류 생멸生滅의 뜻을 해석한 것임을 알 수 있다.
만약 삼성三性[191]을 잡아서 해석한다면, 전상轉相은 바로 의타기성(依他

---

(2) 상속상相續相: 대상을 차별함으로써 괴로움이나 즐거움이 끊이지 않는 상태.
(3) 집취상執取相: 괴로움이나 즐거움이 주관의 작용임을 알지 못하고 실재하는
대상으로 잘못 생각하여 집착함. (4) 계명자상計名字相: 실재하는 것으로 잘못
생각하여 집착하는 그 대상에 이름을 부여하고, 그 이름에 집착하여 여러 가지
번뇌를 일으킴. (5) 기업상起業相: 이름에 집착하여 여러 가지 그릇된 행위를
일으킴. (6) 업계고상業繫苦相: 그릇된 행위에 얽매여 괴로움의 과보를 받음.

191 유식유가행파와 법상종에서 일체 존재, 즉 우주 전체 및 우주의 모든 개별
존재의 세 가지 상태 또는 모습이라고 주장하는 변계소집성遍計所執性·의타기성
依他起性·원성실성圓成實性을 말한다.
변계소집성(遍計所執性, 산스크리트어: parikalpita-svabhāva): 문자 그대로의 의미
는 "두루 계탁計度하여 집착하는 성질"이며, 존재의 허망한 상태를 말한다.
의타기성(依他起性, 산스크리트어: paratantra-svabhāva): 문자 그대로의 의미는
"다른 것에 의지하여 일어나는 성질"이며, 연기緣起의 성질을 말한다.
원성실성(圓成實性, 산스크리트어: pariniṣpanna-svabhāva): 문자 그대로의 의미는
"원만히 성취한 실재하는 성질"이며, 존재의 진실한 상태를 말한다.

起)이니 마치 파도가 바닷물에 의거해 일어나는 것과 같고, 업상業相은 변계소집성(徧計執)이니 마치 파도의 솟구침만 보느라고 물인 줄 모르는 것과 같으며, 진상眞相은 원성실성圓成實性이니 오직 하나의 바닷물일 뿐이다. 그러나 이 진상이 곧 본각진여本覺眞如이니 바로 연緣을 따르면서도 불변하는 것이다.

문: 마명 대사는『능가경』등의 경전에 의거해『기신론』을 지었다. 그리고 삼세는 특히『기신론』에서 생기生起의 강요綱要인데, 어찌하여 갑자기 '같지 않다'고 말하는가?

답: 이것은 여덟 가지 식의 상相을 통틀어 말한 것이니, 경문에서 "온갖 식識에는 세 종류의 상相이 있다"고 말했기 때문이다. 만약 삼세와 육추라면 앞으로 나올 부사의不思議한 훈습 변화(熏變) 등의 분명한 문장이 있다.

대혜야, 간략히 설명하면 세 종류의 식識이 있고, 자세히 설명하면 팔상八相이 있다. 무엇이 세 가지인가? 소위 진식眞識[192], 현식現識[193]과 분별사식分別事識[194]이다. 대혜야, 비유하자면 밝은 거울이 온갖 색상色像을 띠는 것과 같으니, 현식現識이 현재(現)에 처하는 것도 이와 마찬가지다.

---

192 진상眞相의 식識으로 여래장식이라고도 한다.

193 ①오의五意의 하나. 거울에 여러 형상이 나타나듯이, 인식 작용으로 여러 대상이 드러나는 현량식現量識. ②과거에 지은 행위의 결과로 일어난 마음 작용.

194 안식眼識·이식耳識·비식鼻識·설식舌識·신식身識·의식意識을 통틀어 일컫는다. 이 식들은 대상을 구별하여 사유하고 판단하므로 이와 같이 일컫는다.

大慧. 略說有三種識. 廣說有八相. 何等爲三. 謂眞識. 現識. 及分別
事識. 大慧. 譬如明鏡持諸色像. 現識處現亦復如是.

관기 여기서는 앞에서 말한 온갖 식識의 명칭을 해석하고 있다.
앞에서 '온갖 식識'이라 말했지만 식識에 몇 종류가 있는지
알지 못했기 때문에 여기서 "간략히 설명하면 세 종류의 식識이 있고
자세히 설명하면 팔상八相이 있다"고 해석하였다. 그러나 위역에서는
"간략히 설명하면 두 가지가 있으니, 첫째는 요별식了別識이고 둘째는
분별사식分別事識이다"라고 하였고, 당역에서는 "간략히 오직 두 가지
가 있으니, 소위 현식과 분별사식이다"라고 해서 두 번역에서 다 진식眞
識 두 글자가 빠져 있다. 그런데 이 진식은 바로 불생불멸하는 여래장의
청정 진심(不生不滅如來藏淸淨眞心)으로 곧 진여眞如이다. 그러나 진여
역시 식識이라 말하는 것은 경계를 비추는 작용이 있기 때문이니,
이 현식現識이 바로 제팔식이다. 그래서 『기신론』에서는 "아뢰야식에
의거해 무명無明의 불각不覺이 일어나서 능히 보고 능히 나타내고
능히 경계를 취한다"고 설했다. 또한 지식智識[195]이라고도 하는데, 이
가운데서 분별사식分別事識은 바로 이전의 칠식이다. 가령 거울과
대상을 잡아서 비유하면 팔식은 일체一體로서 둘도 없고 차별도 없다.

---

[195] 오의五意의 하나. 대상에 대해 일으키는 여러 가지 그릇된 분별 작용. 오의는
『기신론』에서 의식이 생기고 전개되는 과정을 다섯 가지로 나눈 것인데, 앞서
말한 (1) 현식과 (2) 지식 외에 (3) 업식業識: 무명無明에 의해 일어나는 그릇된
마음 작용. (4) 전식轉識 그릇된 마음 작용에 의해 일어난 인식 작용. (5) 상속식相
續識: 그릇된 분별 작용으로 끊임없이 일어나는 괴로움과 즐거움이다.

그래서 『기신론』에서는 "현식現識이란 소위 일체의 경계를 능히 나타내는 것이니, 마치 밝은 거울이 갖가지 색상色像을 나타내는 것과 같다. 현식도 마찬가지라서 오진五塵[196]의 대상이 이르면 그에 따라 즉시 나타내는데, 전후前後가 없이 어느 때(一切時)나 운運에 맡겨 일어나니 항상 현전해 있기 때문이다"라고 하였다.

이로 말미암아 살펴본다면, 이 『능가경』에서 말한 세 종류는 참(眞)과 거짓(妄)의 대립對立이니, 요컨대 식識이 곧 진여眞如임을 드러내기 때문이다. 그래서 아래 문장에선 "여래장을 장식識藏이라 칭한다"고 하였다. 그러나 위역과 당역에서 말한 요별了別과 현식現識은 진眞과 망妄을 합쳐서 설명한 것이다. 합쳐서 설명한 까닭은 불생불멸과 생멸이 화합하여 아뢰야식을 이루기 때문이다. 그러므로 경전에선 "부처가 설하신 여래장은 곧 아뢰야식이다"라고 하였고, 『종경록宗鏡錄』에선 "이 경전에선 팔식이 곧 진여라고 곧바로 가리켰다. 다른 경전에서 따로 구식九識을 수립한 것과는 비교할 수 없다"고 했기 때문에 '진眞과 망妄을 합쳐서 설명한 것'이라고 했다.

대혜야, 현식과 분별사식, 이 두 가지의 괴상壞相과 불괴상不壞相은 전전展轉[197]의 인因이 된다.

大慧. 現識及分別事識. 此二壞不壞相. 展轉因.

---

196 참 성품을 더럽혀서 번뇌를 일으키는 다섯 가지 경계로서 색色·성聲·향香·미味·촉觸의 오경五境을 말한다.

197 글자 그대로의 뜻은 '펼쳐져 굴러간다'이다. 순서대로 연속함. 차례대로 이어짐.

관기 여기서는 팔식이 생기生起하는 상相을 해석함으로써 본래 두 개의 체體가 없음을 드러내고 있다. 전전展轉의 인因은 말하자면 이전 칠전식七轉識[198]과 제팔식이 서로 인因이 되는 것이다. 이전 칠식의 현행現行이 종자種子를 훈습함을 말미암아 제팔식의 종자 또한 훈습으로 현행을 일으키기 때문에 식론識論에서는 "장식藏識에 대한 온갖 법도 법에 대한 식識도 마찬가지로서 번갈아 서로 인因의 성품이 되기도 하고 또한 늘 과果의 성품이 되기도 한다"고 하였다. 대체로 파괴될 수 있는 것은 망식妄識이고, 파괴될 수 없는 것은 진식眞 識이다. 위역에서는 "저 두 종류의 식識은 차별이 없어서 번갈아 함께 인因이 된다"고 하였으며, 당역에서는 "이 두 식識은 다른 상相이 없으니 서로 인因이 된다"고 하였다.

대혜야, 부사의不思議한 훈습(熏)과 부사의한 변화(變)가 현식現識의 인因이다.

大慧. 不思議熏. 及不思議變. 是現識因.

관기 여기서는 제팔식이 생기하는 인因을 특별히 밝히고 있으니, 앞서 두 종류의 생겨남 중에 유주流注의 생겨남을 밝힘으로써 삼세의 상相을 드러내고 있다. 그러나 부사의한 훈습과 변화(熏變)가

---

198 팔식八識 가운데 아뢰야식阿賴耶識을 제외한 안식眼識·이식耳識·비식鼻識·설식舌 識·신식身識·의식意識·말나식末那識을 말한다. 이 칠식이 아뢰야식에서 발생하 여 작용한다는 뜻이다.

현식의 인因이라 함은 바로 무명이 진여를 훈습하여 팔식의 인因이 되는 것으로 소위 유주流注의 생겨남이다. 『기신론』에서 "진여법에 의거하기 때문에 무명이 있어서 온갖 물듦의 원인(染因)이 된다"고 했는데 이는 업상業相에 해당하며, "무명의 염법染法의 인因이 있기 때문에 즉각 진여를 훈습하고, 훈습하기 때문에 망심妄心이 있고, 망심이 있으면 즉각 무명을 훈습한다"고 했는데 이는 전상轉相에 해당하며, "진여법을 요달하지 못하기 때문에 불각不覺이 생각(念)을 일으켜 허망한 경계를 나타낸다"고 했는데 이는 현상現相에 해당한다. 그렇다면 무명이 훈습력을 인因해서 진여를 현식으로 변화시키는 것이니, 이것이 바로 무명의 불각不覺이 삼세를 낳는 것이다. '부사의한 훈습과 변화'라 함은 말하자면 진여는 본래 훈습할 수 없는데도 훈습하기 때문에 이름하여 '부사의한 훈습'이라 하고, 진여의 체體는 본래 스스로 불변이지만 지금 무명의 연緣을 따라 일성법一成法을 이루기 때문에 '부사의한 변화'라고 한다. 위역에선 "요별식了別識은 불가사의한 훈습과 변화(熏變)의 인因"이라 하였고, 당역에선 "현식은 부사의한 훈습과 변화가 인因이 된다"고 했다. 다만 세 가지 상相이 은미隱微하기 때문에 부사의한 훈습과 변화로 유주의 생겨남을 해석했을 뿐이다.

대혜야, 갖가지 티끌(塵)을 취하는 것과 비롯 없는 때부터 망상이 훈습하는 것은 분별사식의 인因이다.

大慧. 取種種塵. 及無始妄想熏. 是分別事識因.

관기 여기서는 이전 칠전식이 생기하는 인因을 밝히고 있으니, 상相의 생겨남을 밝힘으로써 육추의 상相을 드러내고 있다. 『기신론』에서는 "허망한 경계의 염법染法을 반연攀緣하기 때문에 곧 망심을 훈습해서 생각의 집착으로 갖가지 업을 지어 일체 몸과 마음 등의 고통을 받게 한다"고 했는데, 이는 바로 육추의 상相이다. 그러나 "갖가지 티끌(塵)을 취하는 것과 비롯 없는 때부터 망상이 훈습하는" 것은 망상의 습기習氣 종자種子로서 바로 제팔식에 갈무리된 종자이다. 이로 인해 이전 칠식의 근根과 경계의 현행現行을 훈습해 일으키고 다시 그것을 실아實我, 실법實法으로 삼기 때문에 "갖가지 티끌(塵)을 취하는 것과 비롯 없는 때부터 망상이 훈습한다"고 말한 것이니, 그렇다면 제팔식과 전前칠식이 인因이 되는 것이 소위 상相의 생겨남이다. 그러나 망상의 훈습은 또 상相 가운데 유주流注의 생겨남이니, 이 때문에 『기신론』에서는 "무명의 훈습에 두 종류가 있으니, 첫째는 근본 훈습으로 능히 업식業識을 성취하기 때문이며, 둘째는 견애見愛[199]가 일으킨 훈습으로 능히 분별사식의 뜻을 성취하기 때문이다"라고 하였다. 앞서 말한 부사의한 훈습이 곧 근본 훈습이고, 여기서는 견애見愛의 훈습이다.

대혜야, 만약 저 진식眞識으로 돌아가서 갖가지 실답지 않은 온갖

---

199 견혹見惑과 사혹思惑이다. 견혹이란 편벽된 세계관을 통해 일으키는 번뇌로서 아견我見과 변견邊見의 미혹을 말한다. 사혹이란 세간의 현상을 분별함으로써 일으키는 번뇌를 말한다. 견혹과 사혹은 삼계 내 생사윤회의 원인으로서, 이를 끊어야 비로소 삼계의 생사를 벗어날 수 있다.

허망함이 멸하면 일체의 근식根識도 소멸하니, 이를 이름하여 상멸(相滅: 상의 소멸)이라 한다.

大慧. 若覆彼眞識種種不實諸虛妄滅. 則一切根識滅. 是名相滅.

관기 여기서는 앞서 두 종류의 멸함 중에서 상멸相滅을 해석하고 있다. 복복覆은 반返이니, 곧 온전한 하나(全一)로 돌아가는 것이다. 진여眞如에 단박 계합하면 모든 티끌의 더러움(塵垢)이 당장 녹아 없어지고 근진根塵과 식심識心도 때(時)에 감응해 녹아버리는데, 이를 이름하여 상멸相滅이라 한다. 당역에서는 "아뢰야식의 허망하게 분별하는 갖가지 습기習氣가 멸하면 즉각 일체의 근식根識도 멸하는데, 이를 이름하여 상멸이라 한다"고 했다. 그러나 생겨남은 미세함(細)으로부터 거침(麤)에 이르기 때문에 유주流注의 생겨남을 앞세웠고, 이제 멸함은 거침으로부터 미세함에 이르기 때문에 상멸을 앞세운 것이다.

대혜야, 상속의 소멸(相續滅)이란 상속의 소인所因이 소멸하면 상속도 소멸하고, 소종(所從: 좇아온 바)이 소멸하고 소연(所緣: 반연한 바)이 소멸하면 상속도 소멸한다.
대혜야, 왜냐하면 그것이 의지하는 바(所依)이기 때문이다. '의지함(依)'이란 비롯 없는 망상의 훈습이고, '반연함(緣)'이란 자기 마음의 견해 등 식識의 경계와 망상이다."

大慧. 相續滅者. 相續所因滅. 則相續滅. 所從滅及所緣滅. 則相續滅. 大慧. 所以者何. 是其所依故. 依者謂無始妄想熏. 緣者謂自心見等識境妄想.

> **관기** 여기서는 두 종류의 멸함 중 유주流注의 멸함을 해석한 것이다. 상속은 곧 유주流注의 뜻이다. 말하자면 팔식은 담연(湛淵: 고요함)해서 본래 생멸이 없다. 다만 전칠식前七識의 바람이 고습(鼓習: 고동치는 습기)함으로 인해 종자를 이루기 때문에 생멸이 있을 뿐이다. 그러나 이 생멸은 이미 앞의 칠전식七轉識을 인해 생겼지만, 이제 소인所因이 소멸하면 이 유주流注의 상속도 저절로 소멸하기 때문에 "상속의 소인所因이 소멸하면 상속도 소멸한다"고 한 것이다. 이는 유주流注의 생멸 중 유주의 멸함을 해석한 것이다.

'소종所從이 소멸하고 소연所緣이 소멸하면 상속도 소멸한다'는 것은 상相의 생멸 중 유주의 멸함이다. 말하자면 칠전식은 본래 생멸이 없지만, 다만 근본의 비롯 없는 무명의 습기로부터 안으로 훈습을 받고 밖으로는 육진六塵[200] 경계의 바람이 불어 심해心海를 고동鼓動시킨다. 이처럼 안과 밖이 서로 부채질을 하기 때문에 칠식의 파도가 일어난다. 이제 안의 문門에선 소종所從의 무명이 이미 소멸하면 밖의 문에선 경계의 바람이 멈춰서 심체心體가 고요하고 파도가 저절로 쉰다. 그러면 칠식은 당장 무생無生이다.

---

200 심성을 더럽히는 육식六識의 대상계對象界로서 색色·성聲·향香·미味·촉觸·법法의 육경六境을 말한다. 이 육경은 육근을 통하여 몸속에 들어가서 우리들의 정심淨心을 더럽히고, 진성眞性을 덮어 흐리게 하므로 진塵이라 한다.

이제 소종所從과 소연所緣이 이미 소멸해서 상속이 즉각 소멸한다는 것은 일체의 동상動相이 다 무명에 의지해 일어나기 때문이니, 그래서 '이는 의지하는 바(所依)이기 때문이다'라고 해석한 것이다. '의지함(依)'이란 비롯 없는 망상의 훈습이다. 그러나 비롯 없는 망상은 곧 근본무명根本無明으로서 바로 지금 칠식이 생生을 결박해 상속한다고 지목하는 것이 되니, 이 훈습으로 인해 저 팔식은 지혜(智)를 이루질 못하고 늘 결박되어 있기 때문이다.

반연함(緣)이란 자기 마음의 견해 등 식識의 경계를 말하고, 망상이란 근根, 신身, 기器, 계界를 말한다. 본래 팔식이 변한 상분相分인데 도리어 팔식의 견분見分인 소연所緣의 경계가 되었으니, 이것이 바로 식론識論에서 밝힌 인연의因緣依이다. 이제 "상속의 소인所因이 소멸하면 생멸의 정情이 없어지고, 소연所緣이 소멸하면 근진(根塵: 육근과 육진)이 저절로 없어진다"고 했는데, 그렇다면 팔식八識의 무명無明은 명백히 평등하고 여여如如하여 생멸하지 않는 정지正智이다. 그래서 『기신론』에서 "오직 어리석음만 소멸하기 때문에 마음의 상相이 따라 소멸한다"고 했으니, 앞서의 생겨남이라면 다시 서로 생겨남이고, 지금의 소멸 또한 다시 서로 소멸하는 것이다.

○이상 '(가) 법으로 진유식량眞唯識量을 드러냄'을 마친다.
△앞으로는 '(나) 비유를 통해 두 가지 견해를 타파'한다.

"대혜야, 비유하자면 진흙덩이와 티끌은 다른 것도 아니고 다르지 않은 것도 아닌 것과 같으며, 황금으로 만든 장엄 도구도 마찬가지다.

대혜야, 진흙덩이가 티끌과 다른 것이라면 티끌로 (진흙덩이가) 이루어
지지 않아야 하나 실제로는 티끌로 이루어졌으니, 이 때문에 다르지
않다. 만약 진흙덩이와 티끌이 다르지 않은 것이라면 진흙덩이와
티끌은 응당 분별이 없어야 한다.

大慧. 譬如泥團微塵. 非異非不異. 金莊嚴具亦復如是. 大慧. 若泥團
微塵異者. 非彼所成. 而實彼成. 是故不異. 若不異者. 則泥團微塵應
無分別.

관기 여기서는 비유를 통해 앞의 진유식량眞唯識量을 이룸으로써
장차 외도의 동일성과 차이성(一異), 단멸과 항상(斷常)이란
두 견해의 집착을 타파하려고 한다. '비유하자면 진흙덩이와 티끌'이라
함은 불생불멸과 생멸이 화합해 제팔 아뢰야식을 성취함으로써 참(眞)
과 거짓(妄)이 동일하지도 않고 다르지도 않음을 올바로 제시하였으
며, 성스러움과 범속함의 상相도 마찬가지란 걸 제시하였다. 그래서
황금으로 만든 장엄 도구도 마찬가지란 걸 거듭 밝혔다. 저 외도는
다른 원인(異因)을 따로 세우는데, 앞으로 그들의 견해를 타파할 것이
기 때문에 이 비유로 제시한 것이다.

이처럼 대혜야, 전식轉識[201]과 장식藏識의 진상眞相이 다른 것이라면

---

201 ①산스크리트어 pravṛtti-vijñāna. 안식眼識·이식耳識·비식鼻識·설식舌識·신식
身識·의식意識·말나식末那識을 통틀어 일컫는다. 이 칠식은 아뢰야식阿賴耶識에
서 발생하여 작용하므로 이와 같이 말한다. ②오의五意의 하나. 그릇된 마음

장식은 전식의 인因이 아니다.

如是大慧. 轉識藏識眞相若異者. 藏識非因.

관기 여기서는 다르지 않음(不異)을 올바로 해석해서 따로 하나의 법을 세워 생겨남의 원인(生因)으로 삼는 외도의 망녕된 집착을 타파하고 있다. 생각건대 전칠식과 제팔식이 다른 것이라면 팔식은 응당 전칠식과 더불어 생기生起의 인因을 짓지 않아야 한다. 그러나 지금 이미 전칠식과 더불어 인因이 되었다면 다르지 않음(不異)을 알 것이다. 전칠식의 진상眞相은 원래 팔식의 정명精明의 체體이고, 팔식의 진상은 원래 진여眞如이다. 그래서 위역과 당역에서는 단지 전식과 장식이 있을 뿐 진상眞相이란 두 글자는 없다. 그러나 위역과 당역에서는 단지 팔식의 다르지 않음(不異)을 잡았을 뿐이지만 이 번역에선 진상眞相 두 글자를 더했으니, 요컨대 참(眞)과 거짓(妄)이 다르지 않음을 밝혀서 장차 거짓(妄) 그대로 참(眞)임을 드러내기 위해서이다. 이 뜻은 그 자체로 충분하다(此義自足). 진상은 곧 팔식 자체이니 바로 본각本覺의 진여眞如이다. 지금 '장식이 인因이 된다'고 하는 것은 여래장이 생사의 원인이 될 뿐 아니라 열반의 원인이 되기도 함을 말한다. 뒷 문장에선 "여래장은 선善과 불선不善의 원인이니, 능히 보편적으로 흥기해서 일체의 중생을 창조한다"고 하였다.

작용에 의해 일어난 인식 작용.

만약 다르지 않다면 전식이 소멸할 때 장식도 응당 소멸해야 하지만, 그러나 자체 진상(自眞相)은 실다워서 소멸하지 않는다. 그러므로 대혜야, 자체 진상의 식識은 소멸하지 않고 단지 업상業相만 소멸한다. 만약 자체 진상의 식識이 소멸한다면 장식이 소멸하는 것이니, 대혜야, 장식이 멸한다고 한다면 외도가 논의하는 단견斷見과 다르지 않다.”

若不異者. 轉識滅. 藏識亦應滅. 而自眞相實不滅. 是故大慧. 非自眞相識滅. 但業相滅. 若自眞相識滅者. 藏識則滅. 大慧. 藏識滅者. 不異外道斷見論議.

관기 여기서는 동일하지 않음(不一)을 해석해서 외도의 단멸斷滅의 견해를 타파하고 있다. 말하자면 팔식이 동일하다면 전칠식前七識이 소멸할 때 제팔식인 장식도 응당 소멸해야 하는데, 장식이 만약 소멸하면 누가 무생無生을 증득하겠는가? 그렇다면 팔식은 단지 희론戲論의 허망한 습기習氣를 소멸하는 것을 이름하여 ‘소멸’이라 했을 뿐이다. 그러나 실제로 팔식 자체는 본각의 진여로서 진실로 소멸하지 않기 때문에 “자체 진상(自眞相)의 식識은 소멸하지 않는다”고 말한 것이다. 『기신론』에선 “소멸이라는 말은 오직 심상心相의 소멸이지 심체心體의 소멸이 아니다”라고 하였고, 또 “오직 어리석음이 소멸하기 때문에 심상이 따라서 소멸할 뿐 심지心智가 소멸하는 것은 아니다”라고 하였다.

이 업상은 곧 앞서 삼상三相 중의 업상이니, 무명의 혹업惑業을 통틀어 가리켜 업상이라 칭했을 뿐이다. 생각건대 소멸할 수 있는

것은 단지 허망한 습기의 혹업惑業일 뿐이지 진상이 어찌 소멸할 수
있겠는가? 그러므로 경전에서는 "자체 진상이 소멸한다면 장식이
소멸하는 것이니, 장식이 멸한다고 한다면 외도가 논의하는 단견斷見
과 다르지 않다"고 한 것이며, 당역에서도 "식識의 진상은 소멸하지
않고 단지 업상만 소멸한다. 만약 진상이 소멸한다고 하면 장식도
응당 소멸해야 하니, 만약 장식이 소멸한다면 외도의 단멸론과 다르지
않다"고 한 것이다.

○이상 '(나) 비유를 통해 두 가지 견해를 타파함'을 마친다.
△다음은 '(다) 삿된 종지를 올바로 가려내 변별함'이다.

"대혜야, 저 외도들이 이런 논의를 하는 것은 경계의 소멸을 섭수攝受하
면 식識의 유주流注도 소멸한다고 생각하는 것이다. 만약 온갖 유주가
소멸하는 것이라면 비롯 없는 유주도 응당 끊어져야 한다.

大慧. 彼諸外道作如是論. 謂攝受境界滅. 識流注亦滅. 若諸流注滅
者. 無始流注應斷.

관기 여기서 외도의 단멸론斷滅論을 내놓은 것은 삿된 종지를 가려
내 변론하기 위해서다. 당역에서는 "저 외도들은 '경계를 취하
는 상속식相續識이 소멸하면 비롯 없는 상속식도 소멸한다'고 말한다"
고 하였다. 그러나 경계를 취하는 상속식은 전육식前六識과 아울러
칠식의 추상麤相이다. 유주流注는 곧 팔식 자체와 칠식의 세상細相이

다. 저 외도는 단지 전육식과 칠식의 추상만을 보고서 문득 팔식도 함께 소멸한다고 생각하는데, 이것이 바로 부처의 종성種性을 단절시키는 까닭이니, 이 때문에 부처님께서 "만약 식識의 유주流注가 소멸하는 것이라면 비롯 없는 유주도 응당 끊어져야 한다"고 타파한 것이다. 이는 바로 앞 문장에서 말한 '단지 업상만 소멸할 뿐 진상은 소멸하지 않는다'를 돌이켜 드러낸 것이다. 이 '소멸하지 않음'이란 『보경寶鏡』[202]에서 말하는 '참되고 영원한 유주(眞常流注)'이다. 그러나 외도가 설하는 팔식이 일제히 소멸한다는 것은 제8아뢰야식이 생겨남의 원인(生因)임을 모르는 것이니, 장차 따로 하나의 법을 두어서 생겨남을 낳는 원인(生生之因)이 된다고 말하기 때문이다. 그래서 부처님께서는 다음에서 그들의 계교를 끄집어내신다.

대혜야, 외도는 유주流의 생인生因을 설할 때 안식眼識은 색色이나 광명(明) 따위가 모여 생겨나는 것이 아니고 따로 다른 원인(異因)이 있다고 설한다. 대혜야, 그들이 말하는 원인(因)이란 승묘勝妙나 사부士夫나 자재自在나 시時나 미진微塵을 말한다.

大慧. 外道說流注生因. 非眼識色明集會而生. 更有異因. 大慧. 彼因者. 說言若勝妙. 若士夫. 若自在. 若時. 若微塵.

---

202 『보경삼매寶鏡三昧』를 말한다. 『보경삼매』는 중국의 동산 양개(洞山良价, 807~869) 가 지은 불교서적. 『참동계參同契』와 함께 동산양개의 대표작이다. 원제는 『동산 양개선사보경삼매洞山良价禪師寶鏡三昧』이다.

여기서는 외도가 생겨남의 원인(生因)을 허망하게 계교하는 걸 내놓고 있다. 당역에서는 "저 외도들은 상속식이 작자作者로부터 생겨난다고 하며, 안식眼識이 색色이나 광명光明 등 연緣의 화합에 의지하여 생겨난다고 설하지 않는다"고 하였다. 오직 작자作者만이 생겨남의 원인이 된다고 설하기 때문이다. 작자는 무엇인가? 그들이 계교한 뛰어난 성품(勝性: 원문의 勝妙), 장부丈夫, 자재自在, 시時와 미진微塵이 능히 작자가 되는데, 이는 바로 외도가 유식唯識이 생기生起하는 모든 법의 원인이란 걸 모르는 것이다. 그래서 식識을 버리고 따로 뛰어난 성품(勝性) 등을 세워 생기의 원인을 삼으니, 소위 다른 원인(異因)이다. 그러나 서역 외도의 계교에는 비록 많은 종류가 있지만 총체적으로는 단멸(斷)과 항상(常) 두 견해를 벗어나지 않는다. 식론識論을 살펴보면 타파한 것이 일곱 가지인데, 이 중 세존께서 가리킨 것은 다섯 가지일 뿐이다.

식론에서 말한 일곱 가지 중 첫째가 수론사數論師[203]이다. 수론사는 이십오 명제冥諦[204]를 생각해냈는데, 말하자면 신아神我로부터 명冥이

---

203 상키야 학파를 말한다. 육파철학六派哲學의 하나. 산스크리트어 sāṃkhya를, 원리를 하나하나 열거한다는 뜻으로 해석하여 수론數論이라 번역하고, 승거僧佉라고 음사한다. 카필라(kapila, 기원전 4~3세기)가 창시한 이 학파는 신아(神我, puruṣa)와 자성(自性, prakṛti)의 두 원리를 상정하는데, 전자는 순수 정신이고 후자는 물질의 근원이다.

204 자성自性: 프라크리티prakriti는 기쁨(喜)을 본질로 하는 삿트바sattva와 우憂를 본질로 하는 라자스rajas와 암闇을 본질로 하는 타마스tamas의 세 요소로 구성되어 있는데, 이 세 요소는 서로 평형을 이루어 정지 상태에 있지만 신아(神我: 푸루샤)의 영향을 받으면 평형 상태가 깨어져 자성自性은 전개를 시작한다. 이때 자성에서 최초로 사유 기능이 생기는데, 이것을 각(覺, buddhi) 또는 대(大,

최초의 주체主諦가 되고, 명명冥으로부터 각각覺이 생겨나고, 각각覺으로부터 나의 마음(我心)이 생겨나고, 나의 마음으로부터 오진五塵이 생겨나고, 오진으로부터 오대五大[205]가 생겨나고, 오대로부터 십일근十一根[206]이 생겨나서 도합 이십오법이다. 그리고 신아神我로써 뛰어난 성품(勝性)을 삼는데, 이 중 승묘(勝妙: 뛰어나고 묘함)는 바로 저 신아이다.

둘째는 승론사勝論師[207]이다. 육구六句[208]가 생겨남을 낳는 원인(生生之因)이 된다고 생각한다. 육구는 소위 실實, 덕德, 업業, 대유大有, 화합和合, 동이同異로서 이 여섯 가지가 모두 실성實性이 있어서 일체법

---

mahat)라고 한다. 각각覺이 다시 전개하여 아만我慢이 생기고, 아만이 또 전개하여 오지근五知根·오작근五作根·심근心根·오유五唯가 생기고, 오유에서 오대五大가 생겨 이 현상 세계가 성립된다고 한다. 이 원리를 이십오제二十五諦라고 한다.

205 상키야 학파에서 설하는 이십오제二十五諦 가운데 지地·수水·화火·풍風·공空의 다섯 가지 요소. 공空은 허공·공간을 뜻한다.

206 안眼·이耳·비鼻·설舌·피皮의 다섯 가지 감각 기관인 오지근五知根과 수手·족足·설舌·생식기生殖器·배설기排泄器의 다섯 가지 기관인 오작근五作根과 감각과 행위를 다스리는 기능인 심근心根으로 모두 25명제에 속한다.

207 바이셰시카 학파를 말한다. 육파철학六派哲學의 하나. 산스크리트어 vaiśeṣika를 승론勝論이라 번역하고, 폐세사가吠世師迦·비세사毘世師·위세사衛世師라고 음사한다. 카나다(kaṇāda, 기원전 2~1세기)가 창시한 학파로, 모든 현상은 실實·덕德·업業·동同·이異·화합和合의 육구의六句義에 의해 생성·소멸되며, 해탈에 이르기 위해서는 이 여섯 가지 원리를 이해하고 요가 수행을 해야 한다고 한다.

208 구句는 원리·범주를 뜻하며, 실實은 사물의 본질을 이루고 있는 지地·수水·화火·풍風·공空 등의 실체, 덕德은 실체의 성질, 업業은 실체의 운동, 동同은 사물에 서로 공통점을 있게 하는 원리, 이異는 모든 사물에 차이점을 있게 하는 원리, 화합和合은 실實·덕德·업業·동同·이異를 융합시키는 원리를 뜻한다.

이 다 이 육구로부터 생겨난다고 망령되게 가리키고 있다. 또 실구實句
로부터 구법九法을 집착하는데, 소위 땅(地), 물(水), 불(火), 바람(風),
공空, 시時, 방方, 화합和合, 그리고 극미極微가 기계(器界: 물리적 세계)
를 이룬다고 헤아리기 때문에 극미極微가 상주불멸常住不滅한다고
생각한다. 그리고 이 가운데 시時와 미진微塵은 바로 저 승론勝論에서
생각한 것이다.

셋째는 외도이다. 대자재천大自在天[209]은 실체(體實)가 보편적이고
항상해서 능히 온갖 법을 낳는다고 생각하고 있는데, 이 중 자재自在가
바로 외도가 계교한 것이다.

넷째, 일곱 가지 외도이다. 대범大梵[210], 시時, 방方, 본제本際, 자연自
然, 허공虛空, 아我 등 일곱 가지 법을 생각했다. 이 일곱 가지 법이
항상 머물며 실재(實有)하면서 갖가지 공능功能을 갖추고 일체법을
낳는다. 그리고 이 중 장부丈夫가 바로 저 대범大梵이니, 대범천大梵天
이 능히 일체를 낳는다는 말이다. 이 중에 시時는 바로 실구實句의
아홉 가지 법 중 시時이다.

다섯째와 여섯째는 둘 다 성론사聲論師[211]이다. 소리(聲)가 항상해서

---

209 ①산스크리트어 maheśvara. 색계의 맨 위에 있는 색구경천色究竟天에 사는
　　 신神. 눈은 세 개, 팔은 여덟 개로 흰 소를 타고 다닌다고 한다. 마혜수라摩醯首羅와
　　 같다. ②힌두교의 신神으로, 우주의 창조·유지·파괴의 과정에서 파괴를 담당한
　　 다는 시바śiva를 말한다.

210 대범천을 말한다. 산스크리트어 mahā-brahman. ①색계 초선천初禪天의 제3천.
　　 ②색계 초선천의 왕으로, 이름은 시기(尸棄, śikhin)라 하고 도리천의 왕인 제석帝
　　 釋과 함께 불법佛法을 수호한다고 한다.

211 성론 학파를 말한다. 산스크리트어 vyākaraṇa. 문법학.

능히 정량定量이 되어 온갖 법을 표현한다고 생각한다. 첫 번째는
대연생(待緣生: 반연을 기다려 생겨남)이고 두 번째는 대연현(待緣顯:
반연을 기다려 드러남)이니, 말하자면 소리(聲)가 항상해서 결정코 일체
모든 법을 능히 표현할 수 있다는 것이다.

일곱째, 순세외도順世外道[212]이다. 사대四大가 실재하고 항상해서
능히 유정有情 중생을 낳는다고 생각한다. 말하자면 극미極微[213]가
실재하고 항상해서 능히 추색麤色을 낳고 이 원문 가운데 미진微塵은
또한 극미를 계교하는 것이다. 이에 준거해 일곱 가지이지만 세존께서
는 다섯 가지를 가리켜서 두 성론사만 빠져 있는데, 향후 인연因緣과
이자성二自性으로 보충하고 있다.

그러나 외도의 종류가 비록 많다고 하나 집착하고 있는 법은 네
종류에 불과하다. 말하자면 정일(定一: 결정된 동일성)은 수론數論 등이
고, 정이(定異: 결정된 차이성)은 승론勝論 등이고, 역일역이(亦一亦異:
동일성이기도 하고 차이성이기도 한)는 무참외도無慚外道[214] 등이고, 비일

---

212 산스크리트어 lokāyata. 지地·수水·화火·풍風의 4원소와 그 원소의 활동 공간인
　　허공만을 인정하는 유물론적인 입장의 외도. 인간도 4원소로 이루어져 있어
　　죽으면 이들 원소는 각각 흩어지므로 영혼은 있을 수 없다고 주장하고, 선악이나
　　인과도 없고, 과거와 미래도 없다고 한다. 따라서 현재의 감각과 쾌락만을
　　인생의 목표로 한다.
213 산스크리트어 paramāṇu. 더 이상 나눌 수 없는 시각 대상의 최소 단위. 7극미를
　　미진微塵이라 하고, 7미진을 금진金塵, 7금진을 수진水塵, 7수진을 토모진兎毛塵,
　　7토모진을 양모진羊毛塵, 7양모진을 우모진牛毛塵, 7우모진을 극유진隙遊塵이라
　　한다.
214 ①아무것도 걸치지 않고 알몸으로 고행하는 자이나 교도를 일컫는다. ②중생의
　　생존은 모두 자재천自在天의 뜻에 따라 이루어지므로 자신의 죄나 허물에 대해

비이(非一非異: 동일성도 아니고 차이성도 아닌)는 사명외도邪命外道[215] 등이다. 이는 모두 오직 식識뿐인 참(眞)과 거짓(妄)의 동일하지도 않고 다르지도 않은 진실眞實의 도리를 모르는 것이다. 정일定一과 정이定異를 허망하게 집착하다가 이와 같은 혼란스런 논의를 형성해서 단멸과 항상의 두 견해를 멋대로 일으키는 것이다. 그러나 이 중 정일定一과 정이定異란 두 가지 삿된 견해를 단순히 내놓자, 부처님께서는 미리 진흙덩이와 미진의 비일비이非一非異로 타파하셨다.

　그리고 이 두 가지 모두 단견斷見이다. 왜 그런가? 만역 정일定一이라 한다면 칠식이 소멸할 때 팔식도 따라 소멸하니, 그렇다면 단견에 떨어진다. 만약 정이定異라고 한다면 상속식이 소멸할 때 따로 다른 원인(異因)을 두는데, 이미 다른 원인을 수립했다면 원인이 없는(無因) 것이라서 역시 단견이다. 그러나 세존께서 가리키신 승성勝性 등 다섯 가지는 여기서는 단견이 되지만, 논論에서는 몽땅 상견常見에 집착하는 것인데 그 이유는 무엇인가? 후자가 집착하는 상(常: 항상)이 바로 전자의 단(斷: 단멸)이다. 왜 그런가? 외도는 유식의 참되고 항상하는 (唯識眞常) 도리는 모른 채 팔식도 함께 단멸斷滅이라 생각하므로 다시 별도로 다른 법(異法)에 집착하여 참되고 항상한(眞常) 것을 지으려 하기 때문이다. 그렇다면 후자가 이미 다른 법(異法)에 집착하는 걸

부끄러워할 필요가 없다는 파부타가전나婆浮陀伽旃那와 그 제자들을 일컫는다.
215 팔리어 makkhali-gosāla의 음사. 그의 교도들을 불교도들은 그릇된 생활 방법을 취하는 사명외도邪命外道라고 한다. 그는 인간이 번뇌에 오염되거나 청정해지는 과정과, 인간의 고락과 선악에는 아무런 원인이나 조건이 작용하지 않고, 오직 자연의 정해진 이치에 따른 것이라고 한다.

상常으로 여긴다면 본래의 참되고 항상한 식의 성품(眞常識性)으로 도리어 단멸을 짓게 되니, 이것이 후자가 상常에 집착하다 전자의 단斷에 떨어지는 이유이다. 그래서 무상無常이 상常이 되고 상常이 무상無常이 되므로 진정 뒤바뀐 견해이다. 이 뜻은 깊고 현묘해서 아는 자가 드물다.

다음에 대혜야, 일곱 가지 성자성性自性이 있으니, 소위 집성자성集性自性[216], 성자성性自性[217], 상성자성相性自性[218], 대종성자성大種性自性[219], 인성자성因性自性[220], 연성자성緣性自性[221], 성성자성成性自性[222]이다."

---

[216] 산스크리트어 samudaya-svabhāva. 또 집자성集自性이라고도 칭한다. 오염과 청정의 법을 성취하는 성품이다.

[217] 산스크리트어 bhāva-svabhāva. 온갖 법이 각자 스스로 임지任持하는 성품.

[218] 산스크리트어 lakṣaṇa-svabhāva. 또 상자성相自性이라 칭하기도 한다. 온갖 법의 모습과 형상이 갖는 개별적인 성품.

[219] 산스크리트어 mahā-bhūta-svabhāva. 또 대성자성大性自性이라 칭하기도 한다. 일체 색법色法의 인因을 능히 창조할 수 있으며, 이는 또한 사대종四大種 각각의 성품이기도 하다.

[220] 산스크리트어 hetu-svabhāva. 또 인자성因自性이라 칭하기도 한다. 즉 온갖 법이 생기生起하는 직접적인 인因의 성품이다.

[221] 산스크리트어 pratyaya-svabhāva. 또 연자성緣自性이라 칭하기도 한다. 즉 온갖 법의 생기生起를 돕는 연緣의 성품이다.

[222] 산스크리트어 niṣpatti-svabhāva. 또 성자성成自性이라 칭하기도 한다. 온갖 법의 진실한 성품이 바로 청정한 법을 성취한 여래장자성청정심如來藏自性淸淨心이다.

復次大慧. 有七種性自性. 所謂集性自性. 性自性. 相性自性. 大種性
自性. 因性自性. 緣性自性. 成性自性.

여기서는 외도가 허망하게 계교한 종론宗論[223]을 내놓고 있다.

관기

위역에서는 "외도에 일곱 가지 자성自性이 있다"고 했는데,
이 외도 두 글자를 살펴보면 앞서 "외도는 온갖 법이 식識으로부터
생겨나지 않고 따로 다른 원인(異因)이 있다고 하면서 허망하게 승묘勝
妙 등 다섯 가지가 진실하고 항상해서 능히 온갖 법을 낳는다고 설한다"
고 한 말에서 연유한다. 이를 통해 살펴보면 앞서 말한 다섯 가지는
바로 집착하는 법을 가리키고, 여기서 말하는 일곱 가지 자성自性은
그들 외도가 수립한 가르침 일곱 가지를 내놓은 것이다. 그러나 이
일곱 가지가 몽땅 식識을 여의고 따로 자성이 있다고 허망하게 계교한
것이니, 식론識論의 의해義解를 근거로 살펴보자.

집성자성集性自性에서 집集은 '모으다(集聚)'를 말하는데, 이는 수론
사數論師가 수립한 25가지 법을 가리킨다. 논論에서 "그러나 대(大:
覺) 등의 법은 세 가지 일(三事)[224]이 합쳐서 이루어진 것이다"라고
했으며, 또 "대大 등의 온갖 법은 많은 일이 합쳐 이루어진 것으로
마치 군림軍林[225] 등과 같다"고 했으니, 그들이 집착한 오대五大[226] 십일

---

223 ①한 경經에서 설하는 가르침의 요지를 논술함, 또는 그 글. ②종파와 종파
  사이의 교리에 대한 논쟁.

224 이십오제二十五諦 중 자성自性, 각(覺: 또는 大), 아만我慢을 말한다.

225 군사가 흩어지면 군대가 없고 나무가 죽으면 숲이 없듯이, 불변하는 실체가
  없는 것을 비유한다. 곧 공空의 비유.

근十一根은 최초의 각심覺心으로부터 오진五塵과 삼사三事가 모여 생기하기 때문에 '집성자성集性自性'이라 한 것이다.

성자성性自性이란 또한 승성勝性을 수립해 자성自性으로 삼은 것이 해당된다. 상성자성相性自性은 상相이 곧 질애質礙²²⁷의 색色이니, 이는 승론사勝論師가 수립한 육구六句를 가리킨다. 실實과 덕德과 업業의 대大에 화합和合과 동同과 이異가 있는 것, 아울러 사대四大와 극미極微의 온갖 질애법質礙法이 생기의 원인(生起因)이 된다.

대종성자성大種性自性이란 순세順世 외도가 수립한 '사대는 항상하며 능히 온갖 법을 낳는다'를 가리키니, 앞서 "미진微塵이 능히 추색麤色을 낳는다"고 한 말이 이에 해당한다. 인성자성因性自性과 연성자성緣性自性 이 두 가지는 두 성론사聲論師가 수립한 것이다. 첫째, 대연생待緣生은 바로 소리를 법을 낳는 원인으로 여기는데, 이는 바로 단순히 소리를 원인으로 삼는 것이기 때문에 '인성자성'이라 한다. 둘째, 대연현待緣顯은 소리를 낳는 연緣을 원인으로 삼기 때문에 '연성자성'이라 한다. 성성자성成性自性이란 육구六句 중 화합구和合句를 생각하는 걸 가리킨다. 외도는 온갖 법이 화합해서 이루어지는 것에 집착하기 때문에 '성성자성'이라 한다.

이 일곱 가지 자성은 총체적으로 사구四句를 벗어나지 못하니, 이른바 자생自生, 타생他生, 공생共生, 무인생無因生이다. 그런데 인성자성

---

226 상키야 학파에서 설하는 이십오제 가운데 지地·수水·화火·풍風·공空의 다섯 가지 요소. 공空은 허공·공간을 뜻한다.

227 형체가 있고, 장애가 되는 물질의 성질. 색色,의 장애하는 성질을 갖고서 다른 물질을 장애한다는 뜻.

因性自性은 곧 자생이고, 대종성자성大種性自性과 연성자성緣性自性은
타생이고, 집성자성集性自性, 상성자성相性自性, 성성자성成性自性은
곧 공생이고, 성자성性自性은 곧 무인생無因生이다. 총체적으로 단견
과 상견의 두 견해를 벗어나지 못하니, 모두 망상의 삿된 집착으로
우리의 제일의第一義와는 같지 않다. 그래서 다음 문장에서 "우리에겐
일곱 가지 제일의第一義가 있다"고 한 것이다.

○이상 '(다) 삿된 종지를 변별함'을 마친다.
다음은 '나. 일곱 가지 성스러운 뜻(聖義)을 제시함으로써 삿된 견해를
구별함'인데 두 가지로 나눈다.
△(가) 올바른 뜻(正義)을 제시함.

"다음에 대혜야, 일곱 가지 제일의第一義가 있으니, 소위 심경계心境界,
혜경계慧境界, 지경계智境界, 견경계見境界, 초이견경계超二見境界, 초
자지경계超子地境界, 여래자도경계如來自到境界이다. 대혜야, 이것이
과거, 미래, 현재의 모든 여래, 응공應供, 등정각等正覺의 성자성제일의
性自性第一義의 마음이다. 성자성제일의의 마음은 여래의 세간과 출세
간에서 출세간의 상상법上上法을 성취하니, 바로 성스러운 혜안慧眼이
자상自相[228]과 공상共相[229]으로 건립한 여如[230]를 증명한 것인데, 건립한

---

228 어떤 법法의 본질적 성질, 특질. 자성自性 또는 성性 이라고도 한다. 이 밖에도
   (1) 다른 것과 공통되지 않은 특별한 성질. (2) 언어 이전의 직관 대상. (3)
   인명因明에서, 말에 직접 드러나 있는 일반적인 뜻. 이에 반해 말에 직접 드러나
   있지 않고 숨어 있는 특별한 뜻은 차별差別이라 한다.
229 ①다른 것과 공통되는 일반적인 성질. ②개념화된 인식 대상. ③공견共見과

것은 외도가 논하는 나쁜 견해(惡見)와는 함께하지 못한다.”

復次大慧. 有七種第一義. 所謂心境界. 慧境界. 智境界. 見境界. 超
二見境界. 超子地境界. 如來自到境界. 大慧. 此是過去未來現在諸
如來應供等正覺性自性第一義心. 以性自性第一義心. 成就如來世
間出世間出世間上上法. 聖慧眼入自共相建立如. 所建立. 不與外道
論惡見共.

여기서는 여래의 올바른 가르침의 양量을 내놓는다. 즉 제일의
第一義를 종지宗旨로 삼는 것인데 외도의 나쁜 견해나 이론과
는 같지 않다. 위역에서는 “나에게 일곱 가지 제일의 등이 있다”고
했는데, 말하자면 나의 이 일곱 가지 경계는 바로 과거, 현재, 미래의
모든 여래, 응공, 정등각의 성자성제일의性自性第一義의 마음이다.
이 성자성제일의의 마음은 여래의 세간과 출세간의 최상법을 성취하
니, 이것이 바로 성스러운 혜안慧眼이 자상自相과 공상共相으로 건립한
여如를 증명하는 것이다. 여如는 칭稱이니, 말하자면 내가 건립한
것은 성품에 칭합(稱合: 부합)해 건립한 것이라서 외도의 나쁜 견해와는
함께하지 못한다. 입入은 증명(證)이다. 자상自相은 일심진여一心眞如

같다. 예를 들어 가을의 산이 빨갛고 불이 빨갛고 옷이 빨갛다고 할 때의
공통의 빨강을 가리켜 공상共相이라고 하고, 파랑 혹은 노랑 등과 구별되는
빨강 그 자체를 가리켜 자상自相이라고 한다.
230 산스크리트어 tathatā. ①분별이 끊어져 대상과 둘이 아닌(不二) 상태. ②차별을
떠난, 있는 그대로의 상태. ③모든 현상의 본성.

를 말하고 공상共相은 바로 팔식의 인연이니, 내가 이미 유심唯心과
유식唯識의 도리를 증명해 들어간 것을 말한다. 이렇게 해서 건립한
세간과 출세간의 최상법문은 외도가 '다른 원인이 법을 낳는 근본'이라
고 허망하게 수립한 것과는 비할 수 없기 때문에 "외도의 나쁜 견해와는
함께하지 못한다"고 말한 것이다.

△(나) 그 잘못을 배척해 비판함을 밝힌 것이다.

"대혜야, 무엇이 외도가 논하는 나쁜 견해와 함께하는 것인가? 소위
자신의 경계에서 망상으로 보는 것이니, 자기 마음(自心)이 나타낸
분제分齊[231]를 깨달아 알아채지 못하므로 소통하지 못하는 것이다.

大慧. 云何外道論惡見共. 所謂自境界妄想見. 不覺識自心所現分
齊. 不通.

관기 여기서는 앞서 말한 외도가 나쁜 견해를 갖게 된 까닭을 풀이하
고 있다. 부처가 말한 '나의 일곱 가지 제일의의 경계'는 바로
성스러운 혜안이 관觀하는 것으로서 참된 앎의 보는 힘(眞知見力)이다.
저 외도의 나쁜 견해는 바로 자기 망상의 경계를 따라 보는 것이라서
자기 마음의 망상이 나타낸 분제分齊를 깨달아 알지 못하니, 이 때문에
이와 같은 일곱 가지 삿되게 집착하는 단견과 상견을 지어서 정일(定一:
결정적인 동일성)이나 정이(定異: 결정적인 차이성)로 삼기에 소통하지

---

231 범위. 정도. 한계. 경계.

못하는 것이다.

대혜야, 어리석은 범부는 성무성性無性을 자성제일의自性第一義로 삼아서 이견론二見論을 짓는다."

大慧. 愚癡凡夫. 性無性. 自性第一義. 作二見論.

관기 여기서는 외도의 나쁜 견해가 제일의第一義 속에서 이견론二見論을 짓는 걸 총체적으로 매듭짓고 있다. 위역에서는 "어리석은 범부들은 실체를 두지 않는 걸 제일의로 삼아서 이견론二見論을 설했다"고 했는데, 온갖 법의 성품 없음을 요달치 못하고 허망하게 자성自性을 세운 걸 말하며, 어리석은 전도顚倒에 따라 허망하게 보기 때문에 제일의第一義 속에서 이견론을 지었을 뿐이다. 이런 논의는 앞서 외도들이 이런 논論을 지은 이래로 여기 와서 그쳤으니, 외도의 동일성과 차이성(一異), 단멸과 항상(斷常)의 두 견해가 참(眞)이 아니란 걸 통틀어 내놓음으로써 진유식량眞唯識量을 세운 것이고, 나중에 외도의 두 견해와 인과가 모두 진실이 아니라고 통렬히 배척한 것이다. 오직 마음(唯心)이 나타난 것일 뿐임을 요달치 못하기 때문에 이것은 유有이고 이것은 무無라고 허망하게 집착해서 단멸의 희론戲論을 이룬다. 그런 뒤에 유심의 관문觀門을 갖추어 제시한 것은 장차 수행자로 하여금 생멸하지 않는 마음에 의지하게끔 하는 것이니, 오직 마음뿐임을 요달해서 환幻 같은 경계로 관觀한다면 반드시 이전의과二轉依果[232]에 상주常住함을 획득한다.

○이상으로 '나. 일곱 가지 성스러운 뜻을 제시함으로써 삿된 견해를 구별함'을 마친다. 앞으로는 '다. 삿된 원인을 올바로 가려내서 올바른 인因 세 가지를 제시한다.'

△(가) 삿된 인(邪因)을 가려냄.

"다음에 대혜야, 망상에서 비롯한 삼유三有의 고통을 소멸하려면 무지無知와 애착(愛)과 업業의 연緣을 소멸해야 한다. 스스로의 마음(自心)이 나타낸 환幻의 경계를 따라 보는(見) 것을 이제 마땅히 설하리라.

復次大慧. 妄想三有苦滅. 無知愛業緣滅. 自心所現幻境隨見. 今當說.

관기 여기서는 앞서 외도가 오직 마음뿐인 환幻 같은 경계를 요달치 못한 것을 이어받고 있다. 외도는 허망하게 두 견해를 짓기 때문에 삼유三有의 고통을 소멸할 수 없다. 이제 수행자에게 마음뿐인 환 같은(唯心如幻) 법문을 수행의 바른길로 제시하려 하기 때문에

---

232 전의轉依는 식識이 지智로 변형되는 것이다. 불교 일반에서는 대체로 열반涅槃과 보리菩提와 깨달음(覺)이 같은 뜻으로 사용되지만, 유식유가행파에서는 열반(즉 해탈)과 보리를 엄격히 구분한다. 이 둘을 통칭하여 다소 느슨히 정의된 용어로 깨달음이라고 하며, 엄격히 완전한 깨달음 즉 구경각의 의미에서의 깨달음이라고 할 때는 유식유가행파의 용어로는 보리菩提가 구경각을 뜻한다. 따라서 유식유가행파의 교학에서는 전의轉依도 크게 번뇌장 즉 아집을 끊고 열반(즉 해탈)을 증득할 때의 전의와 소지장 즉 법집을 끊고 보리를 증득할 때의 전의로 나뉘고, 열반(즉 해탈)과 보리를 통칭하여 2전의과二轉依果 또는 간단히 2전의二轉 依라 한다. 후자의 전의 즉 소지장 즉 법집을 끊고 보리를 증득할 때의 전의가 곧 부처의 상태이며, 진실한 전식득지轉識得智의 상태이다.

먼저 이것을 게시揭示한 것이다. 당역에서는 "만약 경계가 환幻과 같아서 스스로의 마음이 나타난 것임을 요달하면 망상에서 비롯한 삼유三有의 고통과 무지와 애착과 업의 연緣을 소멸시킨다"고 하였다. 삼유三有의 고통이란 바로 삼계三界의 고과苦果이다. 이 온갖 고통의 과보가 다 망상에 의지해 있기 때문에 '망상에서 비롯한 삼유의 고통'이라 한 것이다. 무지無知는 바로 근본무명으로 업을 발하는 것이고, 애착(愛)은 바로 탐욕으로 생을 북돋는 무명(潤生無明)이니, 이 두 가지가 삼계 25유有의 업인業因으로 소위 미혹(惑)이다. 업연業緣은 바로 무지와 애착 두 종류의 허망한 미혹으로부터 맺어진 생사의 업이니, 그 속박을 벗어날 수 없기 때문에 '업연'이라 한다. 그런데 이 업인業因의 고통스런 과보를 소멸할 수 없는 까닭은 모두 일체 경계가 오직 마음이 나타낸 것임을 요달치 못하고 단지 허망한 견해에 따라 유전流轉하기 때문이다.

그리고 저 외도는 설사 고통을 벗어나려는 마음이 있다 해도 고통을 벗어나는 요체와 그 닦는 법을 모른다. 특히 단멸과 항상 두 견해에 의지해 수행하는데, 이는 바로 고통으로써 고통을 버리려는 것이다. 이 온갖 견해에 의지依止하여 허망한 법을 깊이 집착하는데, 이 인지因地가 참(眞)이 아니라서 과보도 왜곡을 초래하기 때문에 헛되이 수고만 할 뿐 도무지 실다운 증거가 없다. 부처님은 여러 수행자가 경계를 오직 마음이 나타낸 환幻과 같다는 걸 요달한다면 삼계의 인과는 당장 소멸한다고 생각하기 때문에 이 이하부터 '허망하게 일체지一切智[233]에 부합한다고 설한다'에 이르기까지 총체적으로 외도의 두 견해가 참되지 않다고 배척한다. '다시 나머지 사문들(若復諸餘沙門)' 이하부터

'스스로 실단을 응당 배워야 한다(自悉檀善應當學)'에 이르기까지는 유심의 관문觀門을 통틀어 제시한 것이다.

대혜야, 가령 어떤 사문과 바라문이 무無의 종성種姓이나 유有의 종성으로 인과를 나타내고자 해서 굽기야 때(時)에 의지해 머문다면, 음(陰: 오음), 계(界: 십팔계), 입(入: 십이입)을 반연攀緣해서 생겨나 머문다고 하거나 혹은 생겼으면 소멸한다고 말한다.

大慧. 若有沙門婆羅門. 欲令無種有種因果現. 及事時住. 緣陰界入生住. 或言生已滅.

관기 여기서는 외도가 유有와 무無의 두 견해에 의지하여 허망하게 다른 원인(異因)을 수립한 걸 내놓고 있다. 당역에서는 "있다(有)와 있지 않다(非有)를 허망하게 계교하여 인과 밖에서 온갖 사물을 현현顯現해 때(時)에 의지해 머물거나, 혹은 온蘊, 계界, 처處를 계교해서 연緣에 의지해 생겨나고 머물거나 있는(有) 즉시 소멸한다"고 하였는데, 이는 바로 외도가 단멸과 항상 두 견해에 의지함을 올바로 지적한 것이다. 유식唯識의 진인량眞因量 외에 허망하게 다른 원인(異

---

233 삼지三智의 하나. 삼지는 도종지道種智·일체지一切智·일체종지一切種智를 통틀어 이르는 말. 도종지는 보살이 중생을 교화할 적에 세간世間·출세간出世間·유루有漏·무루無漏의 도를 말하는 지혜이고, 일체지는 모든 법의 총상總相을 개괄적으로 아는 지혜이며, 일체종지는 일체 만법의 별상別相을 낱낱이 정밀하게 아는 지혜이다.

因)을 수립하니, 말하자면 인因이 있으면 생겨남이 있고 인이 없으면 생겨남이 없다. 이 유有와 무無가 생겨남의 원인이 되어서 세간의 일체 사업事業을 현현하여 생겨남의 과보(生果)로 삼기 때문에 "무無의 종성種姓이나 유有의 종성으로 인과를 나타내고자 하고"라고 한 것이다. 일체 세계가 망상으로 유지된다는 걸 몰라서 다시 때(時)에 의지해 머문다고 허망하게 계교하거나, 혹은 온蘊, 계界, 처處가 사대四大와 때와 방위(時方) 등의 연緣에 의지하여 머문다거나, 혹은 일체 온蘊, 계界의 온갖 법이 있다(有)고 하면 이미 소멸해서 다시 생겨나지 않는다고 허망하게 계교하니, 이것들 모두가 허망하게 단멸斷滅을 보는 것이다. 모두 참된 원인(眞因)이 아니기 때문에 그 다음에서 배척한 것이다. 그리고 외도에도 안과 밖 두 종류가 있으니, 안(內)은 불법에 의지해 허망한 계교를 일으키는 자로서 바로 사문이며, 밖(外)은 바로 바라문이다.

대혜야, 저들이 상속相續이라 하든, 사事라 하든, 생生이라 하든, 유有라 하든, 열반涅槃이라 하든, 도道라 하든, 업業이라 하든, 과果라 하든, 제諦라 하든 파괴적인 단멸론이다. 왜냐하면 현전現前을 얻을 수 없기 때문이며 근본을 보지 못하기 때문이다. 대혜야, 비유하면 깨진 유리병이 병의 기능을 못하는 것과 같고, 타버린 씨앗이 싹을 틔우는 기능을 못하는 것과 같다.

大慧. 彼若相續. 若事. 若生. 若有. 若涅槃. 若道. 若業. 若果. 若諦. 破壞斷滅論. 所以者何. 以此現前不可得. 及見始非分故. 大慧. 譬如

破瓶. 不作瓶事. 亦如焦種. 不作芽事.

여기서는 외도의 인지因地가 진실이 아니라서 과果도 파괴를 이룬다고 총체적으로 배척하고 있다. '저들이(彼)'는 안과 밖 두 종류의 외도를 가리킨다. 말하자면 저 외도가 유有와 무無 두 견해에 의지해서 오직 마음뿐임(唯心)을 요달하지 못하기 때문에 그들이 수립한 인과가 다 단멸을 이루는 것이다. 상속相續은 생사의 상속을 말한다. 외도는 결생結生[234]의 상속을 알지 못하고 그저 허망하게 명초冥初[235]와 사대四大 등을 가리켜서 생겨남의 원인(生因)이라 하니, 바로 이 같은 음陰과 양陽[236]의 두 기운이나 오행五行[237]으로 사람이 생겨난다고 하는 것이 이에 해당한다. '사事라 하든, 생生이라 하든, 유有라 하든'은 당역에서는 "작용이라 하든, 생멸이라 하든, 온갖 유有라 하든"이라고 하였다. 작용作用은 일반적인 작위作爲이고, 생멸은 바로 생사이고, 온갖 유有는 앞서 말한 삼계의 온갖 법을 가리킨다. 저 외도에겐 생겨남

---

234 수태 시에 중유中有, 즉 바르도에서 모태母胎로 의탁하는 것. 일반적으로 중생이 죽어서 다음의 어떤 생이 결정되는 것을 말한다.

235 ①우주가 발생한 시초. ②명제冥諦와 같다.

236 음양설은 우주나 인간의 분리된 모든 현상이 음陰과 양陽의 쌍으로 나타난다는 것이다(위-아래, 높음-낮음, 여자-남자). 이들은 대립적이지만 서로 상보적이다. 음과 양이 확장하고 수축함에 따라 우주의 운행이 결정된다는 것이며, 음과 양이 네 가지 기운(생, 노, 병, 사)에 따라 확장-수축함으로써 다섯 가지 오행이 나타난다는 것이 오행설이다.

237 오五는 만물을 지배하는 요소로 목木·화火·금金·수水·토土의 다섯 가지 기氣를 가리키며, 행行은 '순환'이란 의미를 나타낸다. 이 다섯 가지가 음양의 원리에 따라 행함으로써 우주의 만물이 생성하고 소멸하게 된다는 것이 오행설이다

에 다른 원인이 있고 죽으면 단멸斷滅로 돌아가므로 온갖 유위법有爲法은 궁극적으로 무상無常하다. '열반이라 하든'은 오현五現[238]을 가리켜 열반이라 하는 것이다. '도道라 하든'은 발발拔髮[239]과 훈비熏鼻[240], 가시 위에 눕는 것(臥棘), 몸에 재를 바르는 것(塗灰), 소와 개의 계(牛狗戒)[241] 등으로 고苦를 벗어나는 것이다. '업業이라 하든'은 업인業因을 말한다. 외도는 원상圓常 등을 허망하게 계교해서 업인業因으로 삼는다. '과果라 하든'은 외도가 허망하게 단멸 등을 참다운 과(眞果)로 여기는 것이며, '제諦라 하든'은 외도가 허망하게 명초冥初를 가리켜 주제主諦라 하는 것이니, 이와 비슷한 부류들은 모두 유식唯識을 요달치 못하고 모두 파괴적인 단멸론을 이룬다. 단멸로 여기는 것은 왜 그런가?

---

238 『능엄경』에서 오음五陰이 녹을 때 나타나는 50가지 마魔의 양상을 밝혔는데, 그중 행음行陰이 녹을 때 나타나는 열 가지 심마心魔 중 하나가 오현열반론五現涅槃論이다. 즉 죽은 뒤에도 현재대로 단멸斷滅하지 않는다는 견해인데, 욕계의 육천六天과 색계의 초선천, 이선천, 삼선천, 사선천에 태어난 그대로 영속한다는 견해로서 현재대로 열반이라는 전도顚倒된 심마心魔에 떨어진다.

239 아비지옥에 있는 털을 뽑는 새를 가리킨다.

240 콧속으로 연기를 들이마시는 것.

241 첫째는 우계牛戒에 얽힌 이야기다. 어떤 스님이 소에게 풀을 먹이는 옆에서 『화엄경』을 보다가 잠이 들었다. 그런데 소가 다가와 경전이 풀인 줄 알고 코로 바람을 일으켜 경전을 넘겼다. 소는 콧김으로 『화엄경』을 넘긴 공덕으로 사람으로 다시 태어났다. 이 이야기를 듣고 어리석은 중생이 자기도 소처럼 행동하면서 콧김으로 책장을 넘기려 한다는 것이다.

둘째는 구계狗戒에 얽힌 이야기다. 어린이가 탑 앞에 똥을 쌌는데, 개가 와서 그 똥을 먹었다. 그 결과 탑 앞은 깨끗해졌고, 그 공덕으로 개는 천상에 태어났다. 어리석은 중생이 어린이를 시켜 탑 앞에 똥을 싸게 하고 자신도 천상에 태어나려고 개처럼 핥아 먹었다는 것이다.

이 현전現前하는 것이 모두 진실이 아니기 때문이며, 아울러 시원始元을 보지 못하기 때문이다(見始非分). 당역에서는 "근본을 보지 못하기 때문이다"라고 했으니, 마음뿐이고 식識뿐인 진실의 근본도리를 외도는 단절시키고 분리하기 때문이다. 그래서 이 같은 갖가지 희론戲論을 짓는데 끝내 이익이 없으니, 비유하면 깨진 병이 병의 기능을 할 수 없는 것과 같고, 타버린 종자가 씩을 틔울 수 없는 것과 같다. 깨진 병은 과果가 없는 것에 비유하고, 타버린 종자는 인因이 없는 것에 비유한 것이니, 외도가 하는 일(事業)이 이와 같다.

이처럼 대혜야, 만약 음陰, 계界, 입入의 성품이 과거에 멸했든(已滅), 현재에 멸하든(今滅), 미래에 멸할 것이든(當滅) 자기 마음의 망상이 보는 것이라서 원인이 없다. 그래서 저 외도에겐 차례대로 생겨남(次第生)이 없는 것이다.

如是大慧. 若陰界入性. 已滅. 今滅. 當滅. 自心妄想見. 無因. 故彼無次第生.

관기 여기서는 앞서의 두 비유를 합쳐서 저 외도의 원인도 없고 과보도 없다는 설을 증명하고 있다. 말하자면 저 외도는 이 온蘊, 계界, 처處의 법이 전생에 지은 업행業行에 따라 생겨나는 것이 아니라 다른 원인이 있다고 생각한다. 그렇다면 전생은 이미 단멸을 이룬 것이다. 또 현생에 고통을 받는 것이 다하면 다시 후생의 과보를 받지 않는다고 말하는데, 그렇다면 현재도 단멸을 이루는 것이다.

현재가 이미 멸했다면 향후의 미래도 영원히 단멸을 이룬다. 이처럼 모두 스스로의 망상에 따라 보면서 허망하게 다른 원인을 짓는다. 총체적으로는 원인이 없는(無因) 것이며, 만약 원인이 없다면 과보도 없는 것이기 때문에 저 외도에겐 차례대로 상속하는 생겨남(次第相續生)은 없는 것이다.

대혜야, 만약 무無의 종성, 유有의 종성, 식識의 삼연三緣이 합쳐 생겨나는 것이라 설한다면, 거북이는 응당 털이 나야 하고 사막에서 기름이 나와야 한다. 그러면 너의 종지가 무너지면서 결정의決定義²⁴²를 어기게 된다. 유有의 종성과 무無의 종성이란 설에는 이러한 잘못이 있어서 하는 일(所作事業)이 모두 헛된 공무空無의 뜻이 된다.

大慧. 若復說無種有種識. 三緣合生者. 龜應生毛. 沙應出油. 汝宗則壞. 違決定義. 有種無種說. 有如是過. 所作事業. 悉空無義.

관기 여기서는 외도의 이런저런 계교를 해석하고 있다. 부처님의 뜻은 저 외도가 유식唯識에 대한 부처님의 설명을 듣고 문득 이런저런 계교를 할까 걱정한 것이다. 말하자면 내가 온蘊, 계界,

---

242 결정된 뜻(義)을 가리키는데, 『불설결정의경』에서는 5온蘊·5취온取蘊·18계界·12처處·12연생緣生·4성제聖諦·22근根·여래십력如來十力·4무소외無所畏·4선정禪定·4무색정無色定·4무량행無量行·4무애지無礙智·4삼마지상三摩地想·4념처念處·4정단正斷·4신족神足·5근根·5력力·7각지覺支·8정도正道를 결정의決定義라고 하였다. 이와 같은 등의 법법法을 결정정의라 이름한다.

처處가 유有의 종성과 무無의 종성과 식識의 삼연三緣이 화합해 생겨났다고 설한다면 어찌 원인이 없겠는가? 그러나 외도는 설사 식識을 설해도 필경에는 유有와 무無의 두 견해를 허망하게 계교하고 아울러 신아神我를 주主로 삼기 때문에 부처가 이를 들어 비유로 깨우치길 "만약 무無와 유有와 식識의 삼연三緣이 합쳐 생겨나는 것이라 설한다면, 거북이는 응당 털이 나야 하고 사막에서 기름이 나와야 한다"고 하신 것이다. 물론 이런 이치는 없다. 거북이에겐 본래 털이 없으니 이는 원인이 없는 것이고, 사막은 본질적으로 기름 있는 곳이 아니니 이는 과果가 없는 것이다. 만약 이렇게 설한다면 너의 종지는 무너져서 완연히 원인도 없고 결과도 없는(無因無果) 것이므로 몽땅 단멸을 이루어서 우리 대승에서 말하는 결정적 진실의 도리를 어긴다. 그래서 이를 배척하면서 "유有와 무無 두 견해에는 이러한 단멸의 허물이 있으니, 이미 그 근본이 없다면 하는 일은 모두 공무空無의 뜻이 된다"고 한 것이다. 당역에서는 "모두 헛되어서 이익이 없다"고 하였다. 그리고 하는 일(所作事業)은 외도의 고행이나 교법敎法 등의 일을 가리킨다. 공무의 공空은 왕枉과 같다. 저 삿된 견해의 수행에 의지依止하면 격심한 고통만 헛되이 받을 뿐 끝내 이익이 없다고 배척한 것이다.

대혜야, 저 외도들이 삼연三緣이 합쳐져 생겨난다고 설한 것은 지어진 방편(所作方便)이나 인과의 자상自相이고 과거, 미래, 현재의 유有의 종성과 무無의 종성의 상相이다. 그리하여 근본 이래로 사상事相의 계승을 이루어서 각상覺想의 지地가 전변轉變하니, 자기 견해의 잘못된 습기習氣가 이런 설명을 하게 된 것이다.

大慧. 彼諸外道說有三緣合生者. 所作方便. 因果自相. 過去未來現在
有種無種相. 從本已來成事相承. 覺想地轉. 自見過習氣. 作如是說.

관기 여기서는 앞서 말한 '하는 일(所作事業)'이 모두 부질없어 이익
이 없다는 뜻을 해석하고 있다. 방편方便은 위역에서는 '아함阿
含'이라 했고 당역에서는 '교리教理'라 했으니, 바로 외도의 교법教法이
다. 말하자면 저 외도가 삼연三緣을 허망하게 계교하여 원인 없음(無因)
을 생겨남의 원인(生因)으로 삼은 것이다. 일반적으로 '하는 일(所作事
業)'은 교법이나 인과의 자상自相이고 삼세의 온蘊, 계界, 처處가 생겨나
는 상相이니, 이들 사업事業은 모두 단멸의 희론戲論을 이루므로 헛되어
서 이익이 없다.

그리고 이 삿된 견해, 삿된 가르침, 삿된 인因, 삿된 과果가 대대로
전승하며 눈먼 자가 눈먼 자를 이끌고 있어서 그 유래가 오래되었기
때문에 "근본 이래로 사상事相의 계승을 이루어서"라고 한 것이다.
이루어짐(成)은 지음(作)이고, 계승(承)은 전습傳襲이다. 말하자면
저 외도가 하는 일(所作事業)은 이렇게 전습이 되어 가르침이 되었지만
참된 지견知見이 아니니, 이것이 바로 각상覺想의 지地가 전변하는
것이다. 각覺은 망견妄見이다. 아마 자기의 삿된 견해에서 비롯된
잘못된 훈습熏習을 말미암아 이런 설명을 하게 되었으니, 그래서 외도
의 하는 일(所作事業)이 다 헛되어 이익이 없는 것이다. 그러나 서역
외도의 본원本源은 맨 먼저 가비라迦毗羅로부터 나왔는데, 가비라
한역하면 황두黃頭로 인因 속에 과果가 있다고 계교한다. 두 번째는
구루승거漚樓僧佉인데 한역하면 휴후休睺라 하며 인 속에 과가 없다고

계교한다. 세 번째는 늑사바勒沙婆인데 한역하면 고행苦行이라 하며
인 속에 과가 있기도 하고 과가 없기도 하다고 계교한다. 이 외도들로부
터 전승되면서 부처님이 세상에 출현하실 때까지 여섯 명의 대사大師가
있기 때문에 "근본 이래로 사상事相의 계승을 이루어서"라고 말한
것이다.

이처럼 대혜야, 어리석은 범부는 악한 견해에 씹히고 삿된 곡조에
미혹해 취한 상태라서 지혜가 없는데도 허망하게 일체지一切智의 설이
라고 칭한다."

如是大慧. 愚癡凡夫惡見所嚙. 邪曲迷醉. 無智. 妄稱一切智說.

관기 여기서는 삿된 스승과 삿된 가르침은 이익이 없을 뿐만 아니라
도리어 해가 된다고 결론짓고 있다. 저 삿된 스승은 모두
어리석은 범부로서 올바른 지견知見이 없다. 그래서 삿된 견해에 침해
를 받고 삿된 곡조에 미혹해 취했으니, 우둔하고 혼미한 이 상태에선
능히 자각할 수가 없다. 서역의 외도는 스승 하나가 각자 세 가지
법을 얻으니, 첫째는 일체지법一切智法을 얻고, 둘째는 신통법神通法을
얻고, 셋째는 위타법韋陀法을 얻는다. 일체지법이란 각자 계교한 내용
에서 일종의 견해가 생기면 이해하는 마음이 밝고 예리해지는데,
장차 이 견해가 일체법에 통하기 때문에 이름하여 '일체지외도一切智外
道'라고 한다. 하지만 실제로는 지혜가 없이 허망하게 일체지의 설이라
칭하기 때문에 근본 이래로 사상事相의 계승을 이루는 것이다. 소위

눈먼 사람 하나가 많은 눈먼 사람을 이끄는 격이다. 서로 당기면서 불구덩이로 들어가므로 응당 아프게 훈계해야 했기 때문에 아래 경문에서 "올바른 수행자는 외도의 악한 견해와 의론議論을 가까이하지 말아야 한다"고 한 것이다.

앞서 총표장總標章에선 "망상에서 비롯한 삼유三有의 고통을 소멸하려면 무지無知와 애착(愛)과 업업의 연緣을 소멸해야 한다. 이것들은 스스로의 마음(自心)이 나타낸 환幻의 경계를 따라 본 것인데, 이제 마땅히 설하리라"라고 했는데, 이 이전부터 외도의 원인이 없다(無因)는 삿된 견해를 내리 타파한 것은 모두 망상에서 비롯한 삼유三有의 고인苦因으로 바로 무지와 애착과 업연業緣이다. 부처님이 수행자들을 훈계한 의도는 외도의 삿된 원인을 알고 삿된 견해에 떨어지지 않음으로서 온갖 법이 오직 마음이 나타낸 환幻 같은 경계란 걸 요달하여 자각성지自覺聖智를 현재 증득하도록 하기 위함이다. 그래서 앞으로는 여환법문如幻法門을 닦아 익히는 방법을 자세히 제시하여 수행자가 그 방법에 의지해 닦음으로써 삼유三有의 고인苦因을 소멸하고 이전의 二轉依의 과果를 얻도록 한 것이다. '다시 나머지 사문들(若復諸餘沙門)'이하부터 '스스로 실단을 응당 배워야 한다(自悉檀善應當學)'에 이르기까지 대략 350여 언글은 유심의 여환관문如幻觀門을 요달할 것을 총체적으로 제시한 것이다. 문장을 따라 해석하기가 어렵지만, 당역唐譯으로 구절을 좇아가며 대조하면 그 뜻이 절로 밝아질 것이다.

○이상 '(가) 여덟 구절은 삿된 원인을 올바로 가려낸 것이다.'
△'(나) (다음의 1장章은 특별히) 올바른 인(正因)을 제시함'이다.

"대혜야, 만약 다른 사문과 바라문들이

大慧. 若復諸餘沙門婆羅門.

관기 　여기서는 앞서 말한 안과 밖 두 종류의 외도를 가려내고 따로
두 종류의 올바른 수행자를 제시하고 있다. 그래서 "만약
다른 (사문과 바라문)들이(若復諸餘)"라는 말을 두었다.

(일체법을 보면) 자성을 여읜 것이 마치 뜬구름 같고 빙빙 도는 불
바퀴(火輪) 같고 건달바성乾闥婆城 같으며, (일체법이) 생겨남이 없는(無
生) 것이 마치 환幻과 같고 아지랑이 같고 물속의 달과 같고 나아가(及)
꿈과 같다. 이처럼 안과 밖의 마음으로 나타나는 것은 망상의 비롯
없는 허망한 거짓(虛僞)이지만 자심自心을 여의지는 않는다.

見離自性. 浮雲火輪乾闥婆城. 無生. 幻燄水月. 及夢. 內外心現. 妄
想無始虛僞. 不離自心.

관기 　여기서는 마음을 관觀하는 방법을 올바로 가르치고 있다.
당역은 이렇다.
"일체법을 관觀하니 모두 자성을 여읜 것이 마치 허공 속의 구름
같고, 빙빙 도는 불 바퀴 같고, 건달바성 같고, 환幻과 같고, 아지랑이
같고, 물속의 달과 같고, 꿈에서 본 것과 같다. 이는 자심自心을 여읜
것은 아니지만 비롯 없는 허망한 거짓의 소견所見을 말미암기 때문에

그걸 취하여 밖에 있다고 여긴다."

그러나 이 가운데 '생겨남이 없다(無生)' 두 글자가 더해졌는데, 그렇다면 일체법이 자성이 없는 것이 마치 뜬구름 등과 같다고 관하며, 일체법이 생겨남이 없는(無生) 것이 마치 환幻 등과 같으며, 일체법이 오직 마음이 나타낸 것으로 마치 꿈속의 일과 같다고 관한 것이다. '안과 밖의 마음(內外心)'에서 내심內心은 제8식 중 함장식含藏識의 비롯 없는 때부터 허망한 거짓인 습기習氣의 종자種子를 가리킨다. 이 내심이 육식六識을 훈습해 일으켜서 밖의 경계처럼 변하지만 실제로는 밖의 경계가 아니기 때문에 '안과 밖의 마음으로 나타난'이라고 말한 것이다. 망상의 비롯 없는 거짓 인연이 변한 것은 마치 꿈속의 일과 같지만 실제로는 자심自心을 여의지 않기 때문에 다시 '나아가(及)'란 글자로 앞의 비유와 구별한 것이니, 이는 수행자가 일체 경계는 꿈과 같아서 오직 마음이 나타낸 것일 뿐이라고 직관直觀하길 바란 것이다.

망상의 인연이 완전히 소멸하면 망상의 설說과 소설所說을 여의고(당역에서는 "이렇게 관觀하고 나선 분별의 연緣을 끊고 또한 망심으로 취한 명자名字와 뜻[義]을 여읜다"고 하였다) **관觀과 소관所觀으로 몸(身)의 장식藏識을 수용해 건립한다.**

妄想因緣滅盡. 離妄想說. 所說. (唐譯云. 作是觀已. 斷分別緣. 亦離妄心所取名義) 觀所觀受用建立身之藏識.

여기서는 관觀의 경계를 곧바로 제시하고 있다. 망상의 설說은 분별의 마음을 의미하고, 소설所說은 분별의 경계이다. 수용하여 건립하는 것은 바로 외부의 기계器界[243]이니 바로 육진六塵의 경계이다. 몸(身)은 곧 근신(根身: 육근의 몸)이다. 말하자면 이 근신의 기계器界가 바로 팔식에 의지해 변한 상분相分인데, 사람이 오직 마음으로만 나타낸 것으로 꿈속의 일과 같음을 요달치 못하고 도리어 집착하고 취함으로써 나(我)와 내가 수용受用한 경계가 된다. 그러다 이제 팔식의 자성自性이 청정하여 본래 있는 바(所有)가 없어서 세계와 몸과 마음은 오직 마음이 나타낸 것일 뿐이다. 이렇게 관觀할 때 일체 망상의 인연은 깡그리 완전히 소멸한다. 명자名字의 성품이 공空하면 근根, 진塵, 식識의 마음은 당장 녹아내리기 때문에 몽땅 '여읜다(離)'고 말한 것이다. 이것이 소위 심의식心意識을 여읜 채 참여하고 망상의 경계를 여읜 채 구하는 것이다. 그리고 관觀은 곧 능관能觀이고 장식藏識은 곧 소관所觀이기 때문에 "관觀과 소관所觀으로 몸의 장식藏識을 건립한다"고 한 것이다. 이는 의주석依主釋[244]이다. 논論에서는 "보살이

---

243 기세간(器世間, 산스크리트어 bhājana-loka, bhājana)을 말한다. 즉 유정이 거주하는 갖가지 세계世界를 말한다. 기세계器世界·기세器世 또는 기器라고도 한다.

244 육합석六合釋의 하나. 산스크리트의 합성어合成語를 해석할 때, 앞 단어가 뒤 단어를 제한하는 뜻으로 해석하는 방법. 예, rāja-putra(왕의 아들).
육합석은 산스크리트의 합성어를 해석하는 여섯 가지 방법. (1) 지업석持業釋: 앞 단어를 형용사 또는 부사로, 뒤 단어를 명사 또는 형용사로 해석하는 방법. (2) 의주석依主釋. (3) 유재석有財釋: 합성어 전체를 형용사로 해석하는 방법. (4) 상위석相違釋: 앞 뒤 단어를 병렬 관계로 해석하는 방법. 예, mātā-duhitṛ(어머니와 딸). (5) 인근석隣近釋: 넓은 뜻으로 해석하는 방법. 예를 들면 사념처(四念處, catvārismṛty-upasthānāni)의 본질은 혜慧이지만, 넓은 뜻으로 해석하여 혜와

최초로 발심發心할 때는 즉각 본식자성本識自性의 연기와 인과의 체體를 관한다"고 했는데, 만약 유식관唯識觀에 들어가고자 한다면 식識의 성품에 체體가 없는데 다시 무엇을 관觀하겠는가! 단지 뜻과 언어의 분별을 반연해서 경계로 삼을 뿐이니, 일체 경계는 단지 명자와 언어(名言)를 체體로 삼기 때문이다. 만약 뜻과 언어의 분별을 여읜다면 전방에 있는 것(所有)이 없으니, 이 때문에 아래 문장에선 본체를 곧바로 제시했다.

식識의 경계에서 섭수攝受하는데, (능취能取의 마음인) 섭수자攝受者는 (소취所取의 경계와) 상응相應하지 않는다.

於識境界攝受. (能取之心) 及攝受者. (所取之境) 不相應.

관기 여기서는 심체心體를 곧바로 가리키고 있다. 그러나 능能과 소所는 상응하지 않는다. 능취와 소취의 상相은 나(我)와 내 것(我所)을 말하는데, 두 상相이 서로 버티고 있기 때문에 상응하지 않는다. 말하자면 식識의 경계에서 능能과 소所가 모두 상응하지 않는 곳을 요달해서 문득 자심自心을 보는 걸 말한다. 이 때문에 고덕古德은 "능能과 소所를 잊으면 영상影像이 소멸한다"라고 했으니, 이것이 선禪의 한 가지 덕德이다. 조금이라도 뜻을 지으면(作意) 문득 상응하지 않기 때문이다.

가까운 염念이라고 하는 경우. (6) 대수석帶數釋: 앞 단어가 수량이나 순서를 나타내는 것. 예, tri-dhātu(三界), pañca-indriya(五根).

소유所有의 경계가 없고 생겨남과 머묾과 멸함(生住滅)을 여의면(경계
가 텅 비고 마음이 적멸해서) 스스로의 마음이 일어나 분별을 따라 들어간
다."(당역에서는 "능취能取와 소취所取 그리고 생겨남과 머묾과 멸함〔生住滅〕
이 없으니, 이렇게 사유하면서 항상 머물며 버리지 않는다"고 했으며, 위역에서
는 "이렇게 사유해서 스스로의 마음을 생겨난다고〔生〕관찰하기 때문이다"라고
하였다)

無所有境界. 離生住滅. (境空心寂) 自心起隨入分別. (唐譯云. 無能所
取. 及生住滅. 如是思惟. 恒住不捨. 魏譯云. 如是思惟. 觀察自心以爲生故)

그러나 '마음과 경계가 이미 공空했어도 다시 일어나 분별을
따라 들어가는' 것, 그리고 '항상 머문다(恒住)'고 한 것과 '생겨
난다(生)'고 한 것은 바로 소위 "응당 머무는 바 없이 그 마음을 낳는다(應
無所住而生其心)"를 말한 것이다.

○이상 마음을 관觀해 성취함을 제시하였다.
△앞으로는 성취를 관觀해 과果를 얻음을 제시한다.

"대혜야, 저 보살은 오래지 않아 생사와 열반의 평등, 대비大悲의
교묘한 방편, 개발開發 없는 방편을 마땅히 얻을 것이다. 대혜야,
저 보살은 일체중생계가 모두 환幻 같다고 여겨서 인연에 힘쓰지
않고 안팎의 경계를 멀리 여읜다. 마음 밖에 보는 바(所見)가 없어서
차례대로 모습 없는 곳(無相處)에 따라 들어가고, 차례대로 지地에서

지지地로 따라 들어가서 삼매의 경계에 머문다.

大慧. 彼菩薩不久當得生死涅槃平等. 大悲巧方便. 無開發方便. 大
慧. 彼於一切衆生界. 皆悉如幻. 不勤因緣. 遠離內外境界. 心外無所
見. 次第隨入無相處. 次第隨入從地至地三昧境界.

관기 여기서부터 '여래의 몸을 얻는다'까지는 관觀의 성취로 이전의
二轉依의 과상과相을 얻는 걸 통틀어 제시하고 있다. 이과二果
란 물듦을 전변하여 청정하게 하므로 생사가 곧 열반이고, 미혹을
전변하여 깨닫게 하므로 번뇌가 곧 보리인 걸 말한다. 올바로 수행하는
보살이 만약 유심관唯心觀을 성취하여 오래지 않아 물듦과 청정의
평등을 얻게 되면 대비大悲 방편의 무공용행無功用行으로 온갖 중생을
제도하는데, 중생을 환幻과 같이 보므로 제도해도 제도했다는 상相이
없다. 그래서 연緣으로부터 생기함이 없기 때문에 '인연에 힘쓰지
않고'라고 말한 것이고, 마음과 경계가 일여一如이기 때문에 '안팎의
경계를 멀리 여읜다'고 한 것이다. 오직 하나의 진심眞心일 뿐 이
마음을 제외하곤 한 조각의 일(事)도 얻을 수 없고, 지혜와 진여眞如가
평등하고 평등해서 모두 능취能取와 소취所取의 상相을 여의었기 때문
에 '마음 밖에 보는 것(所見)이 없다'고 말한 것이다. 이 관觀이 순수하고
청정하면 무분별지無分別智를 얻어 최초로 초지初地에 오른다. 그리고
점차 더욱 밝아지면 2지地, 3지, 나아가 8지에 이르기 때문에 '차례대로
모습 없는 곳(無相處)에 들어가서 점점 여러 지지로 올라가 삼매의
경계에 머문다'고 말한 것이다.

삼계가 환幻과 같음을 이해하면 분별하고 관찰해도 반드시 여환如幻삼
매를 얻게 되고, 그렇게 되면 스스로의 마음을 제도해 무소유無所有를
나타내 반야바라밀에 머물게 된다.

解三界如幻. 分別觀察. 當得如幻三昧. 度自心現無所有. 得住般若
波羅蜜.

관기　여기서는 팔지[245]부터 십지[246]까지로 참(眞)에서 나와 거짓(假)
으로 들어가는 것이다. 말하자면 팔지의 무공용행無功用行으
로 구생아집俱生我執[247]을 끊어버리고 나(我)가 공空한 이치를 증득하기
때문에 '스스로의 마음이 무소유無所有를 나타낸다'라고 말한 것이다.
그런데도 오히려 아공我空에 떨어지고 법공法空에 미혹해서 능히 공空

---

245 십지 중 부동지不動地를 말한다.

246 『화엄경』이나 『능가경』에서 보살이 수행 과정에서 거치는 열 가지 단계.
(1) 환희지歡喜地: 선근과 공덕을 원만히 쌓아 비로소 성자의 경지에 이르러
기쁨에 넘침. (2) 이구지離垢地: 계율을 잘 지켜 마음의 때를 벗음. (3) 발광지發光
地: 점점 지혜의 광명이 나타남. (4) 염혜지焰慧地: 지혜의 광명이 번뇌를 태움.
(5) 난승지難勝地: 끊기 어려운 미세한 번뇌를 소멸시킴. (6) 현전지現前地: 연기緣
起에 대한 지혜가 바로 눈앞에 나타남. (7) 원행지遠行地: 미혹한 세계에서
멀리 떠남. (8) 부동지不動地: 모든 것에 집착하지 않는 지혜가 끊임없이 일어나
결코 번뇌에 동요하지 않음. (9) 선혜지善慧地: 걸림 없는 지혜로써 두루 가르침을
설함. (10) 법운지法雲地: 지혜의 구름이 널리 진리의 비를 내림. 구름이 비를
내리듯, 부처의 가르침을 널리 중생들에게 설함.

247 선천적으로 타고난 자아에 대한 집착. 이에 반해, 후천적으로 습득한 그릇된
지식에 의해 일어나는 자아에 대한 집착은 분별아집分別我執이라 한다.

을 공空할 수 없기 때문에 제도할 수가 없으니, 이 때문에 화엄종에서는 삼가칠권三加七勸을 마련해서 끌어낸 것이다. 그렇다면 여환관如幻觀으로 삼계가 환幻 같아서 실답지 않다고 관찰하고 여환대비如幻大悲로 환幻 같은 중생을 제도하기 때문에 '여환삼매如幻三昧를 얻게 되었다'고 말한 것이다. 그러므로 구지九地[248]에 능히 법을 설해 중생을 제도하고 십지十地에 능히 몸을 나눠 시방의 모든 부처를 계승해 섬기기 때문에 '스스로의 마음을 제도해 무소유無所有이면 걸림 없는 반야바라밀에 머물게 되어 구생법집俱生法執을 끊는다'고 한 것이다. 만약 '제도해 있는 바가 없다(度無所有)'라고 할 수 없다면, 종문宗門에서는 그걸 일러 법신法身의 추락이라 한다. 소위 백척百尺 대나무 찰간刹竿 끝에 앉은 사람은 대단하긴 하나 아직 참(眞)에 들어가진 못했고, 백척 대나무 찰간 끝에서 거듭 한 걸음 나가야 대천세계大千世界[249]가 전신全身을 드러내기 때문에 "스스로의 마음을 제도해 무소유無所有를 나타내면 반야바라밀에 머물게 된다"고 한 것이다.

저 생겨남(生)을 여의어 버리고 방편方便을 지어 금강유삼마제(金剛喩三摩提: 금강유정)[250]에 들면, 여래의 몸을 따라 들어가고 여여如如한

---

248 십지 중 선혜지善慧地를 말한다.

249 삼천대천세계를 말한다. 고대 인도의 세계관에서, 수미산須彌山을 중심으로 구산팔해九山八海와 사주四洲와 일월日月 등을 합하여 1세계世界라 하고, 1세계의 천 배를 소천세계小千世界, 소천세계의 천 배를 중천세계中千世界, 중천세계의 천 배를 대천세계大千世界라고 한다. 삼천三千은 소천小千·중천中千·대천大千을 가리킨다. 따라서 삼천대천세계라는 말은 하나의 대천세계를 뜻한다.

250 '금강'의 견고하고 예리한 성질에 비유하여 모든 번뇌를 끊을 수 있는 법을

화신化身을 따라 들어가서 신통이 자재自在하고 자비와 방편으로 장엄莊嚴을 충분히 갖추어서 일체의 불찰佛刹[251]과 외도가 들어간 곳에 평등하게 들어간다.

捨離彼生. 所作方便. 金剛喩三摩提. 隨入如來身. 隨入如如化. 神通自在. 慈悲方便. 具足莊嚴. 等入一切佛刹外道入處.

관기

여기서는 등각等覺[252] 보살이 금강유정金剛喩定에 들어가 최초 생상生相[253]의 무명無明을 단박에 끊고 단박에 묘각妙覺[254]에 들어간다. '저 생겨남(彼生)'은 바로 생상生相의 무명無明이기 때문에 『기신론』에서도 "보살의 지地가 다하고 방편을 만족하면 일념一念이 상응하고 각심覺心이 처음으로 일어나지만 마음에는 최초라는 상相이 없으니, 미세념微細念을 멀리 여의기 때문이다. 마음의 성품을 보게

가진 선정. 금강삼매金剛三昧·금강심金剛心·금강정金剛定이라고도 한다. 소승불교에서는 이것을 아라한향阿羅漢向의 최후에 이르는 상태라 하며, 대승불교에서는 등각위等覺位에 다다르는 선정이라고 한다.

251 절. 또는 불국佛國·불토佛土·범찰梵刹·사찰寺刹. 곧 부처님이 계시는 국토.

252 보살의 수행 계위에서 최후의 단계인 구경각究竟覺 직전의 단계를 말한다. 여기서의 '등等'은 지극히 비슷하다 또는 거의 같다는 뜻으로, 구경각 즉 묘각과는 1등급의 차이가 있지만 그 깨달음(覺)이 온갖 공덕이 원만한 부처의 깨달음(覺)과 지극히 비슷하거나 또는 거의 같다는 뜻에서 등각이라고 한다.

253 사상四相의 하나. 여러 인연이 모여 생기는 모습. 나머지 셋은 주상(住相: 머무는 모습)과 이상(異相: 변해 가는 모습)과 멸상(滅相: 인연이 흩어져 소멸하는 모습)이다.

254 모든 번뇌를 끊고 지혜를 원만히 갖춘 부처의 경지. 보살 수행 최후의 자리인 구경각究竟覺이다.

되면 마음이 즉각 상주常住하는 것을 이름하여 구경각究竟覺이라 한다"
고 했으니, 이 때문에 "여래의 몸을 따라 들어간다"고 한 것이다.
여기서 '따라(隨)'는 즉卽이다. 『기신론』에서는 "이 같은 큰 방편지方便
智[255]로 무명無明을 제거해 없애면 본래의 법신을 보아서 즉시 진여眞如
와 더불어 일체 모든 곳에 평등하게 두루한다"고 했으니, 이 때문에
"여래의 몸을 따라 들어가고, 여여如如한 화신을 따라 들어간다"라고
한 것이다.

또 『기신론』에서 "자연히 부사의不思議[256]한 업의 갖가지 작용이
있다"고 했기 때문에 "신통이 자재自在하고 자비와 방편으로 장엄莊嚴
을 충분히 갖추어서"라고 하였다. 그러므로 관음대사(觀音大士: 관음보
살)는 여환문훈문수如幻聞熏聞修의 금강삼매金剛三昧[257]를 일념에 성취
하여 홀연히 세간과 출세간을 초월해서 위로는 시방의 모든 부처와
동일한 자애의 힘(慈力)과 아래로는 육도六道의 중생과 함께하는 연민
의 추앙(悲仰)을 즉시 얻기 때문에 "일체의 불찰佛刹과 외도가 들어간
곳에 평등히 들어간다"라고 한 것이다.

마음, 뜻(意), 의식意識을 여의면, 이 보살은 점차 몸을 전변轉變하여
여래의 몸을 얻는다.

離心意意識. 是菩薩漸次轉身. 得如來身.

---

255 중생의 소질에 따라 일시적인 수단과 방법으로 교화하는 지혜.
256 불보살의 해탈, 지혜, 신통력은 생각으로 헤아릴 수 없다는 말이다.
257 앞서 나온 금강유정金剛喩定과 같다.

관기 여기서는 관행觀行을 매듭짓고 있다. 말하자면 올바로 수행하는 보살이 오직 마음과 식뿐인 관(唯心識觀)을 지으면 마음(心), 뜻(意), 의식意識의 경계를 여의는데, 이것이 바로 보살이 점차 생사生死의 몸을 전변해서 여래의 근본 법신인 이전의과二轉依果의 방편을 증득하는 것이다. 그래서 "여환삼마제(如幻三摩提: 여환삼매)에 들면 손가락 튕기는 사이에 무학無學[258]을 초월하니, 시방十方의 바가범婆伽梵[259]이 한 길로 가는 열반문涅槃門이네"라고 한 것이다. 그러나 이 단박에 증득하는(頓證) 법문이 유식唯識을 직관해서 스스로의 마음을 단박에 깨닫는 것인데도 다시 '점차'라 한 것은 소위 이理는 모름지기 단박에 깨달아서 그 깨달음을 타고 아울러 소멸하지만(倂消) 사事는 점차 없애서 차례대로 소진消盡하는 것이기 때문이다. 위산潙山[260] 스님은 "만약 사람이 일념으로 스스로의 마음을 단박에 깨달으면 오히려 비롯 없이(無始) 쌓아온 생생의 현업現業의 유식流識이 점차 정화되기 때문에 점수漸修라고 말한다"고 하였다. '유식流識'이란 말은 바로 유주생멸流注生滅이니 바로 두 가지 장애의 구생습기俱生習氣의 종자이

---

258 산스크리트어 aśaikṣa. 모든 번뇌를 끊어 더 닦을 것이 없는 아라한阿羅漢, 또는 그 경지.

259 박가범薄伽梵·박아범薄阿梵·바가범婆伽梵이라고도 한다. 모든 부처 또는 여래에게 통용되는 호칭이다. 자재自在·치성熾盛·단엄端嚴·명칭名稱·길상名稱·존귀尊貴의 여섯 가지 뜻이 있을 뿐만 아니라, 정의正義·이욕離欲·해탈解脫 등의 뜻도 있다.

260 771~853년. 백장百丈 회해懷海의 법을 이어 중국 선종 5가家의 하나인 위앙종潙仰宗의 개조가 되었다. 『위산영우어록』 등에 그의 전기와 행장이 기록되어 있다. 이름 영우靈祐. 시호 대원선사大圓禪師.

다. 그러므로 이 '마음, 뜻, 의식을 여의는' 것이 바로 스스로의 마음을 단박에 깨닫는 것이다. '점차 여래의 몸을 얻는' 것은 바로 현업現業의 유식流識을 정화하는 것이다. 앞서 '망상의 설說과 소설所說 및 생멸 등을 여읜다'는 말은 바로 마음, 뜻, 의식의 경계를 여의는 것이다. '지地에서 지地로'에서 '저 생겨남(生)을 여의어 버리고' 등에 이르기까지는 바로 점수漸修이다. 이것 말고는 따로 수행이 있지 않기 때문에 종문宗門에서 사람을 가르칠 때는 단지 마음, 뜻, 의식의 끼어듦을 여의어야 하고 망상의 경계를 구하는 걸 여의어야 한다고 한 것이다.

대혜야, 그러므로 여래의 따라 들어가는 몸(如來隨入身)을 얻고자 한다면, 반드시 음陰, 계界, 입入을 여의어야 하고(이는 망상의 경계를 여의는 것이다), 마음의 인연이 지은 방편 및 생겨나고 머물고 소멸한다는 망상의 허망과 거짓을 여의어야 한다.(이는 마음, 뜻, 의식을 여의는 것이다) 그리하여 오직 마음만(唯心)이 곧바로 나아가 비롯 없는(無始) 허망과 거짓의 허물(이는 비롯 없는 근본무명을 가리킨다)과 망상의 습기 인자(因)(인因은 팔식 중 두 가지 장애의 종자를 가리킨다)를 관찰해서 삼유三有의 무소유無所有를 사유하면(삼계가 본래 공空하다고 관觀하는 것이다), 부처 경지는 무생無生이라 성스러운 경지(聖趣)를 자각하는 데 이르러서(무생을 직관해야 자각성지自覺聖智에 도달할 수 있다) 스스로의 마음이 자재自在하여 개발 없는 행(無開發行)에 도달한다.

大慧. 是故欲得如來隨入身者. 當遠離陰界入. (此牒離妄想境界) 心因緣所作方便. 生住滅妄想虛僞. (此牒離心意識) 唯心直進. 觀察無

始虛僞過. (此指無始根本無明) 妄想習氣因. (因指八識中二障種子) 三
有思惟無所有. (觀三界本空) 佛地無生. 到自覺聖趣. (直觀無生可到自
覺聖智) 自心自在. 到無開發行.

여기서는 앞의 문장을 총체적으로 결론짓고 있다. 유심唯心의
방편을 곧바로 가리켜서 능취能取와 소취所取의 집착을 여의
면 마음이 자재하다. '개발開發 없는 방편'은 당역에서는 '무공용행無功
用行'으로 바로 무사지(無師智: 스승에게 배우지 않은 지혜), 자연지(自然
智: 절로 그러한 지혜)이다. 경전에서 "기이하도다! 일체중생이 여래의
지혜와 덕상德相을 갖추었구나. 다만 망상의 집착으로 증득하지 못할
뿐이다"라고 했는데, 만약 망상의 집착을 여의면 무사지와 자연지가
당장에 현전現前하기 때문에 모두 '도달한다'라고 하였다.

마치 온갖 색깔을 따르는 마니주처럼 중생의 미세한 마음을 따라
들어간다. 그리하여 화신化身으로 마음의 양量과 정도(度)에 따라(이
마니주는 앞서 "여래의 몸을 따라 들어간다" 등을 비유한 것이다) 여러 지地를
점차 상속하여 건립한다.(이는 중생을 제도하는 의궤〔儀軌: 의식과 궤범〕를
가르친 것이다) 그러므로 대혜야, 스스로 실단悉檀의 훌륭함을 반드시
닦고 배워야 한다."

如隨衆色摩尼. 隨入衆生微細之心. 而以化身隨心量度. (此摩尼喩牒
上隨入如來身等) 諸地漸次. 相續建立. (此敎之以度生儀軌) 是故大慧.
自悉檀善. 應當修學.

관기 여기서는 관觀의 이익을 서술해서 닦아 지닐(修持) 것을 간절히 권하고 있다. 말하자면 올바로 수행하는 보살이 여래의 법신을 속히 얻어서 자각성지自覺聖智의 경지를 증득하고자 하면, 응당 일심一心이 본래 청정하고 본래 스스로 무생無生이라서 일심 외에는 한 조각의 일(事)도 얻을 수 없음을 직관해야 한다. 이와 같이 관觀할 때 점점 순수해지고 성숙하면 일념에 단박 증득하고, 밖으로부터 얻지 않으면 스스로에게도 이롭고 타인에게도 이롭다(自利利他). 공功이 여기서 갖춰지기 때문에 먼저 유심관문唯心觀門을 가르치고, 이제 다시 총체적으로 간곡하게 훈계하면서 닦아 지닐(修持) 것을 간절히 권하니, 말하자면 나의 이 법시法施[261]가 가장 훌륭하므로 응당 닦고 배워야 한다는 것이다.

『능가경』이 부처의 어심語心을 종지로 삼은 것은 소위 여래장의 자성청정심自性淸淨心을 말하는 것이다. 일체중생이 본래 이 마음을 갖추고 있지만, 그러나 지금 이 마음을 미혹해 염연(染緣: 물듦의 인연)을 따르면 번뇌와 생사와 삼유三有의 상相이 이로부터 생겨나고, 만약 이 마음을 깨달아서 정연(淨緣: 정화의 인연)을 따르면 보리와 열반의 이전의과二轉依果가 이 마음을 의지해 건립된다. 그렇다면 번뇌와 보리, 생사와 열반은 모두 미혹과 깨달음, 물듦과 청정에 의거한 전변轉變의 상相일 뿐이니, 그래서 모두가 광로狂勞로 전도顚倒된 허공 꽃의 모습(華相)이다. 그러나 여래장 속엔 본래 이런 일이 없기 때문에 "가고 옴, 미혹과 깨달음, 생과 사를 찾아봐도 끝내 얻을 수 없다"고

---

261 남에게 부처의 가르침을 베풂.

한 것이다. 그러나 우리가 본래 없음(本無)을 능히 요달해서 일용日用의 현전現前 경계를 끝내 얻을 수 없다면 자각성지自覺聖智에 도달했다고 할 수 있으니, 이것이 부처와 조사로부터 전해진 심인心印으로 그 비밀스럽게 이루어지는 자득自得의 공부가 이 장章에 갖춰져 실려 있다. 그 공부의 요체는 또한 마음, 뜻, 의식의 망상 경계란 한마디를 여의는 데 있을 뿐이기 때문에 세존께서는 반복해서 간곡하게 이렇게 훈계한 것이다. 배우는 자가 이를 알면 본래 있다(本有)고 해도 허물될 것이 없어서 부처의 은혜를 저버리지 않는다. 이상 '올바른 원인(正因)을 특별히 제시함'을 마친다.

○이상 '1) 유식을 대략 밝힘으로써 삿된 원인과 올바른 원인을 구별하는 밝힘'을 마쳤다.

앞으로는 '2) 팔식을 자세히 밝힘으로써 식지識智의 상相을 제시함'이다.

관능가아발다라보경기觀楞伽阿跋多羅寶經記 권제1

관능가아발다라보경기

觀楞伽阿跋多羅寶經記

일체불어심품一切佛語心品 제1의 하下

2) 팔식을 자세히 밝힘으로써 식지識智의 상상相을 제시함은 두 가지로 나
  눈다.

  가. 팔식의 상상相을 밝힘

이때 대혜보살이 다시 부처님께 여쭈었다.

"세존께서 설하신 마음, 뜻, 의식(心意識)의 오법五法과 자성의 상相
(당역에서는 "부디 저를 위해 오법五法과 자성의 상相과 온갖 묘한 법문을
설해 주소서"라고 하였다)은 일체의 부처와 보살들의 소행所行과 자심自
心의 견해 등 소연所緣의 경계와 화합치 않고 일체의 설說을 드러내
보이면서(위역에서는 "모든 부처와 보살이 수행한 곳이 자기 마음의 삿된
견해와 경계의 화합을 멀리 여의기 때문이며, 일체의 언어와 비유의 체상體相을
능히 타파할 수 있기 때문입니다"라고 하였으며, 당역에서는 "이는 일체의
부처와 보살들이 자심自心의 경계에 들어가 행한 바 상相을 여읜 것입니다"라고
하였다) 진실의 상相인 일체 부처님의 어심語心을 이룹니다.(당역에서는

"진실의 뜻〔義〕을 칭송하신 모든 부처님의 가르치는 마음입니다"라고 하였다)
능가국楞伽國 마라야산摩羅耶山과 바다에 머물고 계신 대보살들을
위해 여래께서 찬탄하신 바다 물결의 장식藏識 경계와 법신法身을
설해 주소서."(위역에서는 "아려야식阿黎耶識의 대해大海와 물결의 경계를
관찰하는 걸 설해 주시고, 법신 여래가 설한 법을 설해 주소서"라고 하였다.
당역에서는 "오직 바라노니, 이 산속의 모든 보살 대중을 위하여 과거의 모든
부처를 수순隨順하여 장식藏識의 바다와 물결, 그리고 법신의 경계를 설해
주소서"라고 하였다)

爾時大慧菩薩復白佛言. 世尊所說心意意識五法自性相. (唐譯云. 惟願
爲我說五法自性相衆妙法門) 一切諸佛菩薩所行. 自心見等所緣境界.
不和合. 顯示一切說. (魏譯云. 諸佛菩薩修行之處. 遠離自心邪見境和合
故. 能破一切言語譬喩體相故. 唐譯云. 此是一切諸佛菩薩入自心境. 離所行
相) 成眞實相一切佛語心. (唐譯云. 稱眞實義諸佛教心) 爲楞伽國摩羅
耶山海中住處諸大菩薩. 說如來所歎海浪藏識境界法身. (魏譯云. 說
觀察阿黎耶識大海波境界. 說法身如來所說法故. 唐譯云. 唯願爲此山中諸
菩薩衆. 隨順過去諸佛說藏識海浪法身境界)

관기 이 질문은 일심의 전변轉變을 밝히고 있는데, 식識에는 여덟
가지 상相이 있는 것을 해석해 자세히 설하고 있다.

문: 대혜는 앞에서 '온갖 식識에는 몇 가지 생겨남과 머묾과 멸함이
있습니까?' 하고 여쭈었고 세존께서는 모두 답하셨다. 또 유심식관唯心
識觀을 곧바로 제시함으로써 범속함을 전변해 성스러움을 이루는 공功

을 이미 마쳤다. 그런데 대혜가 여기서 다시 마음, 뜻, 의식의 오법五法과 삼자성三自性의 해석을 청한 건 무엇 때문인가?

답: 이 『능가경』은 적멸寂滅의 일심을 곧바로 가리키고 있다. 그러나 이 일심은 본래 미혹이나 깨달음이 없고 범속함이나 성스러움에도 속하지 않기 때문에 "오법과 삼자성이 모두 공空하고 팔식과 이무아二無我도 모두 내버려서 미혹과 깨달음의 분수를 따르기 때문에 참(眞)과 거짓(妄)의 구별이 있다"고 하였다. 이제 전변의 상相에 이르러서도 역시 이 네 가지 법을 벗어나지 않기 때문에 대혜는 우선 108구句로 질문을 한 것이다. 세존께서 '일체가 다 아니다'라고 말씀하신 것은 진여문眞如門에선 따지고 파고드는 걸 용납하지 않기 때문이다. 그리고 대혜가 그에 따라 '온갖 식識에는 몇 가지 생겨남과 머묾과 멸함이 있습니까?' 하고 질문한 것은 생멸문生滅門에서 언설言說을 용납한 것일 뿐이다. 앞서 세존께서 비록 유심식관唯心識觀을 제시해서 수증修證의 문門을 대략 밝혔다 해도 대혜는 일심 전변轉變의 묘妙함까지는 도달하지 않았고, 또 온갖 식識이 어찌하여 생기는지는 알지 못했기 때문에 여기서 오법과 삼자성의 온갖 묘함의 법문을 청한 것이다. 그 의도는 생멸에 즉해서 진여를 단박에 증득하는 걸 드러내려는 것이니, 그래서 당역에서는 "오직 바라노니, 장식藏識의 바다와 물결, 그리고 법신의 경계를 설해 주소서"라고 말한 것이다. 그러나 마음, 뜻, 의식은 바로 앞에서 세 종류의 식識이 있다고 간략히 설했고, 지금은 여덟 가지 상相이 있다고 자세히 설하고 있다. 오법五法이란 명칭(名), 상相, 망상妄想, 정지正智, 여여如如를 말하고, 삼자성三自性이란 망상, 연기緣起, 성취(成)를 말하며, 이무아二無我란 바로 인무아

와 법무아이다. 이제 '전변轉變의 묘함'이라 말한 것은 진실로 일심의 진여를 말미암아 명칭(名)을 여의고 상(相)을 여의는 것이니, 그렇다면 참 지혜(眞智)가 홀로 비추어 본래 스스로 원만히 성취되어 있어서 사람과 법을 쌍雙으로 잊고 성스러움과 범속함을 함께 끊는다.

대체로 일심을 미혹해 팔식이 되기 때문에 진여가 연緣을 따르면서 명상名相의 경계로 변하고, 정지正智는 대대待對가 있어 망상의 마음으로 뒤집힌다. 그리하면 마음과 경계가 대립하고 연기가 상생相生하여 사람과 법이 쌍으로 드러나고 범속함과 성스러움이 현격히 떨어져 있다. 그러다 일심을 깨달아 장성藏性이 되면, 팔식을 전변하여 사지四智를 이루고 명상名相이 곧 여여如如라서 연기에 성품이 없고 본래 스스로 원만히 이루어져 있어 사람과 법이 함께 공空하고 성스러움과 범속함이 일제히 소멸한다. 이는 생멸에 즉해 진상眞常을 증득하기 때문에 '장식藏識의 바다와 물결, 그리고 법신의 경계'라 말한 것이니, 이것이 진실상眞實相을 이루는 모든 부처의 어심語心인 까닭이며, 이것이 바로 자각성지自覺聖智가 반연된 바의 경계이다. 마음 스스로의 성품과 모습을 여의기 때문에 법신의 경계이니, 이 때문에 위역에서는 "법신인 여래가 설한 법을 설했기 때문"이라 말한 것이다. 그러면서도 전변轉變의 특수함은 단지 생生과 무생無生에 있으니, 만약 생이 본래 무생임을 요달하면 본래 갖춰진 법신이 저절로 나타난다. 그래서 앞으로 세존께서는 곧장 식識이 생겨난 이유를 드신 것 같으니, 전체 경전의 종지가 대체로 이를 벗어나지 않는다. 만약 한 마디 한 마디 전전展轉해 어려움을 끊게 된다면 외도의 견해를 타파하게 되는 것이니, 외도는 자기 마음의 현량現量을 요달치 못하기 때문에 망령되게

멋대로 계교하는 것이다. 그래서 "경계가 오직 마음뿐임을 요달치
못하면 갖가지 분별을 일으키지만, 경계가 오직 마음뿐임을 요달하고
나면 분별이 곧 생겨나지 않음(不生)"이라 한 것이다. 진실로 무성無性
이 연생緣生이고 연생이 무성임을 회통하면 무생無生의 종지가 마음의
눈(心目)에 환히 밝아지니 일체의 언설은 다 군더더기인 것이다. 지혜
로운 자는 깊이 살피길 청하노라.

이때 세존께서 대혜보살에게 고하셨다.
"네 가지 인연 때문에 안식眼識이 전변한다. 무엇이 네 가지인가?
소위 자기 마음의 나타남이지만 섭수攝受하면서도 자각하지 못하는
것, 비롯 없는(無始) 허위와 거짓된 색色의 습기習氣를 계교해 집착하는
것, 식識의 본성이 그러한 것, 갖가지 색상色相을 보고자 하는 것이다.
대혜야, 이것을 이름하여 네 가지 인연이라 하니, 물 흐르는 곳의
장식藏識으로서 식識의 전변으로 물결이 생기는 것이다.

爾時世尊告大慧菩薩言. 四因緣故. 眼識轉. 何等爲四. 謂自心現攝
受不覺. 無始虛僞過色習氣計著. 識性自性. 欲見種種色相. 大慧.
是名四種因緣. 水流處藏識. 轉識浪生.

관기 여기서는 칠식이 생기한 이유를 말하면서 연생緣生이 무성無
性인 뜻을 올바로 드러내고 있다. '네 가지 인연'에 대해 당역에
서 "소위 자기 마음의 나타남인 걸 자각하지 못하고 집착해 취하기
때문이며, 비롯 없는(無始) 때(時) 이래로 색色의 허망한 습기를 집착해

취했기 때문이며, 식識의 본성이 이러하기(如是) 때문이며, 갖가지 온갖 색상色相을 즐겨 보기 때문이다'라고 한 것이 이 네 가지 인연이다. 진실로 마음은 본래 무생無生이지만 경계로 인해 있는 것은 이 네 가지 인연을 말미암기 때문에 본래 생겨나지 않는데도 생겨나는 것이다. 경계는 마음을 끌어당기는 업의 작용이 있으니, 오직 마음이 나타난 것일 뿐임을 요달하지 못하고 허망하게 집착해 취하는 마음을 낳기 때문에 자각하지 못하는 마음이 생겨나 과거 비롯 없는 때 이래로 저마다 자류(自類: 자신과 동일한 종류)의 종자가 있는 것이다. 이제 마음과 경계가 서로 접하면 습기가 안에서 훈습해 허망하게 분별을 낳기 때문에 본래 생겨나지 않는데도 생겨나는 것이다. 마음은 경계를 요달하는 공능功能이 있어서 경계와 연緣이 하나가 되면 법이法爾[262]의 마음이 생겨나 아뢰야阿賴耶를 애착하고 아뢰야를 즐기면서 주재主宰를 하여 쉽사리 온갖 티끌 경계를 즐겨 보기 때문에 자연自然의 마음이 생겨난다. 이상이 칠식이 스스로의 경계를 인해 생기生起한 상相을 통틀어 말한 것이다. 대체로 하나를 들어 나머지를 예시했기 때문에 단지 눈과 빛깔을 반연해서 안식眼識이 생긴다고 말한 것이다. 실제로는 무명無明이 인因이 되고 경계가 연緣이 되어 팔식이 번갈아 서로 의지하기 때문에 맺는말에서 "물이 흐르는 곳의 장식藏識으로서 식識의 전변으로 물결이 생긴다"고 한 것이며, 이 때문에 다음 문장에서 '가령 안식眼識 등'이라 말한 것이다.

---

262 '저절로 그러함'을 뜻하는 불교 용어. 자이自爾·법연法然·천연天然·자연自然과 같다. 다른 조작을 빌리지 않고 그 법이 저절로 그렇게 되어 있는 것. 있는 그대로의 상태·모습·이치.

문: 유식에서는 "안식眼識은 아홉 가지 연緣[263]에서 생기고, 이식耳識은 오직 여덟 가지 연緣으로부터 생기고[264], 비식鼻識, 설식舌識, 신식身識의 세 가지 식識은 일곱 가지 연緣으로부터 생기고[265], 뒤의 육식, 칠식, 팔식 세 가지 식識 중에서 육식은 다섯 가지 연緣이 필요하고[266], 칠식은 세 가지 연緣이 필요하고[267], 팔식은 네 가지 연緣이 필요하다[268]"라고 하는데, 어찌하여 여기서는 전칠전식前七轉識이 몽땅 네 가지 연緣을 갖추었다고 말하는 것인가?

답: 유식에서는 단지 팔식이 연緣의 많고 적음을 갖추었다고 말한

---

263 (1) 공연空緣: 공간 혹은 거리. (2) 명연明緣: 빛, 밝기. (3) 근연根緣: 깨끗한 눈, (4) 경연境緣: 면전의 경계. 눈의 경계는 형색形色이고, 귀의 경계는 소리이다. (5) 작의경作意境: 모든 마음에 상응하여 일어나며, 마음으로 하여금 반연된 경계로 향하게 하는 작용을 갖추고 있다. (6) 분별의연分別依緣: 제6식을 말하며, 제6식의 능분별能分別을 말한다. (7) 염정의연染淨依緣: 제7식을 말하며, 물듦(染)과 청정(淨)의 관계는 전오식前五識에 영향을 준다. (8) 근본의연根本依緣: 제8식을 말하며, 모든 식識은 이 제8식을 근본으로 삼는다. (9) 종자의연種子依緣: 각 식識이 스스로 종자를 의지하는 것이며, 종자가 전변轉變하면 전오식前五識은 모두 그 영향을 받는다.

264 안식의 아홉 가지 연緣 중에서 소리를 듣는 데는 명연明緣이 필요 없으므로 이를 제외하면 여덟 가지가 된다.

265 비식과 설식과 신식은 광명도 필요 없고 거리도 필요 없으므로 아홉 가지 연 중에서 명연과 공연空緣을 제외하면 일곱 가지가 된다.

266 아홉 가지 연 중에서 명연과 공연, 제6식과 제7식을 제외한 나머지 다섯 가지이다.

267 아홉 가지 연 중에서 명연과 공연, 경연境緣, 제6식과 제7식과 제8식을 제외한 나머지 세 가지이다.

268 아홉 가지 연 중에서 명연과 공연, 제6식과 제7식과 제8식을 제외한 나머지 네 가지이다.

것이며, 여기서는 칠식이 생기하는 모양을 말했기 때문에 "물이 흐르는 곳의 장식藏識으로서 식識의 전변으로 물결이 생긴다"고 한 것이다.

대혜야, 가령 안식眼識이 일체 모든 근根의 미진微塵과 털구멍과 함께 생겨나거나 순차적인 경계에 따라 생겨나거나 하는 것과 마찬가지다. 비유하면 밝은 거울이 온갖 색상色相을 나타내는 것과 같고, 또 마치 사나운 바람이 큰 바닷물에 불어대는 것과 같다.

大慧. 如眼識. 一切諸根微塵毛孔俱生. 隨次境界生. 亦復如是. 譬如明鏡現衆色相. 猶如猛風吹大海水.

관기　여기서는 온갖 식識의 생기生起가 단박(頓)에 이루어지기도 하고 점차(漸) 이루어지기도 한다고 말함으로써 선후가 같지 않음을 제시하였다. 당역에서는 "안식과 같이 다른 식識도 마찬가지다. 일체 모든 근根의 미진微塵, 털구멍, 눈 등에서 식識의 전변은 마치 밝은 거울이 온갖 색상을 나타내듯 단박에 생기기도 하고, 혹은 사나운 바람이 큰 바닷물에 불어대듯 점차 생기기도 한다'고 하였다. '모든 근根의 털구멍'은 근(根: 육근)이고, '미진(微塵: 육진)'은 진塵이니, 근根과 진塵이 화합하면 식識이 그 가운데서 생겨난다.

　단박(頓)과 점차(漸)란 이렇다. 대체로 다섯 가지 현량식現量識[269]이 의식意識과 동시에 균등한 하나하나의 근根으로서 법계法界에 두루한

---

269 현량現量은 산스크리트어 pratyakṣa로 언어와 분별을 떠난 직접 지각이나 직접 체험이다. 다섯 가지 현량식은 소위 안식, 이식, 비식, 설식, 신식이다.

(周偏) 것을 이름하여 '원만한 완성(圓成)'이라 한다. 그러므로 안근眼根
이 색깔을 처음 볼 때 최초에는 분별을 아직 일으키지 않는다. 다만
마치 거울 속에서 따로 분석함이 없는 것과 같다면 색깔의 한 티끌(一塵)
이 모든 근根에 두루 나타나며, 한 티끌이 이미 그러하다면 근根마다
다 그렇기 때문에 '단박에 생겨남(頓生)'이라 하는데 마치 거울이 상相
을 나타내는 것과 같다. 그러다 두 번째 생각(第二念)이 의식에 전변해
들어와 분별을 일으키면 오근五根이 멀리 떨어져 있어 모든 티끌이
근根에 따라 같지 않고 선후도 다르기 때문에 '점차 생겨남(漸生)'이라
하는데, 마치 바람이 바닷물에 부는 것과 같다. 수행자가 만약 '단박에
생겨남(頓生)'을 요달한다면 자기 마음의 현량現量을 요달해서 무생無
生의 종지를 손바닥 안의 열매를 보듯 할 것이다.

외부 경계의 바람이 마음 바다(心海)에 휘몰아치면 식識의 물결이
끊어지지 않는다. 인因과 지은 상(所作相)이 다르면서 다르지 않으며,
업業과 생상生相은 서로 합쳐 깊이 계교하고 집착해 들어가느라. 색色
등의 자성自性을 능히 요달해 알 수 없기 때문에 오식신五識身[270]의
전변이 있다. 대혜야, 저 오식신五識身과 함께함으로써 차별로 인한
분단分段의 상相을 아는 것이니, 반드시 알라. 이는 의식意識의 원인(因)
이다.

外境界風飄蕩心海. 識浪不斷. 因所作相異不異. 合業生相. 深入計

---

[270] 신身은 산스크리트어 kāya의 번역으로 어미에 붙어 복수를 나타낸다. 오식五識과
같다.

著. 不能了知色等自性. 故五識身轉. 大慧. 即彼五識身俱. 因差別分
段相知. 當知是意識因.

여기서는 팔식이 서로 번갈아 원인이 되어 생기生起하는 상相
을 말하고 있다. 말하자면 마음 바다는 맑고 고요하지만 외부
경계인 바람이 끊임없이 불어대기 때문에 칠식의 물결이 상속하면서
끊어지지 않는다. 이는 총체적으로 팔식은 본래 스스로 생겨나지
않고 경계를 말미암아 마음을 끌어당김을 밝힌 것이니, 이 때문에
온갖 식識의 상相이 생겨나는 것은 팔식의 무명이 경계를 인해 일어나는
걸 드러낸 것이다. '인因과 지은 상(所作相)이 다르면서 다르지 않으며
(因所作相異不異)'는 말하자면 마음과 경계가 일여一如이면 '본래 생겨
나지 않는' 뜻을 이루는 것이니, 이 구절에서 마음과 경계가 합쳐져
밝으면 함께 다르면서 다르지 않은 상相이 있는 것이다. '마음이 다르면
서 다르지 않음'은 인因으로서 팔식의 자증분自證分[271]이며, '지은 상(所
作相)'은 견분見分[272]으로서 전칠전식前七轉識[273]이 총체적으로 견분에
속한다. 이제 팔식은 저마다 스스로의 경계를 요달하기 때문에 다르고,
오직 하나의 정진精眞이기 때문에 다르지 않다. '경계가 다르면서

---

271 사분四分의 하나. 인식 주관과 인식 대상에 의한 자신의 인식 작용을 확인하는
부분. 사분은 법상종法相宗에서 인식의 성립 과정을 네 부분으로 나눈 것으로
자증분 외에도 상분相分, 견분見分, 증자증분證自證分이 있다.

272 사분四分의 하나. 대상을 인식하는 주관이다.

273 팔식八識 가운데 아뢰야식阿賴耶識을 제외한 안식眼識·이식耳識·비식鼻識·설식舌
識·신식身識·의식意識·말나식末那識을 말한다. 이 전칠식은 아뢰야식에서 발생
하여 작용한다는 뜻이다.

다르지 않다'는 인因으로서 무명의 업상業相[274]이며, '지은 상(所作相)'은
전변된 상분相分[275]으로서 육진六塵과 사대四大가 총체적으로 상분에
속한다. 이제 저마다 여러 근根을 대對하기 때문에 다르고. 본래 오직
하나의 체體이기 때문에 다르지 않다. '마음과 경계가 합쳐져 밝으면
다르면서 다르지 않음이 있다'는 인因으로서 여래장의 마음이며, 지은
상(所作相)은 바로 허망한 마음의 허망한 경계이다. 마음과 경계가
대립(角立)하기 때문에 다르고. 오직 마음이 나타낸 것일 뿐 본래
하나의 진심眞心이기 때문에 다르지 않다. '업과 생상生相은 서로 합쳐'
등은, 당역에서는 "업과 생상生相은 말하자면 저 외부 경계가 본래
마음이 나타난 것일 뿐이지만 무명의 불각不覺[276] 때문에 마음뿐(唯心)
임을 요달하지 못한다"고 했다. 그래서 깊이 계교와 집착을 일으켜
잡거나 취한 것을 실제의 나(我), 실제의 법法으로 여기니. 그렇다면
칠식은 무명을 인해 있는 것이다. 이 견고히 집착하는 나의 애착
때문에 색色 등이 실답지 않은 환幻과 같다는 걸 요달해 알 수 없어서
허망하게 탐애貪愛를 낸다. 그래서 눈은 그걸 얻어서 색色으로 삼고,
귀는 그걸 얻어서 소리 등으로 삼기 때문에 '색色 등의 자성과 오식신五
識身의 전변을 능히 요달해 알 수 없다'고 말한 것이다. 그렇다면
오식은 칠식을 인하여 있는 것이다. 그리고 오식이 경계를 반연할

---

274 무명無明에 의해 최초로 마음이 움직이지만 아직 주관과 객관의 구별이 없는
    상태. 삼세三細의 하나.

275 사분四分의 하나. 인식의 대상.

276 ①번뇌에 가려 청정한 마음의 근원을 깨닫지 못한 상태. 청정한 마음의 근원이
    번뇌에 가려 있는 상태. ②마음의 근원을 깨달아 가는 과정에서, 괴로움의
    과보를 받을 그릇된 행위를 저지르지는 않지만 아직 번뇌를 일으키는 단계.

때 최초의 일념은 경계의 자성을 얻어도 명언名言을 대동하지 않아 마음을 헤아릴 수 없기 때문에 현량現量에 속하며, 동시에 의식意識은 오식과 함께하는데, 오진五塵을 분별한 분단分段²⁷⁷의 차별 경계로 인해 제6 의식이 생기는 것이다. 그래서 '저 오식신五識身과 함께 차별로 인한 분단分段의 상相을 아는 것이니, 반드시 알라. 이는 의식意識의 원인(因)이다'라고 한 것이니, 그렇다면 육식은 오식을 인해 생기는 것이다. 이상은 소위 여러 식識이 전전展轉하며 서로 원인(因)이 되어 생기는 것이다. 대체로 전칠전식前七轉識은 총체적으로 팔식의 견분見分이 요별了別하는 작용에 속한다. 그러나 전오식이 오진五塵을 대할 때는 실제로 육식이 동시에 일어난다. 다만 최초의 일념은 아직 분별을 일으키지 않아서 그 이름을 전오식이라 하고, 또한 이름하여 명료한 의식(明了意識)이라 하기도 한다. 그러나 제2념第二念은 찰나에 좋고 나쁜 차별 등의 상相을 분별하므로 그 이름을 제6 분별의식分別意識이라 한다. 이상이 전오식과 팔식²⁷⁸, 육식과 칠식²⁷⁹의 친소親疏에 대한 분별이다.

---

277 ① 구별. 차별. 겉으로 드러난 모습. 각자 과거에 지은 행위에 따라 신체의 크고 작음과 목숨의 길고 짧음이 구별된다고 하여 분단分段이라 한다. ② 분단생사分段生死의 준말. ③ 분단신分段身의 준말.

278 전오식과 팔식에는 과거를 생각하거나 과거, 현재, 미래에 걸쳐 억측하는 것이 없다. 그래서 자아에 대한 집착(我執)과 법에 대한 집착(法執)이 없다. 이를 오팔무집五八無執이라 한다.

279 팔식 중에서 경계에 대한 허망한 분별에 의해 나(我)와 법을 집착하는 것을 능변계能遍計라 하는데, 이것은 육식과 칠식에만 해당된다. 이를 육칠능변계六七能遍計라 한다.

저 신身이 전변轉變하면서, 저 온갖 식識은 "내가 전전展轉하면서 서로 인因이 된다"라고는 생각지 않지만, 스스로의 마음(自心)이 나타낸 망상과 계교의 집착이 전변하면서 저 각각의 괴상壞相도 함께 전변하여 경계를 분별하고 차별을 분단分段하니, 이를 저 식識의 전변이라고 말한다.

彼身轉. 彼不作是念我展轉相因. 自心現妄想計著轉. 而彼各各壞相俱轉. 分別境界分段差別. 謂彼轉.

관기 여기서는 팔식의 연생緣生이 성품이 없다는 걸 통틀어 말하고 있다. 그리하여 생겨남(生)이 본래 생겨남이 없다는 뜻을 은밀히 제시함으로써 앞서 말한 다르면서도 다르지 않음을 이루고 있다. 그 뜻은 온갖 식識이 본래 스스로 불생不生이라서 원래 다른 상(異相)이 없다는 것이다. 다만 각자 스스로의 경계를 요달함이 생生이 됨을 잡았기 때문에 다를 뿐이다. 당역에서는 "그러나 저 온갖 식識이 '우리가 동시에 전전展轉하면서 인因이 된다'고 생각지는 않으나, 스스로의 마음이 나타낸 경계에서 분별하고 집착함이 때(時)와 더불어 일어나 차별의 상相이 없기 때문에 저마다 스스로의 경계를 요달한다"고 하였다. 성품 없는 연생(無性緣生)이기 때문에 전전展轉하면서 서로 인因이 된다는 생각을 짓지 않고, 연생으로 성품이 없기(緣生無性) 때문에 저마다 스스로의 경계를 요달하나 본래 차별이 없다. 만약 경계에 차별이 없음을 완전히 알면 무생無生의 이리가 저절로 계합하니, 『대경大經』(『화엄경』)에서는 "비유하면 강물이 세차게 다투

듯이 흘러가는 것과 같으니, 모든 법이 서로 알지 못하는 것이 저마다 이와 같다(譬如河中水 湍流競奔逝 諸法不相知 各各亦如是)"라고 하였다. '각자 스스로의 경계를 요달한다'에서 육진六塵은 전육경前六境이고, 제8 견분見分은 칠식의 경계이며, 근신根身과 종자種子와 기계器界는 팔식의 경계이다.

가령 수행자가 선禪의 삼매三昧에 들어가면 미세한 습기가 전변해도 각지覺知하지 못하고 '식識이 소멸했다'는 생각을 하게 된다. 그러나 나중에 선禪의 정수正受에 들어가면 실제로 식이 소멸하지 않고서 정수에 들어가니, 습기의 종자는 불멸이기 때문에 불멸이며, 경계의 전변으로 섭수를 갖추지 못하기 때문에 소멸(滅)한다.

如修行者入禪三昧. 微細習氣轉而不覺知. 而作是念. 識滅. 然後入禪正受. 實不識滅而入正受. 以習氣種子不滅. 故不滅. 以境界轉攝受不具. 故滅.

관기 이하 두 단락은 팔식의 미세한 생멸은 열등한 삼매(劣三昧)에 서 능히 알 수 있는 것이 아님을 말한 것이다. 이승二乘이 선禪에 들어가면 스스로 식識을 멸했다고 여긴다. 그러나 소멸된 것은 단지 육식六識이 경계를 취하지 않아서 식識을 멸했다고 한 것일 뿐 그 장식藏識의 습기의 종자는 실제로 아직 소멸하지 않았다. 당역에서는 "수행자들이 삼매에 들면 습기의 힘이 미세하게 일어나도 각지覺知하지 못하고 '나는 온갖 식識을 소멸해서 삼매에 들었다'고 생각하지만,

실제로는 식識을 멸하지 않고서 삼매에 든 것이니 저 습기의 종자를 소멸하지 못했기 때문이다. 다만 온갖 경계를 취하지 않았을 뿐인 것을 '식識이 소멸했다'고 칭한다"고 하였다.

대혜야, 이렇게 미세한 장식藏識의 궁극적 변제邊際는 모든 여래 및 지地에 머무는 보살을 제외하곤 성문이나 연각이나 외도의 수행으로 얻은 삼매 지혜의 힘만으론 일체를 측량해 해결하기란 불가능하다.

大慧. 如是微細藏識究竟邊際. 除諸如來及住地菩薩. 諸聲聞緣覺外道修行. 所得三昧智慧之力. 一切不能測量決了.

관기 　이승二乘과 외도의 수행으로는 팔식이 생사의 근본이 된다는 걸 모르기 때문에 잘못되고 혼란스런 수행과 훈련(修習)을 하는데, 이승은 적게 얻어도 만족하지만 외도는 멋대로 삿된 견해를 낸다. 대체로 생멸심을 근본 수행의 인因으로 삼는데, 인지因地가 참되지 않기 때문에 과果도 왜곡을 초래한다. 이제 허망함을 돌이켜 참됨에 돌아가고(返妄歸眞) 식을 전변하여 지혜를 이루고자(轉識成智) 한다면, 반드시 자기 마음의 현량現量을 단박에 깨달아서 허망한 경계를 실답게 요달해 알고 자기 마음의 미세한 유주流注를 분명히 보아야 비로소 생사를 능히 초월해 참됨과 항상함(眞常)을 증득한다. 그래서 아래 문장에서 이를 밝히고 있다.

나머지 지地의 상相은 지혜와 교묘한 방편으로 구의句義를 분별해

결단하고, 가장 뛰어난 자[280]의 가없는(無邊) 선근善根이 성숙해서 스스로의 마음이 나타낸 망상과 허위를 여의어야 한다.

餘地相. 智慧巧便. 分別決斷句義. 最勝無邊善根成熟. 離自心現妄想虛僞.

관기 여기부터는 수행을 실답게 행하는 자가 바야흐로 이 법문에 능히 들어갈 수 있다는 걸 올바로 가리키고 있다. 당역에서는 "오직 수행을 실답게 행하는 자만이 지혜의 힘으로 온갖 지地의 상相을 완전히 알아서 구의句義를 훌륭히 요달하고, 가없는 부처님 처소에서 선근을 널리 모아서 스스로의 마음이 보는 것을 허망하게 분별하지 않아야 능히 이것을 알 수 있다"고 하였다. 그러므로 경전에서 "이 법을 능히 믿는 자는 한 분의 부처, 두 분의 부처, 세 분, 네 분, 다섯 분의 부처님에게 선근을 심은 것이 아니라 한량없는 천만千萬 부처님 처소에서 온갖 선근을 심었기 때문에 '가없는 선근이 성숙한 자가 바야흐로 이 법문에 들어갈 수 있다'고 한 것이니, 대체로 얕은 근기의 열등한 이해로 믿을 수 있는 것이 아니다.

산림에서 고요히 좌선하면서 하급 단계에서 중간 단계를 걸쳐 상급 단계로 가는 수행을 하면 자기 마음의 망상의 유주流注를 능히 볼 수 있어서 한량없는 찰토刹土의 모든 부처가 관정灌頂[281]을 하고 자재력

---

280 즉 부처를 말한다.

281 산스크리트어 abhisecana 또는 abhiseka의 번역. 수계하여 불문에 들어갈 때

自在力[282]과 신통의 삼매를 얻어 온갖 선지식善知識의 불자佛子와 권속眷屬[283]이 된다. 그리하면 저 마음, 뜻, 의식과 자심自心이 나타낸 자성의 경계인 허망한 상념, 그리고 생사의 바다, 업과 애착과 무지와 같은 이런 인因을 다 이미 초월해 건넌 것이다.

宴坐山林. 下中上修. 能見自心妄想流注. 無量刹土諸佛灌頂. 得自在力神通三昧. 諸善知識佛子眷屬. 彼心意意識自心所現自性境界虛妄之想. 生死有海業愛無知. 如是等因悉已超度.

관기 여기서는 실다운 수행의 빠른 효과를 밝히고 있다. 참되게 수행하는 인사人士가 산림에서 고요히 좌선하면서 유심관문唯心觀門을 익히면 자기 마음의 미세한 유주流注를 능히 볼 수 있다. 그리하여 일념에 무생無生을 단박에 증득하면 백천 가지 삼매와 신통을 얻고, 시방 모든 부처가 동시에 관정灌頂하게 되고, 불자佛子와 권속들

물이나 향수를 정수리에 뿌린다는 뜻. (1) 원래 인도에서는 제왕의 즉위식 및 태자를 책봉할 때의 그 정수리에 바닷물을 뿌리는 의식. (2) 보살이 십지十地 중 제구지九地에서 제십 법운지法雲地에 들어갈 때 제불諸佛이 지수智水를 그 정수리에 뿌려 법왕의 직책을 받았음을 증명하는 것. 이것을 수직관정受職灌頂이라 한다. 또 십주十住의 제십위十位를 관정주灌頂住라고도 한다. 혹은 『대사大事』(석존의 사적과 본생 등을 기록한 책)에 있는 보살십지 중 제십지를 관정지灌頂地라 한다. 관정위灌頂位란 이 밖에 특히 등각위等覺位를 가리킬 때도 있다.

282 뜻한 바대로 할 수 있는 힘 또는 역량을 가진 것.

283 산스크리트어 parivāra. 뜻을 같이하는 자. 보좌하는 자. 시중드는 자. 따르는 자. 종속되어 있는 자.

이 자연히 둘러싼다. 그러면 저 마음, 뜻, 식識의 망상 경계, 업과 애착과 무명을 당장 단박에 해탈하기 때문에 "이런 인因들을 다 초월해 건넌 것이다"라고 한 것이니, 이것이 소위 가장 뛰어난 지식(最勝知識)이다.

그러므로 대혜야, 온갖 수행자들은 응당 가장 뛰어난 지식(最勝知識)을 가까이해야 한다."

是故大慧. 諸修行者. 應當親近最勝知識.

관기 불법에는 인因도 있고 연緣도 있다. 안으로는 본래 갖춰진 진여眞如의 훈습으로 발한 걸 인因으로 삼고, 밖으로는 스승이나 벗과 같은 지식知識의 도움으로 발한 것을 연緣으로 삼으니, 위로 부처와 조사에서부터 지식知識을 말미암지 않고 보리菩提를 능히 이룰 수 있는 자는 없었다. 그래서 세존께서는 결론에서 실답게 수행하는 자라면 응당 가장 뛰어난 지식(最勝知識)을 가까이해야 한다고 권하고 있다.

이때 세존께서 이 뜻을 거듭 선포하고자 게송을 설하셨다.

爾時世尊欲重宣此義而說偈言.

비유하면 거대한 바다의 물결이 맹렬한 바람을 말미암아 일어나서

큰 파도가 어두운 골짜기(冥壑)를 두드려 끊임이 없을 때와 같으니
장식藏識의 바다가 항상 머물면서 경계의 바람에 움직이게 되어
갖가지 온갖 식識의 물결이 솟구치면서 전변하여 생겨난다.

譬如巨海浪. 斯由猛風起. 洪波鼓冥壑. 無有斷絶時. 藏識海常住.
境界風所動. 種種諸識浪. 騰躍而轉生.

관기 여기서는 외부 경계의 바람이 마음 바다에 세차게 불어대서
식識의 물결이 단절되지 않음을 총체적으로 노래하고 있다.

청색과 적색 등 갖가지 색깔
가패珂貝[284]와 젖, 그리고 석밀石蜜[285]의 담백한 맛
온갖 꽃과 열매
해와 달, 그리고 광명
이런 것은 다르지도 다르지 않은 것도 아니니
바닷물이 물결을 일으키듯이
칠식七識도 마찬가지라서
마음과 함께 화합하여 생겨난다.

青赤種種色. 珂乳及石蜜. 淡味衆華果. 日月與光明. 非異非不異.

---

284 가珂는 석영의 일종인 마노瑪瑙, 하얀 옥이란 뜻이며, 패貝는 조개, 패각貝殼의
    뜻으로 여기서는 짤랑거리는 보석 장신구를 의미하는 것으로 보인다.
285 산스크리트어, 팔리어 phāṇita. 사탕수수의 즙.

海水起波浪. 七識亦如是. 心俱和合生.

관기 여기서는 인因이 지은 상相이 다르면서도 다르지 않음을 노래함으로써 점차 생겨남(漸生)을 밝히고 있다. 청색과 적색은 색진色塵이고, 가패珂貝는 성진聲塵이고, 젖은 향진香塵이고, 석밀의 담백한 맛은 미진味塵이고, 꽃과 열매는 옛 주석에선 법진法塵이라 하면서 『종경록宗鏡錄』을 인용해서 "현재의 꽃은 미래의 열매"라고 하였다. 갖가지 법진은 저 식識의 소연所緣 경계를 따르게 되니, 이것이 소위 "외부 경계의 바람이 마음 바다에 세차게 불어대니, 칠식의 물결이 상속相續하면서 단절되지 않는다"는 것이다. '해와 달, 그리고 광명'은 마음 경계의 다르면서도 다르지 않은 상相을 비유한 것이다. 경계가 마음뿐임을 요달치 못하고 허망하게 분별을 일으키기 때문에 '움직이게 되어'라고 하였다.

비유컨대 바닷물이 변해서 갖가지 파도로 전변하듯
칠식 또한 마찬가지라서 마음과 함께 화합해 생겨나니
말하자면 저 장식藏識의 처소에서 갖가지 온갖 식識이 전변한다.

譬如海水變. 種種波浪轉. 七識亦如是. 心俱和合生. 謂彼藏識處. 種種諸識轉.

관기 여기서는 물 흐르는 곳에서 장식이 전변해 식識의 물결이 생기는 걸 노래하고 있다. 이는 단박에 생겨남(頓生)을 밝히는 것이니, 말하자면 저 칠식 전부가 팔식이 변한 물결이라는 것이다.
본래 실체實體가 없고 단지 일심一心일 뿐이며, 더욱이 전후가 없기
때문에 아래 문장에서 다르지 않는 상(不異相)을 말하고 있다.

말하자면 저 의식意識은 여러 상相의 뜻을 사유하는데,
불괴상不壞相에는 여덟 가지가 있지만 무상無相함도 역시 무상無相
이다.

謂以彼意識. 思惟諸相義. 不壞相有八. 無相亦無相.

관기 여기서는 차별이 없기 때문에 저마다 스스로의 경계를 요달함
을 노래하고 있다. 저마다 스스로의 경계를 요달하기 때문에
"말하자면 저 의식意識은 여러 상相의 뜻을 사유하는데"라고 한 것이며,
본래 차별이 없기 때문에 "불괴상不壞相에는 여덟 가지가 있지만 무상無
相함도 역시 무상無相이다"라고 한 것이다. 당역에서는 "마음, 뜻,
의식은 식識의 상相이 되기 때문에 설하는 것이며, 팔식은 별개의
상相이 없으므로 능상能相도 소상所相도 없다'고 하였다. '불괴不壞에는
여덟 가지가 있다'는 것에 대해 장행長行에서는 '각각의 괴상壞相이
함께 전변한다'고 했으며, 여기서는 불괴상에 여덟 가지가 있다고
말하고 있다. 앞서의 생멸장生滅章에서는 현식現識과 분별사식分別事
識을 말했는데, 이 두 가지는 괴상과 불괴상(壞不壞相)이 전전展轉하는
인因이다. 대체로 '무너질 수 있는 것(可壞)'은 전칠전식前七轉識으로
생멸의 마음이고, '무너지지 않는 것(不壞)'은 팔식 자체로 생멸하지

않는 마음이다. 무너지지 않으면서도 무너지기 때문에 무성연생無性緣
生이고, 본래 생겨나지 않으면서도 생겨나고 무너지면서도 무너지지
않기 때문에 연생무성緣生無性이다. 비록 생겨나면서도 생겨나지 않으
므로 장행長行의 게송에서는 상호간에 발명發明함으로써 참다운 무생
無生의 뜻을 드러내고, 『종경록宗鏡錄』에서는 "이러한 팔식은 비롯
없음 이래로 삼제三際²⁸⁶에도 움직이지 않고 사상四相²⁸⁷에도 변천하지
않는다. 진실로 항상 머물면서 자성이 청정하고, 불괴不壞의 상相으로
원만함을 구족하여 결핍이나 모자람이 없다"고 했으며, 이러한 것들의
일체 공덕은 법계와 동등하기 때문에 역시 무상無相이며, 모두 무상이
기 때문에 "불괴상不壞相에는 여덟 가지가 있고 무상無相함도 역시
무상無相일 뿐이다"라고 말한 것이다.

비유하자면 바다와 물결이 차별이 없는 것과 같으니,
온갖 식識과 마음도 마찬가지라서 다름(異)을 얻을 수 없다.

譬如海波浪. 是則無差別. 諸識心如是. 異亦不可得.

 여기서는 비유를 통해 차별 없는 뜻을 드러내고 있다.

---

286 전제前際·중제中際·후제後際, 곧 과거·현재·미래를 말한다.
287 여러 인연으로 생성되어 변해 가는 모든 현상의 네 가지 모습. (1) 생상生相:
    여러 인연이 모여 생기는 모습. (2) 주상住相: 머무는 모습. (3) 이상異相: 변해
    가는 모습. (4) 멸상滅相: 인연이 흩어져 소멸하는 모습.

마음의 명칭은 업業을 채집하는 것이고, 뜻(意)의 명칭은 널리 채집하는 것이고,

온갖 식識은 능식能識과 소식所識으로 나뉘는데, 현재와 같은 경계로는 오식을 설한다.

心名採集業. 意名廣採集. 諸識識所識. 現等境說五.

관기   여기서는 팔식이 명칭을 얻게 된 까닭을 노래하고 있다. 제8식은 이름하여 마음이라 하는데, 훈습을 받아 종자를 지니는 걸 생사의 주체(主)로 삼기 때문에 '업을 채집한다'고 말한 것이다. 제7식은 이름하여 뜻(意)이라 하는데, 나(我)와 법法을 치우쳐 집착하고, 항상 살피면서 사량思量하고, 네 가지 미혹(四惑)[288]이 상응하며, 전육식前六識이 업을 지을 때는 이 제7식에 의거해 근根이 되기 때문에 '널리 채집한다'고 한 것이다. 전육식은 통틀어서 식識이라 이름한다.

---

288   4근본번뇌四根本煩惱·4종번뇌四種煩惱라고도 한다. 제7말나식이 항상 상응하는 아치我癡·아견我見·아만我慢·아애我愛의 네 가지 근본번뇌를 말한다. 아치我癡는 무명無明을 말한다. 제7말나식으로 하여금 아상(我相, ātman)의 양상에 대해 어리석어서 무아無我의 이치에 대해 미혹하게 하는 마음작용이다. 아견我見은 아집我執을 말한다. 제7말나식으로 하여금 비아법非我法, 즉 자아가 아닌 법에 대해 망령되이 계탁하게 하여 그것을 자아로 삼게 하는 마음작용이다. 아만我慢은 거만과 오만을 말한다. 제7말나식으로 하여금 소집아所執我, 즉 망령되이 계탁하여 실재하는 자아로 삼은 환영적인 자아에 대해 믿고 의지하고 자부해서 오만한 마음을 내게 하는 마음작용이다. 아애我愛는 아탐我貪을 말한다. 제7말나식으로 하여금 망령되이 계탁하여 실재하는 자아로 삼은 환영적인 자아에 대해 탐착耽著하게 하는 마음작용이다.

다만 현재의 오진五塵을 대對하기 때문에 오식을 설하고, 과거의 오진
을 분별하는 걸 이름하여 의식意識이라 하기 때문에 "온갖 식識은
능식能識과 소식所識으로 나뉘는데, 현재와 같은 경계로는 오식을
설한다"고 한 것이다.

이때 대혜보살이 게송으로 여쭈었다.

爾時大慧菩薩以偈問日

청색과 적색 같은 온갖 색상色相에서
중생은 온갖 식識을 발하는데
갖가지 법이 파도와 같다고 하시니
어찌해서 그런지 설명해 주옵소서.

青赤諸色相. 衆生發諸識. 如浪種種法. 云何惟願說.

관기 대혜가 앞서 세존께서 "불괴상不壞相에는 여덟 가지가 있지만
무상無相함도 역시 무상無相이다"는 말씀을 듣고 마음과 경계
가 모두 공空하였으나, 이제 '마음의 명칭은 업을 채집하는' 등을 듣고서
세존께서 스스로 하신 말씀이 서로 어긋난다고 의심하였기 때문에
마음과 경계가 다 있는(有) 것이 난점難點이 되었다. 생각건대, 이미
청색과 적색 등 육진六塵 경계의 바람을 말했다면 칠식의 물결을 일으킨
것이니, 이는 경계가 실유實有인 것이다. 또 '마음의 명칭은 업을 채집하

는 것이고, 뜻(意)의 명칭은 널리 채집하는 것이고, 온갖 식識은 능식能識과 소식所識으로 나뉘는데, 현재와 같은 경계로는 오식을 설한다'고 말했다면, 이는 마음이 실유實有이다. 그러나 마음과 경계가 이미 실유이고 다시 차별로 같지가 않은데, 어찌하여 세존께서는 "무상無相은 역시 무상일 뿐이고, 다름(異) 역시 얻을 수 없다"고 하셨는가?

이때 세존께서 게송으로 답하셨다.

爾時世尊以偈答曰.

청색, 적색 등의 여러 색깔과 물결은 모두 있지(有) 않으니
업業을 채집하는 걸 마음이라 설해서 범부들을 개오開悟시킨다.

靑赤諸雜色. 波浪悉無有. 採集業說心. 開悟諸凡夫.

관기 여기서는 질문의 뜻에 대해 총체적으로 답하고 있다. 바다는 본래 맑고 고요하지만 바람으로 인해 물결이 일어나니, 그렇다면 경계는 본래 없다. 마음은 본래 담연(湛淵: 맑고 고요함)하지만 연緣이 식識을 격발擊發하니, 이 마음도 본래 공空이다. 마음과 경계가 본래 공한데도 경계가 마음으로부터 일어난다고 하거나 채집하는 걸 이름하여 마음이라 하는 것 등은 단지 범부를 개오開悟시키기 위해서 남의 말을 따른 것일 뿐이다. 그러므로 당역에서는 "청색과 적색 등 여러 색상色像은 물결 가운데서는 얻을 수 없으니, 마음이 온갖

상상相을 일으킨다고 하는 것은 여러 범부들을 개오시키기 위해서다"라
고 하였다.

저 업業은 모두 있지 않아서
스스로의 마음이 섭수한 것을 여의면
섭수한 것이라도 섭수한 것이 없으니
저 각각의 물결과 동일하도다.

彼業悉無有. 自心所攝離. 所攝無所攝. 與彼波浪同.

여기서는 마음과 경계가 다 공空함을 풀이하고 있다. 저 업이
모두 있지 않다면 마음은 본래 생기지 않는지라 스스로의
마음이 섭수한 것을 여읜다. '섭수한 것(所攝)'은 경계(境)이니, 여의면
경계는 본래 있지 않다. 그렇다면 능能과 소所가 쌍雙으로 적멸해서
마음과 경계가 다 공하니, 마치 저 바다 물결의 습성濕性이 움직이지
않는 것과 같다. 당역에서는 "그러나 저것들은 본래 일어나지 않는
것이라 스스로의 마음이 취한 것을 여의면 능취能取와 소취所取는
저 물결과 더불어 동일하다"고 하였다.

수용受用해서 몸(身)을 건립하니
이것이 중생의 현식現識이다.
거기서 나타낸 여러 업들은
비유하자면 물과 물결과 같도다.

受用建立身. 是衆生現識. 於彼現諸業. 譬如水波浪.

여기서는 마음과 경계가 다르지 않음을 풀이하고 있다. '수용受用하여 몸을 건립한다'는 당역에서는 "몸과 재물(資財)에 안주하면"이라고 했으니, 말하자면 육진六塵의 경계이다. 중생이 생生을 영위하는 수용受用의 도구로서 이를 취하여 세상에 머물 수 있는 것이다. 그러나 이것이 모두 오로지 마음이 나타낸 것일 뿐이므로 "중생의 현식現識이다"라고 하였다. 중생은 경계가 오직 마음의 나타냄일 뿐임을 요달하지 못하기 때문에 그 경계를 취하고 집착하여 실아實我, 실법實法으로 여기고, 그리고 이에 의지해 업을 지어서 생사의 고통을 초래하기 때문에 "거기서 나타낸 여러 업들은"이라 하였다. 진실로 스스로의 마음(自心)을 말미암아 스스로의 마음을 취해서 환幻이 아닌데도 환법幻法을 이루기 때문에 마음과 경계가 있는 듯하다(心境似有). 만약 취하지 않으면 환幻 아님도 없으니, 환幻 아님도 오히려 생기지 않는데 환법幻法이 어떻게 성립하겠는가. 그렇다면 마음과 경계가 본래 공空한 것이 마치 물과 물결의 관계와 같다. 비록 있다(有)해도 있지 않으니, 있다(有) 해도 있지 않기 때문에 "무상無相함도 역시 무상이고, 다름(異) 역시 얻을 수 없다"고 한 것이다.

이때 대혜보살이 다시 게송으로 말했다.

爾時大慧菩薩復說偈言.

대해大海의 물결의 성품은
철썩거리고 출렁이는 것을 분별할 수 있습니다.
장식藏識과 업도 마찬가지인데
어찌하여 각지覺知하지 못합니까?

大海波浪性. 鼓躍可分別. 藏與業如是. 何故不覺知.

관기 여기서는 비유를 잡아서 법을 논란하고 있다. 생각건대 업의
상相은 물결과 같은데, 어찌하여 물결은 볼 수 있는데 업의
상相은 볼 수 없느냐는 뜻이다.

이때 세존께서 게송으로 답하셨다.

爾時世尊以偈答曰.

범부는 지혜가 없는데다
장식藏識은 거대한 바다와 같고
업業의 상相은 물결과 같아서
저 비유에 의거해 소통(通)했을 뿐이다.

凡夫無智慧. 藏識如巨海. 業相猶波浪. 依彼譬類通.

관기 장식藏識은 미세해서 알기 어렵고, 범부는 지혜가 없기 때문에 바다의 물결로 비유해서 범부를 깨우치게 한 것이지 업식業識에 상相이 있어 볼 수 있다고 말한 것은 아니다.

이때 대혜보살이 다시 게송으로 말했다.

爾時大慧菩薩復說偈言.

해가 뜨면 광명이 상근기, 중근기, 하근기의 중생을 비추듯이 여래가 세간을 비춤은 어리석은 중생에게 진실을 설하기 위함인데 이미 온갖 법을 분별해 설하면서도 어찌하여 진실은 설하시지 않습니까.

日出光等照. 下中上衆生. 如來照世間. 爲愚說眞實. 已分部諸法. 何故不說實.

관기 여기서는 법으로 인해 비유를 논란하고 있다. 세존께서 열등한 이해력을 가진 중생에게는 오직 육식六識과 삼독三毒[289]을 설해서 물듦과 청정의 근본을 건립했을 뿐이고 팔식은 언급하지 않으셨기 때문에 대혜가 의심해서 한 말이다. 여래가 세간을 비춤은 해가

---

289 열반에 이르는 데 장애가 되는 가장 근본적인 세 가지 번뇌. 탐욕貪欲과 진에瞋恚와 우치愚癡. 줄여서 탐貪·진瞋·치癡라고 한다. 곧 탐내어 그칠 줄 모르는 욕심과 노여움과 어리석음.

하늘에 떠 있는 것처럼 높은 곳이나 낮은 곳이나 두루 응하여 평등하게 설법을 해야 한다. 그런데 어찌하여 지금까지 온갖 법을 분별해 설하면서도 이 진실은 설하지 않았으니 어찌 불평등한 허물에 떨어진 것이 아니겠는가? 가타(伽陀: 게송)에서는 "아타나식阿陀那識은 너무나 깊고 미세한데다 습기의 종자가 사나운 흐름을 이루고 있으니, 내가 어리석은 범부에게 펼쳐 설하지 않은 것은 그들이 분별로 '나(我)'라고 집착할까 걱정해서다"라고 하였기 때문에 아래 문장에서 "내가 진실을 설하지 않은 것이 아니다. 다만 저들의 마음이 진실하지 않을 뿐이다"라고 한 것이다.

이때 세존께서 게송으로 답하셨다.

爾時世尊以偈答曰.

만약 진실을 말한다면 저 마음에는 진실眞實이 없으니
비유하면 바다의 물결과 같고 거울 속 영상이나 꿈과 같다.
일체가 때(時)와 더불어 나타나는데 마음과 경계도 마찬가지이며
경계가 갖춰지지 않았기 때문에 차례대로 업業이 전변해 생겨난다.
식識은 능식能識과 소식所識으로 나눠지고 의意 또한 그러하며
오식이 현현하는데 정해진 차례는 없다.
비유하자면 화가와 그 제자와 같으니
베에다 채색해 온갖 형상을 그려내는데
나의 설법도 역시 마찬가지다.

채색에는 본래 문양이 없고 이는 붓에도 없고 바탕(素)에도 없지만 중생을 기쁘게 하기 위해서 비단에다 온갖 상像을 그리는 것이다.

若說眞實者. 彼心無眞實. 譬如海波浪. 鏡中像及夢. 一切俱時現.
心境界亦然. 境界不具故. 次第業轉生. 識者識所識. 意者意謂然.
五則以顯現. 無有定次第. 譬如工畵師. 及與畵弟子. 布彩圖衆形.
我說亦如是. 彩色本無文. 非筆亦非素. 爲悅衆生故. 綺錯繪衆像.

관기 여기서는 여래의 기연機緣에 응한 설법을 밝히고 있으니, 이 때문에 가르침에는 비밀과 부정不定의 시설施設이 있다. 설법은 투기投機[290]가 아니라 결국 언어를 듣는 것이다. 만약 마음이 진실하지 않은 자가 진실한 법을 설한다면, 도리어 의심을 사서 불신不信을 초래하고 제호醍醐[291]가 오히려 독약을 이룬다. 그래서 다음 게송에서 "설한 것이 감응한 것은 아니니, 그들에겐 잘못된 설명이 된다"고 한 것이니, 설명을 감당하지 못한 것은 비밀리에 아낀 것이 아니라 설명하지 못하기 때문이다. 그러나 설법의 내용에는 원래 '먼저 가짜로 했다가 나중에 진실을 말한다(先假後實)'는 구분이 없으니, 즉 육식六識을 설할 때도 팔식을 겸하여 말하지 않은 적이 없다. 다만 말은 단박에 드러나지 않기 때문에 먼저와 나중의 구별이 있는 것이다. 왜냐하면

---

290 기연機緣과 감응해 맞아 떨어지는 것을 말한다.

291 부처의 숭고한 경지를 이르는 말. 우유를 정제하면 유乳·락酪·생수生酥·숙수熟酥·제호醍醐의 다섯 가지 단계의 제품이 나오는데, 이 중 제호의 맛이 가장 좋다.

진실로 마음과 경계가 동시에 단박 나타나는 것이 마치 바다의 물결이나 거울의 영상, 꿈과 같아서 차례대로 생기는 것이 아니기 때문이다. 본래 팔식의 다름은 없고 단지 경계가 갖추어지지 않음을 말미암아 차례대로 업이 생겨나고, 그로 인해 법진法塵[292]의 분별을 설하는 것이 육식이 되고, 자내아自內我[293]를 집착하는 것이 칠식이 되고, 오진五塵을 대對하여 나타내는 것이 오식이 된다. 이 때문에 "식識은 능식能識과 소식所識으로 나뉘지고 의意 또한 그러하며, 오식이 현현하는데 실제로는 본래 정해진 차례가 없다"고 하였다. 기연機緣에 따라 시설施設하는 것이 마치 화가가 상像을 그리고 제자가 채색을 하는 것과 같다. 채색이 나중이고 상像이 먼저이지만 이 역시 형상(形)을 벗어나지 않으니, 내가 설한 법도 이와 마찬가지다. 그러나 법은 본래 설함이 없으니 마치 채색에 본래 문양이 없는 것과 같고, 문자도 함께 여의기 때문에 붓에도 없고 바탕(素)에도 없다. 다만 기연에 응해 사물을 이롭게 하느라고 언상言象이 흥기하기 때문에 "중생을 기쁘게 하기 위해서 비단에다 온갖 상像을 그리는 것과 같다"고 한 것이다.

언설言說을 따로 시행施行하지만 진실은 명자名字를 여의었으니
분별은 응당 처음의 업이며 수행은 진실을 제시한다.

---

292 육진六塵의 하나. 의근意根의 대상인 여러 가지의 법을 가리킨다. 12처十二處 중에서는 법처法處, 십팔계十八界 중에서는 법계라고 한다.

293 유식학에서 사용되는 용어. 제7말나식이 항상 끊임없이 폭류瀑流처럼 왕성하게 활동하고 있는 제8아뢰야식의 행상行相인 견분見分을 보고 자신 내부에 존재하는 상일주재常一主宰하는 나(我)라고 오인誤認하여 집착할 때, 그 가상의 집착된 나(我)를 가리키는 낱말로 사용된다.

진실을 스스로 깨닫는 곳에서 온갖 상념과 소각所覺을 여의니
이것이 부처님의 말씀이다.
어리석은 자를 위해 널리 분별하지만
가지가지가 모두 환幻과 같아서
비록 나타나더라도 진실이 없다.
이처럼 갖가지 설명이
일(事)에 따른 개별적 시설이니
설한 바가 감응한 바가 아니면
저들에겐 잘못된 설명이 된다.

言說別施行. 眞實離名字. 分別應初業. 修行示眞實. 眞實自悟處.
衆想所覺離. 此爲佛子說. 愚者廣分別. 種種皆如幻. 雖現無眞實.
如是種種說. 隨事別施設. 所說非所應. 於彼爲非說.

관기   법은 본래 말을 여의었고 말이 생겨나면 이理는 상실되기 때문에 위서에서는 "언설은 진실을 여의었고 진실은 문자를 여의었다"고 한 것이다. 설명 없이 설명을 보여준다(無說而示說)는 바로 권도權度로 응한 첫 기연機緣을 분별한 것이다. 만약 실다운 수행자라면 그를 위해 진실을 설할 수 있으리니, 진실은 자증自證의 경계이므로 일체의 능소(能所 : 주관과 객관)와 분별을 모두 여의어서 지혜가 날카로운 상근기가 아니면 들어갈 수 없기 때문에 '이것이 부처님 말씀이다'라고 한 것이다. 가령 어리석은 범부라서 자세히 분별하지 못하면 알 수가 없다. 즉 그 설한 내용이 권도이든 진실이든

갖가지 법문이 모두 다 환幻 같아서 본래 실다운 법과 사람이 없기 때문에 "비록 나타나더라도 진실이 없다. 이처럼 갖가지 설명이 근기 (根)에 따라 따로 시설된다면"이라 한 것이니, 모두 권도로 제시한 것이다. 그러므로 법을 설할 때 반드시 권도를 쓰기 때문에 "설한 바가 감응한 바가 아니면, 그렇다면 저들에겐 잘못된 설명이 된다"고 한 것이다. 그래서 부득이하게 권도를 베푼 것일 뿐 부처의 본래의 회포(本懷)는 아니기 때문에 삼칠사유三七思惟[294]의 뜻이 여기에 있다.

저들 온갖 병자들에게
훌륭한 의사가 병에 따라 처방하듯
여래는 중생을 위해
마음을 따라 양量에 감응해 설하니
망상은 경계가 아니고
성문 역시 분수가 아니니
불쌍히 여기는 자(哀愍者)가 설하는 바는
자각의 경계로다.

彼彼諸病人. 良醫隨處方. 如來爲衆生. 隨心應量說. 妄想非境界.
聲聞亦非分. 哀愍者所說. 自覺之境界.

---

294 석가모니가 성도成道한 후 21일 동안 깨달음의 상태를 사유한 것을 말한다.

중생에게는 갖가지 욕망, 갖가지 기억과 상념의 분별이 있다. 오직 여래만이 실답게 그걸 보기 때문에 하나하나 양量에 감응하여 법을 설해서 고통을 벗어나 즐거움을 얻게 한다. 이것이 바로 여래의 자각 경계로서 범부와 외도, 이승이 알 수 있는 것이 아니니, 이 때문에 "망상은 경계가 아니고 성문 역시 분수가 아니다"라고 말한 것이다.

"그리고 대혜야, 만약 보살마하살이 스스로의 마음(自心)의 현량現量이 섭수攝受한 것 및 섭수한 자의 망상 경계를 알고자 한다면 반드시 온갖 뭉쳐진 습속習俗과 수면睡眠을 여의어야 하며, 아침부터 밤까지 (初中後夜) 항상 스스로 자각해 깨어 있어야 하며, 방편을 수행해서 반드시 나쁜 견해로 이루어진 경론經論의 언설 및 온갖 성문승과 연각승의 모습을 여의어서 반드시 스스로의 마음이 망상의 모습을 나타내는 걸 통달해야 한다."

復次大慧. 若菩薩摩訶薩. 欲知自心現量攝受及攝受者妄想境界. 當離群聚習俗睡眠. 初中後夜常自覺悟. 修行方便. 當離惡見經論言說. 及諸聲聞緣覺乘相. 當通達自心現妄想之相.

이 가르침은 법답게 수행하라는 것이다. 『대경大經』에서는 이렇게 말한다.

"마치 사람이 남의 보배를 헤아리는 것과 같으니 스스로에겐 반푼(半錢)의 이익도 없다. 법답게 수행하지 않는다면 많이 들음(多聞)도 이와 마찬가지기 때문에 법을 들음보다 그 법을 사유하고 수행하는 것이 귀하다."

세존의 뜻은 능취能取와 소취所取의 일체 망상 경계가 모두 스스로의 마음이 나타낸 것이라고 이미 설했다는 것이다. 만약 마음뿐인(唯心) 경계를 완벽히 알고자 한다면 응당 들뜨거나 침몰하는 온갖 나쁜 각관覺觀[295]을 멀리 여의어야 한다. 실답게 수행하고 방편으로 관찰해서 오래오래 스스로 통달해 완벽히 깨달아야(了悟) 한다.

이상은 수행을 권유한 것이고, 앞으로는 수행의 방법을 제시하겠다.

○이상 '가. 팔식의 상相을 밝힘'을 마쳤다.
△나. 삼지三智의 상相을 밝힘.

"그리고 대혜야, 보살마하살이 지혜의 모습(相)을 건립해 머문 후에는 상승上乘인 성지聖智의 삼상三相에 관해 반드시 부지런히 수행하고 배워야 한다.

復次大慧. 菩薩摩訶薩. 建立智慧相. 住已. 於上聖智三相. 當勤修學.

관기

앞에서는 식識의 모습에 여덟 가지가 있음을 밝혔고, 여기서는 지상智相에 세 가지가 있음을 밝혔다. 또 실다운 행(如實行)의 방편을 닦게 함으로써 스스로의 마음(自心)의 현량現量을 완벽히 통달

---

295 산스크리트어 vitarka-vicāra. 각覺은 개괄적으로 사유하는 마음 작용, 관觀은 세밀하게 고찰하는 마음 작용. 각관은 구역舊譯이고 신역新譯은 심사尋伺이다.

케 하니, 이것이 외도나 이승의 망상과 무명의 경계가 아님은 앞에서 설명한 바와 같기 때문에 "지혜의 모습을 건립했다"고 하였다. 이미 이 경지에 머물고 나서 만약 실답게 증명하고(實證) 싶다면 "상승上乘인 성지聖智의 삼상三相에 관해 반드시 부지런히 수행하고 배워야 한다"고 하였다. 여기서 삼상三相은 바로 자각성지自覺聖智의 경계이기 때문에 '상승인 성지聖智'라고 말해서 외도나 이승의 저열한 삼매가 아니라고 가려냈다.

무엇이 성지聖智의 삼상三相을 반드시 부지런히 수행하고 배워야 하는 것인가? 소위 무소유無所有의 상相이고, 일체 모든 부처의 스스로 염원을 발한 곳(自願處)의 상이고, 자각성지自覺聖智의 구경究竟의 상이다. 수행을 통해 이를 얻고 나서는 절룩거리는 당나귀 같은 마음의 지혜상智慧相을 능히 버릴 수 있어서 최승자最勝子의 제8지地를 얻으니, 그렇다면 저 상승의 삼상三相을 닦아서 낳는 것이다.

何等爲聖智三相當勤修學. 所謂無所有相. 一切諸佛自願處相. 自覺聖智究竟之相. 修行得此已. 能捨跛驢心智慧相. 得最勝子第八之地. 則於彼上三相修生.

관기 이는 삼상三相의 명칭을 표방한 것이다. 옛 주석에서는 말하자면 칠지七地에서 삼계의 삶과 죽음이 정해지지 않은 마음을 관觀하는 것을 이름하여 파로혜跛驢慧[296]라고 하니 능히 다니지(能行) 못하기 때문이다. 아직은 무공용無功用[297]의 도道를 얻지 못한 탓에 이를 비유한 것이다. 아래에서 그 양상을 해석하겠다.

대혜야, '무소유의 상(無所有相)'은 말하자면 성문, 연각 및 외도의 상으로서 무소유를 닦아 익혀서 생기는 것이다.(위역에서는 "성문, 연각, 외도의 상相을 관觀한다"고 하고, 당역에서는 "일체의 이승과 외도의 상相을 습관적으로 익혔기 때문에 생기生起하게 된 것이다"라고 하였다)

대혜야, '스스로 염원을 발한 곳(自願處)의 상相'은 말하자면 앞선 부처님들께서 스스로 염원을 발하는 곳을 닦아서 생긴 것이다.

대혜야, '자각성지自覺聖智의 구경究竟의 상相'은 일체법의 상相을 계교하거나 집착하는 바가 없다면 여환삼매如幻三昧[298]의 몸을 얻어서 온갖 불지佛地[299]의 처소에 나아가 행하여 생기는 것이다.

大慧. 無所有相者. 謂聲聞緣覺及外道相. 彼修習生. (魏譯云. 謂觀聲聞緣覺外道相. 唐譯云. 謂慣習一切二乘外道相故. 而得生起) 大慧. 自願處相者. 謂諸先佛自願處修生. 大慧. 自覺聖智究竟相者. 一切法相無所計著. 得如幻三昧身. 諸佛地處進趣行生.

---

296 절룩거리는 당나귀의 지혜.

297 제8지부터는 의식적인 노력을 기울이지 않아도 자연스럽게 공관空觀이 이루어지며, 이러한 이유로 제8지 이상을 무공용지無功用地 또는 간단히 무공용無功用이라 한다.

298 모든 차별 현상은 실체가 없어 허깨비와 같다고 관觀하는 삼매.

299 십지十地의 하나. 모든 번뇌를 완전히 끊어 열반을 성취한 부처의 경지.

관기 이는 삼상三相의 상相을 해석한 것이니 바로 삼관三觀의 뜻에 해당한다. 부처가 삼계를 관觀하면 진실(實)도 아니고 허구(虛)도 아니며 같음(如)도 아니고 다름(異)도 아니니, 온갖 법이 진실 아님을 관하기 때문에 '무소유無所有의 상相'이라 말한 것이다. 그리고 '이승과 외도를 익혀서 생기한다'에 관해 승조僧肇는 이렇게 말했다.

"삼승은 성품의 공함(性空)을 평등하게 관해서 도道를 얻었다. 다만 마음에 대승과 소승의 차이가 있을 뿐이다. 외도와 이승은 성품의 공함을 통달하지 못했기 때문에 허망하게 단멸斷滅의 견해를 낳았고, 보살은 이미 오직 스스로의 마음이 나타난 것일 뿐 본래 무소유無所有란 걸 통달했으니, 그 깨달은 바(所覺)는 비록 동일하더라도 증득한 바(所證)는 다르다."

또 구경究竟이 아니면 증득을 취하지 않음을 알게 하거나 혹은 그들의 악견惡見을 전환키 위함이었으니, 이 때문에 "이승과 외도의 상相을 관한다"고 말한 것이다. 이는 공관空觀의 뜻에 해당한다. '스스로 염원을 발한 곳(自願處)의 상相은 말하자면 앞선 부처님들께서 스스로 염원을 발하는 곳을 닦아서 생기는 것이다'는 온갖 법이 허구(虛)가 아님을 관하면 하나하나의 법마다 참되고 항상해서(眞常) 세간의 모습(相)이 항상 머물고, 이미 세간의 모습이 항상 머문다면 한 법(一法)도 참되고 항상하지 않음이 없고 한 품류(一類)도 스스로 염원하는 곳 아님이 없으니, 이 때문에 온갖 부처께서는 정법正法을 오래 머물게 하고, 부처의 종자가 단절되지 않기 위해서 중생을 제도하는 사업事業을 버리지 않는다. 경전에서는 이렇게 말한다.

"나는 본래 서원誓願을 세워서 일체중생으로 하여금 우리들과 다름이 없게 하고자 한다."

그래서 위역에서는 "모든 부처는 본래 스스로 원願을 세워 온갖 법을 주지住持한다"고 했는데, 이는 가관假觀의 뜻에 해당한다. '자각성지自覺聖智의 구경究竟의 상相은 일체법의 상相을 계교하거나 집착하는 바가 없다면 여환삼매如幻三昧의 몸을 얻는다'는, 말하자면 삼계는 같음(如)도 아니고 다름(異)도 아니라서 법과 비법非法의 상相을 취하지 않으니, 그리하여 여환삼매를 얻어서 불지佛地의 지혜에 나아간다. 이는 중도관中道觀의 뜻에 해당한다. 이상 "항상 스스로 각오覺悟해서 마음의 방편을 닦는다"고 하기 때문에 성지聖智의 삼상三相이 이와 같음을 고한 것이니, 이를 이용해 닦게 하고자 한 것이며 이를 버리면 바로 삿된 지혜(邪智)가 된다.

대혜야, 이를 이름하여 성지聖智의 삼상三相이라 한다. 만약 이 성지의 삼상을 성취하는 이라면 능히 자각성지自覺聖智의 구경의 경계에 도달할 수 있다. 그러므로 대혜야, 성지의 삼상을 반드시 부지런히 닦고 배워야 한다."

大慧. 是名聖智三相. 若成就此聖智三相者. 能到自覺聖智究竟境界. 是故大慧. 聖智三相. 當勤修學.

 자각성지의 경계는 이 세 가지 방편이 아니면 들어갈 수 없기 때문에 힘써서 닦고 배워야 한다.

이상 처음으로 참(眞)과 허망(妄)의 인의因依[300]를 밝혀 팔식을 자세히 제시함으로써 생멸 인연의 상相을 드러내었다. 이하에서는 허망함을 돌이켜 참으로 돌아가서(返妄歸眞) 오법五法의 자성이 무아無我임을 잡아 정正과 사邪, 인因과 과果의 상相을 변별한다. 이를 둘로 나누는데, 처음엔 개별적으로 정正과 사邪를 변별해서 일승一乘의 이理와 행行, 인과 과의 상相을 단박에 제시했다. 이를 또 둘로 나누는데, 처음의 변별은 인지因地의 마음을 밝힌 것이다. 또 둘이 있는데, 처음엔 삿됨을 타파해 올바름을 드러냄으로써 항상 머무는 진리眞理를 제시했다. 또 둘이 있는데, 처음엔 세 가지 문門을 잡아서 삿된 인(邪因)을 타파함으로써 올바른 인(正因)을 드러냈다. 이를 다섯으로 나누는데, 처음엔 오법五法을 밝혔다. 또 여섯으로 나눈다.

△처음엔 명상名相의 망상妄想을 타파한다. 이 인지因地의 마음을 변별하는 글은 곧바로 3권 오무간행五無間行의 장章에 이르러서 그친다.

이때 대혜보살마하살은 대보살들 마음속 생각을 알고 그 명칭을 성지사분별자성경(聖智事分別自性經: 성스러운 지혜의 사事로 분별한 자성의 경전)이라 하고서 일체 부처의 위신력威神力을 이어받아서 부처님께 여쭈었다.
"세존이시여, 오직 바라노니 성지사분별자성경과 108구의 분별이 의거하는 바를 설해 주옵소서.(당역에서는 "오직 바라노니 108구의 차별이 의거하는 성지사자성聖智事自性 법문을 설해 주옵소서"라고 하였다)

---

300 인因이 되거나 의지하는 것.

爾時大慧菩薩摩訶薩. 知大菩薩眾心之所念. 名聖智事分別自性經.
承一切佛威神之力. 而白佛言. 世尊. 惟願爲說聖智事分別自性經.
百八句分別所依. (唐譯云. 惟願爲說百八句差別所依聖智事自性法門)

관기 앞서 서술한 108구는 오법자성五法自性 등의 법문을 총체적으로 물은 것인데, 진여문眞如門을 잡았기 때문에 "일체가 다아니다"라고 한 것이다. 이제 하나하나의 분별을 청하기 때문에 "108구의 차별상差別相에 의거하는"이라고 한 것이다.

여래如來, 응공應供, 등정각等正覺께서는 이 분별에 의거해 보살마하살이 자상自相과 공상共相의 망상의 자성妄想自性에 들어감을 설했으니, 분별로써 망상의 자성을 설했기 때문입니다. 그렇다면 인무아人無我와 법무아法無我를 두루 보편적으로 관찰하는 걸 훌륭히 알 수 있어서 망상을 깨끗이 제거해 온갖 지地를 비추어 밝힙니다.(당역에서는 "일체 여래, 응정등각應正等覺은 여러 보살마하살로서 자상自相과 공상共相에 떨어진 자를 위해 이 성性 차별의 뜻을 허망하게 계교하는 문門을 설했으며, 이를 알고 나서는 인무아와 법무아관을 깨끗이 다스릴 수 있어서 온갖 지地를 비추어 밝힙니다"라고 하였다) 그리하여 일체 성문, 연각 및 여러 외도의 온갖 선정禪定의 즐거움을 초월해서 여래가 불가사의하게 행하는 경계를 관찰해 결정코 오법자성五法自性을 버려 여읠 것이고, 온갖 부처 여래의 법신法身 지혜는 훌륭하게 스스로 장엄하며(당역에서는 "일체 부처의 법신 지혜로 스스로 장엄하여"라고 하였다), 그리고 환幻의 경계를 일으켜(당역에서는 "환幻 같은 경계에 들어간다"고 하였다) 일체의 불찰佛刹과

도솔천궁兜率天宮[301]에 오르고 나아가 색구경천궁色究竟天宮[302]에 이르러서 여래의 항상 머무는 법신(常住法身)을 체득합니다."(당역에서는 "일체의 찰[刹: 불찰]과 도솔타궁兜率陀宮, 색구경천에 머물러서 여래의 몸을 성취한다"고 하였다)

如來應供等正覺. 依此分別說菩薩摩訶薩入自相共相妄想自性. 以分別說妄想自性故. 則能善知周徧觀察人法無我. 淨除妄想. 照明諸地. (唐譯云. 一切如來應正等覺. 爲諸菩薩摩訶薩墮自共相者. 說此妄計性差別義門. 知此已. 則能淨治二無我觀. 照明諸地) 超越一切聲聞緣覺及諸外道諸禪定樂. 觀察如來不可思議所行境界. 畢定捨離五法自性. 諸佛如來法身智慧. 善自莊嚴. (唐譯云. 以一切佛法身智慧而自莊嚴) 起幻境界. (唐譯云. 入如幻境) 昇一切佛剎兜率天宮. 乃至色究竟天宮. 逮得如來常住法身. (唐譯云. 住一切剎兜率陀宮. 色究竟天. 成如來身)

---

301 도솔천(兜率天, Tuṣita)은 불교의 세계관에서 천상天上의 욕계慾界 중 네 번째 하늘나라이다. 수명은 천상의 나이 4,000년=인간 세상의 나이 584,000,000년이다. 도솔천은 내원內院과 외원外院으로 나뉜다. 내원은 내원궁內院宮이라고도 하며, 석가모니가 남섬부주(南瞻部洲, 인간세계)에 내려오기 전에 머물던 곳으로, 현재는 미륵보살이 지상에 내려갈 때를 기다리며 머무르고 있는 곳이다. 외원은 여러 천인天人들이 모여 행복과 쾌락을 누리는 곳이다. 덕업을 쌓고 불심이 깊은 사람만이 죽어서 도솔천에 다시 태어날 수 있다고 하며, 때로는 문학에서 정신적 이상향으로 간주되기도 한다.

302 색계십팔천色界十八天의 열여덟째인 맨 위에 있는 하늘. 사선구천四禪九天의 아홉째인 맨 위에 있는 하늘.

관기 여기서는 온 뜻을 묻고 있다. 앞서 대혜가 심心, 의意, 의식意識, 오법五法, 삼자성三自性의 온갖 묘한 법문을 통틀어 질문하게 되자 세존께서는 단지 팔식이 생기生起하는 상相으로 답하고 있을 뿐 그 나머지는 오히려 하나하나 열어 보이지(開示) 않고 있다. 다만 무엇이 명상名相의 망상妄想이고 무엇이 정지正智의 여여如如인지 알지 못하니, 이것이 바로 성스러운 지혜로 분별한 자성(聖智分別自性)의 법문이다. 대혜가 대중의 심념心念을 알기 때문에 특별히 거듭 "오직 바라노니 108구의 차별이 의거하는 성지사자성聖智事自性 법문을 설해 주옵소서"라고 청한 것이다. 여러 보살 대중이 이 성지자성聖智自性 법문을 알지 못하기 때문에 자상自相과 공상共相에 떨어져 허망하게 차별을 계교하는데, 만약 이를 알았다면 능히 법답게(如法) 수행해서 이무아관二無我觀을 깨끗이 다스릴 수 있다. 그리하여 오직 마음뿐임 (唯心)을 완벽히 통달하면 외도와 이승을 능히 초월해서 여래의 부사의 不思議 경계를 증득하고, 궁극적으로는 오법자성五法自性을 버리고 여의어서 구경究竟의 자각성지自覺聖智를 얻어 무상無上의 불과佛果를 성취한다. 그래서 세존께서는 그 다음에 한 가지를 개시開示하였으니, 먼저는 오법五法을 밝히고 다음으론 삼자성三自性을 밝히고 난 후에 이무아二無我를 밝혔다. '자상自相과 공상共相'은 말하자면 일체 모든 법이 다 자상과 공상이 있다는 것이니, 진여자성眞如自性은 자상이고 반연에 따른 일의 성취(隨緣成事)는 공상이며, 오온五蘊의 온갖 법이 각기 자체自體가 있는 것은 자상이고 화합해서 사람을 이루는 것은 공상이다. 외도와 이승은 온갖 법이 오직 마음이 나타낸 바(唯心所現)임을 통달하지 못하기 때문에 허망하게 계교하고 집착하는 것이니,

말하자면 이러한 자상과 공상이 실제로 있다는 것이다. 그러므로 '자상과 공상에 떨어진다'는 이것을 말미암기 때문에 온갖 법의 자생自生, 타생他生, 공생共生, 무인생無因生303에 집착하는 것이니, 이는 모두 망상의 자성에 의거하는 것이라서 자각성지의 일이 아니다. 세존께서 비록 유有와 무無의 두 견해를 타파하더라도 그 뜻은 일체법이 생기지 않음을 나타내는 것이다. '온갖 법이 생기지 않음을 밝게 본다'는 자각성지를 칭하는 것이다.

부처님께서 대혜에게 고하셨다.

"한 종류의 외도가 있다. 어떤 것도 있지 않다(無所有)는 견해를 지어서 그 망상으로 계교하고 집착한다. 그리하여 인因의 다함을 지각해 아는 것은 토끼에게 뿔의 상념(想)이 없는 것이니, 마치 토끼에게 뿔이 없는 것처럼 일체의 법도 마찬가지다. 대혜야. 나머지 외도들은 종種, 구나求那304, 극미極微, 다라표陀羅驃305, 형처(形處: 형태), 횡법橫法이 각각 차별된다고 보며, 보고 나서는 토끼 뿔은 없다는 횡법을 계교하고 집착하거나 소에게는 뿔이 있다는 상념을 짓는다.

佛告大慧. 有一種外道. 作無所有妄想計著. 覺知因盡. 兔無角想.

如兎無角. 一切法亦復如是. 大慧. 復有餘外道. 見種. 求那. 極微. 陀羅驃. 形處. 橫法各各差別見已. 計著無兎角橫法. 作牛有角想.

관기 여기서는 외도가 인因에 집착하여 토끼나 소에게 뿔이 있다느니 뿔이 없다느니 하는 것을 서술하고 있다. 온갖 법에 대해 단멸斷滅과 항상恒常 두 견해를 일으킴으로써 오법五法 중의 명상名相이 망상을 말미암아 일어남을 타파하고 있으니, 진실로 온갖 법은 오직 마음이 나타낸 것일 뿐 본래 스스로 여여(本自如如)해서 봄(見: 견해)을 일으키는 걸 용납하지 않는다. 그러나 저 외도는 오직 마음뿐임을 통달하지 못하고 온갖 법이 인因이 있다고 보아서 인因에 따라 다한다고 멋대로 허망한 계교를 낳는다. 마침내 토끼에게 뿔이 없다는 상념은 봄(見: 견해)이 없음에서 일어나고, 대종(大種: 사대의 종성)[306], 구나求那, 진塵 등의 온갖 사물을 인因으로 봄으로써 형량形量의 분위分位와 차별이 있다. 저 토끼에겐 뿔이 없음을 집착하기 때문에 여기서는 마침내 소에겐 뿔이 있다는 상념을 낳아서 봄이 있음(有見)을 일으킨다. 그러나 온갖 법은 본래 여여如如해서 있음(有)이나 없음(無)에 속하지 않으며, 있음과 없음의 명상名相은 모두 망상의 분별을 말미암아서 일어난다. 종種은 바로 사대四大의 종種이고, 구나求那, 극미極微, 다라표陀羅驃는 모두 진(塵: 티끌)이다. 까닭 없이 일어나는 걸 횡橫이라 한다. 위에서는 계교를 서술했고, 아래서는 그걸 타파했다.

---

306 대상의 특성을 형성하는 네 가지 성질, 곧 지地·수水·화火·풍風의 사대四大를 말한다.

대혜야, 저들은 두 가지 견해에 떨어져 심량心量을 이해하지 못하고, 자심自心의 경계에서 망상을 증장增長한다.(당역에서는 "저들은 두 가지 견해에 떨어져 오직 마음뿐임을 통달하지 못하고 단지 자심自心에서 분별만 증장한다"고 하였다) 몸(身)이 망상의 근량根量을 수용受用해 건립한다.(당역에서는 "몸 및 재물과 기세간器世間 등도 일체가 다 오직 분별이 나타낸 것일 뿐이다"라고 하였다)

대혜야, 일체의 법성法性도 이와 마찬가지이니, 있음(有)과 없음(無)을 여의어서 응당 상념을 짓지 말아야 한다.(당역에서는 "응당 토끼 뿔은 있음(有)과 없음(無)을 여의었음을 알아야 하고, 모든 법이 다 그러하니 분별을 일으키지 말라"고 하였다) 대혜야, 만약 있음과 없음을 여의었는데도 토끼에겐 뿔이 없다는 상념을 짓는다면, 이를 이름하여 삿된 상념(邪想)이라 한다. 저들은 상대(待)를 인因해 관찰했기 때문에 토끼에게 뿔이 없는 것이니, 응당 그런 상념은 짓지 않아야 한다.

大慧. 彼墮二見. 不解心量. 自心境界妄想增長. (唐譯云. 彼墮二見. 不了唯心. 但於自心增長分別) 身受用建立妄想根量. (唐譯云. 身及資生器世間等. 一切皆唯分別所現) 大慧. 一切法性. 亦復如是. 離有無. 不應作想. (唐譯云. 應知兎角離於有無. 諸法悉然. 勿生分別) 大慧. 若復離有無而作兎無角想. 是名邪想. 彼因待觀故. 兎無角. 不應作想.

관기 여기서는 없다는 견해(無見)를 서로 타파하는 것이다. 당역에서는 "어찌하여 토끼 뿔이 있음과 없음을 여의는가? 있음과 없음이 서로 인대因待하기 때문이다"라고 하였다. 생각건대 온갖 법은 본래 없음(本無)이라서 다시 없다는 상념을 짓지 않아야 하니, 마치 토끼 뿔이 본래 없는 것과 같다. 그런데도 다시 없다는 상념을 짓는다면 이를 이름하여 삿된 견해의 망상이라 한다. 그리고 토끼에겐 뿔이 없다는 견해는 그로 인해 소에겐 뿔이 있다는 견해를 일으키기 때문에 '서로 인대因待하기 때문이다'라고 한 것이다. 그리하여 소뿔 역시 얻을 수 없다는 걸 통달하지 못했기 때문에 아래 글의 내용이 나온 것이다.

나아가 미진微塵까지라도 자성自性을 분별하면 다 얻을 수 없다.

乃至微塵分別自性. 悉不可得.

 여기서는 있다는 견해(有見)를 서로 타파한 것이다. 당역에서는 이렇게 말했다.

"소의 뿔에서 미진微塵에 이르기까지 분석해 그 체의 모습(體相)을 구해도 끝내 얻을 수 없다."

말하자면 저들의 '토끼에겐 뿔이 없다고 집착한다'는 소의 뿔은 실제로 있다고 여기기 때문에 토끼에겐 뿔이 실제로 없다고 집착하는 것이다. 특히 소의 뿔 역시 없다는 걸 알지 못하니, 만약 소의 뿔에서 극미, 인허진鄰虛塵[307]에 이르기까지 분석하면 끝내 공空으로 돌아간다. 그렇다면 자성自性은 다 얻을 수 없으며, 온갖 법도 역시

---

307 허공에 가깝다는 뜻. 극미極微와 같다.

마찬가지다.

대혜야, 성스러운 경계는 여의는 것이라서 응당 소에게 뿔이 있다는 상념을 짓지 않아야 한다."(당역에서는 "성스러운 지혜가 행하는 바는 저들의 견해를 멀리 여의는 것이다. 그러므로 여기서는 응당 분별하지 말아야 한다"고 하였다)

大慧. 聖境界離. 不應作牛有角想. (唐譯云. 聖智所行. 遠離彼見. 是故於此. 不應分別)

관기 여기서는 성스러운 지혜가 온갖 법이 본래 없음(本無)을 환하게 보기 때문에 응당 두 가지 견해를 멀리 여의어야 한다고 말했다. 생각건대 '온갖 법에 대해 있음과 없음의 두 가지 견해를 짓지 않아야 한다'는 바야흐로 자각성지自覺聖智에 가까이 다가가서 수순隨順할 수 있다는 것이다. 그러나 있음(有)과 없음(無)은 바로 명상名相이라서 두 가지 견해는 곧 망상이다.

이때 대혜보살마하살이 부처님께 여쭈었다.
"세존이시여, 망상이 없게 된 자가 상념이 생기지 않음을 보고 나서 비사량(比思量: 比量)을 따라 관찰해 망상이 생기지 않는다면 (망상이) '없다(無)'고 말합니까?"

爾時大慧菩薩摩訶薩白佛言. 世尊. 得無妄想者. 見不生想已. 隨比

思量觀察. 不生妄想言無耶.

관기 여기서는 전계(轉計: 계교의 전변)를 마련해서 마음과 경계를 모두 여읨을 드러내려 한다. 대혜는 '토끼에겐 뿔이 없다고 집착하고' 그로 인因해 소에겐 뿔이 있다는 설명을 들었다. 만약 소의 뿔을 분석하면 얻을 수 없다는 데 이르고, 그 결과 소의 뿔 역시 없기 때문에 응당 상념을 짓지 말아야 한다. 그로 인해 전계轉計를 하는데, 생각건대 '망상을 낳지 않는 까닭'이란 '어찌하여 소의 뿔은 있지 않다고 관찰하지 않는데도 토끼 뿔은 본래 없음을 아는 것인가?'이 니, 이렇게 해서 망상이 생기지 않으면 없다(無)고 말하는가? 그러므로 당역에서는 이렇게 말한다.

"어찌하여 허망한 견해로 상相을 일으켜 비교하고 헤아림으로써 관대(觀待: 상대적 관찰)로 없음(無)을 허망하게 계교하는 것이 아니겠 습니까?"

그렇다면 비록 소뿔이 있지 않음을 알더라도 필경에는 토끼 뿔은 없다고 집착하느라 없다(無)는 견해를 여의지 못한 채 있음(有)을 버리고 없음(無)을 집착한다. 이는 외도에게 공통된 병이다. 앞에서는 있음(因)을 인하여 없음(無)을 계교함을 타파했고, 여기서는 없음(無) 을 인하여 없음(無)을 계교함을 타파했다. 소위 있다는 견해(有見)를 수미산처럼 일으킬지언정 없다는 견해(無見)를 겨자씨만큼이라도 일 으키지 말아야 한다는 것이니, 이렇게 해야 모름지기 완전히 타파하는 것이다. 곧바로 마음과 경계를 모두 여의고자 하면 바야흐로 있다는 견해와 없다는 견해 둘 다 버려야 한다.

부처님께서 대혜에게 고하셨다.

"망상이 생기지 않음을 관찰해서 없다(無)고 말하는 것이 아니다. 왜 그런가? '망상'은 저 뿔로 인해 생기기 때문이다. 저 뿔에 의거해 망상이 생기고, 뿔이 생긴다는 망상에 의거하니, 그러므로 의거하고 인因한다고 말했기 때문에, 또 다름(異)과 다르지 않음을 여의기 때문에 망상이 생기지 않음을 관찰해서 뿔이 없다고 말하는 것은 아니다.

佛告大慧. 非觀察不生妄想言無. 所以者何. 妄想者因彼生故. 依彼角生妄想. 以依生角妄想. 是故言依因故. 離異不異故. 非觀察不生妄想言無角.

관기　　여기서는 무생無生의 뜻을 곧바로 제시하고 있다. 말하자면 마음과 경계는 대대待對가 끊어져 본래 저절로 무생無生이라서 생각(念) 일으킴을 용납하지 않기 때문에 "망상이 생기지 않음을 관찰해서 없다(無)고 말하는 것은 아니다"라고 하였다. 왜 그런가? 망상이라 함은 저 경계를 인해 생기기 때문이다. 마음과 경계가 대대對待함으로써 분별이 이내 생기니, 소위 만약 법이 대대待를 인해 이루어지면 이 법이 도리어 대대待를 이룬다. 앞서는 "소뿔의 있음(有)을 인해서 토끼 뿔의 없음(無)에 집착한다"고 하니, 진실로 이는 망상이기 때문에 "저 뿔에 의거해 망상이 생긴다"고 한 것이다. 이제 '만약 토끼 뿔의 없음(無)을 집착하면 또한 소뿔의 본래 없음(本無)과 흡사하다'는 것도 역시 망상이니, 뿔에 의거해 분별이 생기기 때문에 "뿔에 의거해 망상이 생긴다"고 한 것이다. 망상은 필경 뿔의 있고 없음(有無)으로 인해 생기니 아직 뿔을 여의지 못하기 때문이며, 전전展轉함이 다 허망하기 때문에 "다름(異)과 다르지 않음을 여읜다"고 한 것이다. 그리고 토끼 뿔은 천연天然의 본래 없음(本無)이라서 분별을 필요로 하지 않는다. 어찌 소뿔이 없다(無)고 관찰하고서야 비로소 토끼 뿔의 없음(無)을 알겠는가? 그러므로 "망상이 생기지 않음을 관찰해서 뿔이 없다고 말하는 것은 아니다"고 한 것이다.

대혜야, 만약 '망상이 뿔과 다르다'고 하면 뿔로 인한 생김이 아니고, 만약 '다르지 않음'이라면 저 뿔을 인하기 때문이다.

大慧. 若復妄想異角者. 則不因角生. 若不異者. 則因彼故.

관기 여기서는 앞서 말한 '다름(異)과 다르지 않음을 여의었다'를 해석하였으니, 망상의 성품 없음을 드러내어서 마음이 본래 없음을 밝힌 것이다. 만약 마음과 경계가 결정코 다르다고 말한다면 이는 망상에 별도로 자성自性이 있는 것이니, 그렇다면 뿔로 인해 생긴 것이 아니다. 지금 이미 뿔로 인해 생겼다면 이는 다르지 않은 것이다. 만약 마음과 경계가 결정코 동일하다 말한다면 이는 마음을 들은 즉시 경계가 없는 것이니, 또 어찌 분별할 바가 있겠는가? 경계를 들은 즉 마음이 없으니, 누가 분별을 하겠는가? 이는 동일하지 않은 것이다. 동일하지도 않고 다르지도 않다면 망상에 성품이 없다는 걸 충분히 볼 것이다.

나아가 미진微塵에 이르기까지 분석해 추구해도 다 얻을 수 없으니, 뿔과 다르지 않기 때문에 저것 역시 성품이 아니다. '둘 다 성품이 없다'는 어떤 법으로, 어떤 이유로 '없다'고 말한 것인가?

乃至微塵分析推求. 悉不可得. 不異角故. 彼亦非性. 二俱無性者. 何法何故而言無耶.

앞에서는 '마음에 자성自性이 없다'고 말했고, 여기서는 '경계에 자성이 없다'고 말한 것이다. 경계가 본래 없음을 밝혔기 때문에 역자亦字로써 가려낸 것이다. 토끼 뿔은 본래 없고, '없다(無)'는 진실로 이미 자성이 없다. 그렇지만 소뿔이 비록 있더라도 만약 극미極微를 분석해 추구한다면 역시 얻을 수 없고, 역시 토끼 뿔과 더불어 다름이 없다. 그렇다면 있음(有) 역시 자성이 없는 것이니, 이 때문에 '저것 역시 성품이 아니다'라고 한 것이다. 그리고 저 있음(有)과 없음(無) 둘 다 성품이 없다면 경계가 본래 없는 것이다. 마음과 경계가 모두 없으니, 또 어떤 법이 정情에 합당하겠으며, 어째서 있음(有)이 달라지자 없다(無)고 말하는가? 그러므로 당역에서는 이렇게 말했다.

"'뿔이 있음(有)이 달라지자 뿔이 없다고 말함'은 이처럼 분별해서 이치 아님(非理)을 결정한 것이니, 둘 다 있음(有)이 아닌데 누가 누구를 대대待對하겠는가?"

대혜야, 만약 없기(無) 때문에 뿔이 없다면(당역에서는 "만약 상대相待가 이루어지지 않으면"이라 하였다) 있음(有)을 관찰하기 때문에 토끼에게 뿔이 없다고 말하는 것이니, 응당 이런 상념을 짓지 말아야 한다.

大慧. 若無故無角. (唐譯云. 若相待不成) 觀有故言兎無角者. 不應作想.

관기 여기서는 상대를 끊음(絶待)으로써 진심眞心을 드러냄을 말한 것이다. 당역에서는 이렇게 말했다.

"있음(有)을 상대相待하기 때문에 토끼 뿔은 없다고 말한 것이니 응당 분별하지 말아야 한다."

말하자면 있음(有)과 없음(無)을 둘 다 여의면 분별할 수가 없다. 그래서 '만약 없기 때문에 뿔이 없다'고 한 것이니, 뿔이 없으면 대대對待 가 없다. 대대가 이미 없으므로 '소뿔이 있다고 관찰함을 인하여 토끼 뿔이 없다고 말하는 것'이라면 모두 삿된 견해이니 응당 이런 분별은 짓지 말아야 한다.

대혜야, 정인正因이 아니기 때문이다. 그래서 있음과 없음(有無)을 설하지만 둘 다 이루어지지 않는다.

大慧. 不正因故. 而說有無. 二俱不成.

관기 외도는 온갖 법이 본래 스스로 무생無生임을 통달하지 못하고 허망하게 있음과 없음(有無)을 계교하여 생성의 원인(生因)으 로 삼지만 이는 참된 원인(眞因)이 아니다. 인지因地가 참되지 않아서 과果도 우회와 곡절曲切을 불러들이니, 이 때문에 '정인正因이 아니기 때문'이라고 하면서 있음과 없음(有無) 둘 다 이루어지지 않는다고 설한 것이다. 앞에서는 있음과 없음(有無)의 두 가지 견해를 버렸는데, 그 의도는 망상을 뒤집고 올바른 지혜(正智)를 이루는 데 있다. 아래서는 공空과 색色의 일여一如를 드러냈는데, 그 의도는 명상名相을 뒤집으면 곧바로 여여如如라는 데 있다. 또 앞에서는 없음(無)의 견해를 타파했다면, 이후에선 있음(有)을 타파한다.

대혜야, 다시 다른 외도의 견해가 있다. 색色, 공空, 사事, 형처形處, 횡법橫法을 계교하고 집착하느라 허공의 분제分齊를 잘 알 수 없다. 색色은 허공을 여의었다고 하면서 분제分齊를 일으켜 망상을 본다.

大慧. 復有餘外道見. 計著色空事形處橫法. 不能善知虛空分齊. 言色離虛空. 起分齊見妄想.

여기서는 계교를 서술하고 있다. 당역에서는 이렇게 말한다. "다시 어떤 외도는 색色의 형상과 허공의 분제를 보면서 집착을 낳으니, 색色은 허공과 다르다고 말하면서 분별을 일으킨다."

대혜야, 허공이 색色이니 색의 종성(色種)을 따라 들어간다. 대혜야, 색은 허공으로서 지님(持)과 지닌 바(所持)의 처소에 건립된 성품이다. 색과 공의 일에 대해서는 분별해서 마땅히 알아야 한다.

大慧. 虛空是色. 隨入色種. 大慧. 色是虛空. 持所持處所建立性. 色

空事. 分別當知.

 여기서는 공空과 색色의 일여一如를 밝힌 것이다. 위역에서는 이렇게 말한다.

"색에 의거하여 허공을 분별하고, 허공에 의거하여 색을 분별하기 때문이다."

당역에서는 이렇게 말한다.

"색과 공의 분제分齊와 분별은 응당 이렇게 알아야 한다."

경전에서 말한다. "비유하면 허공이 일체의 색과 비색非色의 처소에 두루 이르는 것과 같으니, 이것은 허공이 색의 종성 속으로 따라 들어가는 것이다. 이 공이 곧 색이지 색 밖의 공은 아니다. 색이 곧 공이니, 능히 지님(持)과 지닌 바(所持) 건립의 성품이기 때문이다. 이 색의 성품은 저절로 공(自空)이지 색을 멸한 공이 아니다."

대혜야, 사대四大의 종자가 생길 때 자상自相이 각기 구별되고 또한 허공에도 머물지 않으니, 저것(즉 사대)이 없으면 허공도 없다.

大慧. 四大種生時. 自相各別. 亦不住虛空. 非彼無虛空.

여기서는 색의 성품이 곧 공空임을 밝힌다. 그리하여 외도가 사대의 종자를 집착해 생성의 원인(生因)으로 삼는 걸 타파하고 있다. 이는 바로 형상과 처소의 횡법橫法을 계교하고 집착하는 것이다. '토끼 뿔이 없음을 인해서 소뿔이 있다는 견해가 생긴다'는 놓아주었다 빼앗았다(縱奪)를 포함한 말이다. 즉 저 외도가 사대의 종자에 각기 자상自相이 있음을 집착함으로써 온갖 법이 능히 생기지만 공空과는 아무런 간섭이 없기 때문에 "사대의 종자가 생길 때 자상이 각기 구별된다"고 말한 것이다. 그러므로 "사대의 종자가 생길 때 자상이 각기 구별되고"라고 했기 때문에 "또한 허공에도 머물지 않지만"이라는 놓아주는 말을 했다가 다시 "거기에 허공이 없는 건 아니다"라는 빼앗는 말을 한 것이다. 저들이 색의 성품이 곧 공空임을 알지 못했기 때문에 허망하게 계교하여 생성의 원인(生因)으로 삼았지만, 지금 색의 성품이 이미 공했으니 이 색은 본래 없는 것이고, 사대가 색을 이룸이 본래 없는데도 집착하여 생성의 원인으로 삼으니 이는 원인(因)이 없는 것이다. 원인 없음을 생성의 원인으로 삼으니 어찌 허망한 계교가 아니겠는가! 서역의 외도는 종류가 다양하지만, 그러나 그들의 계교는 단멸과 항상(斷常), 있음과 없음(有無) 두 견해를 벗어나지 않는다. 진실로 자심自心의 현량現量을 통달하지 못하기 때문에 참 원인(眞因)을 요달하지 못하니, 비록 있다는 견해(有見)에 집착하더라도 총체적으로는 원인 없음(無因)으로 돌아간다. 세존께서 다양한 방편으로 완벽하게 타파했는데, 오직 정인正因을 드러냄으로써 저 원인 없음(無因)을 타파했을 뿐이다.

이처럼 대혜야, 소에게 뿔이 있다고 관찰했기 때문에 토끼에게 뿔이 없는 것이다. 대혜야, 또 '소뿔'은 분석하면 미진微塵이 되고, 또 미진을 분별하면 찰나刹那도 머물지 않으니(당역에서는 "또 저 미진을 분석하면 찰나도 나타나지 않는다"고 하였다), 저 소의 무엇을 관찰했기 때문에

없다고 말하는 것인가? 만약 다른 사물(餘物)을 관찰한다고 말하면
그 (사물의) 법 역시 마찬가지다."

如是大慧. 觀牛有角. 故兔無角. 大慧. 又牛角者析爲微塵. 又分別微
塵刹那不住. (唐譯云. 又析彼微塵刹那不現) 彼何所觀故而言無耶. 若
言觀餘物者. 彼法亦然.

관기   여기서는 앞서 말한 있음과 없음 둘 다 없음을 총체적으로
회통하고 있으니, 이를 사례로 온갖 법을 관찰함으로써 정지正
智가 생기고 여여如如에 계합하는 것이다. 또 '저 없음(無)을 계교함'은
소뿔을 인하여 있기 때문에 토끼 뿔이 없다고 집착하는 것이다. 이제
소뿔을 분석해 나가 미진微塵에 이른다 해도 역시 끝내 얻을 수 없지만,
그러나 소인所因의 소뿔 역시 없는데 또 무엇을 견주고 관찰해서 토끼
뿔이 없다고 말하겠는가? 하지만 온갖 법은 본래 없고 허망한 견해를
인해 있으니, 진실로 일념一念이 생기지 않으면 두 견해가 몽땅 끊어져
서 참 지혜(眞智)가 홀로 비추고 마음의 경계가 여여如如하다. '이러한
관찰을 하는' 것을 이름하여 정관正觀이라 하고, 만약 다른 관찰(他觀)
이라면 곧 삿된 관찰(邪觀)이기 때문에 "다른 사물(餘物)을 관찰한다고
말하면 그 사물의 법 역시 마찬가지다"라고 말한 것이다. 그러므로
아래에서는 결론으로 권유하길 "반드시 이견(異見: 봄을 달리함)의 망상
을 여의어야 하고, 자심自心이 망상을 나타냄을 사유해야 한다"고
하였다.

이때 세존께서 대혜보살마하살에게 고하셨다.

"반드시 토끼 뿔, 소뿔, 허공, 형색形色이 봄을 달리한다(異見)는 망상을 여의어야 한다. 너희 보살마하살들은 반드시 스스로의 마음이 망상을 나타냄을 사유해서 그걸 따라 들어가 일체 찰토刹土의 최승자最勝子가 되어야 하고, 스스로의 마음으로 방편을 나타내어 가르쳐야 한다."(당 역에서는 "모든 불자佛子를 위해 스스로의 마음을 관찰하는 수행법을 설하라"고 하였다)

爾時世尊告大慧菩薩摩訶薩言. 當離兎角牛角虛空形色異見妄想. 汝等諸菩薩摩訶薩. 當思惟自心現妄想. 隨入爲一切刹土最勝子. 以自心現方便而敎授之. (唐譯云. 爲諸佛子. 說觀察自心修行之法)

이때 세존께서 거듭 이 뜻을 펼치고자 게송을 설하셨다.

爾時世尊欲重宣此義而說偈言.

색色 등 및 마음은 없는데도
색色 등은 마음을 길이 기른다.

色等及心無. 色等長養心.

관기 여기서는 육진六塵의 허망한 경계 및 허망한 마음이 본래 있지 않음을 밝히고 있다. 다만 경계가 오직 마음뿐임을 요달하지 못하고 허망하게 분별을 낳기 때문에 "색色 등은 마음을 길이 기른다"고 말한 것이다.

몸으로 수용受用해 안립安立하니,
식장識藏은 중생을 나타낸다.

身受用安立. 識藏現衆生.

관기 '몸으로 수용受用해'는 말하자면 활동하는 중생이 머무는 곳인 일체의 온갖 경계이니, 바로 장식藏識이 나타낸 영상影像이기 때문에 "식장識藏은 중생을 나타낸다"고 말한 것인데, 이를 요달하지 못하기 때문에 허망하게 취해서 집착함(取著)이 생기는 것이다.

마음(心), 뜻(意) 그리고 식識
자성自性과 다섯 가지 법
두 가지 무아無我를 청정히 하라고
광설자廣說者가 설하는 바이다.

心意及與識. 自性法有五. 無我二種淨. 廣說者所說.

관기 여기서는 여래의 설법이 권도와 실제(權實)를 쌍으로 밝히는 뜻임을 밝히고 있다. 그러나 마음(心), 뜻(意), 식識, 오법五法, 자성自性, 이무아二無我 등 갖가지 법문은 오직 마음뿐임을 요달하지 못한 자를 위해 부득이하게 건립해서 저 허망한 계교를 타파했을 뿐이다. 실제로는 오법과 세 가지 자성은 모두 공空하고 팔식과 이무아 二無我는 둘 다 버리니, 단지 일심一心을 제시할 뿐 다시 별다른 법은 없다. 이것이 바로 여래가 설법하는 방식이기 때문에 "광설자(廣說者: 널리 설하는 자)가 설하는 바이다"라고 말한 것이다.

길고 짧음, 있음과 없음 등이
펼쳐 굴러가면서(展轉) 서로 낳으니
없음(無)이기 때문에 있음(有)을 이루고
있음(有)이기 때문에 없음(無)을 이루네.

미진微塵을 분별하는 일로
(당역에서는 "미진을 분석하는 일로"라고 하였다)
색色의 망상을 일으키지 말지니
심량心量이 안립安立하는 곳은
악견惡見을 즐기지 않는 바이다.

각상覺想은 경계가 아니니
(당역에서는 "외도가 행하지 않는 곳"이라 하였다)
성문도 역시 마찬가지다.
세상을 구원하는 이가 설한 것은
자각自覺의 경계로다.

長短有無等. 展轉互相生. 以無故成有. 以有故成無. 微塵分別事.
(唐譯云. 微塵分析事) 不起色妄想. 心量安立處. 惡見所不樂. 覺想非
境界. (唐譯云. 外道非行處) 聲聞亦復然. 救世之所說. 自覺之境界.

관기 일체 세간의 유위법有爲法은 길고 짧음의 상대적 형상과 있음
과 없음의 상대적 생겨남을 벗어나지 못하니, 모두 펼치며
굴러가고(展轉) 대대對待하고 분별을 해서 있는(有) 것이지만, 그러나
미진을 분석해서 성품의 공함(性空)에 이르면 색色 등의 경계에 대해
오직 마음뿐임을 요달해서 분별을 일으키지 않는다. 이와 같은 미묘한
법문인즉 악견惡見을 지닌 자라면 즐겨 듣지 않는 것이니, 특히 이
법문은 외도와 이승의 경계가 아니라 바로 여래가 설한 자각自覺의
경계이다.

○이상 있음과 없음(有無), 색과 공(色空), 동일성과 차이성(一異) 등의 법을
  잡아서
  ②-1-(1)-1)-가-(가) 오법五法 가운데
  가) 명상名相과 망상妄想을 다 타파했다.
  나) 아래에선 정지正智의 여여如如를 드러내는데,
  (우선 1장章은 정지正智를 드러낸다.)

이때 대혜보살이 자심自心의 나타난 흐름(現流)을 청정히 소제하기
위해 다시 여래에게 청하면서 부처님께 여쭈었다.
"세존이여, 어찌해서 일체중생은 자심自心의 나타난 흐름(現流)을 청정

히 소제해야 합니까? 단박(頓)에 합니까, 점차(漸)로 합니까?"

爾智大慧菩薩. 爲淨除自心現流故. 復請如來. 白佛言. 世尊. 云何淨除一切衆生自心現流. 爲頓爲漸耶.

관기 여기서는 중생 마음의 습기習氣인 나타난 흐름(現流)에 나아가 정화함으로써 오법五法 가운데 정지正智의 뜻을 밝히고 있다. 진실로 일체중생이 나날이 쓰는 마음의 습기인 나타난 흐름은 원래 여래의 법신 지혜이니, 깨닫지 못하기(不覺) 때문에 무명無明에 순응해서 흐르고, 심의식心意識을 따라 전변하기 때문에 자각성지自覺聖智가 은폐되어 나타나지 않는다. 여래가 법을 설해서 그 본래 있음(本有)을 인해 중생을 개도開導하지만, 다만 스스로 본래 있음(本有)을 깨닫게 하기 때문에 '청정히 소제한다'고 말한 것이다. 실다운 법(實法)이 있어서 중생을 더 북돋는 것이 아니기 때문에 『대경大經』에서는 이렇게 말했다.

"기이하고 기이하도다! 일체중생은 여래의 지혜와 덕德의 상相을 갖추고 있구나." 그러나 망상의 전도顚倒와 집착 때문에 증득하지 못하고 있으니, 만약 망상의 전도와 집착을 여의면 일체지一切智[308]와 무사지無師智[309]가 즉시 현전現前하게 된다. 이것이 소위 나타난 흐름(現流)을 청정히 소제함으로써 정지正智를 밝힌 것이다. 당주唐註에서는

---

308 산스크리트어 sarva-jña. 모든 것의 안팎을 깨달은 부처의 지혜.

309 스승에게 배워서 학습된 지혜가 아니라 본래 존재하는 지혜로서, 자연지自然智이자 불지佛智라고도 할 수 있다.

이렇게 말했다.

"말하자면 '능히 정화하는' 것은 자각성지自覺聖智이고, '정화되는 것'은 자심自心의 나타난 흐름이다."

이 뜻은 성스러운 지혜는 부처에게 속하고 나타난 흐름(現流)은 단순히 중생을 잡은 것으로 보이는데 아마도 본래의 종지가 아닌 것 같다.

부처님이 대혜에게 고하셨다.

"점차적인 정화이지 단박에 하는 정화가 아니니, 마치 암리과菴羅果처럼 점차 익는 것이지 단박에 익는 것이 아니다. 여래는 일체중생의 자심自心의 나타난 흐름을 청정히 소제하는데, 역시 이처럼 점차 정화하지 단박에 정화하지 않는다. 비유하면 도예가가 온갖 그릇을 만들 때 점차 이루어지지 단박에 이루어지지 않는 것과 같다. 여래가 일체중생의 자심自心이 나타낸 흐름을 청정히 소제하는 것도 이와 마찬가지라서 점차 정화하지 단박에 정화하는 것은 아니다. 비유하면 대지가 점차로 만물을 낳지 단박에 낳지 않는 것과 같다. 여래가 일체중생의 자심自心의 나타난 흐름을 청정히 소제하는 것도 이와 마찬가지라서 점차 정화하지 단박에 정화하는 것은 아니다. 비유하면 사람이 음악이나 서화書畵 등 갖가지 기술을 배울 때 점차 이루어지는 것이지 단박에 이루어지지 않는 것과 같다. 여래가 일체중생의 자심自心의 나타난 흐름을 청정히 소제하는 것도 이와 마찬가지라서 점차 정화하지 단박에 정화하는 것은 아니다.

佛告大慧. 漸淨非頓. 如菴羅果. 漸熟非頓. 如來淨除一切衆生自心
現流. 亦復如是漸淨非頓. 譬如陶家造作諸器. 漸成非頓. 如來淨除
一切衆生自心現流. 亦復如是漸淨非頓. 譬如大地漸生萬物. 非頓生
也. 如來淨除一切衆生自心現流. 亦復如是漸淨非頓. 譬如人學音樂
書畫種種技術. 漸成非頓. 如來淨除一切衆生自心現流. 亦復如是漸
成非頓.

관기 앞에서는 네 가지 점차(漸)를 밝혔고, 아래서는 네 가지 단박
(頓)을 밝혔다.

비유하면 밝은 거울이 일체의 모습 없는 색상(無相色像)을 단박에
나타내는 것과 같다.(당역에서는 "비유하면 밝은 거울이 온갖 모습을 단박에
나타내면서도 분별이 없는 것과 같다"고 하였다) 여래가 일체중생의 자심自
心의 나타난 흐름을 청정히 소제하는 것도 이와 마찬가지라서 단박에
무상無相이자 소유(所有: 있는 바)가 있지 않는 청정 경계를 나타낸다.
마치 해나 달이 일체의 색상色像을 단박에 비추어 드러내 보이는
것과 같다. 여래가 자심自心이 나타낸 습기와 우환을 여의는 중생을
위한 것도 이와 마찬가지라서 단박에 부사의不思議한 지혜의 가장
훌륭한 경계를 나타낸다. 비유하면 장식藏識이 자심自心의 나타냄
및 몸(身)과 안립安立과 수용受用의 경계를 단박에 분별해 알듯이,
저 온갖 의불依佛[310]도 이와 마찬가지라서 중생이 처한 경계를 단박에

---

310 보신불. 법신불에 의지한다는 의미에서 의불依佛이라 한다.

성숙시킴으로써 수행자가 저 색구경천色究竟天에 편안히 처하게 한
다.(당역에서는 "비유하면 아뢰야식이 자신이 삶을 영위하는 기세간器世間
등을 분별해서 경계를 나타내는데 일시一時에 아는 것이지 전前과 후後가 있지
않듯이, 대혜야, 보불報佛[311] 여래도 역시 마찬가지다. 일시에 온갖 중생계를
성숙시켜서 색구경천의 청정하고 묘한 궁전처럼 청정을 수행하는 곳에 위치시
킨다"고 하였다) 비유하면 법불法佛[312]이 지은 의불依佛(당역에서는 "비유
하면 법불이 단박에 나타낸 보불"이라 하였다)의 광명이 비춰 밝은 것과
같으니, 자각성지도 마찬가지라서 저들의 법상法相에 성품이 있다느
니 성품이 없다느니 하는 악견惡見의 망상을 비추어서 제거해 소멸케
한다."

譬如明鏡. 頓現一切無相色像. (唐譯云. 譬如明鏡. 頓現衆相. 而無分別)
如來淨除一切衆生自心現流. 亦復如是. 頓現無相無有所有淸淨境
界. 如日月輪. 頓照顯示一切色像. 如來爲離自心現習氣過患衆生.
亦復如是. 頓爲顯示不思議智最勝境界. 譬如藏識. 頓分別知自心現
及身安立受用境界. 彼諸依佛亦復如是. 頓熟衆生所處境界. 以修行
者安處於彼色究竟天. (唐譯云. 譬如阿黎耶識. 分別現境自身資生器世間
等. 一時而知. 非是前後. 大慧. 報佛如來亦復如是. 一時成熟諸衆生界. 置究
竟天淨妙宮殿修行淸淨之處) 譬如法佛所作依佛. (唐譯云. 譬如法佛頓現

---

311 법신불, 보신불, 화신불의 삼신불三身佛 중 하나인 보신불을 가리킨다. 중생을
　　위해 서원을 세우고 거듭 수행한 결과로 깨달음을 성취한 부처. 아미타불과
　　약사여래가 여기에 해당한다.
312 삼신불의 하나인 법신불을 가리킨다.

報佛) 光明照耀. 自覺聖趣亦復如是. 彼於法相有性無性惡見妄想.
照令除滅.

여기서는 화불과 법불의 단박(頓)과 점차(漸)를 잡아서 이理는
모름지기 단박에 깨치고 사事는 모름지기 점차 제거한다는
뜻을 밝히고 있다. 예전에는 단박(頓)과 점차(漸) 모두가 부처를 잡았
지만, 그러나 체관諦觀의 비유 중에서 점차(漸)는 성숙을 취한 뜻이고
단박(頓)은 비추는 작용을 현현顯現하는 뜻을 취한 것이니, 이는 단박
(頓)은 단순히 부처를 잡은 것이고 점차(漸)는 기틀(機)을 잡은 것일
뿐이다.

대체로 여래의 원만한 자각성지自覺聖智는 해인삼매海印三昧에 안주
해 법계를 비추어 밝히고 평등하게 현현顯現하니, 비유하면 밝은 거울
이 형상을 나타내면서 실오라기 하나도 빠트리지 않는 것과 같다.
기틀을 조감하는(鑑機) 설법은 마치 해나 달이 하늘에 떠 있고 구름과
비가 두루 윤택하게 하는 것과 같지만, 그러나 산에는 높고 낮음이
있기 때문에 광명을 받을 때 먼저와 나중(先後)이 있고 근기에 대승과
소승이 있기 때문에 성숙에 늦고 빠름이 있는 것이니, 소위 법은
본래 다르지 않고 스스로의 기틀이 다를 뿐이다. 그러므로 여래의
설법은 마치 스승이 아이를 다루는 것과 같아서 비록 돌이켜 흘겨보거
나 자주 잔소리를(顧眄頻呻) 하더라도 모두 전력을 다한다. 이것이
화불과 법불에게 비밀스런 정하지 않은 뜻(祕密不定義)이 있는 까닭이
다. 그러나 여기서 모두 '부처로써 단박(頓)과 점차(漸)를 밝힘'을
잡은 것은 삼신三身[313]의 설법에 의거한 것이다.

단박(頓)과 점차(漸)에는 네 가지 뜻이 있으니, 말하자면 돈돈頓頓, 돈점頓漸, 점돈漸頓, 점점漸漸이다. 진실로 중생은 각각 스스로의 마음이 본래 자각성지自覺聖智이지만, 단지 무명無明의 훈습熏習 때문에 업業이 나타나고 식識이 흐르게 된다. 이제 식識을 전변해 지혜를 이룸이 무명을 인한 두터움과 얇음(厚薄)이 있기 때문에 법에는 단박과 점차의 동일치 않음이 있는 것이다. 만약 어떤 중생이 본래 갖춘 법신의 지혜를 일념一念으로 단박에 깨달아서 스스로의 마음에 본래 없는 몸과 마음, 세계의 모습(相)을 비추어 밝혀 영원히 반연攀緣을 여읜다면, 일체의 근根과 양量의 모습이 소멸하면서 일념으로 자각성지自覺聖智를 단박에 증득한다. 소위 법불이 돈법頓法을 설해서 중생 '스스로의 마음'의 나타난 흐름(自心現流)을 단박에 정화하는데, 이것이 돈돈頓頓이다. 만약 어떤 중생이 스승이 가르친 훈습의 힘을 인해 비록 스스로의 마음을 요달해 깨달을 수 있다 해도 무명의 습기習氣의 힘 때문에 마음과 뜻과 의식(心意意識)의 망상 경계를 단박에 여읠 수 없다. 다만 일체 모든 법의 연생緣生은 성품이 없어서 일체의 몸과 마음과 세계가 허깨비처럼 실답지 않음을 관觀하면 오직 스스로의 마음이 나타난 것일 뿐이니 점차로 무명을 끊어서 자각성지를 증득한다. 먼저는 이해하고(解), 다음은 행行하고, 나중은 증득(證)이니,

---

313 부처의 세 가지 유형. (1) 법신法身: 진리 그 자체, 또는 진리를 있는 그대로 드러낸 우주 그 자체. 비로자나불과 대일여래가 여기에 해당한다. (2) 보신報身: 중생을 위해 서원을 세우고 거듭 수행한 결과로 깨달음을 성취한 부처. 아미타불과 약사여래가 여기에 해당한다. (3) 응신應身: 때와 장소와, 중생의 능력이나 소질에 따라 나타나 그들을 구제하는 부처. 석가모니불을 포함한 과거불과 미륵불이 여기에 해당한다.

이것이 바로 보불報佛이 설한 돈점법頓漸法으로 중생의 나타난 흐름(現流)을 정화한다. 이것이 돈점頓漸이자 점돈漸頓이다. 만약 온갖 중생이 비록 외연外緣을 만나더라도 스스로의 마음을 단박에 깨달을 수 없지만, 다만 여래의 권교대승權敎大乘에서 설한 보시, 지계, 인욕, 정진, 선정, 지혜에 의거해 점차로 관찰해서 마음의 경계(心境)를 점차로 여의어 올바른 지견(正知見)을 얻는다. 이것이 화불化佛이 설한 점점법漸漸法으로 중생 스스로 마음의 나타난 흐름(自心現流)을 점차로 정화하니, 이것이 점점漸漸이다.

이로 말미암아 살펴보면, 부처에겐 비록 점차(漸)라도 역시 단박頓이니 평등하게 현현顯現하기 때문이다. 그러므로 단박(頓)은 단순히 부처를 잡은 것이다. 기틀(機)에겐 단박(頓)이라도 역시 점차(漸)이니 많은 생애 동안 오래 축적된 선근善根의 성숙함을 인하기 때문이다. 이제 비로소 일념一念으로 단박 깨달음이 비록 단박(頓)이라도 역시 점차(漸)를 인한 것이기 때문에 점차(漸)는 단순히 기틀을 잡은 것이다. 그러므로 아래에선 세 부처의 설법 방식을 따라 들어가면서 단박과 점차(頓漸)의 뜻을 해석해 이룬 것이다. 그러나 화불化佛이 비록 점차의 법을 설하더라도 삼신三身이 일체一體이기 때문에 비록 점차(漸)라도 역시 단박(頓)이다. 따라서 경전에선 "재차 다른 방편으로써 제일의第一義也를 도와서 드러낸다"고 하였다.

○이상 정지正智를 드러냈다.
△②-1-(1)-1)-가-(가)-나) (아래에선 여여如如를 나타낸다.)

"대혜야, 일체법이 자상自相과 공상共相에 들어감은 스스로의 마음(自心)이 나타낸 습기習氣의 인因이고, 망상자성妄想自性을 상속해서 계교해 집착하는 인因이니, 갖가지로 실답지 않아 허깨비 같고(如幻) 갖가지로 계교해 집착해도 얻을 수가 없다(不可得)고 법의불法依佛314은 설한다.

大慧. 法依佛說一切法入自相共相自心現習氣因. 相續妄想自性計著因. 種種不實如幻. 種種計著不可得.

여기서는 보불報佛이 연생緣生은 성품 없는 법임을 밝히고 있으니, 앞서 말한 돈점頓漸과 점돈漸頓의 뜻을 이룸으로써 여여如如를 드러내고 있다. 법신으로부터 보신을 드리우기 때문에 "법의불法依佛"이라 했다. 진여眞如는 자성을 지키지 않고 연緣에 따라 일체법을 이루기 때문에 "자상과 공상에 들어간다"고 했다. 무명이 인因이 되어 삼세三細315를 낳기 때문에 "스스로의 마음이 나타낸 습기의 인因"이라 했고, 경계가 연緣이 되어 육추六麤를 성장시키기 때문에 "망상자성妄想自性을 상속해서 계교해 집착하는 인因"이라 했으니, 말하자면 일심一心의 진여眞如가 연緣에 따라 일체법을 이룬 것이다.

---

314 당역에서는 "법성이 흐른 바의 부처(法性所流佛)"라고 했다. 감산 대사는 법신으로부터 보신을 드리우는 것이라 했다.

315 『기신론』에서 설하는, 무명無明에 의해 움직이는 마음의 세 가지 미세한 모습. (1) 무명업상無明業相: 무명에 의해 최초로 마음이 움직이지만 아직 주관과 객관의 구별이 없는 상태. (2) 능견상能見相: 마음의 움직임에 의해 일어나는 인식 주관. (3) 경계상境界相: 인식 주관의 작용으로 나타나는 객관.

일체법의 연생緣生은 성품이 없기 때문에 갖가지로 실답지 않아 허깨비 같다(如幻)는 것이고, 망상이 본래 없어서 연緣에 따라 생기지만 그 생김도 또한 성품이 없기 때문에 얻을 수 없다는 것이다. 그러므로 화엄華嚴에서 법계연기法界緣起를 종지로 삼기 때문에 여기서 "보불報 佛이 연생법緣生法을 설한 것"이라고 한 것이다. 아래에선 비유를 통해 드러냈다.

그리고 대혜야, 연기자성緣起自性을 계교해 집착해서 망상자성妄想自 性의 상相을 낳는다. 대혜야, 마치 마술사(工幻師)가 풀·나무·기와·돌 에 의거해 갖가지 허깨비(幻)를 지으면 일체중생은 약간의 형색形色을 보고 갖가지 망상을 일으키는 것과 같으니, 저 온갖 망상 역시 진실眞實 이 없다.

復次大慧. 計著緣起自性. 生妄想自性相. 大慧. 如工幻師. 依草木瓦 石作種種幻. 起一切衆生若干形色. 起種種妄想. 彼諸妄想. 亦無眞實.

관기 여기서는 비유를 통해 연생緣生은 성품이 없다는 뜻을 해석해 이루고 있다. 망상자성이 연기자성에 의거함을 말미암아 일어 나기 때문에 "연기자성을 계교하고 집착해서 망상자성의 상相을 낳는 다"고 한 것이다. 마술사(幻師)는 마음을 비유했고, 풀·나무·기와·돌 은 무명의 연緣을 비유했고, 약간의 색상色像은 일체법을 비유했고, 갖가지 분별을 보는 것은 중생이 오직 마음뿐임을 요달하지 못하고 갖가지 허망한 계교를 일으키는 것이니, 총체적으로는 모두 허깨비 같아(如幻) 실답지 않은 것이다. 그렇다면 허망한 경계는 원래 없을 뿐만 아니라 허망한 마음도 본래 있지 않은 것이니, 이것이 바로 연생緣生이기 때문에 허깨비 같은(如幻) 것이다.

이처럼 대혜야, 연기자성緣起自性에 의거해 망상자성妄想自性을 일으키고, 갖가지 망상의 마음으로 갖가지 상相을 행하여 망상의 상相을 일삼으면서 습기의 망상을 계교해 집착하니, 이는 망상자성의 상相이 생기는 것이다. 대혜야, 이를 이름하여 의불依佛의 설법이라 한다.

如是大慧. 依緣起自性. 起妄想自性. 種種妄想心. 種種相行事妄想相. 計著習氣妄想. 是爲妄想自性相生. 大慧. 是名依佛說法.

관기 여기서는 법으로 비유를 합하고 있다. 당역에서는 이렇게 말했다.

"이것 역시 마찬가지다. 경계를 취해 집착하는 습기의 힘을 말미암기 때문에 연기緣起의 성품 중에 허망한 계교의 성품이 있어서 갖가지 상相이 나타나는 것이니, 이를 이름하여 '허망한 계교의 성품이 생김(妄計性生)'이라 한다.

대혜야, 이를 이름하여 법성法性의 흐름(所流)인 부처가 설한 법상法相이라 한다."

대혜야, 법불이란 마음의 자성의 상(心自性相)을 여의고 자각성지가 반연된 경계를 건립하고 시작施作한 것이다.

大慧. 法佛者. 離心自性相. 自覺聖所緣境界建立施作.

여기서는 법불의 설법을 밝혔으니, 앞서 말한 돈돈頓頓의 뜻을 이룬 것이다. 무릇 심의식心意識을 여의고 자각성지의 경계를 드러낸 것은 모두 법불이 설한 법상法相이다. 이『능가경』이 순수하게 단박(純頓)인 그 뜻을 여기서 보이기 때문에 앞의 오법장五法章 첫머리에서 대혜가 "오직 바라노니 법신여래法身如來가 설한 법을 설해 주옵소서"라고 청한 것이다.

대혜야, 화불化佛이란 보시, 지계, 인욕, 정진, 선정 및 마음의 지혜를 설해서 음陰과 계界와 입入을 여의어 식상識相을 해탈케 하고, 이 식상을 분별하고 관찰하고 건립해서 외도의 무색無色을 보는 견해를 초월케 한다.

大慧. 化佛者. 說施戒忍精進禪定及心智慧. 離陰界入. 解脫識相. 分別觀察建立. 超外道見無色見.

여기서는 화불의 설법 양상을 밝혔으니, 앞서 말한 점점漸漸의 뜻을 이룬 것이다. 외도는 허망하게 무색無色을 보는 것을 구경究竟으로 삼기 때문에 "무색의 견해를 본다"고 했다.

대혜야, 또 법불이란 반연攀緣을 여의고 반연이 여의게 되자 일체의 지어진 근량根量의 상相이 소멸한 것이니, 이는 온갖 범부, 성문, 연각,

외도가 계교해 집착하는 아상我相으로 집착한 경계가 아니고 자각성지의 구경究竟의 차별상으로 건립한 것이다. 그러므로 대혜야, 자각성지의 구경의 차별상을 반드시 부지런히 닦고 배워야 하고 스스로의 마음이 나타낸 견해를 응당 제거해 소멸해야 한다."

관기 여기서는 법불에 귀의함을 결론짓고 있다. 곧바로 돈돈頓頓을 가리켜서 이『능가경』의 궁극적 종지를 제시했다. 앞서는 삼불三佛이 설법하는 양상을 차례로 설했는데, 그런데도 다시 법불로써 결론을 권유한 것은 생각건대 반연의 마음이 있음을 말하는 것이다. 그러므로 망견妄見의 경계로 분별하고 집착하는 것을 이름하여 망상이라 하고, 이 반연을 여의는 것이 바로 자각성지自覺聖智이다. 그리고 앞서 삼상三相 중에서는 '자각성지의 구경상究竟相'이라 했지만, 여기서는 '구경究竟의 차별상差別相'이라 한 것은 생각건대 부처의 삼신三身이 일체一體임을 드러내서 설법한 것이니, 바로 진실(實)에 즉卽한 권도(權), 단박(頓)에 즉한 점차(漸), 구경究竟에 즉한 차별로서 곧바로 수행자로 하여금 오로지 돈돈頓頓에 의거해서만 닦도록 할 뿐이다.

○이상 정지正智의 여여如如함을 드러내었다.
△②-1-(1)-1)-가-(가)-다) 아래에선 두 가지 삿된 원인(邪因)을 타파했으니,
　a) 먼저 이승의 삿된 원인에 입각함으로써 올바른 인(正因)을 제시했다.

"다시 대혜야, 두 종류의 성문승은 분별상分別相에 통달해 있으니,

말하자면 자각성自覺聖의 차별상을 얻는 것과 성망상자성性妄想自性을
계교하고 집착하는 상相이다.

復次大慧. 有二種聲聞乘通分別相. 謂得自覺聖差別相. 及性妄想自
性計著相.

관기 여기서는 앞서 법불의 설법이 바로 자각성지로서 범부와 이승,
외도의 경계가 아님을 말미암으니, 이 때문에 성문과 외도의
상相을 따라 밝힘으로써 성스러운 지혜의 뜻이 아닌 까닭을 제시하고
있다. 그러나 이승과 의불依佛의 가르침으로 수행함으로써 진실에
즉한 권도(卽實之權)를 통달하지 못하니, 이 때문에 단지 성스러운
지혜의 차별을 얻을 뿐 성스러운 지혜의 구경究竟 가운데 차별을 얻지
못한 것이다. 그래서 화성化城316에 오래 정체하느라 보배의 처소(寶所)
에 오르지 못했으니, 외도는 허망하게 신아神我를 세워서 스스로 진상
眞常을 등지기 때문에 깊이 삿된 견해에 집착하고 있다. 그리하여
수행자로 하여금 이 권도의 삿됨을 여의게 해서 바야흐로 자각성지自覺
聖智의 구경究竟의 차별 건립상相을 얻게 하려는 것이다.

무엇이 자각성지의 차별상을 얻은 성문인가? 말하자면 무상無常, 고苦,

---

316 번뇌를 막아주는 안식처. 『법화경』에 나오는 용어. 험한 길 가운데에서 변화를
부려 한 성城을 만들고 피로한 대중들을 그 안에 들어가 쉬게 한 것에서 유래한다.
여기서는 화성에 오래 머물러 정체하는 바람에 궁극의 진실인 보배 처소에
오르지 못한 걸 말한다.

공空, 무아無我의 경계인 진제眞諦[317]로서 욕망을 여의어 적멸寂滅하고, 음陰, 계界, 입入의 자상自相과 공상共相을 쉬고, 외부의 무너지지 않는 상(外不壞相)을 실답게 알아서(如實知) 마음은 고요함과 그침(寂止)을 얻는 것이다. 마음이 고요하고 그치고 나서는 선정의 해탈과 삼매의 도과道果와 정수正受의 해탈이 습기의 부사의한 변역생사變易生死[318]를 여의지 않고 자각성지를 얻어서 그 즐거움에 머무는 성문인데, 이를 이름하여 자각성지 차별상을 얻은 성문이라 한다.

云何得自覺聖差別相聲聞. 謂無常苦空無我境界. 眞諦離欲寂滅. 息陰界入自共相. 外不壞相如實知. 心得寂止. 心寂止已. 禪定解脫三昧道果正受解脫. 不離習氣不思議變易死. 得自覺聖樂住聲聞. 是名得自覺聖差別相聲聞.

관기 여기서는 이승의 삿된 원인을 가려내고 있다. 성문에 두 종류가 있는데, 첫째는 날카로운 근기(利根)이니, 말하자면 사제四諦[319]에 의거해 수행하면서 공空을 관찰하여 깨달아 들어가는 것이다.

---

317 제諦는 진리를 뜻한다. ①산스크리트어 satya. 진리. 진실. 깨달음에 대한 진리. ②산스크리트어 paramārtha-satya. 분별이 끊어진 상태에서, 있는 그대로 파악된 진리. 분별이 끊어진 후에 확연히 드러나는 진리. 직관으로 체득한 진리. ③산스크리트어 paramārtha-satya. 가장 뛰어난 진리. 궁극적인 진리. 가장 깊고 묘한 진리.

318 삼계三界의 괴로움을 벗어난 성자가 성불할 때까지 받는 생사. 신체와 수명을 자유자재로 변화시킨다고 하여 변역變易이라 한다. 분단생사分段生死와 상대말.

319 불교에서 주장하는 네 가지의 진리. 사성제四聖諦라고도 하는데, 고제苦諦, 집제集

둘째는 둔한 근기(鈍根)이니, 말하자면 권교權敎의 팔배사八背捨[320] 관觀에 의거해 수행하면서 색色을 쪼개어 치우친 공(偏空)을 취하는 것이다. 여기서는 날카로운 근기의 성문을 밝힌 것이니, 그래서 당역에 서는 이렇게 말했다.

"무엇이 성스러운 지혜의 탁월한 상相을 스스로 증득한 것인가? 말하자면 고苦, 공空, 무상無常, 무아無我의 온갖 진리(諦)의 경계를

諦, 멸제滅諦, 도제道諦를 말한다. 이 중 고제는 모든 존재는 생로병사 등의 고통으로 괴로워하는 존재라는 진리이다. 집제의 집集이라는 것은 원인이라는 의미로, 고통을 낳는 원인은 갈애渴愛로 대표되는 번뇌라는 진리이다. 멸제는 번뇌를 없애면 열반이라는 진리이다. 도제는 열반으로 가는 방법을 말하며, 팔정도八正道가 있다.

320 팔해탈을 말한다. 번뇌의 속박에서 벗어나는 여덟 가지 선정禪定. (1) 내유색상 관외색해탈內有色想觀外色解脫: 마음속에 있는 빛깔이나 모양에 대한 생각을 버리기 위해 바깥 대상의 빛깔이나 모양에 대하여 부정관不淨觀을 닦음. (2) 내무색상관외색해탈內無色想觀外色解脫: 마음속에 빛깔이나 모양에 대한 생각은 없지만 그 상태를 유지하기 위해 부정관不淨觀을 계속 닦음. (3) 정해탈신작증구 족주淨解脫身作證具足住: 부정관不淨觀을 버리고 바깥 대상의 빛깔이나 모양에 대하여 청정한 방면을 주시하여도 탐욕이 일어나지 않고, 그 상태를 몸으로 완전히 체득하여 안주함. (4) 공무변처해탈空無邊處解脫: 형상에 대한 생각을 완전히 버리고 허공은 무한하다고 주시하는 선정으로 들어감. (5) 식무변처해 탈識無邊處解脫: 허공은 무한하다고 주시하는 선정을 버리고 마음의 작용은 무한하다고 주시하는 선정으로 들어감. (6) 무소유처해탈無所有處解脫: 마음의 작용은 무한하다고 주시하는 선정을 버리고 존재하는 것은 없다고 주시하는 선정으로 들어감. (7) 비상비비상처해탈非想非非想處解脫: 존재하는 것은 없다고 주시하는 선정을 버리고 생각이 있는 것도 아니고 생각이 없는 것도 아닌 경지의 선정으로 들어감. (8) 멸수상정해탈滅受想定解脫: 모든 마음 작용이 소멸 된 선정으로 들어감.

분명히 보아서 욕망을 여의어 적멸하기 때문에 온蘊, 계界, 처處에 대해서든, 자상이든 공상이든, 외부의 무너지지 않는 상(外不壞相)이든 실답게 요달해 아는 것이니, 이 때문에 마음은 하나의 경계(一境)에 머물고 하나의 경계에 머물고 나서는 다시 선정의 해탈과 삼매의 도과道果로 출리出離³²¹를 얻는다. 그리하여 성스러운 지혜의 경계를 스스로 증득하는 즐거움에 머물지만 습기 및 부사의한 변역생사變易生死를 아직 여의지 못하니, 이를 이름하여 성문이 성스러운 지혜의 경계를 스스로 증득하는 상相에 머무는 것이라 한다."

그러나 무상無常과 무아無我의 경계를 분명히 보니, 이것이 소위 성품의 공함(性空)을 평등하게 관찰해서 도道를 얻는 것이다. 다만 삼매의 즐거움을 탐착하느라 중생 제도의 마음을 일으키지 못하기 때문에 '성스러운 지혜의 경계를 스스로 증득하는 즐거움에 머문다'고 한 것이며, 무명 습기의 종자를 아직 여의지 못하기 때문에 변역생사를 능히 제도하지 못한다. 그러나 생사에는 두 종류가 있으니, 『식론識論』에서는 이렇게 말한다.

"첫째는 분단생사分段生死³²²이다. 말하자면 온갖 유루有漏³²³의 착하고 착하지 않은 업業은 번뇌장煩惱障을 반연하는 세력을 말미암아 삼계三界의 거친 이숙과³²⁴(麤異熟果)를 감응하는 바라서 수명(身命)의

---

321 미혹한 세계에서 벗어남. 번뇌의 속박에서 벗어남.

322 삼계三界에서 태어나고 죽는 일을 되풀이하는 범부의 생사. 각자 과거에 지은 행위에 따라 신체의 크고 작음과 목숨의 길고 짧음이 구별된다고 하여 분단分段이라 한다.

323 범어 sasrava의 번역이다. 루漏는 누설漏泄이란 의미로서 번뇌를 말한다. 번뇌가 있는 것을 유루라고 한다. 번뇌가 없는 무루無漏에 상대되는 말이다.

길고 짧음이 인연의 힘을 따라 정해진 제한이 있기 때문에 이름하여 분단分段이라 한다.

둘째는 부사의한 변역생사이다. 소지장所知障을 반연하고 돕는 세력을 말미암아 탁월하고 미세한 이숙과(細異熟果)를 감응하는 바라서 비원력悲願力을 말미암아 신명身命을 바꾸어 전변轉變하는데 정해진 제한이 없기 때문에 변역變易이라고 한다. 무루정無漏定[325]의 원력이 올바로 자량해 감응하는(資感) 바이고 묘한 작용(妙用)을 헤아리기 어려워서 이름하여 부사의不思議라고 한다."

대혜야, 자각성지의 차별상을 얻어서 즐거움에 머무는 보살마하살은 멸문滅門의 즐거움이나 정수正受의 즐거움이 아니라 중생 및 본원本願[326]을 돌아보고 불쌍히 여기므로 증득을 짓지 않는다.
대혜야, 이 이름이 '성문이 자각성지의 차별상의 즐거움을 얻음'이니, 보살마하살은 저 자각성지의 차별상의 즐거움을 얻는 것을 응당 닦고 배우지 않아야 한다.

大慧. 得自覺聖差別樂住菩薩摩訶薩. 非滅門樂正受樂. 顧憫衆生及

---

324 오과五果의 하나. 원인과 다른 성질로 성숙된 결과. 원인은 좋거나 나쁜데 성숙된 결과는 좋지도 나쁘지도 않는 것 등을 말한다.

325 무루심과 상응하는 선정을 말한다. 견도見道 이상의 성자가 무루지無漏智를 얻어 머물게 된 선정을 말한다. 무루등지無漏等至, 무루관無漏觀, 출세간정出世間定 또는 출세간선出世間禪이라고도 한다.

326 부처나 보살이 과거에 수행하고 있을 때, 모든 중생을 구제하려고 세운 근원적 서원. 아미타불의 48원, 약사여래의 12원 등.

本願. 不作證. 大慧. 是名聲聞得自覺聖差別相樂. 菩薩摩訶薩. 於彼
得自覺聖差別相樂. 不應修學.

관기 이는 방해와 비난을 통튼 것이다. 성문과 보살이 관찰한 바를
드러내는 것이 비록 동일하더라도 증득된 것은 다르니, 이는
마음에 대승과 소승이 있어서 차이를 이룸을 밝힌 것이다.

물음: 보살 역시 이 자각성지의 경계를 얻었는데, 어찌하여 성문과
동일하지 않은 것인가? 그러므로 당역에서는 이렇게 말했다.

"보살이 비록 이 자각성지의 경계를 얻었다 해도 중생을 불쌍히
여기기 때문에 본원本願을 지녀서 적멸문寂滅門 및 삼매의 즐거움을
증득하지 않는다."

공空을 관함을 말미암아 증득을 취하지 않으니, 이것이 성문과
다른 까닭이다. 그래서 권면勸勉해 말하길 '보살마하살은 이 자각성지
의 즐거움을 스스로 증득하는 것에 대해 응당 닦고 배우지 않아야
한다'고 한 것이다.

대혜야, 무엇이 성망상자성性妄想自性을 계교하고 집착하는 상相의
성문인가? 소위 대종大種의 파랑, 노랑, 빨강, 하양, 견고함, 젖음,
따뜻함, 움직임은 작자作者가 낳은 것이 아니지만, 자상自相과 공상共
相을 먼저 뛰어나게 잘 설하고, 보고 나서는 그것에 대해 자성망상을
일으킨다.

大慧. 云何性妄想自性計著相聲聞. 所謂大種. 青黃赤白堅濕煖動.

非作生. 自相共相. 先勝善說. 見已. 於彼起自性妄想.

관기 여기서는 둔한 근기(鈍根)의 성문을 밝히고 있다. 말하자면 이 성문은 공空을 관찰하는 걸 알지 못하지만, 그러나 성스러운 가르침이 설한 권승權乘의 팔배사八背捨 등의 관문觀門에 의거해 수행해서 사대四大 등 온갖 법에 실제로 있는 자상自相과 공상共相을 관찰한다. 비록 작자作者를 낳는 외도와는 동일하지 않지만, 그러나 역시 저 온갖 법을 집착해 실제로 있는 자성(實有自性)으로 여겨서 또한 망상을 여의지 못한다. 당역에서는 이렇게 말했다.

"무엇이 자성의 상相을 분별하고 집착하는 것인가? 소위 견고함, 젖음, 따뜻함, 움직임, 파랑, 노랑, 빨강, 하양 등 이와 같은 법은 작자作者가 낳은 것이 아님을 알지만, 교리敎理에 의거해 자상과 공상을 보고서 분별하고 집착한다."

위역에서는 이렇게 말한다.

"어떤 물건(物)을 분별해서 허망한 상相을 집착하니, 말하자면 저법의 허망한 집착을 실제로 있다(實有)고 여기는 것이다."

보살마하살은 그 사실을 응당 알아야 하고 응당 버려야 한다. 법무아法無我의 상相에 따라 들어가고, 인무아人無我의 상相을 보는 걸 멸해서 점차로 온갖 지地를 상속해 건립해야 한다.

菩薩摩訶薩. 於彼應知應捨. 隨入法無我相. 滅人無我相見. 漸次諸地相續建立.

관기 여기서는 결론으로 허물을 여읠 걸 권유하고 있다. 성문은 이미 인무아人無我를 얻었지만 법무아法無我는 아직 얻지 못했으니, 인무아가 바로 법집法執이기 때문에 인무아의 상相을 보는 걸 멸함이 바로 법무아의 상相에 들어가는 것이다.

이를 이름하여 모든 성문이 성망상자성을 계교하고 집착하는 상相이라 한다."

是名諸聲聞 性妄想自性計著相.

관기 여기선 결론의 명칭이다. 말하자면 저 두 가지 성문의 견해를 여의는 것이 바로 정지正智이기 때문에 응당 버려야 한다고 권유한 것이다.

○이상 이승의 삿된 인(邪因)으로써 올바른 인(正因)을 제시한 것이다.
△②-1-(1)-1)-가-(가)-다)
　b) 아래에서는 성스러운 지혜의 올바른 인(正因)으로 외도의 삿된 인(邪因)을 타파한 것이다.

이때 대혜보살마하살이 부처님께 여쭈었다.
"세존이여, 세존께서 설한 것은 항상하고 부사의한 자각성지의 경계 및 제일의第一義의 경계입니다. 세존이여, 온갖 외도가 설한 것도 항상의 부사의한 인연이 아닙니까?"

爾時大慧菩薩摩訶薩白佛言. 世尊. 世尊所說常不思議自覺聖趣境
界. 及第一義境界. 世尊. 非諸外道所說常不思議因緣耶.

앞에서는 이승의 견해를 여의는 걸 밝혔고, 여기서는 외도의
견해를 여의는 걸 밝혔다. 외도가 신아神我를 계교해서 생인生
因으로 삼는 건 참된 원인(眞因)이 아니고, 무상無常을 항상하다고
여기는 것은 진상眞常이 아니니, 총체적으로 모두 삿된 견해이다.
이 삿된 견해를 여의면 곧 정지正智라 이름하기 때문에 이 의문을
발한 것이다. 생각건대, 부처가 설한 자각성지 및 제일의第一義는
진상眞常의 부사의不思議가 되고 외도 역시 항상의 부사의(常不思議)를
설하는데, 세존께서 설한 것은 어찌하여 저 외도가 설한 것과 동일하지
않습니까? 부처는 앞으로의 설명에서 인因의 상相이 동일하지 않기
때문에 외도가 설한 내용에 견주어 답하지 않은 것이다.

부처님께서 대혜에게 고하셨다.
"온갖 외도의 인연으로 항상의 부사의(常不思議)를 얻는 것과는 다르다.

佛告大慧. 非諸外道因緣得常不思議.

여래가 설한 항상의 부사의(常不思議)는 제일의第一義를 인因
으로 삼고, 자각성지를 상相으로 삼으니, 소위 실상實相의
진인眞因이다. 이는 저 외도가 신아神我를 허망하게 계교(計)하여 인因
으로 삼는 것은 아닌데다 바로 무상無常을 항상(常)하다고 여기기

때문에 저 외도의 이론과는 동일하지 않다.

왜 그런가? 온갖 외도의 항상의 부사의(常不思議)는 자상自相을 인해 이루어지지 않았기 때문이다.

所以者何. 諸外道常不思議. 不因自相成.

관기 여기서는 동일하지 않은 까닭을 따져서 해석하고 있다. 말하자면 저 항상의 부사의(常不思議)는 바로 허망하게 세운 신아神我라서 자각성지의 상相과 제일의의 지혜(智)를 인하지 않고 이루어졌기 때문에 "자상自相을 인해 이루어지지 않았다"고 한 것이다.

만약 항상의 부사의(常不思議)가 자상自相을 인해 이루어지지 않았다고 한다면, 어떤 원인(因)으로 항상의 부사의가 현현하는가?

若常不思議不因自相成者. 何因顯現常不思議.

관기 여기서는 저 외도가 진상眞常이 아님을 드러내고 있다. 말하자면 항상의 부사의는 반드시 참된 원인(眞因)에 기대고 있다. 만약 참된 원인이 아니라면 어찌 항상의 부사의의 뜻을 현현할 수 있겠는가?

다음에 대혜야, 부사의不思議가 만약 자상自相을 인해 이루어진 것이라면 저 외도들은 응당 항상(常)이겠지만, 작자作者의 인因과 상相을 말미암기 때문에 항상의 부사의가 이루어지지 않는 것이다.

復次大慧. 不思議若因自相成者. 彼則應常. 由作者因相. 故常不思議不成.

관기 여기서는 놓아주고 빼앗음(縱奪)이 전계轉計를 방해하는 것이다. 저 외도가 부처께서 진상眞常은 자상自相을 인해 이루어진다고 설하는 걸 듣고서 바로 이렇게 전계轉計하였다.

"나는 항상의 부사의도 자상自相을 인해 이루어진다고 설하는데, 어찌하여 부처의 설명과 동일하지 않은 것인가?"

그러므로 놓아주면서 말하였다.

"저 외도의 부사의가 과연 자상自相을 인해 이루어진 것이라면 저들도 응당 진상眞常이겠지만, 다만 계교한 바를 말미암는다면 작자作者가 원인(因)이 될 뿐이다. 그러나 작자作者는 참된 원인(眞因)이 아니니, 원인(因)이 이미 참되지 않다면 어찌 항상의 과果를 획득하겠는가? 그러므로 항상의 부사의는 이루어지지 않는다."

아래에선 올바른 원인(正因)을 드러낸다.

대혜야, 나의 제일의第一義와 항상의 부사의(常不思議)는 제일의의 인因과 상相으로 이루어졌다. 성품(性)과 성품 아님(非性)을 여의고서 자각의 상相을 얻기 때문에 상이 있고(有相), 제일의의 지智가 인因이기 때문에 원인이 있는(有因) 것이고, 성품과 성품 아님을 여의기 때문에 비유하면 작자가 없고(無作), 허공虛空, 열반涅槃, 멸진滅盡이기 때문에 항상(常)이다. 이처럼 대혜야, 외도의 '항상의 부사의' 이론과는 동일하지 않은 것이다.

大慧. 我第一義常不思議. 第一義因相成. 離性非性. 得自覺相. 故有相. 第一義智因. 故有因. 離性非性故. 譬如無作. 虛空. 涅槃. 滅盡. 故常. 如是大慧. 不同外道常不思議論.

> **관기**   여기서는 부처가 설한 인因과 상相 둘 다 참됨을 밝히고 있는데, 진상眞常의 부사의를 드러낸 것이다. 부처께서 말씀하셨다.

"내가 설한 항상의 부사의는 바로 제일의제第一義諦의 인因과 상相에 의거해 성립해서 있음(有)과 없음(無)의 두 견해를 여의었다. 자각성지의 상相을 얻었기 때문에 실상實相이 있고, 제일의 지智의 인因을 얻었기 때문에 참된 원인(眞因)이다. 일체의 있음(有)과 없음(無)의 희론을 모두 여의고 당체當體가 적멸하니, 비유하면 세 가지 무위법無爲法³²⁷이 영원히 온갖 허물을 여읜 것과 같기 때문에 참되고 항상하다(眞常). 이것이 외도가 주장하는 항상의 부사의라는 삿된 견해의 이론과는 동일하지 않은 까닭이다.

이처럼 대혜야, 이 항상의 부사의는 모든 여래의 자각성지로 얻은 것이다. 이처럼 항상의 부사의는 자각성지로 얻은 것이므로 응당

---

327 설일체유부의 오위칠십오법五位七十五法 중에서 허공, 택멸擇滅, 비택별非擇滅을 세 가지 무위법이라 한다. 여기서는 허공, 열반, 멸진滅盡을 말한다.

닦고 배워야 한다.

如是大慧. 此常不思議. 諸如來自覺聖智所得. 如是. 故常不思議自
覺聖智所得. 應當修學.

여기서는 결론으로 참되고 항상함(眞常)을 가리키고 있기 때
문에 닦고 배워야 한다고 권유했다.

다음에 대혜야, 외도가 말하는 항상의 부사의는 무상無常의 성품이니
상相과 인因을 달리하기 때문이며, 스스로 짓는 인因과 상相의 힘이
아니기 때문에 항상(常)이다.

復次大慧. 外道常不思議. 無常性. 異相因故. 非自作因相力故常.

여기서는 외도가 부처가 설한 항상의 부사의와 동일치 않은
까닭을 밝히고 있다. '동일치 않은 까닭'은 저 외도가 세운
것이 유위법有爲法 외에 별도로 작자作者를 세워 생성의 원인(生因)으
로 삼았기 때문에 다른 원인(異因)이 된 것이며, 부처는 자각성지를
원인(因)으로 삼기 때문에 참된 원인(眞因)이 된 것이니, 이것이 동일치
않은 까닭이다. 이 때문에 당역에서는 이렇게 말했다.
　"외도가 말하는 항상의 부사의는 무상으로써 상相과 인因을 달리하
기 때문에 항상(常)이며, 자상自相의 인력因力이 아니기 때문에 항상
(常)이다."

말하자면 저들은 인因을 달리하기 때문에 참되고 항상함(眞常)이 아니다. 나는 자각성지를 인상因相의 힘으로 삼고, 자상自相의 작자作者의 인因과 상相의 힘이 아니기 때문에 참되고 항상한(眞常) 것이다.

다음에 대혜야, 온갖 외도가 말하는 항상의 부사의는 지어진 성품과 성품 아님에서 무상을 보고 나서는 항상(常)을 사량하여 계교한다. 대혜야, 나 역시 이처럼 인연으로 지어진 자의 성품과 성품 아님으로 무상을 보고 나서는 자각성지의 경계에서 저 외도의 항상(常)은 원인 (因)이 없다고 설한 것이다.

復次大慧. 諸外道常不思議. 於所作性非性. 無常. 見已. 思量計常. 大慧. 我亦以如是因緣所作者性非性. 無常. 見已. 自覺聖境界. 說彼常無因.

관기 여기서는 저 외도가 수립한 것에 나아가서 참(眞)이 능히 타파할 수 있음을 나타내고 있다. 그러나 온갖 외도는 온갖 법이 '있고 나서 되돌아 없음(有已還無)'임을 인因하여 보므로 별도의 작자作者가 항상(常)하다고 허망하게 계교하고, 여래 역시 온갖 법이 '있고 나서 되돌아 없음(有已還無)'을 보지만 그걸 무상無常이라 설하기 때문에 당역에서는 이렇게 말했다.

"외도가 말하는 항상의 불가사의는 지어진 법(所作法)이 '있고 나서 되돌아 없음(有已還無)'을 무상無常하다고 보기 때문에 이로써 항상 (常)을 견주어 아는 것이다. 나 역시 지어진 법(所作法)이 '있고 나서

되돌아 없음(有已還無)'을 무상하다고 보기 때문에 이를 인해 항상(常)
하다고 설하지 않는다."

만약 삼지三支[328]의 비량比量[329]으로 종합하면, 항상의 불가사의는
유법有法으로 결정코 항상(定常)이고(宗), 인因은 지어진 성품(所作性)
을 말하기 때문이며, 비유(喩)는 병瓶과 같다 등이다. 지어진 병(所作
瓶) 등은 무상법無常法이다. 인因과 유喩는 전변하지 않으니, 이 때문에
항상(常)의 종지(宗)를 이루지 않는다. 무상은 유법有法이므로 결정
코 항상(常)의 종지(宗)가 아니다. 인因은 지어진 성품(所作性)을 말하
기 때문이며, 비유(喩)는 병瓶 등과 같다. 병 등은 지어진 것으로
무상법이다. 이 때문에 저 수립된 것을 즉해서 도리어 타파된 것을
이루었다. 그러나 저 외도는 허망한 계교로써 견주어 알지만, 나는
자각성지의 현량現量이기 때문에 나는 저 외도가 논의한 내용은 잘못이
라고 설한다.

대혜야, 만약 온갖 외도의 인상因相이 항상의 부사의를 이룬다면 자상
自相의 성품과 성품 아님을 인해 토끼 뿔과 동일하다. 이 항상의 부사의
는 단지 언설의 망상이며 온갖 외도의 무리는 이런 허물이 있다.
왜 그런가? 말하자면 단지 언설의 망상은 토끼 뿔과 동일해서 스스로의
인상因相은 분수가 아니기 때문이다.

---

328 종宗, 인因, 유喩를 말한다. 종宗은 증명되는 것이고, 인因은 종宗을 성취시키는
　　이유이고, 유喩는 종宗을 증명하기 위해 도와주는 비유다.
329 인因과 유喩의 두 가지를 비교하여 종宗을 알게 하는 것을 말한다.

大慧. 若復諸外道因相成常不思議. 因自相性非性同於兔角. 此常不
思議. 但言說妄想. 諸外道輩有如是過. 所以者何. 謂但言說妄想.
同於兔角. 自因相非分.

관기 여기서는 외도가 계교한 작자作者를 말한다. 그래서 무인無因
을 인因으로 삼아서 끝내 단멸斷滅을 이루는 것이 토끼 뿔과
동일하다. 이 때문에 그 수립한 바는 무상無常으로써 항상(常)을 삼으
므로 단지 언설만이 있을 뿐 도무지 실다운 뜻(實義)이 없기 때문에
당역에서는 이렇게 말했다.

"외도는 이러한 인상因相으로 항상의 부사의를 이룬다. 이 인상因相
은 유有가 아니라서 토끼 뿔과 같다. 이 때문에 항상의 부사의는 오직
분별일 뿐이라 단지 언설이 있을 뿐이다."

그런데 어찌하여 저 외도의 인因은 토끼 뿔과 동일한가? 스스로의
인상因相이 없기 때문이다. 제일의第一義의 자각성지를 인상因相으로
삼지 않기 때문에 '스스로의 인상因相은 분수가 아니다'라고 말한 것
이다.

대혜야, 내가 말하는 항상의 부사의는 자각을 인因해 상相을 얻기
때문에 지어진 성품과 성품 아님을 여의므로 항상(常)이지, 성품과
성품 아님의 무상을 벗어난 항상(常)을 사량하고 계교하는 것이 아
니다.
대혜야, 만약 다시 성품과 성품 아님의 무상을 벗어나면 사량으로
항상(常)의 부사의를 계교해서 항상(常)을 인식한다. 그러나 저 외도는

항상의 부사의가 자인自因의 상相임을 알지 못해서 자각성지의 경계상
과는 멀어져 가지만 그들은 이를 설명하지 못한다."

大慧. 我常不思議. 因自覺得相故. 離所作性非性. 故常. 非外性非性
無常. 思量計常. 大慧. 若復外性非性無常. 思量計不思識常. 而彼
不知常不思議自因之相. 去得自覺聖智境界相遠. 彼不應說.

관기 여기서는 여래가 자각성지를 인因으로 삼는 걸 밝혀서 외도의
이론과는 똑같지 않다고 결론짓고 있다. 그러나 외도는 일체
법에 대해 있음(有)과 없음(無)의 두 견해를 일으키기 때문에 무상에
대해 허망하게 항상(常)하다고 계교하고, 저 외도는 자인自因의 상相을
알지 못하기 때문에 자각성지의 경계상과는 멀어져 간다. 여래의
설법은 이 모든 허물을 여의기 때문에 저 외도와는 동일한 말이라고
할 수 없다.

이상 이승이 치우치게 집착하는 외도의 삿된 견해는 모두 정지正智가
아님을 밝혔다. 생각건대 이것을 버리는 것이 바로 자각성지를 증득하
는 것임을 드러내고 있다. 아래의 2장章에선 불멸불생不滅不生을 잡아
서 정지正智가 곧 여여如如임을 밝히고 있다.

○이상 두 종류의 삿된 원인(邪因)을 타파하였다.
　②-1-(1)-1)-가-(가)-라) 아래에선 과果를 들어서 원인 두 가지를 증험
　한다.
△처음엔 이승의 멸견滅見을 타파하였다.

"다음에 대혜야, 온갖 성문은 생사 망상의 괴로움을 두려워해서 열반을 구하지만 생사와 열반의 차별은 알지 못해서 일체의 성품이 망상으로 성품이 아니다.(위역에서는 "세간과 열반이 차별 없음을 알지 못하기 때문이다"라고 했고, 당역에서는 "생사와 열반의 차별상을 알지 못해서 일체가 다 허망한 분별로 있을 뿐 있는 바가 없기[無所有] 때문이다"라고 하였다) 그래서 미래에 모든 근根의 경계를 쉴 거라 하면서 열반의 상상想을 지으니, 이는 자각성지가 장식藏識을 취향趣向해 전변하는 것이 아니다.(당역에서는 "미래에 온갖 근根과 경계를 소멸할 거라고 허망하게 계교하면서 그걸 열반으로 여기지만, 이는 자지自智를 증득한 경계가 소의所依의 장식을 전변해서 대열반이 됨을 알지 못하는 것이다"라고 하였다) 그러므로 범부는 어리석게도 삼승이 있다고 설하면서 심량心量은 무소유無所有를 향해 나간다고 설한다.

그러므로 대혜야, 저 성문은 과거, 미래, 현재의 온갖 여래의 자심自心이 나타낸 경계를 알지 못하고 외부의 마음(外心)이 나타낸 경계를 계교하고 집착해서 생사의 바퀴가 항상 구르는 것이다."(당역에서는 "저 어리석은 사람은 삼승이 있다고 설할 뿐 오직 마음뿐인 있음[有]이 없는 경계는 설하지 않는다. 대혜야, 저 사람은 과거, 미래, 현재 모든 부처가 설한 자심自心 경계를 알지 못하고 마음의 외부 경계를 취해 항상 생사의 바퀴를 끊임없이 굴린다"고 하였다)

復次大慧. 諸聲聞畏生死妄想苦而求涅槃. 不知生死涅槃差別. 一切性妄想非性. (魏譯云. 不知世間涅槃無差別故. 唐譯云. 不知生死涅槃差別之相. 一切皆是妄分別有. 無所有故) 未來諸根境界休息. 作涅槃想. 非

自覺聖智趣藏識轉. (唐譯云. 妄計未來諸根境滅. 以爲涅槃. 不知證自智
境界. 轉所依藏識爲大涅槃) 是故凡愚說有三乘. 說心量趣無所有. 是
故大慧. 彼不知過去未來現在諸如來自心現境界. 計著外心現境界.
生死輪常轉. (唐譯云. 彼愚癡人說有三乘. 不說唯心無有境界. 大慧. 彼人
不知去來現在諸佛所說自心境界. 取心外境. 常於生死輪轉不絶)

여기서는 온갖 법이 본래 스스로 적멸하지 재차 소멸함을
용납하지 않음을 말한 것이다. 그리하여 참되고 항상하는
부사의(眞常不思議)의 인因을 제시함으로써 망상에 즉卽하여 정지正智
를 증득하고 정지正智에 즉하여 여여如如를 나타내 이승의 소멸한다는
견해(滅見)를 타파한 것이다. 그러나 생사의 경계는 본래 있지 않다.
다만 오직 마음의 나타냄일 뿐 장식藏識의 전변轉變으로 망상 분별에
의거해 있는 것이다. 만약 망상에 성품 없음을 요달하면 즉각 식識을
전변하여 지혜(智)를 이룬다. 만약 정지正智로 원만히 비추면 만법이
다 여如라서 당체當體가 적멸하니 어찌 재차 소멸하는 걸 용납하겠는
가? 이승의 어리석음은 이를 능히 요달할 수 없어서 후유後有[330]를
받지 않음을 허망하게 취하여 멸도滅度로 여기니 어찌 큰 오류가 아니겠
는가? 소위 생사를 다하는 것만으로 해탈이라 말하지만 실제로는
일체의 해탈을 아직 얻지 못한 것이다. 그래서 항상 생사에 있으면서
그 바퀴를 굴리는 걸 쉬지 못해서 유심唯心의 현량現量을 통달하지
못하니 갖가지 분별을 허망하게 일으키기 때문이다.

---

330 열반에 이르지 못한 중생이 내세에 받을 미혹한 생존.

○이상 불멸不滅을 말했고, 아래에선 불생不生을 말했다.

△다음은 외도의 생겨난다는 견해(生見)를 타파한다.

"다음에 대혜야, 일체법은 생겨나지 않으니, 이는 과거, 미래, 현재의 모든 여래가 설한 것이다. 왜 그런가? 말하자면 자심自心이 나타낸 성품과 성품 아님이 있음(有)과 있음 아님(非有)의 생겨남을 여의기 때문이다.

대혜야, 일체의 성품은 생겨나지 않으며, 일체법은 마치 토끼나 말 등의 뿔과 같다. 이 어리석은 범부는 망상의 자성을 자각하지 못하니 망상이기 때문이다. 대혜야, 일체법은 생겨나지 않으니, 자각성지가 취향趣向한 경계라는 것은 일체 성품의 자성상自性相이 생기지 않은 것이지 저 어리석은 범부가 허망하게 생각한 두 견해의 경계가 아니다.

復次大慧. 一切法不生. 是過去未來現在諸如來所說. 所以者何. 謂 自心現. 性非性. 離有非有生故. 大慧. 一切性不生. 一切法如兎馬等 角. 是愚癡凡夫. 不覺妄想自性. 妄想故. 大慧. 一切法不生. 自覺聖 智趣境界者. 一切性自性相不生. 非彼愚夫妄想二境界.

관기 여기서는 온갖 법이 본래 스스로 불생不生임을 말하고 있다. 그리하여 참되고 항상하는 부사의(眞常不思議)의 인因을 제시 함으로써 여여如如에 즉해 정지正智를 밝힘을 드러내 외도의 생겨난다 는 견해(生見)를 타파한 것이다. 진실로 온갖 법은 생겨남이 없으니(無 生), 이는 삼세三世의 여래가 전한 심인心印으로 오직 증득으로만 상응한다. 오직 마음만이 나타난 바라서 연생緣生은 성품이 없고 있음(有)과 없음(無)의 두 견해를 여의니, 마치 토끼나 말의 뿔과 같다. 생겨나지 않으므로 후생(後)이 없고, 대체로 생겨남은 본래 없는 것인데, 범부는 어리석어 이를 요달하지 못하기 때문에 허망하게 있다(有)고 집착한다. 그러나 이 무생無生의 이취理趣는 바로 스스로 증득한 성지聖智가 행해지는 곳이라서 어리석은 범부가 분별하는 두 견해(二見)의 경계가 아니다.

자성自性의 신재身財의 건립은 자성의 상相을 향해 나아간다. 대혜야, 장식의 섭수함(攝)과 섭수한 바(所攝)는 서로 전변하는데, 어리석은 범부는 생김, 머묾, 멸함의 두 견해에 떨어져서 일체 성품의 생겨남을 희망하여 있음(有)과 있지 않음(非有)의 망상이 생기니, 이는 성현聖賢이 아니다. 대혜야, 이런 것에 대해서는 응당 닦고 배워야 한다."

自性身財建立趣自性相. 大慧. 藏識攝所攝相轉. 愚夫墮生住滅二見. 希望一切性生. 有非有妄想生. 非聖賢也. 大慧. 於彼應當修學.

관기　앞의 두 장章을 결론 맺음으로써 생멸이 모두 허망한 견해임을 밝히고 있다. 이 때문에 당역에서는 이렇게 말하고 있다.

"몸(身) 및 자생資生, 기세간器世間 등은 일체가 다 장식의 그림자(影)로서 소취所取와 능취能取의 두 종류 상相으로 나타나지만, 저 온갖 어리석은 범부는 생김, 머묾, 멸함의 두 가지 허망한 견해 속에 떨어지기 때문에 그 속에서 허망하게 있음(有)과 없음(無)의 분별을 일으킨다."

그렇다면 근신根身과 기계器界는 본래 스스로 무생無生이라 오직 8식의 그림자가 나타난 것일 뿐이고, 7식을 허망하게 일으켜 집착하고 분별한 것을 실제의 나이고 실제의 법(實我實法)이라 여기니, 이것이 바로 어리석은 범부가 무생無生 중에서 생겨남이 있다고(有生) 허망하게 보는 것이다. 이는 성현이 아니다.

생각건대 생멸에 즉해 진상眞常을 증득하게 하기 때문에 저 법을 응당 닦고 배워야 한다. 진실로 생멸이 곧 항상(常)임을 요달한다면 망상이 곧 정지正智를 이루고 명상名相이 본래 스스로 여여如如하니, 바로 저 이승과 외도가 여래의 종성種性을 일으킬 수 있는 것이다. 그러므로 아래 글에서는 오무간五無間의 종성種性을 밝혔다.

○②-1-(1)-1)-가-(가)-마) 다섯 가지 과果를 헤아려서 인因을 앎이니, 말하자면 현행現行의 과果를 헤아려 증험해서 과거 습기習氣의 인因을 충분히 아는 것이다.

"다음에 대혜야, 오무간五無間의 종성이 있으니, 무엇이 다섯 가지인가? 말하자면 성문승 무간無間종성, 연각승 무간종성, 여래승 무간종성, 부정不定종성, 각별各別종성(당역에서는 "무종성無種性"이라 하였다)이다.

復次大慧. 有五無間種性. 云何爲五. 謂聲聞乘無間種性. 緣覺乘無間種性. 如來乘無間種性. 不定種性. 各別種性. (唐譯云. 無種性)

여기서는 오성五性이 동일치 않음을 말함으로써 중생이 본래 갖춘 법성法性이 하나임을 밝히고 있다. 그러나 외연外緣을 말미암기 때문에 달라지면서 자각성지의 구경 차별상을 이룬 것이다. 하지만 마음과 부처와 중생 이 세 가지는 차별이 없다. 애초에 터럭만큼의 간격도 없어서 본래 삼승과 오성五性의 구별이 없다. 진실로 외연의 훈습이 동일하지 않기 때문에 오성五性이 똑같지 않은 것이다. 그렇다면 기틀(機: 기연)의 근본은 차이가 없고, 차이는 스승에게 있기 때문에 앞서 실다운 행(如實行)을 힘써 닦는 자는 응당 가장 뛰어난 지식(最勝知識)을 가까이해야 한다. 그러므로 아래의 글에서는 이렇게 말했다.

"저 악견惡見을 반드시 전변하면 이승과 외도는 응당 여래의 법신을 얻고, 일천제一闡提³³¹ 역시 득도得度³³²의 인연을 지으니, 방편(權)을 인도해 실제(實)에 들어가는 그 뜻이 여기서 나타난다."

'종성種性'에서 비슷함(相似)을 종種이라 하고, 체體가 동일함을 성性이라 한다. 또 종種은 인因의 뜻과 유類의 뜻이니, 말하자면 중생과 불성은 본래 하나라는 것이다. 대체로 예전에 배운 교법敎法의 훈습熏習을 말미암아 종種을 이루어서 제각기 자류自類의 종자가 있기 때문에 '종성'이라 한다. 이 종성의 뜻은 식론識論에서 밝힌 바로는 두 가지

---

331 산스크리트의 icchantika를 음사한 말. '욕구가 있는 사람'이라는 뜻으로, 쾌락주의자나 현세주의자를 가리키는데, 불교에서는 '불교의 올바른 법을 믿지 않고 깨달음을 구하지 않기 때문에 성불成佛의 소질이나 연緣이 결여된 자', '불교의 정법을 훼방하고 구원될 희망이 없는 사람'을 의미한다.

332 두 가지 뜻이 있다. (1) 세속의 세계에서 깨달음의 피안으로 건넌다는 의미와 깨달음을 얻는다는 의미. (2) 재가자가 불문에 들어가는 것, 즉 승려가 되는 것, 출가의 의미로도 쓰인다.

종류가 있다. 첫째는 본유本有로서 과거의 훈습(舊熏)을 말하며, 둘째는 시기始起로서 새로운 훈습(新熏)을 말한다. '본유本有'는 말하자면 비롯함이 없는 때로부터 이숙식異熟識 가운데 법 그대로(法爾) 있는 것으로서 오랜 겁 동안 훈습된 물듦과 청정의 종자이다. 이것이 바로 이름하여 본성주종(本性住種: 본성에 머무는 종성)이라 한다. 마치 부처가 대통지승大通智勝[333]일 때에 『법화경』을 설하고, 이를 들은 자들이 곧바로 지금까지 생환生還해 부처의 교화를 받음으로써 바야흐로 성숙하게 되는 것과 같으니, 이것이 정법淨法의 훈습으로 '본성에 머무는 종성'이 되는 것이다. 마치 아난阿難[334]과 마등가摩登伽[335]는 겁을 거치며 은애恩愛하면서 금생에 이르렀는데도 여전히 도道를 장애하는 인연이 된 것과 같으니, 이것이 염법染法의 훈습으로 '본성에 머무는 종성'을

---

333 『법화경法華經』 「화성유품化城喩品」에 나오는 이야기. 대통지승불은 처음에 최상의 깨달음을 얻으려고 10소겁 동안 몸과 마음을 움직이지 않았으나 불법을 이루지 못했다. 그때 도리천에서 대통지승불을 위해 사자좌를 보리수 아래에 폈다. 그 자리에서 10소겁 동안 다시 부동자세로 앉아 선정에 든 뒤 최상의 깨달음을 이루었다. 석가모니불은 과거 대통지승불의 16왕자 중 막내였으며, 16왕자는 모두 출가하여 성불하여 부처님이 되셨다. 따라서 대통지승불은 모든 여래의 어버이가 되는 부처님이다.

334 산스크리트어 ānanda의 음사. 환희歡喜라 번역. 십대제자十大弟子의 하나. 붓다의 사촌동생으로, 붓다가 깨달음을 성취한 후 고향에 왔을 때 난타難陀, 아나율阿那律 등과 함께 출가한다. 붓다의 나이 50여 세에 시자侍者로 추천되어 붓다가 입멸할 때까지 보좌하면서 가장 많은 설법을 들어서 다문제일多聞第一이라 일컫는다.

335 산스크리트어 mātaṅga의 음사. 고대 인도의 사성四姓 가운데 가장 낮은 계급인 수타라首陀羅 밑에 위치하는 최하위 천민. 『수능엄경』에선 아난이 걸식을 하다가 마등가 여인에게 유혹을 당하는 장면이 나온다.

이루는 것이다. 이처럼 오랜 겁 동안 단절되지 않기 때문에 이름하여 '본성에 머무는 종성(本性住種)'이라 한다. 둘째, '시기始起'는 말하자면 비롯함이 없는 때로부터 자주 자주 훈습을 현행現行하여 종성을 이루어서 금생에까지 이르는데, 염법과 정법의 견문見聞으로 훈습하여 다시 미래의 염법과 정법의 종자가 되는 것이다. 그래서 이름하여 '습기로 이루어진 종성'이라 한다.

이 두 가지가 인因이 됨을 말미암아 일단 외연外緣을 만나면 스승의 가르침으로 훈습이 발하기 때문에 즉각 성숙해진다. 이것이 오성五性이 구별되는 유래由來이다. 그러므로 스승을 섬기거나 벗을 택하는데 삼가지 않을 수 없는 것이다. 이를 말미암아 살펴보면, 이 다섯 가지 종성은 저 삼승의 종성이다. 진실로 이전 세 부처가 설한 법을 배움을 말미암아 성숙한 자는 화불化佛이 설한 권도權度의 법을 집착하면 성문의 종성을 이루고, 보불報佛이 설한 연생緣生의 법을 집착하면 연각緣覺의 종성을 이루고, 법불法佛이 설한 반연攀緣 여의는 법을 깨달으면 여래의 종성을 이룬다. 만약 이 세 가지 법을 배우고도 반신반의하는 자라면 부정不定 종성을 이루고, 만약 이 세 부처의 법을 배우고도 신심信心을 일으키지 않고 도리어 이견異見을 낳아서 훼방하는 자라면 무종성無種性을 이룬다. 이 때문에 아래 경전에서는 이렇게 말했다.

"일체의 선근善根을 버리는 것은 말하자면 보살장菩薩藏[336]을 비방하는 것이다."

---

[336] 부처의 가르침 가운데 보살을 위해 설한 가르침.

대체로 세 부처는 일체一體이고 법마다 온전히 참(全眞)이라서 모두 자각성지의 취향趣向을 나타내 보이기 위한 것이다. 그러나 배우는 자는 이를 요달하지 못하고 그 취하는 바를 따라 집착함으로써 종성을 이룬다. 이는 또 법은 본래 차이가 없고 차이는 스스로의 기연(自機)이기 때문에 '종성種性'이라 한다. 이것이 대체로 자각성지의 구경 차별상이다.

어떻게 성문승의 무간종성無間種性을 아는가? 만약 설법을 듣고 음陰, 계界, 입入의 자상自相과 공상共相이 끊어진 걸 알 때 온몸의 털구멍이 기쁘고 흔쾌하며 아울러 상相0의 지혜(智)를 즐겨 닦지만 연기緣起로서 깨달음을 발하는 상相을 닦지 못했으면, 이를 이름하여 성문승의 무간종성이라 한다.

云何知聲聞乘無間種性. 若聞說得陰界入自共相斷知時. 擧身毛孔熙怡欣悅. 及樂修相智. 不修緣起發悟之相. 是名聲聞乘無間種性.

관기

여기서는 성문승의 무간종성을 말하고 있다. 그리고 "만약 설법을 듣고…"는 스승의 가르침을 말미암아 훈습이 발해진 충분한 증거이니, 소위 습기의 성품이 종성을 이룬(習性成種) 것이다. '끊어진 걸 알 때(斷知時)'는 옛 주석에서는 괴로움을 알아 애착(集)을 끊고 멸도滅度를 증득해 도道를 닦을 때라고 말했다.[337] '아울러 상相과

---

337 고苦, 집集, 멸滅, 도道의 사성제四聖諦를 뜻하는 것으로 보인다.

지혜(智)를 즐겨 닦는 것'에서 상상은 곧 치우친 공상(偏空相)이며, 지智는 곧 아공의 지혜(我空智)이다. '바로 성문이 즐겨 닦는 바'에서 연기로서 깨달음을 발한 무생無生이자 실상實相인 이理에 이른다면, 저 성문이 즐기는 바가 아니기 때문에 '닦지 않는다'고 말한 것이다. 과거에는 소승의 좁고 열등한 습기習氣가 있었지만, 지금은 설법을 한 번 듣고서도 훈습이 현행現行을 발하기 때문에 온몸의 털구멍이 기쁘고 흔쾌할 뿐이다.

성문의 무간無間은 제8지地[338]를 보아서 기번뇌起煩惱[339]는 끊지만 습번뇌習煩惱는 끊지 못하며, 부사의한 변역생사(變易死)는 제도하지 못하지만 분단생사(分段死)는 제도한다. 천상에서 사자후師子吼[340]를 하면서 "나의 생生은 이미 다했고, 범행梵行[341]은 이미 수립했으니, 뒷세상의 몸(後有)을 받지 않으리라"고 했으니, 이를 실답에 알아서 인무아人無我를 닦아 익히고 나아가 반열반般涅槃의 자각을 얻는 데 이른다.

---

[338] 부동지不動地로서 완전한 진여眞如를 얻어 조금도 동요를 일으키지 않는 경지.

[339] 규기의『대승법원의림장』제2권에 따르면 현행하고 있는 번뇌를 말한다. 즉 종자 상태의 주지번뇌 즉 근본번뇌가 인연이 갖추어져서 현재 찰나에 현행하고 있는 상태와 또한 인연이 갖추어져서 근본번뇌를 따라 일어나 현행하고 있는 수隨 번뇌를 통칭한다.

[340] 부처의 설법을 사자의 우렁찬 소리에 비유한 말.

[341] 산스크리트어 brahma-carya. 범梵은 청정을 뜻한다. ①음욕淫欲을 끊고 계율을 지키는 청정한 수행. 깨달음에 이르는 수행. ②오행五行의 하나. 청정한 마음으로 자비를 베풀어 중생에게 즐거움을 주고 그의 괴로움을 덜어주는 보살의 수행.

聲聞無間見第八地. 起煩惱斷. 習煩惱不斷. 不度不思議變易死. 度
分段死. 天師子吼. 我生已盡. 梵行已立. 不受後有. 如實知修習人無
我. 乃至得般涅槃覺.

관기 여기서는 성문의 끊음(斷)과 증득(證) 둘 다 구경究竟이 아닌데
도 스스로 만족해서 멸도滅度했다는 상념(想)을 내는 걸 밝히
고 있다. 그러나 성문은 사성제四聖諦에 의거해 수행하지만 단지 삼계
의 견혹見惑[342]과 사혹思惑[343]의 번뇌만 끊을 뿐이며, 여전히 나머지
진사塵沙[344]와 무명無明[345]의 미세한 미혹(細惑)은 다하지 않아서 오히려
변역생사變易生死에 침몰한다. 단지 인공人空을 얻을 뿐 법공法空은
얻지 못하는데, 그런데도 문득 스스로 구경究竟의 상념(想)을 일으킨
다. 그래서 천상, 인간, 마魔 밖에서는 문득 사자후師子吼를 하면서
이런 노래를 짓는다.

"나의 생生은 이미 다했고, 범행梵行은 이미 수립했다. 할 일을 이미
갖추었으니(所作已辦), 뒷세상의 몸(後有)은 받지 않으리라."

마침내 열반을 얻었다는 자각을 일으키니, 이것이 소위 조금 얻고서
만족하는 자이다. '제8지를 본다'는 화엄의 8지地 보살이 아공我空의

_____

342 견도見道에서 끊는 번뇌라는 뜻. 사제四諦를 명료하게 주시하지 못함으로써
   일어나는 번뇌.
343 대상에 집착함으로써 일어나는 번뇌.
344 진사혹塵沙惑을 말한다. 진사는 많음을 비유한다. 한량없는 차별 현상을 알지
   못하여 중생을 구제하는 데 장애가 되는 번뇌.
345 무명혹無明惑을 말한다. 모든 번뇌의 근본으로서, 차별을 떠난 본성을 알지
   못하여 일어나는 지극히 미세한 번뇌.

진여眞如를 증득해서 삼매에 즐겨 머물면서도 멸정滅定을 일으키지 않는 것이다. 온갖 부처는 이를 인해 이렇게 권유한다.

"일어나라, 선남자야. 삼매에 즐겨 머물지 말라. 너의 삼매는 이승 역시 얻은 것이다."

그러므로 여기서는 "제8지를 본다"고 말한 것이다. 현행現行은 기번뇌起煩惱가 되고, 종자의 습기는 습번뇌習煩惱가 되니, 이승은 단지 번뇌장煩惱障만 끊을 뿐 소지장所知障을 끊지 못했기 때문이다.

대혜야, 각별各別무간이란 나(我), 사람(人), 중생, 수명[346], 장양長養, 사부(士夫: pūruṣa, 인간을 뜻함)이니, 저 온갖 중생이 이러한 깨달음을 지어 반열반般涅槃을 구한다.

大慧. 各別無間者. 我人衆生壽命長養士夫. 彼諸衆生作如是覺. 求般涅槃.

 여기서는 외도의 종성種性을 밝히고 있다. 당역에서는 이렇게 말한다.

"다시 어떤 중생이 열반의 증득을 구하면서 나(我), 사람(人), 중생, 양자養者, 취자取者를 능히 깨달아 알 수 있다고 말하는 것, 이것이 열반이다."

이 외도는 일체중생이 나(我)로부터 유출되고 내(我)가 능히 일체중

---

346 깨치지 못한 중생들이 전도顚倒된 생각에서 실재한다고 믿는 네 가지 분별심으로 『금강경』에 나온다.

생을 오래도록 기른다고(長養) 허망하게 본다. 마침내 신아神我[347]를 수립해 열반이라 여기는데, 배우는 자는 이로 인해 그를 스승으로 삼아서 결국 삿된 종성을 이룬다. 혹은 부처의 가르침 중에서 열반이 있다는 설법을 들었다면, 이는 마침내 잘못된 이해에 집착해서 삿된 견해를 일으키는 자이다.

다시 어떤 다른 외도는 '다 작자作者를 말미암는다'고 설하면서 일체의 성품을 보고 나서는 이것이 반열반이라고 말한다.(당역에서는 "다시 어떤 설명이 있으니, 일체법은 작자作者를 인해 있다는 것"이라 하였다)

復有異外道. 說悉由作者. 見一切性已. 言此是般涅槃.(唐譯云. 復有 說言. 見一切法因作者有)

여기서는 실제의 덕업德業 및 사대四大, 시時, 방方, 승勝, 자재自在 등을 생인生因으로 삼기 때문에 작자作者라 칭하고, 이런 것 등을 열반이라고 허망하게 계교함을 밝히고 있다.

이런 깨달음을 짓는다면, 법무아法無我의 견해는 분수(分)가 아니므로 그들에게는 해탈이 없다.

---

347 산스크리트어 puruṣa. 상키야 학파에서 설하는 이십오제二十五諦의 하나로, 순수 정신을 말한다. 이 신아가 물질의 근원인 자성(自性, 산스크리트어 prakṛti)을 관조하면 자성의 평형 상태가 깨어져 현상 세계가 전개된다고 한다.

作如是覺. 法無我見非分. 彼無解脫.

 여기서는 외도의 삿된 견해가 해탈이 아님을 밝히고 있다. '법무아法無我의 견해는 분수(分)가 아니다'는 말하자면 온갖 외도가 부처가 설한 무아無我의 법을 향해 믿음과 즐거움을 내지 않거나 혹은 훼방을 일으켜서 훈습을 받아들여 종성을 이루지 못하기 때문에 '분수가 아니다'라고 말한 것이다. 혹은 부처가 설한 열반의 법에 대해 즉각 희망으로 증득할 것이 있다는 상념(想)을 일으키거나, 혹은 가르침에 의거한 수행으로 개오開悟하는 바가 있다 해도 깨달은 바(所悟)를 나(我)라고 집착하다가 즉각 삿된 견해에 떨어진다. 가령 원각(圓覺:『원각경』)에서 밝힌 바 사상四相을 잊지 못하는 것은 모두 '법무아의 견해는 분수가 아니다'인 것이다. 그러나 외적으로 외도는 번뇌에 속박당하고 내적으로 외도는 법에 속박되기 때문에 '그들에겐 해탈이 없다'고 한 것이다.

대혜야, 이 온갖 성문승의 무간無間과 외도의 종성種性은 벗어나지 못했으면서도 벗어났다는 깨달음으로 저 악견惡見을 전변했다고 하기 때문에 응당 닦고 배워야 하는 것이다.

大慧. 此諸聲聞乘無間外道種性. 不出出覺. 爲轉彼惡見故. 應當修學.

여기서는 성문과 외도 두 종성을 총체적으로 결론짓고 있다. 그러나 성문은 열반을 허망하게 취하고, 외도는 신아神我를 허망하게 계교해서 둘 다 벗어나 여의지(出離) 못한 가운데 벗어나 여의었다는 상념을 낳으니, 이는 모두 삿된 스승의 삿된 가르침을 훈습으로 오인해서 저 악견을 전변시켰다고 하기 때문에 닦고 배우도록 권유한 것이다. 앞서 말한 성지聖智의 삼상三相 중 무소유상無所有相은 관습적인 이승과 외도의 상相을 말하는데, 그 뜻이 여기에서 보인다. 생각건대 저 치우치고 삿된 악견惡見을 내버려 여의도록 하는 것을 바로 정지正智라고 칭하며 여래의 종성에 들어갈 수 있으니, 이 때문에 이 사람은 비록 치우치고 삿되더라도 성품은 실제로 무간無間이다.

대혜야, '연각승의 무간종성'에 대해 만약 제각기 개별적으로 무간無間을 반연한다는 설법을 들으면, 온몸의 털이 곤두서고 슬프게 눈물이 흘러내려 서로 연緣을 가까이하지 않고 소유所有에도 집착하지 않는다.(당역에서는 "저잣거리의 시끄러운 반연을 여의어서 물들고 집착하는 바가 없다"고 하였다) 그리하여 갖가지 자기 몸(自身)과 갖가지 신통으로 여의든 합하든 갖가지로 변화해서 설법을 듣는 이때 그 마음이 따라 들어간다.(당역에서는 "어떤 때 설법을 듣고는 갖가지 몸을 나타내서 뭉치든 흩어지든 신통으로 변화하는데 그 마음이 믿고 받아들인다"고 하였다) 만약 저 연각승의 무간종성을 알고 나면 이를 수순隨順해 연각승을 설하게 되니, 이를 이름하여 연각승의 무간종성의 상相이라 한다.

大慧. 緣覺乘無間種性者. 若聞說各別緣無間. 擧身毛竪. 悲泣流淚. 不相近緣. 所有不著. (唐譯云. 離闠鬧緣. 無所染著) 種種自身. 種種神通. 若離若合種種變化. 聞說是時. 其心隨入. (唐譯云. 有時聞說現種

種身. 或聚或散. 神通變化. 其心信受) 若知彼緣覺乘無間種性己. 隨順
爲說緣覺之乘. 是名緣覺乘無間種性相.

관기 여기서는 연각승의 무간종성을 밝히고 있다. '제각기 개별적
인 인연'은 즉 12인연[348]이니, 삼세三世의 인과 때문에 '제각기
개별적'이라 말했고, 연생緣生의 성품 없음은 곧 무생無生이기 때문에
'무간無間'이라 했다. 여기에 두 종류가 있다. 부처 있는 세상에 출현해
서 가르침에 의거해 수행하여 인연을 관찰해 도道를 깨달으니 이를
연각緣覺이라 하고, 부처 없는 세상에 태어나 교화를 관찰해 무無를
아니 이를 독각獨覺이라 한다. 이제 외부의 훈습으로 종성을 이룸을
밝히기 때문에 단지 연각緣覺이라고만 말했다.

---

348 괴로움이 일어나는 열두 과정. (1) 무명無明: 산스크리트어 avidyā. 사제四諦에
대한 무지. (2) 행行: 산스크리트어 saṃskāra. 무명으로 일으키는, 의도意圖하고
지향하는 의식 작용. 무명에 의한 의지력·충동력·의욕. (3) 식識: 산스크리트어
vijñāna. 식별하고 판단하는 의식 작용. 인식 작용. (4) 명색名色: 산스크리트어
nāma-rūpa. 명名은 수受·상想·행行·식識의 작용, 색色은 분별과 관념으로 대상
에 채색하는 의식 작용. 곧 오온五蘊의 작용. (5) 육입六入: 산스크리트어
ṣaḍ-āyatana. 대상을 감각하거나 의식하는 안眼·이耳·비鼻·설舌·신身·의意의
작용. (6) 촉觸: 산스크리트어 sparśa. 육근六根과 육경六境과 육식六識의 화합으
로 일어나는 마음 작용. (7) 수受: 산스크리트어 vedanā. 괴로움이나 즐거움
등을 느끼는 감수 작용. (8) 애愛: 산스크리트어 tṛṣṇā. 갈애渴愛. 애욕. 탐욕.
(9) 취取: 산스크리트어 upādāna. 탐욕에 의한 집착. (10) 유有: 산스크리트어
bhava. 욕계·색계·무색계의 생존 상태. (11) 생生: 산스크리트어 jāti. 태어난다
는 의식. (12) 노사老死: 산스크리트어 jarā-maraṇa. 늙고 죽는다는 의식.

대혜야, 저 여래승의 무간종성에는 네 종류가 있다. 소위 자성법自性法 무간종성, 자성법을 여읜 무간종성, 자각성지(自覺聖)를 얻은 무간종성, 외적인 찰토(刹)가 탁월한 무간종성이다.

大慧. 彼如來乘無間種性有四種. 謂自性法無間種性. 離自性法無間種性. 得自覺聖無間種性. 外刹殊勝無間種性.

관기 여기서는 여래승의 무간종성을 밝히고 있다. 그러나 이 네 가지는 당역에서는 "세 가지가 있다"고 말하니, 소위 자성무자성법(自性無自性法: 자성과 자성이 없는 법), 내신자증성지법(內身自證聖智法: 내부의 몸으로 스스로 증명하는 성스러운 지혜의 법), 외제불찰광대법(外諸佛刹廣大法: 외부에 있는 온갖 불찰의 광대한 법)이다. 이 세 가지 덕의 비장祕藏을 잡음으로써 법신과 보신이 동일한 체(同體)임을 밝히고 있다. 대체로 자성自性이 곧 법신이며, 자성을 여의면 곧 해탈이며, 성스러운 지혜가 곧 반야이다. 진실로 법신에 집착이 없으면 곧 해탈이고, 해탈이 미혹하지 않으면 곧 반야이고, 반야가 상相을 여의면 곧 법신인, 이 세 가지 덕의 비장祕藏을 총체적으로 법신이라 칭한다. 외부 찰토(刹)의 탁월함은 곧 보신報身이니, 법신과 보신이 심오한 하나(冥一)이기 때문에 부사의不思議이다.

대혜야, 만약 이 네 가지 일을 하나하나 설명하는 걸 들을 때나 자심自心이 신身과 재財를 나타내 부사의 경계를 건립하는 걸 설할 때 마음이 놀라거나 두려워하지 않는 자라면, 이를 이름하여 여래승의 무간종성의 상相이라 한다.

大慧. 若聞此四事一一說時. 及說自心現身財建立不思議境界時. 心不驚怖者. 是名如來乘無間種性相.

관기 여기서는 여래승의 종성을 성취하는 걸 결론짓고 있다. 이는 단박(頓) 근기의 중생을 위한 것인데, 단박(頓)은 부사의지不思議智의 가장 뛰어난 경계를 드러내 보이기 위한 것이다. 그래서 이 한 종류의 중생이 부처의 법신 지혜 및 자수용自受用[349] 부사의 경계를 설하는 걸 듣고서도 놀라거나 두려워하지 않는 자라면, 반드시 알라, 이 사람은 최상의 날카로운 근기(利根)로서 바로 여래승의 무간 종성이다. 이 사람은 소위 선근善根이 성숙한 자이다. 『반야경』에서는 이렇게 말한다.

"만약 어떤 중생이 반야바라밀의 설법을 듣고서도 놀라지 않고 겁내지 않고 두려워하지 않는다면, 반드시 알라, 이 사람은 한 부처, 두 부처, 셋, 넷, 다섯 부처에게 선근을 심은 것이 아니라 이미 한량없는 천만(無量千萬) 부처의 처소에 온갖 선근을 심은 자이다. 오직 이 무상반야無上般若만이 스스로 겁을 쌓지 않아도 문훈(聞熏: 배움의 훈습)으로 종성을 이루는 것이라서 거의 놀라거나 두려워하지 않는 것이다. 이것이 이 법을 능히 믿는 까닭이니, 이런 사람은 아주 드물다."

---

349 닦아서 얻은 공덕이나 법락法樂을 스스로 받는 일.

대혜야, 부정不定종성은 소위 저 세 가지 종성을 설할 때 설명에 따라 들어가서 그 설명에 따라 성취하는 것이다.

大慧. 不定種性者. 謂說彼三種時. 隨說而入. 隨彼而成.

관기 여기서는 부정不定의 종성을 밝히고 있다. 이 정해지지 않은 (不定) 사람은 설법에 따라 믿고 들어가고 설법에 순응해 성취함으로서 클(大) 수도 있고 작을(小) 수도 있기 때문에 '정해지지 않은' 이라 했다. 여기에 두 종류가 있다. 첫째는 과거의 훈습으로 많이 배웠지만(多聞) 삼승 중에선 아직 성숙하지 못한 자이고, 둘째는 새롭게 훈습한 초보의 기틀(初機)로서 근기의 성품이 맹렬하고 날카롭지만 단지 스승의 가르침에 따라서만 삼승 중에 함께 들어갈 수 있는 자이다. '세 가지 종성'은 곧 삼승의 법으로 외도의 성품 없음(無性)을 제외하기 때문에 여기에 포함하지 않았다.

대혜야, 이것은 처음으로 다스리는 경지(初治地)인 것으로 말하자면 종성의 건립이니, 무소유無所有의 경지로 초월해 들어가기 위해서 이 건립을 짓는 것이다.

大慧. 此是初治地者. 謂種性建立. 爲超入無所有地故. 作是建立.

관기 여기서는 삼승을 건립한 까닭의 의미를 매듭짓고 있다. 그러나 일체중생은 법의 성품이 동일하니, 소위 범부와 현인과 성인은 평등하여 높고 낮음이 없고 본래 차별상이 없다. 다만 배움의 훈습(聞熏)으로 종성을 성취하기 때문에 근기의 성품이 동일하지 않게 된다. 그러나 비록 가르침에 의거해 수행하더라도 아직 여래지如來地[350]에 도달하지 못한 자는 모두 성지聖智의 차별상에 속하지 구경究竟은 아니다. 이제 돈교頓教[351]의 법문을 드러내 보여서 삼승을 똑같이 일불승一佛乘[352]에 돌아가게 하고 오성五性이 똑같이 하나의 불성佛性으로 돌아가게 하고 싶기 때문에 이 건립을 지은 것이지 실제로 제한이 있는 것은 아니다. 그러므로 아래에서는 이렇게 말했다.

"적멸을 즐기는 성문은 반드시 여래의 가장 뛰어난 몸을 얻고, 성품 없는 일천제一闡提는 혹시라도 선근이 생기면 문득 열반을 증득하기 때문에 다른 가르침인 정성定性[353]의 설과는 동일하지 않다."

그래서 위역에서는 이렇게 말했다.

"삼승을 설하는 것은 수행의 경지를 발하여 일으키기 위해서이다.

---

350 불과佛果를 증득한 부처의 지위.

351 오교五教의 하나. 오교는 화엄종을 창시한 당나라의 두순杜順의 교판을 법장法藏이 발전·체계화한 것이다. ① 소승교小乘教: 사제(四諦: 苦·集·滅·道의 네 가지 진리), 십이연기十二緣起를 설하는 『아함경』의 가르침, ② 대승시교大乘始教: 공空을 설하는 『반야경』과 유식唯識을 설하는 『해심밀경解深密經』의 가르침, ③ 대승종교大乘終教: 진여眞如·여래장如來藏을 설하는 『대승기신론』 등의 가르침, ④ 돈교頓教: 곧바로 깨달음에 들어간다고 하는 『유마경』 등의 가르침, ⑤ 원교圓教: 일승一乘을 설하는 『화엄경』의 가르침을 말한다.

352 산스크리트어 eka-buddha-yāna. 승乘은 중생을 깨달음으로 인도하는 부처의 가르침을 뜻한다. 부처의 경지에 이르게 하는 오직 하나의 궁극적인 가르침.

353 ① 산스크리트어 svabhāva. 변하지 않는 본질·실체. ② 선천적으로 성문·연각·보살 가운데 어느 하나의 소질을 지니고 있는 자.

이 때문에 온갖 성품이 차별되지만 구경지(究竟地: 궁극의 경지)는 아니니 필경에는 적정寂靜의 경지를 능히 취함을 건립하고자 하기 때문이다."

과거에는 이 단락이 부정성不定性에 속했지만 아마도 근본 종지는 아닐 것이다.

저 장식藏識을 자각하는 자는 스스로 번뇌의 습기를 정화하여 법무아法無我를 보고 삼매에 즐겨 머무는 성문이 되어서 반드시 여래의 가장 뛰어난 몸을 얻는다."

彼自覺藏者. 自煩惱習淨. 見法無我. 得三昧樂住聲聞. 當得如來最勝之身.

관기 여기서는 삼승이 똑같이 하나의 성품에 돌아감을 결론짓고 있다. 그리하여 방편(權)을 인도하여 실제(實)에 들어가는 뜻을 제시함으로써 여래 자각성지의 구경究竟의 차별건립상을 밝힌 것이다. 이 때문에 위역에서는 이렇게 말한다.

"저 세 종류의 사람은 번뇌장의 훈습을 여의고 청정을 얻었기 때문에 법무아法無我를 보고 삼매의 즐거운 행行을 얻으니, 이 때문에 성문과 연각은 필경에는 여래의 법신을 증득한다."

그리고 당역에서는 이렇게 말한다.

"저 삼매의 즐거움에 머무는 성문은 만약 스스로 의거하는 식識을 능히 증득해 안다면 법무아法無我를 보아서 번뇌의 습기를 정화해 필경에는 반드시 여래의 몸을 얻는다."

앞서 '이승을 말한' 것은 단지 자각성지의 차별상을 얻은 것일 뿐 아직 구경究竟의 차별상은 얻지 못한 것이며, 지금 '여래의 몸을 얻는다'고 말한 것은 차별이 모두 구경究竟임을 충분히 증험한 것이다. 그러므로 '모두 구경究竟이다'는 불성佛性에 둘이 없기 때문이다.

이때 세존께서 이 뜻을 거듭 선포하고자 게송을 설하셨다.

爾時世尊欲重宣此義而說偈言.

수타반나과須陀槃那果

한 번 왕래함(一往來) 및 불환과不還果

아라한까지 얻어도

이들의 마음은 미혹으로 어지럽다.

須陀槃那果. 往來及不還. 逮得阿羅漢. 是等心惑亂.

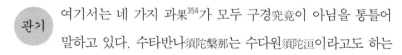

여기서는 네 가지 과果[354]가 모두 구경究竟이 아님을 통틀어 말하고 있다. 수타반나須陀槃那는 수다원須陀洹이라고도 하는

---

354 소승불교에서 네 단계의 수행 목표와 그 도달 경지를 가리키는 말. 수다원(須陀洹: 預流), 사다함(斯陀含: 一來), 아나함(阿那含: 不還), 아라한(阿羅漢: 無學道)의 네 가지가 있다. 아라한과는 이 이상 배우고 닦을 만한 것이 없으므로 무학도無學道라고도 하며, 그 이전의 일곱은 여전히 배우고 닦을 필요가 있는 경지이므로 일곱 가지 유학有學이라고 한다.

데 한역하면 입류入流라고 한다. 말하자면 처음으로 성스러운 흐름에
들어가는 것으로 초과初果이다. 왕래往來는 2과果이고, 불환不還은
3과果이고, 아라한阿羅漢은 4과果이다. 이들 성인聖人들은 모두 생사를
미워하고 열반을 애착하는데, 미워하고 애착함을 잊지 못하기 때문에
'미혹으로 어지럽다'고 한 것이다.

삼승과 일승이라지만
승乘은 내가 설한 것이 아니니,
어리석은 범부는 지혜가 적고
온갖 성인은 적멸을 영원히 여의었는데,

제일의第一義 법문은
두 가지 가르침을 멀리 여의어서
무소유(無所有: 있는 바 없음)에 머무는데
어찌 삼승을 건립하겠는가?

三乘與一乘. 非乘我所說. 愚夫少智慧. 諸聖遠離寂. 第一義法門.
遠離於二教. 住於無所有. 何建立三乘.

관기 여기서는 구경究竟의 무차별지無差別智를 밝힘으로써 이 경전
종지의 궁극을 제시하고 있다. 그러나 여래가 비록 삼승을
설하더라도 단지 가명假名으로 인도할 뿐이다. 어리석은 범부의 적은
지혜를 말미암기 때문에 삼승의 방편을 마련했으며, 이승이 적멸로

달려가기 때문에 일승의 진실(實)을 설했지만, 둘 다 본래의 회포는 아니다. 이것이 제일의第一義 돈교頓教 법문이니, 삼승과 일승이 모두 아니고 방편과 실제가 수립되지 않는데, 어찌 실제로 삼승의 설說이 있겠는가? 그러나 다른 곳에서는 성문과 연각과 보살은 삼승이 되고 여래는 일승이 된다고 말하지만, 여기서는 여래까지 삼승이 된다. 그리하여 삼승에 대하여 일승을 설하고서 삼승과 일승이 모두 아닌 것이 바야흐로 이 경전의 종지의 궁극이다.

온갖 선禪과 무량無量 등과
무색無色의 삼마제三摩提는
느낌(受)과 새김(想)이 다 적멸해서
또한 심량心量도 두지 않는다.

諸禪無量等. 無色三摩提. 受想悉寂滅. 亦無有心量.

관기   여기서는 자심自心의 현량現量을 통틀어 읊고 있다. 범속함과 거룩함을 모두 여의고, 한 법도 수립되지 않음으로써 자각성지의 구경상(究竟相: 궁극적인 모습)을 밝히고 있다. '온갖 선禪'은 곧 이승이 온갖 선禪에서 해탈하는 것이고, '무량無量'은 곧 대승의 사무량심四無量心[355]이고, '등等'은 곧 십력十力[356], 무외無畏[357], 십팔불공十八不

---

[355] 자慈는 남에게 즐거움을 주려는 마음, 비悲는 남의 괴로움을 덜어주려는 마음, 희喜는 남이 괴로움을 떠나 즐거움을 얻으면 기뻐하려는 마음, 사捨는 남을 평등하게 대하려는 마음. 이것은 수행 방법으로 한량없는 중생에 대하여 일으키

共[358] 나아가 삼십칠조도품三十七助道品[359]까지 등이며, '무색無色의 삼마제'는 곧 삼계의 구차제정九次第定[360]으로 위에서부터 아래까지 해당

는 마음이므로 사무량심四無量心이라 한다.

356 부처만이 갖는 열 가지 지혜의 힘. ①지시각비처력知是覺非處力: 도리道理와 비도리를 아는 힘, ②지업보력知業報力: 업과 그 과보의 관계를 아는 힘, ③지제선삼매력知諸禪三昧力: 갖가지 선정禪定을 통달하는 힘, ④지타중생제근상하력知他衆生諸根上下力: 중생의 근기根機의 높고 낮음을 아는 힘, ⑤지타중생종종욕력知他衆生種種欲力: 중생의 갖가지 욕구를 아는 힘, ⑥지세간종종성력知世間種種性力: 중생의 갖가지 성격을 아는 힘, ⑦지일체도지처상력知一切道智處相力: 업을 통하여 나타나는 세계, 즉 중생이 지옥·열반 등 여러 곳으로 향하는 것을 아는 힘, ⑧지숙명력知宿命力: 과거세의 일을 기억하는 힘, ⑨지천안력知天眼力: 미래의 일을 아는 힘, ⑩지루진력知漏盡力: 번뇌가 다 없어진 경지인 열반과 그곳에 도달하기 위한 수단을 여실히 아는 힘 등이다.

357 부처가 가르침을 설할 때, 확신하고 있기 때문에 누구에게도 두려움이 없는 것으로 네 가지가 있다. (1) 정등각무외正等覺無畏: 바르고 원만한 깨달음을 이루었으므로 두려움이 없음. (2) 누영진무외漏永盡無畏: 모든 번뇌를 끊었으므로 두려움이 없음. (3) 설장법무외說障法無畏: 끊어야 할 번뇌에 대해 설하므로 두려움이 없음. (4) 설출도무외說出道無畏: 미혹을 떠나는 수행 방법에 대해 설하므로 두려움이 없음.
또 산스크리트어 āśvāsa의 번역으로 번뇌의 속박에서 벗어나 두려움도 불안도 없는 평온한 마음 상태를 뜻한다.

358 이승이나 보살에게는 없는 부처만이 갖추고 있는 열여덟 가지 특징.

359 열반에 들기 위해 실천해야 할 37개 항목을 이르는 말. 도품은 실천하는 방법의 종류를 뜻하고, 삼십칠은 사념처四念處, 사정근四正勤, 사여의족四如意足, 오근五根, 오력五力, 칠각지七覺支, 팔정도八正道 등 일곱 가지 수행방법을 합친 것이다.

360 색계사선色界四禪과 사무색정四無色定과 상수멸정(想受滅定: 멸진정)을 포함한 아홉 단계의 수행 계위를 말한다. 초선初禪에서 차례로 제2선第二禪·제3선第三禪·제4선第四禪으로 들어가고, 계속해서 차례로 공무변처정空無邊處定·식무

하며, '느낌(受)과 새김(想)의 적멸'은 곧 이승의 멸진정이다. 통틀어 말하면 바로 앞서 질문한 108구절의 뜻이다. 이제 '또한 심량心量도 두지 않는다'고 말한 것은 자심自心의 현량現量으로 성스러움과 범속함을 수립하지 않고 일체가 다 부정됨으로써 생멸 속에서 구경각究竟覺의 뜻을 드러내는 것이다. 장章의 첫머리에 성지사분별자성경聖智事分別自性經을 설해 주길 청하는 것과 108구에 의거해 설하는 것이 여기서 그 뜻이 모아지니, 생각건대 이를 밝힌 것을 바야흐로 이름하여 자각성지自覺聖智의 사사라 하는 것이다.

○이상 과果를 헤아려 인因을 알았다.
△②-1-(1)-1)-가-(가)-바) 이하에서는 인因과 과果의 일여一如를 제시한다.

"대혜야, 저 일천제一闡提는 일천제가 아니니, 세간의 해탈은 누가 전변하는 것인가?

大慧. 彼一闡提. 非一闡提. 世間解脫誰轉.

관기
과거에는 이 장章에서 생사와 열반이 둘이 아님을 잡아서 여여如如를 밝혔다고 말했다. 대체로 지智와 여如는 일체一體라서 본래 두 가지 이치가 없다. 소위 진여를 벗어남이 없는 지혜(無如外

―――――――――

변처정識無邊處定·무소유처정無所有處定·비상비비상처정非想非非想處定으로 나아가 멸진정滅盡定에 드는 수행법.

智)는 능히 진여에서 증득할 수 있고, 또한 지혜를 벗어남이 없는 진여(無智外如)는 지혜가 들어가는 바가 된다. 만약 정지正智가 현전現前하면 온갖 법이 스스로 진여(自如)이고, 만약 생사가 본래 적멸임을 요달하면 그대로 정지正智이다. 지혜와 진여(智如)가 심오하게 하나(冥一)라서 바야흐로 자각성지의 구경사究竟事라 이름한다.

이제 '일천제를 잡아서 밝힘'은 앞서 이승과 외도의 치우친 삿됨이 자각성지와의 거리가 멀다고 내리 배척한 것이고, 또 수행자는 응당 영원히 여의어서 직접 익히는 걸 허용치 말라고 절실히 훈계한 것이다. 진실로 이승과 외도의 분수가 끊어지면 진여에겐 두루하지 못하는 허물이 있고, 만약 일천제가 실제로 성품이 없다면 불성에는 두루하지 못하는 잘못이 있는 것이니, 그렇다면 스스로 불평등의 허물에 떨어져서 자각성지 역시 구경究竟이 아니다. 무릇 가르침의 길을 잡아서 말한다면 삿됨을 꺾고 올바름을 드러내는 것이니, 치우친 삿됨을 엄격히 가려내서 정지正智를 밝히지 않을 수 없는 것이다. 만약 법성法性에 의거해 말한다면 평등하고 평등해서 둘이 없고 개별도 없으니, 본래 스스로 여여如如해서 무정無情도 오히려 공통의 일체一體인데 어찌 유정有情으로 분수를 끊겠는가? 그러므로 앞에서는 이승이 만약 본식本識을 깨달으면 또한 여래의 법신을 얻는다고 말했고, 지금은 일천제가 혹시라도 선근善根을 발한다면 역시 열반을 얻는다고 말하니, 그렇다면 한 명의 중생도 반열반般涅槃하지 않음이 없으니 바야흐로 자각성지의 구경상究竟相이라 이름하며 여여如如의 정지正智가 여기서 다한다. 그러나 성품 없는 일천제는보살의 일천제가 아니니 선근을 발함이 없기 때문이며,보살의 일천제는 성품 없는 일천제가

아니니 원력願力을 자량資糧함이 없기 때문이니, 그렇다면 일천제는
성품의 선함을 끊지 않고 여래는 성품의 악함을 끊지 않기 때문에
'일천제가 아니니, 세간의 해탈은 누가 전변하는 것인가?'라고 말한
것이다. 위역에서는 이렇게 말했다.

"성품 없는 승(無性乘)을 일천제라 말한다. 이것은 바로 앞서 말한
오성五性 중 무종성無種性인데, 지금 오성이 똑같이 돌아감을 회통하기
때문에 특별히 말함으로써 불성의 평등을 드러내고 중생의 진여(如)를
밝힌 것이다."

대혜야, 일천제에 두 가지가 있다. 첫째는 일체의 선근을 버린 것과
아울러 비롯 없는 중생에 대해 발원한 것이다. 무엇이 일체의 선근을
버린 것인가? 말하자면 보살장菩薩藏을 비방하고 아울러 나쁜 말(惡言)
을 하는 것이니, 이는 수다라, 비니, 해탈의 설명을 수순하지 않아서
일체의 선근을 버리기 때문에 반열반般涅槃하지 못한다.

大慧. 一闡提有二種. 一者捨一切善根. 及於無始衆生發願. 云何捨
一切善根. 謂謗菩薩藏. 及作惡言. 此非隨順脩多羅毗尼解脫之說.
捨一切善根故. 不般涅槃.

관기 여기서는 무종성無種性을 말하고 있다. 일천제一闡提는 한역
하면 '단선근(斷善根: 선근을 끊음)' 또는 '일체의 선근을 태워버
림(焚燒一切善根)'이라 한다. 대체로 진여는 연緣을 따라 일을 성취하고
전체(擧體)가 완전히 변해 잉여의 법이 있지 않다. 지금 전체全體의

진여는 전체의 악한 성품으로 변화(變作)하고, 악한 성품이 곧 진여라서 재차 열반에 들어갈 수 없기 때문에 '반열반하지 못한다'고 말한 것이다.

둘째는 보살이 본래 스스로 원한 방편方便이기 때문에 반열반하지 않은 것이 아니라 일체중생으로서 반열반한 것이다. 대혜야, 저 반열반은 이름하여 반열반의 법상法相이 아니니, 이것 역시 일천제의 갈래(趣)에 도달한다."

二者菩薩本自願方便故. 非不般涅槃. 一切衆生而般涅槃. 大慧. 彼般涅槃. 是名不般涅槃法相. 此亦到一闡提趣.

관기 여기서는 보살의 일천제를 말하고 있다. 보살은 중생계가 다하길 원하니, 말하자면 중생계가 다하면 나의 염원도 이내 다한다는 것이다. 만약 하나의 중생이라도 다하지 않는다면 나의 염원도 다하지 않기 때문에 '반열반하지 않는 것이 아니라 일체중생으로서 반열반한 것이다'라고 한 것이다. 그러나 '중생계가 다하길 원하는 것'은 중생은 본래 진여(本如)라서 일찍이 이미 열반한지라 재차 소멸함을 용납하지 않으므로 들어갈 수 있는 열반이 없는 것이니, 이 때문에 '저 반열반은 이름하여 반열반의 법상法相이 아니니'라고 한 것이다. 이것과 일천제는 명칭이 동일하기 때문에 '역시 일천제의 갈래(趣)에 도달한다'고 한 것이다. 당역에서는 이 명구名句로써 결론의 말을 하고 있다.

대혜가 부처님께 여쭈었다.

"세존이여, 이 중에서 누가 끝내 반열반하지 않는 겁니까?"

大慧白佛言. 世尊. 此中云何畢竟不般涅槃.

관기 대혜는 성품 없는 일천제는 선근을 끊어서 열반에 들 수 없다고 생각했다. 하지만 보살의 중생 제도는 본래 열반을 구하여 증득하는 것인데 어째서 끝내 들어가지 못하는가? 그러므로 '이 두 종류의 일천제 중에서 어느 쪽이 끝내 열반에 들지 못하는가?'라고 의심했으며, 아래에서 부처님은 "일천제가 오히려 들어감이 있을 때도 보살은 끝내 들어가지 않으니 일체법이 본래 열반임을 알기 때문이다" 라고 답한 것이다.

부처님이 대혜에게 고하셨다.

"'보살의 일천제'는 일체법이 본래 반열반임을 알아서 끝내 반열반하지 않으면서도 일체의 선근을 버리지 않는 일천제이다. 대혜야, '일체의 선근을 버린 일천제'는 다시 여래의 신력神力 때문에 어떤 때는 선근이 생기기도 한다. 왜 그런가? 말하자면 여래는 일체중생을 버리지 않기 때문이다. 이 때문에 보살의 일천제는 반열반하지 않는 것이다."

佛告大慧. 菩薩一闡提者. 知一切法本來般涅槃已. 畢竟不般涅槃. 而非捨一切善根一闡提也. 大慧. 捨一切善根一闡提者. 復以如來神力故. 或時善根生. 所以者何. 謂如來不捨一切眾生故. 以是故菩薩

一闡提. 不般涅槃.

불성이 평등하고 여여如如함을 올바로 드러낸 것이다. 일체중
생은 다 불성이 있으니, 일천제는 착한 성품을 끊지 않고
여래는 평등한 대비大悲로써 그들을 거두어들인다. 이 때문에 어떤
때는 선근을 발하기도 한다. 예전에 법을 비방한 인연이 종자가 되었다
가 지금 인연이 성숙했기 때문에 여래가 신력神力으로 가지加持[361]함을
말미암아 혹시라도 선근이 생기기도 하는 것이다. 마치 광액도아廣額屠
兒[362]가 백정의 칼을 내려놓고 문득 불사佛事를 지은 것과 같고, 제바달
다提婆達多[363]가 세세생생 부처를 비방하다가 지금 수기授記[364]를 받은
것과 같다. 마치 화엄에서 밝혔듯이, 예전에 『화엄경』을 비방하다가
지옥 속에 떨어져서 지옥천자地獄天子가 되었다가 비로毗盧로 세간에
출현하여 먼저 족륜足輪의 광명으로써 삼중三重의 돈원頓圓과 십지十地
를 비추니, 이 모두가 법을 비방한 일천제가 부처 신력의 영험을

---

361 산스크리트어 adhiṣṭhāna. ①부처가 자비심으로 중생을 보호함. ②부처가
   자비와 지혜를 중생에게 베풀고 중생이 그것을 받아 지녀 부처와 중생이 서로
   합치함. 부처의 가호를 받아 중생이 부처와 하나가 됨. ③부처의 가피력으로
   병이나 재난을 면하기 위해 행하는 의식.
362 '광액도아'는 이마가 넓은 백정이란 뜻. 이 백정은 사리불을 만나 깨달음을
   얻은 후 소 잡던 칼을 내려놓으면서 '나도 현겁賢劫 일천 명의 부처 중 한
   명이다'라고 했다고 한다.
363 산스크리트어, 팔리어 devadatta의 음사. 붓다의 사촌동생으로, 출가하여 그의
   제자가 되었다. 붓다에게 승단을 물려줄 것을 청하여 거절당하자 500여 명의
   비구를 규합하여 승단을 이탈한다. 여러 번 붓다를 살해하려다 실패한다.
364 부처가 제자에게 미래의 증과證果에 대하여 일일이 미리 지시한 예언적인 교설.

받은 것이다. '선근'이란 말은 예전에 듣고 훈습한(聞熏) 종자를 올바로 말미암은 것이다. '보살의 일천제가 열반에 들지 않음'은 법계가 여如하고 중생도 여如하기 때문에 중생계가 다할 수 없고 번뇌도 다할 수 없어서 행원行願도 다할 수 없는 것이니, 이것이 보현대사普賢大士가 항상 환화幻化에 거처하면서 열반에 들지 않는 까닭이다.

○이상 청분별자성장請分別自性章부터 이 '오법五法을 밝힌다'까지를 마친다.
△②-1-(1)-1)-가-(나) 아래에서는 오법五法 중 세 가지 자성을 밝힌다.

"다음에 대혜야, 보살마하살은 세 가지 자성을 응당 잘해야 한다.

復次大慧. 菩薩摩訶薩當善三自性.

관기   앞에서는 오법五法이 자성에 의거해 수립되었음을 말했다. 자성에 기미(幾)가 있음을 알지 못했기 때문에 특별히 세 가지를 제시하였다. 생각건대 연기의 무생無生을 요달케 하기 때문에 '응당 잘해야 한다'고 말한 것이다.

무엇을 세 가지 자성이라고 하는가? 말하자면 망상자성妄想自性과 연기자성緣起自性과 성자성成自性이다."

云何三自性. 謂妄想自性. 緣起自性. 成自性.

관기　여기서는 세 가지 자성의 상相을 따져서 열거하고 있다. 그러나 오법의 자성은 이 세 가지를 벗어나지 않는다. 망상은 명상名相에 의거해 일어나니, 이를 이름하여 연기緣起라 한다. 만약 연기가 환幻과 같음을 요달한다면 망상은 성품이 없으니, 바로 이것이 정지正智로서 명상名相의 체體가 공空한 것이다. 본래 스스로 여여如如해서 총체적으로 원성(圓成: 완벽한 완성)에 돌아가기 때문에 오법의 자성은 이 세 가지를 벗어나지 않는다.

○아래에선 그 상相을 올바로 제시한다.

"대혜야, 망상자성은 상相으로부터 생겨난다."

大慧. 妄想自性. 從相生.

관기　여기서는 망상자성이 다른 연緣에 의거해 일어남을 표방해 가리킨다. 상相은 곧 명상名相이다. 명상의 체體가 공空하고 다른 것에 의거해(依他) 일어나서 갖가지로 두루 계교하는 것을 이름하여 망상이라 한다.

대혜가 부처님께 여쭈었다.
"세존이여, 무엇을 망상자성이 상相으로부터 생겨나는 것이라 합니까?"
부처님께서 대혜에게 고하셨다.
"연기자성은 사상事相의 상相이고, 행行은 사상의 상을 현현한 것이다.

大慧白佛言. 世尊. 云何妄想自性從相生. 佛告大慧. 緣起自性事相
相. 行顯現事相相.

관기 여기서는 따지고 해석한 것이다. 말하자면 명상名相은 다
연緣으로부터 일어나기 때문에 '연기자성은 사상事相의 상相'
이라 한 것이니, 연기의 무생無生을 요달하지 못했기 때문에 심행心行
이 그 가운데서 허망하게 계교와 집착을 낳은 것이다. 그래서 '행行은
사상事相의 상相을 현현한 것'이라 한 것이니, 이는 망상이 명상名相으
로부터 생겨남을 말한 것이다. 당역에서는 이렇게 말했다.

"말하자면 저 연기의 사상事相에 의거해서 종류種類가 현현하여
계교와 집착을 내기 때문이다."

계교와 집착에는 두 가지 망상자성이 있으니, 여래如來, 응공應供,
등정각等正覺이 건립한 바로서 소위 명상계착상名相計著相과 사상계착
상事相計著相이다. '명상계착상'은 말하자면 안팎의 법을 계교하고 집
착하는 것이며, '사상계착상'은 말하자면 저들이 이와 같은 안팎의
자상自相과 공상共相에 즉해서 계교하고 집착하는 것이니, 이를 이름하
여 두 가지 망상자성의 상相이라 한다. 의거하거나 반연해서 생겨난다
면, 이를 이름하여 연기緣起라 한다.

計著有二種妄想自性. 如來應供等正覺之所建立. 謂名相計著相. 及
事相計著相. 名相計著相者. 謂內外法計著. 事相計著相者. 謂卽彼
如是內外自共相計著. 是名二種妄想自性相. 若依若緣生. 是名緣起.

관기 여기서는 저 사상事相에 의거해 계교와 집착을 내는 걸 말하고 있으니, 두 종류의 망상을 일으킴으로써 연기의 자성을 밝히고 있다. '명상名相은 말하자면 안팎의 법'에서 안(內)은 곧 근신根身이고, 밖(外)은 곧 기계器界이다. 그러나 이 안팎의 일체 모든 법은 오직 마음이 나타난 것일 뿐 본래는 명상名相이 없다. 다만 이 하나의 마음(一心)을 사람이 요달하지 못해서 허망한 집착을 두루 계교해 저마다 명칭(名)을 두고 모습(相)을 둠을 의거하고 인하기(依因) 때문에 이름하여 망상의 사상事相이라 하니 '저 안팎의 자상과 공상에 즉한' 것이다. 그러나 안팎에서 사람과 법 두 종류를 벗어나지 못하니, 말하자면 안의 몸(內身)인 오온을 사람이라 말하고 밖의 기계(外器)인 사대四大를 법이라 하는데, 오온에 각기 자체自體가 있다고 허망하게 계교하기 때문에 '자(自: 자상)'라 말하고, 화합해서 사람을 이루기 때문에 '공(共: 공상)'이라 하며, 사대에 각기 자체自體가 있다고 허망하게 계교하기 때문에 '자自'라 말하고, 화합하고 변화해서 만물을 낳기 때문에 '공共'이라 한다. 그러므로 '저 안팎의 자상自相과 공상共相에 즉해서 망상을 계교하고 집착한다'고 한 것이다. 진실로 마음은 본래 무생無生이고 경계를 인因하고 있음(有)을 반연하기 때문에 '의거하거나 반연해서 생겨난다면, 이를 이름하여 연기緣起라 한다'고 말한 것이다.

무엇을 성자성成自性이라 하는가? 말하자면 명상名相과 사상事相의 망상을 여의는 것이니, 성지聖智를 얻는 것 및 자각성지가 소행所行의 경계를 취향趣向하는 것을 이름하여 성자성成自性이자 여래장심如來藏

心이라 한다."

云何成自性. 謂離名相事相妄想. 聖智所得. 及自覺聖智趣所行境
界. 是名成自性. 如來藏心.

관기 여기서는 원성圓成의 자성을 밝히고 있다. 진실로 몸과 마음의
세계는 원래 하나의 여래장청정진심如來藏淸淨眞心으로 명칭
(名)을 여의고 모습(相)을 여의어서 본래 스스로 여여如如하다. 다만
망상의 반연攀緣에 의거해서 행한다면 명상名相이 이에 흥기興起해서
멋대로 집착을 일으켜 취한다. 만약 자각성지에 의거해 행한다면
자심自心의 현량現量을 환히 통달하니, 그렇다면 법법마다 완벽하게
완성되는(圓成) 것은 오직 이 여래장심如來藏心뿐이다.

이때 세존께서는 이 뜻을 거듭 선포하고자 게송을 설하셨다.

爾時世尊欲重宣此義而說偈言.

명상名相과 각상(覺想: 지각의 상념)은
자성自性의 두 양상이고
정지正智는 여여如如하니
이는 곧 성상(成相: 완성의 모습)이다.(당역에서는 "명상名相과 분별은 두
가지 자성의 양상[相]이고, 정지正智의 여여如如함, 이는 원성실圓成實이다.
두 가지 상相은 곧 망상의 연기이다"라고 하였다)

名相覺想. 自性二相. 正智如如. 是則成相. (唐云. 名相分別二自性相.
正智如如. 是圓成實. 二相. 卽妄想緣起也)

"대혜야, 이를 이름하여 오법자성五法自性의 상相을 관찰하는 경전이
라 한다. 자각성지가 소행所行의 경계에 취향한 것이니, 너희들 보살마
하살들은 응당 닦고 배워야 한다."

大慧. 是名觀察五法自性相經. 自覺聖智趣所行境界. 汝等諸菩薩摩
訶薩應當修學.

관기 　여기서는 앞서의 질문을 총체적으로 결론지은 것이다. 앞서의
질문 중에서 오법자성을 분별하는 법문을 먼저 청하고, 다음
은 오법자성을 인因하여 아는 걸 청했으니, 그런즉 인무아人無我와
법무아法無我를 관찰해서 망상을 깨끗이 제거하고 여러 지地를 비추어
밝히며 나아가 여래의 법신을 체득하기에 이른다.
　이상은 오법과 세 가지 자성을 답한 것인데 먼저 청함(先請)을 보답한
것이다. 아래에서는 이무아二無我를 관찰하고 나아가 구경불究竟佛의
경지까지 밝힌 것이니, 다음에 청함(次請)을 보답한 것이다.

○이상 세 가지 자성을 밝혔다.
△②-1-(1)-1)-가-(다) 아래에선 이무아二無我를 밝힌다.

"다음에 대혜야, 보살마하살은 두 가지 무아無我의 상相을 잘 관찰해야

한다.

復次大慧. 菩薩摩訶薩. 善觀二種無我相.

관기 여기서는 다음에 청함(請)에 답한 것이다. 그러나 오법五法은 두 가지 무아無我를 벗어나지 않으니, 사람도 있고 법도 있음 (有人有法)을 보는 것이 바로 명상名相의 망상이다. 만약 두 가지 무아를 요달하면 즉각 정지正智가 여여如如하기 때문에 앞서는 오법자성을 분별했고 다음은 즉각적인 가르침으로 두 가지 무아의 상相을 응당 잘 관찰하도록 한 것이다.

무엇이 두 가지 무아의 상相인가? 말하자면 인무아人無我 및 법무아法無 我이다.

云何二種無我相. 謂人無我. 及法無我.

관기 여기서는 두 가지 무아의 상相을 제시하고 있다. 진실로 근신根 身과 기계器界가 오직 마음의 나타남일 뿐이라고 요달하지 못하기 때문에 허망한 계교로 분별해서 실아實我와 실법實法으로 집착 하니, 소위 망상이 이에 흥기하고 명상名相이 곧 형태(形)인 것이다. 만약 연생緣生의 성품 없음을 요달한다면 둘 다 무아無我이고, 진실로 이무아二無我라면 오법자성을 다 여의고 8식도 함께 버려진다. 그래서 자각성지를 단박에 증득해서 여래의 항상 머무는 법신을 체득한다.

무엇이 인무아人無我인가? 말하자면 나(我)와 내 것(我所)인 음陰, 계界, 입入의 덩어리, 무지無知의 업과 애착으로 생겨남, 눈과 빛깔(眼色) 등의 섭수攝受함으로 계교하고 집착하여 식識을 낳음, 일체 온갖 근根과 자심自心이 나타낸 기器와 신身의 장藏, 스스로의 망상의 상相으로 시설施設해서 나타내 보임을 여의는 것이다.

云何人無我. 謂離我我所. 陰界入聚. 無知業受生. 眼色等攝受計著生識. 一切諸根自心現器身藏. 自妄想相施設顯示.

여기서는 인무아人無我의 관觀으로써 가르친 것이다. 당역에
관기 서는 이렇게 말했다.

"무엇이 인무아의 상相인가? 말하자면 온蘊, 계界, 처處인 나(我)와 내 것(我所)을 여읜 것이며, 무지와 애착의 업으로 생기生起한 것, 눈 등의 식識이 생겨나서 빛깔 등을 취하여 계교와 집착을 일으킴을 여의는 것이다. 또 자심自心이 신身과 기器의 세계를 보는 것이 모두 장심藏心이 현현한 것으로서 찰나찰나 상속하며 변화와 붕괴(變壞)가 멈추질 않는다."

그러나 '인人'은 바로 현재의 오온이 뭉쳐진 허망한 몸으로서 허망한 집착을 아상(我相: 나의 모습)으로 여기는 것이고, 몸을 나(我)라고 여기고 또한 육진六塵이 수용하는 경계를 내 것(我所)으로 여기는 것이다.

지금 관觀하는 이런 것들은 본래 있지 않은 것으로 모두 무명無明과 애착의 업으로부터 생기生起한 것이며, 눈 등의 육근六根이 육진의

경계를 취해 계교와 집착을 내는 걸 수용受用으로 여겨서 허망하게
탐구(貪求: 탐내고 구함)를 낳으니, 일체의 근신根身과 기계器界가 모두
장식藏識이 나타낸 영상影像으로 당면한 체(當體) 전체가 공空하다.
다만 망상의 분별에 의거해 있는 듯이(似有) 나타내 보이는데, 하물며
찰나 상속하고 변괴變壞가 멈추지 않음이랴! 이 가운데 관찰해서 끝내
무상無常하다면 무엇을 나(我)라 하겠는가. 그러므로 총체적으로 '여
왼다'고 말한 것이며, 이는 무아를 올바로 관觀한 것이다. 아래에선
비유를 잡아 사념처관四念處觀365을 밝히고 있다.

마치 강의 흐름 같고, 종자種子와 같고, 등불과 같고, 바람과 같고,
구름과 같아서 찰나에 펼쳐져 구르면서(展轉) 무너져간다. 조급하게
움직이는 것이 마치 날뛰는 원숭이 같고,

如河流. 如種子. 如燈. 如風. 如雲. 刹那展轉壞. 躁動如猿猴.

---

365 산스크리트어 catvāri smṛty-upasthānāni, 팔리어 cattāri sati-paṭṭhānāni. 깨달
음에 이르기 위한 네 가지 수행법. 불교에서 깨달음을 얻고 지혜를 얻기 위한
37조도품三十七助道品 가운데 첫 번째 수행 방법이다. 신념처身念處·수념처受念
處·심념처心念處·법념처法念處의 네 가지 방법이 있다. 신념처는 자신의 몸과
관련된 현상, 즉 호흡·동작 등을 관찰하여 몸의 세계에서 일어나는 탐욕과
혐오를 극복하는 수행법이다. 수념처는 느낌의 세계에 대한 탐욕과 혐오를
극복하는 수행법이다. 심념처란 마음의 세계에 대한 탐욕과 혐오를 극복하는
수행법이다. 법념처란 정신적 대상에 대한 탐욕과 혐오를 극복하는 수행법이다.
앞의 세 가지 외에는 자아라고 할 실체가 없고, 자아가 없으므로 소유도 없다는
진리를 파악하는 것이다.

관기 여기서는 사념처관四念處觀을 밝히고 있다. 처음에는 마음의 무상을 관觀하니, 말하자면 이 마음의 망상이 생멸하는 걸 관하는 것이다. 마치 강의 흐름이 신속해서 멈추지 않는 것과 같고, 종자種子가 능히 생겨나 과과果를 초래하는 것과 같고, 등불이 생각 생각(念念) 생멸하는 것과 같고, 바람이 표표히 불면서 머물지 않는 것과 같고, 구름이 순식간에 변하면서 소멸하는 것과 같아서 전부가 무상하기 때문에 '찰나에 펼쳐져 굴러가면서 무너지고'라고 한 것이다. 조급한 움직임이 머물지 않음이 마치 날뛰는 원숭이 같기 때문에 경전에서는 "심상心想은 마치 날뛰는 원숭이 같다"고 한 것이다. 이렇게 관찰하면 그 속에서 끝내 무엇이 나(我)가 되겠는가?

깨끗하지 않은 곳을 즐김이 마치 날파리와 같다.

樂不淨處. 如飛蠅.

관기 여기서 몸의 깨끗지 않음을 관觀하는 것은 이 몸을 체관(諦觀: 본질을 관찰함)하는 것이다. 그 가운데 단지 36물物이 있을 뿐이며 아홉 개의 구멍에서 늘 깨끗지 못한 더러운 것이 흘러나온다. 그런데도 허망하게 탐내고 집착하면서 깨끗지 못한 것을 청정한 것으로 여기기 때문에 날파리 같은 것이다.

물리지 않는 것이 마치 바람이나 불과 같다.

無厭足. 如風火.

관기
여기서는 수(受: 느낌)가 고통임을 관찰한다. 당역에서는 이렇게 말한다.

"마치 맹렬한 불과 같다."

갖가지 수용受用을 관찰하면 온갖 고통이 모인지라 단 하나라도 즐길 만한 것이 없어서 매우 근심이 된다. 그러나 망상으로 탐내어 구하는 것이 만족할 줄도 모르고 물리는 일도 없기 때문에 맹렬한 불과 같은 것이다.

비롯 없는 거짓의 습기習氣의 인因은 물을 긷는 바퀴(도르래)와 같아서 생사는 있음의 바퀴(有輪)를 향해 간다.

無始虛僞習氣因. 如汲水輪. 生死趣有輪.

관기
여기서는 법무아法無我를 관찰하고 있다. 당역에서는 이렇게 말한다.

"비롯 없는 거짓의 습기가 인因이 되어서 온갖 있음(有)의 갈래 속에 유전流轉하면서 쉬지 않으니 마치 물 긷는 도르래와 같다."

말하자면 삼계의 온갖 생사법을 관찰하지만, 그러나 무명의 업력에 부림을 받는지라 그 업력의 이끌림에 따라 유전流轉을 쉬지 않지만 항상 주재主宰가 없다. 마치 물 긷는 도르래와 같아서 그 업력에 맡겨 이끌리고 구르면서도 나(我)를 말미암지 않는다.

갖가지 몸과 빛깔은 마치 환술幻術과 신주神呪로 기관이 발동하고(機發) 상상像이 일어나는 것과 같다.

種種身色. 如幻術神呪機發像起.

앞서는 별상別相366의 염관念觀이고, 여기서는 총상總相367의 염관이다. 당역에서는 이렇게 말한다.

"갖가지 몸의 위의威儀368가 나아가고 멈추는 것은 비유하면 죽은 시체가 주력呪力 때문에 걸어 다니는 것과 같고, 또한 마치 목인木人이 기관(機)으로 인해 움직이는(運動) 것과 같다."

말하자면 이 몸을 관찰해서 거짓이고 실답지 않음이 마치 걸어 다니는 시체와 같다면 크게 싫어해서 근심할 일이고, 마치 목인木人과 같다면 환화幻化로서 참(眞)이 아니니, 이 가운데서 체관諦觀하여 추구한다면 끝내 무엇이 나(我)가 되겠는가? 걸어 다니는 시체는 몸을 비유하고, 기관機關은 마음을 비유한다. 『능엄경』에서는 이렇게 말한다.

"비록 온갖 근根의 움직임을 보더라도 요컨대 하나의 기틀(一機)에서 뽑아내는 것이다."

---

366 ①각각의 성질. ②구별. ③부분이나 낱낱, 또는 그 모습. ④육상六相의 하나. 전체를 구성하고 있는 각각의 특성.

367 ①모든 것에 두루 통하는 성질. ②전체, 또는 그 모습. ③육상六相의 하나. 여러 특성을 포함하고 있는 전체.

368 여기서는 다니고, 머물고, 앉고, 눕는 일거수일투족을 뜻한다.

이러한 양상(相)을 잘 아는 것, 이것을 이름하여 인무아人無我의 지혜라 한다.

善彼相知. 是名人無我智.

여기서는 인무아관人無我觀을 결론짓고 있다. 당역에서는 이렇게 말했다.

"이것에 대해 능히 그 양상을 잘 알 수 있다면, 이를 이름하여 인무아의 지혜라 한다." 이렇게 살펴 관찰하면 즉각적으로(當下) 무아無我이다."

무엇이 법무아의 지혜인가? 음陰, 계界, 입入이 망상의 모습(相)이란 걸 자각하면 자성의 여如이고, 음陰, 계界, 입入에서 나(我)와 내 것(我所)을 여의면 음陰, 계界, 입入의 쌓임(積聚)인 것이다.(당역에서는 "오직 쌓임(積聚)만이 공통이다"라고 하였다) 업과 애착의 속박으로 인해 전전展轉하며 서로 연생緣生하지만 동요動搖가 없으니(당역에서는 "애착과 업의 속박이 서로 연기緣起하지만 능히 짓는 자(作者)가 없다"고 하였다), 온갖 법도 마찬가지라서 자상自相과 공상共相을 여의고 있다. 실답지 않은 망상의 모습(相)과 망상의 힘은 범부가 일으킨 것이지 성현聖賢이 아니니, 심의식心意識과 오법자성五法自性을 여의기 때문이다. 대혜야, 보살마하살은 일체의 법무아를 응당 잘 분별해야 한다.

云何法無我智. 謂覺陰界入妄想相. 自性如. 陰界入離我我所. 陰界

入積聚. (唐譯云. 唯共積聚) 因業愛繩縛. 展轉相緣生. 無動搖. (唐譯
云. 愛業繩縛. 互爲緣起. 無能作者) 諸法亦爾. 離自共相. 不實妄想相妄
想力. 是凡夫生. 非聖賢也. 心意識五法自性離故. 大慧. 菩薩摩訶
薩. 當善分別一切法無我.

여기서는 법무아관法無我觀을 밝히고 있다. 말하자면 온蘊,
처處, 계界 등 일체 모든 법이 본래 스스로 여여如如하고 나(我)
와 내 것(我所)을 여의어서 오직 쌓임(積聚)만이 공통임을 관찰한
것이다. 그러나 애착과 업의 속박을 인해 서로 연기緣起가 되고 성품이
없기 때문에 능히 짓는 자(作者)가 없으니, 이를 예로 관찰하면 온갖
법도 마찬가지라서 자상과 공상을 여읜다. 그리하여 허망한 분별로
갖가지 모습이 나타나는 것은 어리석은 범부의 망상의 힘이지 성현이
아니다. 이처럼 일체 모든 법을 관찰해서 심의식心意識과 오법자성을
여의어서 모두 다 무아無我라면, 이를 이름하여 법무아의 지혜라 한다.
그러나 자상과 공상은 바로 범부와 외도가 온갖 법을 자생自生, 타생他
生, 공생共生, 무인생無因生으로 허망하게 계교한 것인데, 지금 자상과
공상을 여의면 네 가지 계교가 함께 버려지면서 무생無生의 이치(理)가
저절로 나타난다. 그리하여 온갖 법이 본래 스스로 무생임을 분명히
보는 것을 바야흐로 이름하여 법무아의 지혜라 하니, 이 때문에 보살은
응당 이렇게 관찰해야 한다고 훈계한 것이다.

법무아를 잘 분별한 보살마하살은 머지않아 초지初地[369] 보살의 무소유
관無所有觀을 반드시 얻어 지地의 모습(相)을 관찰하고 깨달음을 열어

환희하는데, 이렇게 차례대로 점차 나아가 9지九地[370]의 모습(相)을 초월해 법운지法雲地[371]를 얻는다.

善法無我菩薩摩訶薩. 不久當得初地菩薩無所有觀地相. 觀察開覺歡喜. 次第漸進. 超九地相. 得法雲地.

관기 이 아래에선 여래의 자재법신自在法身을 얻게 됨으로써 완성을 관觀해 과果를 얻는 모습(相)을 통틀어 밝히고 있다. 나(我)와 법法에 둘이 있으니, 말하자면 분별分別[372]과 구생俱生[373]이다. 그러나 분별의 두 가지 집착이 끊어져 다하면 즉각 초지初地에 들어가고, 구생아집俱生我執[374]이 초지부터 7지[375]에 이르기까지 끊어져 다하면

---

369 십지十地의 제1, 곧 환희지歡喜地를 말한다.

370 십지의 하나인 선혜지. 부처의 십력十力을 얻어서 근기根機에 따라 중생을 교화하는 지혜를 터득한 경지.

371 십지十地의 하나. 지혜의 구름이 널리 진리의 비를 내리는 단계. 구름이 비를 내리듯, 부처의 가르침을 널리 중생들에게 설하는 단계.

372 분별기分別起의 준말. 자세한 내용은 다음 구생기의 주석을 보라.

373 구생기俱生起의 준말. 태어남과 동시에 일어난다는 뜻. 선천적으로 지니고 있는 성질 또는 번뇌. 후천적인 분별에 의한 번뇌가 아니라 선천적으로 타고난 번뇌. 이에 반해, 후천적으로 습득한 그릇된 지식에 의해 일어나는 번뇌는 분별기分別起라고 한다.

374 선천적으로 타고난 자아에 대한 집착. 이에 반해, 후천적으로 습득한 그릇된 지식에 의해 일어나는 자아에 대한 집착은 분별아집分別我執이라 한다.

375 십지十地 중 하나인 원행지遠行地이다. 원행이란 삼계三界에서 멀리 떠난다는 뜻이며, 심원지深遠地라고도 한다. 이 지위의 보살은 법왕法王의 지위에 거의

바야흐로 8지[376]에 들어가고, 구생법집俱生法執이 초지부터 운運에 맡겨 끊어져서 등각等覺[377]에 이른 후에 마음이 바야흐로 다하면 즉시 묘각妙覺[378]에 들어가니, 이 때문에 "두 가지 장애를 분별하니 환희지가 없고, 선천적으로 생긴 법집도 각 지地마다 제거된다(分別二障極喜無. 法執俱生地地除)"라고 하였다. 그러므로 당역에서는 이렇게 말했다.

"이걸 얻고 나서 경계가 없음을 알고 온갖 지地의 모습(相)을 요달하면 즉각 초지初地에 들어가서 마음에 환희를 일으킨다. 차례대로 점차 나아가 선혜지善慧地 및 법운지法雲地에 이르기까지 지은 바(所作)가 이미 갖추어졌다."

그래서 '초지에서 나아가 선혜지, 법운지에 이르기까지'라고 말한 것이니, 대체로 8지 이전은 올바로 끊으면서도 아집我執을 일으키고, 그 법집法執은 단지 운運에 맡길 뿐이다. 8지에 이르러서 아공我空의 진여眞如를 증득하면 삼매를 즐겨 집착하고 중생 제도를 원하지 않아서 이승과 더불어 열반을 취하는 것이 동등하다. 바로 이 구생俱生의 미세한 법집을 잊지 못하다가 급기야 9지에 이르면 삼매의 즐거움을

다가간 상태이다.

376 십지十地 중 하나인 부동지不動地이다. 이 지위에 오른 보살은 수행을 완성하여 번뇌에 동요하지 않는다. 부동不動이란 명칭도 바로 여기에서 유래한다. 이 부동지 보살은 깊이 있는 실천을 하므로 심행深行 보살이라고도 부른다.

377 ①바르고 원만한 부처의 깨달음. ②부처의 깨달음과 거의 같은 깨달음이라는 뜻. 보살의 수행 과정 가운데 십지十地 다음의 단계. 바르고 원만한 부처의 깨달음인 묘각妙覺의 앞 단계.

378 바르고 원만한 부처의 깨달음. 모든 번뇌를 끊고 지혜를 원만히 갖춘 부처의 경지로서 보살 52위位의 마지막 경지.

버리고 중생 제도를 발원發願해서 법사法師의 지위에 거처하고 법을
설함이 구름과 같으니, 바로 이것이 법집을 올바로 끊은 것이기 때문에
'9지를 초월해서 법운지를 얻는다'고 말한 것이다.

거기서 한량없는 보배로 장엄한 대보련화大寶蓮華 왕상王像의 대보배
궁전을 건립하여 환幻인 자성自性 경계를 닦아 익혀서 생기生起하고,
거기에 앉아서 동일한 상像의 종류인 온갖 최승자最勝子의 권속에
둘러싸여 있다. (당역에서는 "이 지地에 머물고 나선 연꽃 모양의 꽃 위에
있는 보배 궁전에서 대보련화大寶蓮華 왕의 온갖 보배로 장엄함이 있고, 보살이
그곳에 왕생하여 환성幻性 법문을 닦아 성취하게 되어서 그 위에 앉는데,
그의 앞뒤를 둘러싸는 불자佛子와 동행한다"라고 하였다)
그리고 일체의 불찰佛刹로부터 오신 부처님의 손(佛手)이 관정灌頂을
하시는데, 마치 전륜성왕이 태자에게 관정을 하는 것과 같다.(당역에서
는 "일체의 불찰에 있는 여래는 모두 그 손을 펴고 있는데, 마치 전륜왕의
관정법에서 그 정수리에 물을 붓는 것과 같다"고 하였다) 불자佛子의 경지를
초월하여 자각성지의 법취法趣에 도달하면 즉각 여래의 자재법신自在
法身을 얻어서 법무아를 보기 때문에 이를 이름하여 법무아의 모습(相)
이라 한다. 너희들 여러 보살마하살들은 응당 닦고 배워야 한다."

於彼建立無量實莊嚴大寶蓮華王. 像大寶宮殿. 幻自性境界修習生.
於彼而坐. 同一像類諸最勝子. 眷屬圍繞. (唐云. 住是地已. 有大寶蓮華
王衆寶莊嚴. 於其華上有寶宮殿. 狀如蓮華. 菩薩往修幻性法門之所成就. 而
坐其上. 同行佛子. 前後圍繞) 從一切佛刹來佛手灌頂. 如轉輪聖王太

子灌頂. (唐譯云. 一切佛刹所有如來. 皆舒其手. 如轉輪王子灌頂之法. 而
灌其頂) 超佛子地. 到自覺聖智法趣. 當(去聲. 即也)得如來自在法身.
見法無我故. 是名法無我相. 汝等諸菩薩摩訶薩應當修學.

관기 여기서는 앞서의 청원을 결론으로 보답하고 있다. 앞서 대혜
가 성지사분별자성경聖智事分別自性經을 청하자 분별로써 망
상자성을 설했기 때문이다. 그렇다면 능히 이무아二無我를 관찰해서
망상을 깨끗이 없애고 온갖 지地를 비추어 밝히며, 나아가 여래의
항상 머무는 법신을 체득하는 데 이른다. 세존께서는 차례대로 하나하
나 갚아 나갔기 때문에 결론으로 '응당 닦고 배워야 한다'고 권유한
것이다.

○이상 오법자성五法自性을 통틀어 밝혀서 정지正智의 여여如如를 드러냈다.
△②-1-(1)-1)-가-(라) 아래에선 있음(有)과 없음(無)의 두 견해를 타파함
  으로써 허물을 여의고 잘못을 끊음을 드러냈다.

이때 대혜보살마하살이 다시 부처님께 여쭈었다.
"세존이여, 건립하고 비방하는 모습을 설해 주시길 원합니다. 지금
저와 보살마하살들이 건립과 비방의 양변에 치우친 악견惡見을 여의
고 속히 아뇩다라삼먁삼보리를 얻게 하시고, 깨닫고 나서는 항상(常)
의 건립을 여의고 비방의 견해를 끊어서 정법正法을 비방하지 않게
하소서."

爾時大慧菩薩摩訶薩復白佛言. 世尊. 建立誹謗相. 惟願說之. 令我
及諸菩薩摩訶薩. 離建立誹謗二邊惡見. 疾得阿耨多羅三藐三菩提.
覺已. 離常建立. 斷誹謗見. 不謗正法.

관기 앞서는 정지正智의 여여如如를 밝혔다. 이미 진여를 나타내서
허물을 여의고 잘못을 끊었기 때문에 이 질문을 한 것이다.
논論에서는 이렇게 말한다.

"반드시 알라, 진여는 유상有相도 아니고 무상無相도 아니며, 유상이
면서 무상도 아니고, 유상이면서 무상이 아닌 것도 아니며, 나아가
일체의 모습(相)을 여의니, 염念의 경계를 여의고 오직 상응相應으로만
증득하기 때문이다. 외도와 이승은 염念의 경계를 여의는 걸 알지
못하고 단지 망상으로 온갖 법을 분별할 뿐이니, 있음(有)과 없음(無),
단멸(斷)과 항상(常)의 두 견해를 지어서 스스로 정지正智를 어둡게
하기 때문에 여如에서 여如하지 못한 것이다. 세존께서는 일단 그
잘못을 통렬히 배척하고는 보살은 응당 있음(有)과 없음(無世)의 악견
惡見을 멀리 여의어야 한다고 절실히 훈계하셨다. 대혜가 이미 그
종지를 받아들였지만, 그러나 두 견해의 상相은 알지 못했기 때문에
여기서 건립과 비방의 상相을 특별히 질문한 것이다. 외도의 두 견해는
사구四句를 공유하고 있으니, 말하자면 있음(有), 없음(無), 있기도
하고 없기도 함(雙亦), 있음도 아니고 없음도 아님(雙非)이니, 이 사구
는 진여의 체體에서 다 네 가지 비방을 이룬다. 말하자면 있음(有)은
증익방增益謗이고, 없음(無)은 손감방損減謗이고, 있기도 하고 없기도
함(亦有亦無)은 상위방相違謗이고, 있음도 아니고 없음도 아님(非有非

無)은 희론방戲論謗이다. 사구四句는 있음(有)과 없음(無)을 벗어나지 않기 때문에 위역에서는 이렇게 말했다.

"있음(有)과 없음(無)은 비방의 모습이니, 만약 그 모습을 안다면 반드시 멀리 여읠 수 있어야 한다."

즉 정법正法에서는 비방을 낳지 않는다. 이 중에서 건립은 있음(有)이고 비방은 없음(無)이다. 만약 사구를 이미 여의었다면 백비(百非: 모든 부정)도 함께 버려지기 때문에 앞서 진여문眞如門의 108가지 뜻은 일체가 다 잘못이다.

이때 세존께서는 대혜보살의 청을 받아들이고 나서 게송을 설하셨다.

爾時世尊受大慧菩薩請已. 而說偈言.

건립建立하고 비방誹謗하는 데는
저 심량心量이 있지 않으니
(위역에서는 "마음속에 단멸과 항상이 없음을 자심自心의 현량現量이라 말하니, 본래 단멸과 항상의 두 견해가 없다"고 하였다)
몸(身)은 수용受用하고 건립해도
마음은 능히 알지 못하니
어리석어서 지혜가 없으므로
건립하고 비방한다.

建立及誹謗. 無有彼心量. (魏譯云. 心中無斷常. 謂自心現量. 本無斷常

二見也) 身受用建立. 及心不能知. 愚癡無智慧. 建立及誹謗.

관기 이 게송에서는 두 견해가 본래 없음을 총체적으로 밝히고 있다. 말하자면 근根, 신身, 기器, 계界는 모두 진심眞心이 나타낸 영상影像이라서 본래 있는 바가 없다(無所有). 그런데도 어리석은 범부는 요달하지 못한 채 허망하게 분별을 일으켜 있음(有)과 없음(無)의 두 견해를 지음으로써 일체를 분별한다. 그러나 자심自心의 분별은 마음을 여의고선 끝내 얻을 수 없다는 걸 반드시 알아야 한다. 이 때문에 당역에서는 이렇게 말한다.

"생기生起한 바는 오직 마음일 뿐이니, 마음을 여의고선 얻을 수 없다."

이때 세존께서는 이 게송의 뜻에 대해 거듭 나타내 보이면서 대혜에게 고하셨다.

"네 가지 유有가 있지 않은 건립이 있다. 무엇이 네 가지인가? 말하자면 상相이 있지 않은 건립이고, 봄(見)이 있지 않은 건립이고, 인因이 있지 않은 건립이고, 성性이 있지 않은 건립이니, 이를 이름하여 네 가지 건립이라 한다. 또 '비방'이란 말하자면 저 건립한 바에서 얻는 바가 없고 관찰도 분수가 아니라서 비방을 일으키니, 이를 이름하여 건립과 비방의 상相이라 한다."

爾時世尊於此偈義. 復重顯示. 告大慧言. 有四種非有有建立. 云何爲四. 謂非有相建立. 非有見建立. 非有因建立. 非有性建立. 是名四

種建立. 又誹謗者. 謂於彼所立無所得. 觀察非分. 而起誹謗. 是名建
立誹謗相.

관기 여기서는 건립과 비방의 두 가지 상相을 올바로 밝히고 있으니,
'상相이나 봄(見)이 있지 않은' 등의 네 가지가 있다. 그러나
음陰, 계界, 입入, 근根, 신身, 기器, 계界의 일체 모든 법은 오직 제8
아뢰야식이 나타낸 상분相分이기 때문에 '상相'이라 했고, 저 법을
분별해서 허망한 견해를 내어 실아實我와 실법實法으로 집착하는 것은
전7식前七識이니 바로 8식의 견분見分이기 때문에 '봄(見)'이라 하고,
제8식의 근본무명根本無明이 생기生起의 인因이 되는 것은 소위 무명이
인因이 되어서 삼세三細를 낳기 때문에 '인因'이라 하고, 일체 모든
법은 단지 연생緣生일 뿐 유위有爲든 무위無爲든 다 자성自性이 없는데,
본래 자성이 없지만 허망한 계교로 성품(性)이 있기 때문에 '성性'이라
한다. 이 상相, 견見, 인因, 성性의 네 가지는 본래 있는 바가 없기(無所
有) 때문에 모두 '비유非有'라고 하며, 외도와 이승은 오직 마음뿐(唯心)
임을 요달하지 못하기 때문에 네 가지 비유非有 중에서 멋대로 계교해
유有가 되므로 '건립建立'이라 말한다. 수립한 법을 구하여도 얻을
수 없다면 곧 온갖 법 일체가 다 무無라고 비방해 말하기 때문에
'있음(有)과 없음(無)의 두 가지 악견惡見'이라 말한 것이다. 건립과
비방의 상相이 이와 같다.

○이상 두 가지 견해를 통틀어 밝혔다.
△아래에선 건립을 개별적으로 해석한 것이다.

"다음에 대혜야, 무엇을 '상相이 있지 않은 건립의 상相'이라 하는가? 말하자면 음陰, 계界, 입入은 자상과 공상이 있지 않은데도 계교와 집착을 일으켜서 '이것은 이와 같다', '이것은 다르지 않다'고 하는데, 이를 이름하여 상相이 있지 않은 건립의 상相이라 한다. 이 상相이 있지 않은 건립은 망상의 비롯 없는 거짓이란 허물이며, 갖가지 습기와 계교, 집착이 낳은 것이다.

復次大慧. 云何非有相建立相. 謂陰界入非有自共相. 而起計著. 此如是. 此不異. 是名非有相建立相. 此非有相建立. 妄想無始虛僞過. 種種習氣計著生.

관기 여기서는 상相이 있지 않은 건립의 상相을 밝힌 것이다. 말하자면 음陰, 계界, 입入은 본래 상相이 있지 않은데도 외도와 이승은 자상과 공상이 실제로 있다고 허망하게 계교한다. 이 법은 이와 같고 이와 같아(如是如是) 끝내 다르지 않은데도 견고한 집착으로 버리지 못하니, 이를 이름하여 상相이 있지 않은 건립의 상相이라 한다. 이 상相이 있지 않은 건립은 올바른 지견知見의 힘이 아니라 바로 비롯 없는 거짓의 망상과 습기로부터 계교와 집착을 낸 것일 뿐이다.

대혜야, '봄(見)이 있지 않은 건립의 상相'은 만약 저들이 이와 같은 음陰, 계界, 입入, 나(我), 사람(人), 중생衆生, 수명壽命, 장양長養, 사부士夫의 봄(見: 견해)을 건립한다면, 이를 이름하여 봄(見)이 있지 않은 상相이라 한다.

大慧. 非有見建立相者. 若彼如是陰界入. 我人衆生壽命長養士夫見
建立. 是名非有見建立相.

관기 여기서는 봄(見)이 있지 않은 건립의 상相을 밝히고 있다.
말하자면 오온五蘊은 나我가 아닌데도 나(我), 사람(人), 중생
衆生, 수명壽命의 작자作者와 받아들이는 자(受者)가 실제로 있다고
허망하게 보는 것이니, 없는데도 있다고 한다면 이는 허망한 견해(妄
見)이다. 장양長養과 사부士夫는 위역에서는 '작자作者와 받아들인 자
(受者)'를 말한다.

대혜야, '인因이 있지 않은 건립의 상相'은 말하자면 최초의 식識은
인因 없이 생겨났다가 나중엔 실답지 않은 환幻 같은 것이라 본래
생겨나지 않는 것이니, 눈과 빛깔(眼色), 밝음(明)과 계界와 염념이
앞서 생겨났어도 생겨남은 끝나는데, 실다움이 끝나면 되돌아 무너지
는 것이다. 이를 이름하여 인因이 있지 않은 건립의 상相이라 한다.

大慧. 非有因建立相者. 謂初識無因生. 後不實如幻. 本不生. 眼色明
界念. 前生生已. 實已還壞. 是名非有因建立相.

관기 여기서는 인因이 있지 않은 건립의 상相을 밝히고 있다. 교리敎
理에서는 무명無明이 인因이 되어서 온갖 전식轉識을 낳는다고

말하는데, 여기서는 무명의 체體가 공空하여 허망한 것이 원래 인因이 없음을 드러낸 것이니, 이는 마음이 본래 생겨남이 없다(無生)는 뜻을 제시한 것이다. 당역에서는 이렇게 말했다.

"처음의 식識 이전은 인因이 없어서 그 처음(初)을 낳지 못하고 식識도 본래 뒤(後)가 없다."

그런데도 온갖 식識이 생겨나는 것은 단지 인연에 의탁해 생겨날 뿐이다. 이미 연緣을 빌려 생겨난다면 본래 성품(性)이 없기 때문에 실답지 않고 환幻 같으며, 찰나도 머물지 않고, 생겨나면 되돌아 다시 소멸한다. 그렇다면 생겨남(生)은 본래 무생無生이기 때문에 인因이 있지 않다. 외도는 이를 요달하지 못하다가 마침내 뛰어난 성품(勝性)을 허망하게 수립해서 생인生因으로 삼으니, 말하자면 결정코 이인(異因: 다른 원인)이 있는 것이다. 이승은 환幻 같음을 요달하지 못해서 모두가 본래 인因이 있지 않은데도 인因의 상相을 건립했으니, 이 때문에 삿된 견해(邪見)가 될 뿐이다. 눈과 빛깔(眼色), 밝음(明), 계界, 염念에 대해 위역에서는 "눈과 빛깔, 밝음, 공空, 염念을 인因하기 때문에 식識이 생겨난다"고 했으며, 『식론識論』에서는 이렇게 말한다.

"안식眼識은 아홉 가지 연緣에서 생기고, 이식耳識은 오직 여덟 가지 연으로부터 생기고, 비식鼻識, 설식舌識, 신식身識의 세 가지 식은 일곱 가지 연으로부터 생기고, 뒤의 육식, 칠식, 팔식 세 가지 식 중에서 육식은 다섯 가지 연이 필요하고, 칠식은 세 가지 연이 필요하고, 팔식은 네 가지 연이 필요하다(眼識九緣生. 耳識唯從八. 鼻舌身三七. 後三五三四)."

『능엄경』에서는 "눈과 빛깔은 연이 되어서 안식으로 생겨난다"고 했고, 또 "공空을 인因하고, 밝음(明)을 인하고, 마음을 인하고, 눈을 인하기 때문에 안식이 생겨난다"고 했다. 안식이 이미 그러하다면 온갖 식도 역시 마찬가지다. 인연의 성품이 공하고, 생겨난 곳은 즉각 소멸하고, 실다움(實)이 끝나면 되돌아 없어지기 때문에 있음(有)이 아니다.

대혜야, '성(性: 성품)이 있지 않은 건립의 상相'은 말하자면 허공, 멸滅, 반열반般涅槃은 작용하지 않는데도 성품을 계교하고 집착하여 건립하는 것이니, 이는 성품(性)과 성품 아님을 여의는 것이다. 일체법이 마치 토끼와 말 등의 뿔과 같고, 마치 수발垂髮이 나타남 같아서 있음(有)과 있지 않음(非有)을 여의니, 이를 이름하여 성품(性)이 있지 않은 건립의 상相이라 한다.

大慧. 非有性建立相者. 謂虛空. 滅. 般涅槃. 非作. 計著性建立. 此離性非性. 一切法. 如兔馬等角. 如垂髮現. 離有非有. 是名非有性建立相.

관기

여기서는 성性이 있지 않은 건립의 상相을 밝히고 있다. 『백법론百法論』[379]에는 여섯 가지 무위無爲가 있지만, 여기서는 치우침과 삿됨을 가려내는 것이기 때문에 그 세 가지만 들었다. 말하자면

379 『대승백법명문론大乘百法明門論』을 말한다. 1권. 천친天親 지음. 당唐의 현장玄奘 번역. 『유가사지론瑜伽師地論』의 「본지분本地分」에 나오는 제법諸法을 오위백법 五位百法으로 요약하고, 그 이름을 열거한 책.

이 세 가지 무위법無爲法은 본래 스스로 작용이 없고(無作) 자성이 없어서 있음(有)과 없음(無)을 여의니, 마치 토끼와 말의 뿔처럼 본래 있지 않은 것이라서 있다거나 없다거나 하는 견해를 지을 수 없다. 그런데도 외도는 허망하게 단공斷空을 보고서 상념 없는 뛰어난 성품 (無想勝性) 등이 열반의 성품이 된다고 하고, 이승은 치우친 공(偏空)의 멸제滅諦가 열반의 성품이 된다고 하여 증거를 취한다. 그리하여 열반이 본래 자성이 없는 걸 통달하지 못하기 때문에 '성性이 있지 않은 건립의 자성상自性相'이라 한다. 부처의 뜻은 삿됨을 꺾는 데 있기 때문에 열반의 자성自性을 타파할 뿐이다.

건립 및 비방은 어리석은 범부의 망상으로 자심自心의 현량現量을 잘 관찰하지 못한 것이라서 성현聖賢은 아니다. 그러므로 건립과 비방의 악견惡見을 여의고서 응당 닦고 배워야 한다."

建立及誹謗. 愚夫妄想. 不善觀察自心現量. 非聖賢也. 是故離建立誹謗惡見. 應當修學.

관기 여기서는 힘써 수행할 것을 결론으로 답하고 있다. 저 이승과 외도는 자심의 현량을 잘 관찰하지 못하기 때문에 건립과 비방의 두 가지 악견惡見을 짓는다. 하지만 여실如實하게 수행하는 자는 응당 멀리 여의어야 한다.

○앞서 생멸장生滅章에서부터 여기에 이르기까지 인행因行을 총체적으로

밝혔다.

△②-1-(1)-1)-가-(마) (아래에선 수행의 완성으로 과果를 얻게 됨을 밝힘
으로써) 참 원인(眞因)을 결론으로 제시하였다.

"다음에 대혜야, 보살마하살은 심心, 의意, 의식意識, 오법五法, 자성自
性, 이무아二無我의 상相을 잘 알아 구경究竟까지 나아가서 중생을
편안케 하기 때문에 갖가지 종류의 상像을 지으니, 마치 망상자성妄想
自性의 처소가 연기緣起에 의거하는 것과 같다.

復次大慧. 菩薩摩訶薩. 善知心意意識五法自性二無我相. 趣究竟.
爲安衆生故. 作種種類像. 如妄想自性處依於緣起.

관기 여기서는 자각성지가 구경究竟으로 나아가는 상相을 밝히고
있다. 심心, 의意, 의식意識, 오법五法, 삼자성三自性, 이무아二
無我의 법을 잘 관찰하면 구경究竟의 불과佛果로 나아간다. 그리하여
지혜도 없고(無智) 얻음도 없기(無得) 때문에 열반에도 머물지 않고,
중생을 편안케 하기 때문에 동체同體의 대비大悲와 반연 없는(無緣)
사랑의 힘(慈力)으로 갖가지 몸을 나타내 인연에 따라 교화하고 인도하
니, 마치 망상자성이 연기에 의거한 것과 같다. 그러나 망상의 연기緣起
는 생겨나도 본래 생겨남이 없고(無生), 법신은 연緣을 따르기 때문에
교화(化)해도 본래 교화가 아니다. 자각성지는 여기서 구경의 극極에
이르러서 여실如實한 수행자가 돌아가 묵는(歸宿) 곳이 된다. 대체로
참 원인(眞因)에 기대어 성취한 것이라서 특히 하열한 삼매로는 미칠

수가 없기 때문에 여기서 결론으로 제시한 것이다.

비유하면 온갖 빛깔의 여의보주如意寶珠처럼 일체 온갖 부처의 찰토刹土를 널리 나타내어 일체 여래의 대중 집회가 다 그 속에서 불법을 듣고 받아들이는데, 소위 일체의 법은 환幻 같고 꿈같고 빛 그림자나 물속의 달과 같다는 것이다. 일체의 법에서 생멸과 단상斷常을 여의고 아울러 성문과 연각의 법을 여의어서 백천百千 삼매를 얻고 나아가 백천억나유타百千億那由他 삼매까지 이르고, 삼매를 얻고 나서는 온갖 불찰佛刹을 유행遊行하면서 모든 부처에게 공양하고, 온갖 천궁天宮에 태어나서 삼보三寶380를 선양하고, 불신佛身을 나타내 보이면서 성문과 보살 대중에게 둘러싸여 있다. 그리하여 자심自心의 현량現量으로 중생을 제도해 해탈시키고 외부 경계의 성품(性)과 성품 없음(無性)을 분별하여 연설해서(당역에서는 "외부 경계가 모두 이 마음뿐이란 걸 설했다"고 하였다) 모두 있음(有)과 없음(無) 등의 견해를 멀리 여의게 하였다."

譬如衆色如意寶珠. 普現一切諸佛刹土. 一切如來大衆集會. 悉於其中聽受佛法. 所謂一切法. 如幻如夢. 光影水月. 於一切法. 離生滅斷常. 及離聲聞緣覺之法. 得百千三昧. 乃至百千億那由他三昧. 得三昧已. 遊諸佛刹. 供養諸佛. 生諸天宮. 宣揚三寶. 示現佛身. 聲聞菩薩大衆圍繞. 以自心現量度脫衆生. 分別演說外性無性. (唐譯云. 說外境界皆唯是心) 悉令遠離有無等見.

---

380 산스크리트어 tri-ratna, ratna-traya. 부처와 부처의 가르침과 그 가르침에 따라 수행하는 사람들의 집단. 곧 불보佛寶와 법보法寶와 승보僧寶.

관기 여기서는 여래장如來藏이 청정의 연기(淨緣起)를 따름으로써 부사의하게 변하는 업의 작용 및 능력을 드러내고 있다. 능엄楞嚴의 관음觀音이 원만함(圓)을 증득하고 성품에도 통해 있으므로 '생멸이 이미 소멸하니 적멸寂滅이 현전現前한다'고 말한 것이다. 그리하여 홀연히 세간과 출세간을 초월하여 두 가지 수승殊勝함을 얻는데, 위로는 시방의 모든 부처와 더불어 동일한 사랑의 힘(慈力)이고, 아래로는 육도六道의 중생과 더불어 공통으로 하나인 연민의 추앙(悲仰)이다. 이 때문에 32응應[381], 14무외無畏[382], 7난難[383] 2구求[384], 4부사의不思議

---

[381] 부처나 관세음보살 등은 중생의 근기根機에 따라 다양한 모습으로 나타나 그들을 제도하는데 일반적으로 32가지로 나타난다고 한다. 1. 비록 보살이나 이미 깨달음을 이룬 불佛. 2. 번뇌를 소멸하여 깨달음을 얻은 성자인 독각獨覺, 홀로 깨달은 자인 벽지불辟支佛. 3. 부처의 가르침인 사성제四聖諦를 통해 깨달은 연각緣覺, 사성제의 법문에 의지하는 성문聲聞. 4. 성문, 창조를 주관하는 범왕梵王. 5. 범왕, 악마를 다스리는 제석帝釋. 6. 제석, 보존의 신 자재천自在天. 7. 자재천, 파괴의 신 대자재천大自在天. 8. 대자재천, 힘이 센 신화적 인물 천대장군天大將軍. 9. 천대장군, 수미산 북방을 수호하는 비사문毘沙門. 10. 사천왕四天王, 왕의 모습인 소왕小王. 11. 복덕이 많은 사천왕태자, 유복자裕福者인 장자長子. 12. 불교의 수호신인 인왕仁王, 불교의 소양이 많은 지식인 거사居士. 13. 장자, 관료계층인 재관宰官. 14. 거사, 지식인 계급인 바라문婆羅門. 15. 재관, 출가한 남자승려인 비구比丘. 16. 바라문, 출가한 여자승려인 비구니比丘尼. 17. 비구, 남자 재가신도인 우바새優婆塞. 18. 비구니, 여자 재가신도인 우바이優婆夷. 19. 우바새, 대부호의 아내인 장자부녀長者婦女. 20. 우바이, 동남童男. 21. 여왕女王, 동녀童女. 22. 동남, 천天. 23. 동녀, 용龍. 24. 천天, 귀신, 야차夜叉. 25. 용龍, 무용의 신 건달바乾達婆. 26. 야차, 싸움의 신 아수라阿修羅. 27. 건달바, 날짐승의 왕 가루라迦樓羅. 28. 아수라, 반인반수로 음악과 무용의 신 긴나라緊那羅. 29. 긴나라, 사찰을 수호하는 뱀 신 마후라가摩睺羅伽. 30. 마후라가, 인人. 31. 인, 비인非人. 32. 비인, 금강역사金剛力士, 집금강신執金剛神.

등을 일념一念에 단박에 얻는다. 이 성품은 스스로 구족하고 법도 여연如然해서 외부의 경계를 빌리지 않기 때문에 능히 자각성지의 구경취究竟趣까지 도달하니, 그렇다면 연緣에 감응해 일(事)을 성취해서 자연히 마니주摩尼珠처럼 원만히 비추고 널리 감응한다. 그리하여 일체의 불찰佛刹을 능히 나타내고, 일체의 대중 회상에 들어가고, 일체의 정법正法을 듣고, 일체의 삼매를 얻고, 온갖 불찰을 유행遊行하고, 온갖 부처를 공양해서 능히 스스로 불신佛身을 나타내어 대중의 회상에 둘러싸인 채 자심自心이 나타낸 환幻 같은 중생을 위해 오직

---

382 관세음보살의 14무외를 말한다. 중생에게 일체의 두려움이 없는 무외심을 베풀어서 무서움과 두려움을 소멸하게 한다. 첫째는 고뇌하는 중생이 해탈을 얻게 한다. 둘째는 불길과 같은 절체절명에서도 무탈하게 한다. 셋째는 엄청난 수마水魔에서도 무탈하게 한다. 넷째는 험하고 유혹이 많은 귀신의 세계에 빠지더라도 구원한다. 다섯째는 육신의 상해傷害와 병마病魔를 이기도록 한다. 여섯째는 마음을 바르게 하여 나쁜 일에 휩싸이지 않도록 구원한다. 일곱째는 육신과 생활에 어려움이 있더라도 그것에 얽매이지 않도록 구원한다. 여덟째는 험한 길도 쉬이 헤쳐 나갈 수 있도록 구원한다. 아홉째는 세상의 탐욕으로부터 초연하게 하고 그것에서 구원한다. 열째는 원통하고, 성냄의 일이 없게 하고 그것에서 구원한다. 열한 번째는 신심身心을 맑게 하고 어리석음에서 구원한다. 열두 번째는 부처님을 일심으로 공양하고 자녀의 복을 얻게 한다. 열세 번째는 부처님의 가르침을 겸허히 받아들이는 내가 됨으로써 착한 나를 만들게 한다. 열네 번째는 육십이 항하의 모래 수와 같은 복덕을 얻게 구원한다.

383 일곱 가지 환란을 말하는데 『인왕반야경』과 『약사경』, 『법화경·보문품』 등에 나온다. 천태지의 대사가 『관음의소觀音義疏』에 분류한 것에 따르면 화난火難·수난水難·나찰난(羅刹難: 악령에 의한 재난)·왕난王難·귀난(鬼難: 死靈에 의한 재난)·가쇄난(枷鎖難: 옥에 갇히는 재난)·원적난怨賊難 등이다.

384 중생이 가지고 있는 두 가지 욕구. 즉 여러 가지 즐거움을 얻으려는 것과 오래 살기를 바라는 것.

마음의 현량現量뿐인 환幻 같은 법문을 설한다. '널리 듣게 한다'는 각기 자심自心을 요달해서 단박에 성스러운 지혜(聖智)를 증득해 다 있음(有)과 없음(無)의 두 견해를 여의는 것이니, 대체로 불멸불생不滅不生이 여래장과 합하면서 여래장이 일체를 원만히 비추기 때문에 능히 하나의 터럭 끝에서 보왕찰寶王刹을 나타내고 하나의 미진微塵 속에서 대법륜大法輪을 굴린다. '위로부터 온갖 조사가 자심을 요달해 깨달은 것'은 마치 하늘이 보편적으로 덮은 것과 같고 흡사 대지가 보편적으로 떠받치는 듯하니, 이에 "시방 삼세의 일체 모든 부처와 역대의 조사들이 일제히 털이개(拂子) 끝을 향해 대법륜을 굴린다"고 한 것이다. 대체로 품부(稟賦: 성품)는 마음에서 밝히지 외부의 경계를 빌리지 않을 뿐이니, 이 때문에 온갖 능력 중에서 마음의 능력이 가장 큰 것이다.

이때 세존께서 이 뜻을 거듭 선포하고자 게송을 설하셨다.

爾時世尊欲重宣此義而說偈言.

심량心量의 세간에서
불자佛子는 각 종류種類의
몸을 관찰하는데
짓게 되는 행(所作行)을 여의면
능력(力)과 신통神通을 얻고
자재自在가 성취된다.

心量世間. 佛子觀察. 種類之身. 離所作行. 得力神通. 自在成就.

관기 위의 게송은 부사의한 업의 작용이 모두 오직 마음뿐인 관觀과 행行을 말미암아 성취된다는 것이다. 당역에서는 이렇게 말했다.

"불자佛子는 능히 관찰할 수 있다. 세간은 오직 마음뿐으로 갖가지 몸을 나타내 보이고 작용하는 바(所作)에 장애가 없어서 신통력이 자재自在하여 일체를 다 성취한다."

○멀리는 생멸장生滅章에서부터 여기에 이르기까지 진여가 물듦과 청정의 연緣을 따라 일체법을 이룬다는 걸 통틀어 밝혔다. 가까이는 오법五法과 삼자성三自性을 질문한 장章에서부터 시작하여 여기까지 이르고는 삼문三門을 잡아서 삿된 원인(邪因)을 타파하고 올바른 원인(正因)을 드러내었다.

○②-1-(1)-1)-나 다음은 일심一心을 잡아 허망한 계교를 타파함으로써 진리眞理를 드러낸 것이다.

둘로 나뉘니, ②-1-(1)-1)-나-(가) 적멸의 일심을 밝힌 것이고, ②-1-(1)-1)-나-(나) 여래장의 성품에 회통해 돌아가는 것이다.

이때 대혜보살마하살은 다시 부처님께 청했다.

"오직 바라노니, 세존이시여, 저희들을 위해 설해 주소서. 일체의 법은 공空하고, 무생無生이고, 둘이 없고(無二), 자성의 상相을 여의었습니다. 우리들 및 나머지 온갖 보살 대중은 이 공空, 무생無生, 둘이

없음(無二), 자성의 상相을 깨닫고 나면 있음(有)과 없음(無)의 망상을
여의고 조속히 아뇩다라삼먁삼보리를 얻을 겁니다."

爾時大慧菩薩摩訶薩復請佛言. 惟願世尊. 爲我等說. 一切法空. 無
生. 無二. 離自性相. 我等及餘諸菩薩衆. 覺悟是空無生無二離自性
相已. 離有無妄想. 疾得阿耨多羅三藐三菩提.

관기 여기서는 진여가 연緣을 여윔으로써 제일의第一義의 공空을
드러내고, 일체의 법이 다하면서 적멸의 일심에 회통해 돌아
감을 밝히고 있다. 그러나 앞서 생멸문에서 진여문으로 들어감은
허망에 즉卽해 참(眞)을 밝힌 것이기 때문에 진여가 무명의 연緣을
따라 아뢰야식을 이루어서 근根, 신身, 기器, 계界의 일체 모든 법을
변화해 일으키고, 분별과 집취執取로써 실아實我와 실법實法으로 여기
기 때문에 앞의 칠전식七轉識을 이룸을 설한 것이다. 그렇다면 명상名相
이 이에 흥기함은 망상의 연기를 말미암은 것이다. 저 온갖 법이
오직 마음이 나타낸 것임을 요달하면 당체當體가 무생無生이기 때문에
원만한 완성(圓成)이 저절로 드러나니, 그렇다면 정지正智가 이에
나타나고 명상名相이 모두 여如이기 때문에 이전의과二轉依果를 얻는
다. 그러므로 심心, 의意, 의식意識, 오법五法, 삼자성三自性, 이무아二
無我의 법은 이로부터 건립된 것이다. 그러나 비록 생사를 굴려서
열반에 즉卽하고 번뇌를 굴려서 보리에 즉하더라도 오히려 미혹과
깨달음이란 변사邊事에 속해서 일심의 참다운 근원을 극極하지 못했으
니, 여래장 성품의 참되고 항상함(眞常) 중에서 가고 옴, 미혹과 깨달음,

생겨남과 죽음을 구해도 끝내 얻을 수 없다. 생사와 열반은 모두 광란과 피로에 즉해 뒤바뀐 꽃의 모습이기 때문에 여기서 "제일의공第一義空을 올바로 밝힌다"라고 한 것이다. 요컨대 오법과 삼자성이 다 공空하고 8식과 이무아가 함께 버려지기 때문에 대혜는 이에 이르자 '일체의 법이 공空이고 무생無生이고 둘이 없고(無二) 자성의 상相을 여윔'을 질문한 것이다. 그러면 참(眞)과 허망(妄)이 둘 다 잊어지고, 성스러움과 범속함의 정情이 다하니 바야흐로 그 이름이 '자각성지의 구경실상究竟實相이자 원만히 성취된 여래장의 적멸일심寂滅一心'이다. 부처와 조사가 전한 정법안장正法眼藏과 열반묘심涅槃妙心의 뜻이 여기서 드러나는데, 이 때문에 무제武帝[385]가 초조(初祖: 달마 대사를 말함) 대사에게 물었다.

"무엇이 성제聖諦[386]의 제일의제第一義諦입니까?"

달마 대사가 답했다.

"확연하여 성스러움조차 없습니다(廓然無聖)."

그러므로 1,700칙則[387]은 대체로 이 종지를 발명發明한 것이다.

이때 세존께서 대혜보살마하살에게 고하셨다.

"귀 기울여 들어라, 귀 기울여 들어라. 그 내용을 잘 생각해 보라.

---

385 중국 남조 양梁나라의 초대 황제(재위 502~549). 도읍인 건강(南京)을 함락시켜 남제南齊를 멸망시키고, 제위에 올라 국호를 양이라 했다. 무제 때 불교사상은 황금시대였지만 정치는 파국의 징조를 보이기 시작했다.

386 성스러운 진리, 곧 사제四諦를 말한다.

387 『경덕전등록』에 실린 1,700개의 공안公案을 가리킨다. 『전등록』은 30권으로 되어 있으며, 중국 선종禪宗의 가장 대표적인 역사서로 널리 읽히고 있다.

이제 그대를 위해 자세히 분별하여 설하겠다."

대혜가 부처님께 여쭈었다.

"훌륭하십니다, 세존이여. 기꺼이 가르침을 받겠습니다."

부처님께서 대혜에게 고하셨다.

"공공空空이란 바로 망상자성의 처소이다. 대혜야, '망상자성의 계교와 집착'이란 공空, 무생無生, 둘 없음(無二), 자성의 상相을 여읨을 설한 것이다.

爾時世尊告大慧菩薩摩訶薩言. 諦聽諦聽. 善思念之. 今當爲汝廣分別說. 大慧白佛言. 善哉世尊. 唯然受教. 佛告大慧. 空空者. 卽是妄想自性處. 大慧. 妄想自性計著者. 說空無生無二. 離自性相.

관기 여기서는 제일의공第一義空의 상相을 곧바로 가리키고 있다. 그러나 제일의공은 언설의 상相을 여의고 명자名字의 상을 여의고 심연心緣의 상을 여의어서 설명으로 제시할 수 없기 때문에 '진공眞空'이라 말한다. 그러나 이 진공은 전체가 망상으로 변성變成하기 때문에 망상 전체가 바로 진공이니, 이 때문에 '공공空空이란 바로 망상자성의 처소'라고 말한 것이다. 이 망상을 제외하고는 따로 재차 공空은 없으니, 마치 공空이 유有를 제외하지 않고 물이 흐름을 제외하지 않는 것과 같다. 그렇다면 망상은 본래 무생無生이고 둘이 없어(無二) 자성의 상相을 여읜 것이라서 유有의 설명을 용납하지 않으니, 그래서 아래 경문에서는 "망상의 자성은 언설이 없기 때문이다"라고 한 것이다. 그러므로 '공空, 무생無生 등'으로 설한 것은 단지 망상의 체體가 공空함을 요달하지 못하고 계교와 집착으로 실유實有한다고 여긴 것이니, 이 때문에 이러한 설명을 했을 뿐이다.

대혜야, 저들은 일곱 종류의 공空을 간략히 설하고 있으니, 말하자면 상공相空, 성자성공性自性空, 행공行空, 무행공無行空, 일체법이 언설을 여읜 공(一切法離言說空), 제일의성지대공第一義聖智大空, 피피공彼彼空이다.

大慧. 彼略說七種空. 謂相空. 性自性空. 行空. 無行空. 一切法離言說空. 第一義聖智大空. 彼彼空.

관기 여기서는 공空의 뜻을 해석하고 있다. 그러나 공은 본래 하나이다. 다만 관하는 바로부터 일곱 가지가 있을 뿐이다. 이 일곱 가지의 공은 정지正智에 의거해 관찰하기 때문에 앞의 여섯 가지를 말했고, 삿된 견해에 의거해 관찰하기 때문에 일곱 번째를 이룬 것이다. 그러나 상공相空, 성공性空, 행공行空의 3공空은 바로 삼계의 온갖 법이 나(我)와 법法 두 가지를 취해 집착한 것으로 소위 생사의 법이 공한 것이다. 무행공無行空은 바로 앞서의 세 가지 법이 공한 것으로 소위 열반의 법이 공한 것이다. 언설을 여읜 공(離言說空)은 바로 앞서의 네 가지가 총체적으로 망상임을 드러낸 것으로 모두 언설을 여의었다. 제일의공第一義空은 바로 자각성지自覺聖智로서 총체적으로 앞서의 다섯 가지를 여의었기 때문에 '대공大空'이라 말한다. 피피공彼彼空은 삿된 견해가 되기 때문에 아래에서는 취급하지 않았다.

무엇이 상공相空인가? 말하자면 일체 성품(性)의 자상과 공상이 공空한 것이다. 전전展轉과 적취積聚를 관찰하기 때문에 분별해도 성품이 없어서 자상과 공상이 생기지 않고, 자성自性과 타성他性이 모두 성품이 없기 때문에 상相이 머물지 않는다. 그러므로 일체 성품(性)의 상相은 공하다고 설하니, 이를 이름하여 상공相空이라 한다.

云何相空. 謂一切性自共相空. 觀展轉積聚故. 分別無性. 自共相不生. 自他俱性無性. 故相不住. 是故說一切性相空. 是名相空.

관기 여기서는 실상實相의 진공眞空을 밝히고 있다. 온갖 법이 연생緣生으로 성품이 없어서 생生하면서도 무생無生이고 망상이 본래 공空하지만, 다만 어리석은 범부의 허망한 계교로 자상과 공상이 있다고 관찰하는 것이다. 이제 모두가 인연으로부터 전전展轉하고 적취積聚함을 관觀해서 미세하게 관찰하면 본래 스스로 성품이 없으니, 소위 온갖 법은 자생自生이 아니고 또한 타생他生도 아니고 공생共生도 아니고 무인생無因生도 아니다. 그러므로 무생無生을 설했고, 그래서 '자성自性과 타성他性이 모두 성품이 없다'고 한 것이고, 그래서 생겨나지 않고, 생겨나지 않기 때문에 머물지 않으니, 그렇다면 온갖 법이 성품이 없기 때문에 공하다. 그러므로 '일체 성품(性)의 상相이 공하다'고 한 것이니, 이를 이름하여 상공相空이라 한다.

무엇을 성자성공性自性空이라 하는가? 말하자면 자기自己의 성자성性自性은 생겨나지 않으니, 이를 이름하여 일체법의 성자성공性自性空이라 한다. 그러므로 성자성공을 설하는 것이다.

云何性自性空. 謂自己性自性不生. 是名一切法性自性空. 是故說性
自性空.

여기서는 온갖 법이 본래 스스로 무생無生이라 말한 것이다.
이 때문에 자성이 본래 공空함으로써 법공法空을 밝힌 것이다.
앞에서는 온갖 법의 허망한 상相을 잡아서 생겨남이 본래 무생無生임을
밝힌 것이고, 여기서는 온갖 법의 당체가 온전히 진여眞如임을 밝힌
것이다. 그러나 진여의 자성은 본래 스스로 생겨나지 않기 때문에
'자기의 성자성은 생겨나지 않는다'고 말한 것이다. 그렇다면 관觀의
반연(緣)을 기다리지 않고도 법마다 온전히 공空이기 때문에 이름하여
일체법의 성자성공이라 한다. 이 두 가지는 법공이다.

무엇을 행공行空이라 하는가? 말하자면 음陰은 나(我)와 내 것(我所)을
여의어 이루어진 것 때문에 지어진 업의 방편으로 생겨나니, 이를
이름하여 행공行空이라 한다.

云何行空. 謂陰離我我所. 因所成. 所作業方便生. 是名行空.

여기서는 오온의 연생緣生이 성품이 없기 때문에 공空함을
밝힘으로써 행공行空을 밝힌 것이다. 당역에서는 이렇게 말
했다.

"무엇이 행공인가? 소위 온갖 온蘊은 업業 및 인因의 화합을 말미암아 생기生起한 것이라서 나(我)와 내 것(我所)을 여의었으니, 이를 이름하여 행공이라 한다."

이것은 아공我空이다.

대혜야, 바로 이것에 즉卽해서 이러한 행공行空이 전전展轉하고 연기緣起하여 자성이 성품이 없으니, 이를 이름하여 무행공無行空이라 한다.

大慧. 卽此如是行空. 展轉緣起自性無性. 是名無行空.

관기 여기서는 오온의 자성이 무생無生임을 말하고 있다. 본래 적멸하기 때문에 공空하니 이로써 열반의 공空함을 밝히고 있다. 당역에서는 이렇게 말한다.

"무엇을 무행공無行空이라 하는가? 소위 온갖 온蘊이 본래 열반이라 온갖 행행이 있지 않으니, 이를 이름하여 무행공이라 한다."

이것은 열반의 공空이다.

무엇을 일체법이 언설을 여읜 공(離言說空)이라 하는가? 말하자면 망상의 자성은 언설이 없기 때문에 일체법이 언설을 여읜 것이니, 이를 이름하여 일체법이 언설을 여읜 공이라 한다.

云何一切法離言說空. 謂妄想自性無言說. 故一切法離言說. 是名一切法離言說空.

관기 여기서는 생사와 열반 둘 다 공空함을 밝히고 있다. 일체법은 곧 세간법과 출세간법이다. 그러나 이 온갖 법은 본래 있는 바가 없고(無所有) 오직 망상의 분별에 의거할 뿐이라서 단지 언설이 있을 뿐 도무지 실다운 뜻이 없다. 이제 능히 분별하는 마음이 이미 없어졌다면 분별된 온갖 법이 어찌 있겠는가? 일체법은 망상이 지니는 것이라서 망상을 말미암아 언설을 여의기 때문에 일체법이 언설을 여읜 것이다. 이것은 둘 다 공함(俱空)을 밝힌 것이니, 말하자면 생사와 열반 둘 다 공空한 것이다.

무엇을 일체법의 제일의성지대공第一義聖智大空이라 하는가? 말하자면 자각성지를 얻어서 일체의 견해와 허물, 습기가 공하니, 이를 이름하여 일체법의 제일의성지대공第一義聖智大空이라 한다.

云何一切法第一義聖智大空. 謂得自覺聖智. 一切見過習氣空. 是名一切法第一義聖智大空.

관기 여기서는 둘 다 공하여 생겨나지 않음(俱空不生)을 말함으로써 제일의공第一義空을 밝히고 있다. 말하자면 일체의 생사와 열반, 있음과 없음(有無) 등의 법은 모두 일체의 견해와 허물, 습기에 의거해 있는 것이다. 그러나 제일의의 자각성지는 온갖 대대對待를 끊어서 총체적으로 모두 여의기 때문에 '대공大空'이라 말하는데, 법계의 양량이 소멸했기 때문에 '대공'이라 말할 뿐이다.

무엇을 피피공彼彼空이라 하는가? 밀하자면 저것(彼)에는 저것(彼)이 없다는 공空이니, 이를 이름하여 피피공彼彼空이라 한다.

云何彼彼空. 謂於彼無彼空. 是名彼彼空.

관기 여기서는 삿된 견해(邪見)의 공空함을 말하고 있다. 그러나 세존 역시 여기에 나란히 열거되고 있으니, 까닭인즉 저 법을 잘 알아서 악견惡見을 여의게 하려는 의도 때문이다. 외도는 앞서 말한 여섯 가지 공空을 통달하지 못하고 단지 온갖 법이 실제로 자상과 공상이 있다고 계교하니, 말하자면 자처무공(自處無共: 자기 처소는 공통함이 없고)과 공처무자(共處無自: 공통의 처소는 자기가 없고)라고 허망하게 보는 것이다. 그렇다면 허망한 계교로 저것(彼)에서 이것(此)이 없다면 공空이라 일컫고 이것(此)에서 저것(彼)이 없다면 역시 공空이라 일컬으니, 이를 피피공彼彼空이라 한다. 이 공空에 의거해서 있음(有)과 없음(無), 단멸(斷)과 항상(常)의 두 견해를 허망하게 일으키기 때문에 이를 들어 해석한 것이다. 이제 그 상相을 앎은 여실如實한 수행자가 이 속에 잘못 떨어지지 않도록 하기 위한 의도이니, 이 때문에 아래 결론에서 "이 공空은 가장 조잡하니(麤) 그대들은 반드시 멀리 여의어야 한다"고 말한 것이다.

대혜야, 비유하면 녹자모鹿子母[388]의 집에 코끼리, 말, 소, 양 등이

---

388 인도 앙가국鴦伽國 장자의 딸. 녹모鹿母라고도 한다. 이름은 비사카毘舍佉. 성장해서 사위성의 장자인 녹자鹿子의 아내가 되었다. 남편 녹자가 어머니와 같다고

없고 비구들이 없지 않은데도 저것(彼)이 공空하다고 설한 것과 같으니, 집과 집의 성품이 공한 것도 아니고, 또한 비구와 비구의 성품이 공한 것도 아니고, 여타의 곳에서 코끼리나 말이 없는 것도 아니다.

大慧. 譬如鹿子母舍. 無象馬牛羊等. 非無比丘衆. 而說彼空. 非舍舍性空. 亦非比丘比丘性空. 非餘處無象馬.

여기서는 피피공彼彼空의 상相을 비유를 통해 해석하고 있다. 옛 주석에서는 이렇게 말하고 있다. 녹자鹿子는 사람의 이름이다. 그의 어머니는 바로 비사카(毗舍佉) 우바이優婆夷[389]이다. 삼보三寶를 깊이 존중하고 정사精舍를 건립해서 비구를 편안히 머물게 하면서도 그 안에선 코끼리나 말 등을 기르지 못하게 했다. 코끼리나 말이 없기 때문에 공空하다고 말하지만, 당堂과 비구 및 여타의 곳의 코끼리나 말은 모두 공空인 적이 없었기 때문에 당역에서는 이렇게 말했다.

"내가 저 당堂이 공空하다고 설한 것은 비구들이 없는 것이 아니다. 대혜야, 당堂과 당 없음(無堂)의 자성自性, 비구와 비구 없음의 자성을 말한 것이 아니고, 여타의 곳에 코끼리, 말, 소, 양이 없다고 말한 것도 아니다."

칭찬하였다 하여 세상에서 별명을 지어 녹자모라 불렀다. 석가모니의 교화를 도와 협찬하였고, 특히 사위성에 동원정사東園精舍를 지어 바친 것으로 유명하다.
389 여자 재가신도를 이르는 말. 산스크리트 우파시카upasika를 음역한 것이다. 남자 재가신도인 우바새와 함께 불교 교단의 칠중七衆을 이룬다. 한역하면 청신녀淸信女이고, 근사녀近事女라고도 한다.

이를 이름하여 일체법의 자상自相이라 한다. 저것(彼)은 저것(彼)에서 저것(彼)이 없으니, 이를 이름하여 피피공彼彼空이라 한다.

是名一切法自相. 彼於彼無彼. 是名彼彼空.

관기 이 법은 종합(合)이다. 당역에서는 이렇게 말했다. "일체 온갖 법의 자상과 공상에서 저것에서 저것(彼彼)을 구해도 얻을 수 없으니, 이 때문에 이름하여 피피공彼彼空이라 설한다. 외도는 모든 법의 성품이 공함을 요달하지 못하고 단지 허망한 계교로 이와 같음을 추론하고 헤아릴 뿐이다.

이를 이름하여 일곱 가지 공空이라 한다. 피피공彼彼空, 이 공空이 가장 조잡하니(麤) 그대들은 반드시 멀리 여의어야 한다.

是名七種空. 彼彼空者. 是空最麤. 汝當遠離.

관기 여기서는 공空의 뜻을 결론으로 답하고 있다. 그러나 이 일곱 가지 공空에서 오직 피피공彼彼空만은 외도의 허망한 계교라서 제일의성지대공第一義聖智大空이 아니기 때문에 여의려고 노력해야 한다.

대혜야, 스스로 생겨나지도 않고 생겨나지 않은 것도 아니며 삼매에 머묾도 제외하면, 이를 이름하여 무생無生이라 한다.

大慧. 不自生. 非不生. 除住三昧. 是名無生.

여기서는 자성自性이 무생無生이란 뜻을 밝히고 있다. 온갖 법의 당체當體는 본래 스스로 생겨나지 않으니, 말하자면 생겨남에 즉卽한 생겨나지 않음이지 언제나 한결같이 생겨나지 않는 건 아니다. 영가永嘉 대사는 "만약 실제로 생겨남이 없다면 생겨나지 않음도 없다"고 했으니, 이 때문에 "스스로 생겨나지도 않고 생겨나지 않음도 아니다"고 한 것이다. 그러나 8지地에서는 삼매의 힘으로 무생無生의 이理를 증득하므로 수행을 한 후에 얻는 것이니, 그렇다면 온갖 법의 자성은 본래 스스로 무생無生이라서, 삼매에 머묾을 제외하면 이것이 진짜 무생無生이다.

자성을 여읨이 곧 무생無生이다.(당역에서는 "자성이 없음이란 무생無生이기 때문이다"라고 하였다) 자성을 여의어서 찰나찰나 상속하여 흘러들고(流注), 굽기야 다른 성품(異性)이 나타나서 일체의 성품이 자성을 여의니, 이 때문에 일체의 성품은 자성을 여의는 것이다.

離自性. 卽是無生. (唐譯云. 無自性者. 以無生故) 離自性. 刹那相續流注及異性現. 一切性離自性. 是故一切性離自性.

여기서는 무생無生의 까닭을 거듭 해석하고 있다. 그러나 '온갖 법이 생겨나지 않는 까닭'은 자성을 여의기 때문이다. 무엇이 자성을 여의는 것인가? 말하자면 온갖 법이 생겨나고 생겨나면서 머물지 않고 찰나 사이에 다른 성품(他性)으로 흘러들기(流及) 때문에 '자성을 여읜다'고 말하는 것이다. 아래 게송에서 "일체법은 생겨나지 않음을 나는 찰나의 뜻이라 설한다. 사물(物)이 생겨나면 소멸도 있다는 건 어리석은 자를 위해 설한 것이 아니다"라고 했으니, 찰나에 유전流轉하기 때문에 자성이 없고, 자성이 없기 때문에 무생無生이며, 무생에 계합契合함은 바야흐로 찰나를 보는 것이고, 찰나에 머물지 않음을 요달함은 바야흐로 무생에 계합하는 것이다.

무엇이 둘이 없음(無二)인가? 말하자면 일체법은 그늘지거나 뜨거운 듯하고, 길거나 짧은 듯하고, 희거나 검은 듯한 것이다.

云何無二. 謂一切法如陰熱. 如長短. 如白黑.

관기 여기서는 온갖 법을 비유로 밝힘으로써 구경究竟이 본래 둘이 없음을 드러내고 있다. '그늘지거나 뜨거운 듯(陰熱)'은 위역에서는 '일광日光의 그림자'라 했고, 당역에서는 '빛 그림자인 듯'이라 했다. 길고 짧은 듯(如長短), 희고 검은 듯(如白黑)이 모두 상대相待로 건립되었지 단독으로 이루어진 것이 아니다. 이로 말미암아 보면, 세 가지 비유는 모두 태양에 의거해 말한 것이다. 그렇다면 그늘지거나 뜨거움(陰熱)은 그늘과 맑음이란 말과 같다. 말하자면 햇빛과 같아서 구름이 가리면 그늘지고 맑아지면 뜨거워지며, 여름은 길고 겨울은 짧아지며, 아침은 희고 밤은 검으니, 이것들은 모두 상대相待로 건립된 것이다. 실제로 태양의 체體는 본래 어둠과 밝음, 길고 짧음, 검고

휨이 없으니, 생사와 열반이 둘이 없음을 관찰함이 이와 같다.

대혜야, 일체법은 둘이 없다(無二). 열반이 저 생사는 아니고 생사는 저 열반이 아니니, 다른 모습(異相)은 성품이 있음(有性)을 인하기 때문에 이름하여 둘이 없다고 한다. 마치 열반과 생사와 같아서 일체법 또한 이와 같다.

大慧. 一切法無二. 非於涅槃彼生死. 非於生死彼涅槃. 異相. 因有性 故. 是名無二. 如涅槃生死. 一切法亦如是.

관기　여기서는 둘이 없는(無二) 법을 종합하고 있다. 생사와 열반은 본래 평등하기 때문에 당역에서는 이렇게 말했다.

"생사 밖에 열반이 있지 않고 열반 밖에 생사가 있지 않아서 생사와 열반은 서로 어기는 모습이 없다."

그렇다면 생사와 열반은 본래 다른 모습(異相)이 없다. 그런데도 어리석은 범부와 이승이 생사와 열반의 두 가지 모습의 다름을 허망하게 보는 것은 두 모습 모두 성품이 없음을 통달하지 못하기 때문이니, 이 때문에 '다른 모습(異相)은 성품 있음(有性)을 인因하기 때문'이라 한 것이다. 일체법이 둘이 아니라는 사례는 이와 같다.

그러므로 공空, 무생無生, 둘이 없음(無二), 자성의 상相을 여읨을 응당 닦고 배워야 한다."

是故空無生無二. 離自性相. 應當修學.

이때 세존께서는 이 뜻을 거듭 선포하고자 게송을 설하셨다.

爾時世尊欲重宣此義而說偈言.

나는 항상 공空한 법을 설해서
단멸과 항상을 멀리 여의었다.
생사는 환幻 같고 꿈같지만
그러나 저 업은 무너지지 않는다.

我常說空法. 遠離於斷常. 生死如幻夢. 而彼業不壞.

관기　여기서는 공空과 무생無生이 둘이 아님을 총체적으로 읊고 있다. 장행長行은 일체 평등을 말하는데 모두 얻을 수 없다(不可得). 아마 어리석은 범부가 반발을 해서 견해(見)가 없을지도 모르기 때문에 여기서 저 업은 무너지지 않는다고 말한 것이다. 정명淨名은 "작위(作)도 없고, 지음(造)도 없고, 받아들임(受)도 없는 자라 해도 선악의 업은 쇠망하지 않는다"라고 했으며, 『종경록』에서는 "성품이 공하기 때문에 업의 길을 무너뜨리지 않아서 인과가 역력歷歷하다"고 했으니, 이것이 소위 스스로 생겨나지도 않고 생겨나지 않음도 아니라는 것이다.

허공 및 열반

두 가지를 소멸함도 이와 같은데,

어리석은 범부는 망상을 짓고

여러 성인들은 있고(有) 없음(無)을 여읜다.

虛空及涅槃. 滅二亦如是. 愚夫作妄想. 諸聖離有無.

관기 여기서는 온갖 법의 공空과 무생無生이 둘이 아니어서 심연心緣의 상相을 여의었고 언설의 상相을 여의었음을 말하고 있다. 마치 저 세 가지 무위법無爲法이 어찌 마음을 조처하고 헤아림을 도모함을 용납하겠는가? 어리석은 범부의 망상을 말미암아 유有이기도 하고 무無이기도 한데, 성인은 자각성지로 비추어 보므로 하나의 참(一眞)이 응적凝寂해서 만법이 다 여如이기 때문에 일체를 모두 여읜다. 그렇다면 일단 설해진 오법五法, 삼자성三自性, 팔식八識, 이무아二無我 등은 오히려 생생生과 멸멸滅, 미혹과 깨달음의 변사邊事라서 반드시 공空, 무생無生, 둘이 없음(無二), 자성의 상相을 여읨에 이르는 걸 바야흐로 구경究竟의 종극宗極이라 한다. 따라서 아래 경문에선 말을 여읨을 결론지어 가리킨다.

이때 세존께서 다시 대혜보살마하살에게 고하셨다.

"대혜야, 공空, 무생無生, 둘이 없음(無二), 자성의 상相을 여읨은 모든 부처의 일체 수다라(脩多羅: 수트라)에 보편적으로 들어가 있다. 무릇 경전이라면 모두 다 이 뜻을 설하고 있으니, 모든 수트라가 다 중생의 희망하는 마음을 따르기 때문에 그들을 위해 분별하여 설해서 그 뜻을 드러내 보이지만 진실이 언설에 있지는 않다. 마치 목마른 사슴이 사슴 떼에 미치고 미혹되어서 사슴의 그 모습에 대해 물의 성품이라고 계교하고 집착하지만 그곳엔 물이 없는 것과 같다. 이처럼 일체 수트라에서 설한 온갖 법은 어리석은 범부로 하여금 환희를 발하게 하기 위한 것이다. 그러나 실제로 성스러운 지혜(聖智)는 언설에 있지 않으니, 이 때문에 반드시 뜻(義)에 의거해야지 언설에 집착해선 안 된다."

爾時世尊復告大慧菩薩摩訶薩言. 大慧. 空無生無二離自性相. 普入諸佛一切脩多羅. 凡所有經悉說此義. 諸脩多羅悉隨衆生希望心故. 爲分別說. 顯示其義. 而非眞實在於言說. 如鹿渴想. 誑惑羣鹿. 鹿於彼相計著水性. 而彼無水. 如是一切脩多羅所說諸法. 爲令愚夫發歡喜故. 非實聖智在於言說. 是故當依於義. 莫著言說.

관기 여기서는 말을 여읨을 결론으로 제시해서 방편을 회통해 실제에 돌아가고(會權歸實) 있다. 그러나 일체 모든 부처의 세간을 벗어나는 설법은 본래 실다운 법과 인간이 없으며 단지 중생의 망상의 꿈을 타파할 뿐이다. 중생이 본래 머무는 법(本住法)을 미혹해 망상의 꿈에 들어가서 삼계의 법을 보고서 마침내 실유實有로 삼지만 부처는 이를 깨우쳐 공空이라 말하고, 온갖 법이 생겨난다고 허망하게 보지만 부처는 이를 깨우쳐 생겨나지 않는다(不生)고 하고, 생사와 열반을 두 모습으로 보지만 부처는 이를 깨우쳐 둘이 없음(無二)이라 해서 중생으로 하여금 근본법을 스스로 깨닫도록 하지 별도로 증익增益하지

는 않는다. 그러므로 일체의 수트라가 설하는 것은 오직 공空과 무생無
生이 둘이 아니라는 것, 바로 이것일 뿐이다. 그러나 이 일자一字
법문으로도 반드시 다방면에 가지를 쳐서 가리키고자 하는 것은 단지
중생의 미혹의 뿌리가 깊고 견고해서 다양한 길을 희망하기 때문에
곡진曲盡하게 개시開示하게 된 것이다. 이는 부득이하게 기틀(機)에
감응해 시설한 것일 뿐 성스러운 마음(聖心)은 실제로 언설에는 존재하
지 않는다. 즉 그 설한 내용은 모두 근본적으로 말을 여의었으므로
중생이 요달하지 못하고, 또 언상言象을 집착해서 실다운 법으로 여기
므로 법이 말에 존재하지 않음을 알지 못한다. 마치 목마른 사슴이
아지랑이를 쫓으면서 물이라는 상념을 떠올리지만 아지랑이가 물이
아닌 줄은 알지 못하는 것과 같다. 그러므로 일체 불법은 마치 울음을
그치게 하는 낙엽과 같아서(止啼黃葉) 그저 무지無知한 중생으로 하여
금 환희심을 발하게 할 뿐이니, 어찌 실다운 법이라 하겠는가? 그러므
로 『대경大經』에서는 이렇게 말했다.

"법을 요달함은 말에 있지 않다. 무언無言의 지평(際)에 잘 들어가
능히 언설을 제시할 수 있는 것은 마치 메아리(響)가 세간에 두루한
것과 같다."

그러므로 『종경록』에서는 이렇게 말했다.

"성스러운 가르침은 밝은 거울이 되어서 자심自心을 비추어 보고,
자심은 지혜의 등불이 되어서 경전의 그윽한 종지(幽旨)를 밝히고
있다. 다만 뜻(義) 상의 경문을 집착해서 말을 따라 이해를 내지 말아야
하니, 곧바로 통발 밑의 가리킴을 탐색해서 본심本心에 계합해 회통하
기 때문이다."

그러므로 여기서 훈계하여 말한다.

"그러므로 관觀이란 반드시 뜻(義)에 의거해야지 언설에 집착하지 말아야 한다."

달마가 서쪽에서 와서 단순히 '곧바로 가리킴(直指)'을 전했을 뿐 문자를 건립하지 않았으니, 대체로 공空, 무생無生, 둘이 없음(無二), 자성을 여의기 때문이다. 그러나 여래의 출세出世는 본래 이 일을 위한 것이니, 40년 이래 다방면으로 추려져서 감히 정언正言은 아니더라도 간접적으로 통할 뿐이다. 이에 이르러 이승과 외도가 다 여래의 법신을 얻었음을 인정하는 것도 한결같이 모두 방편(權)인데, 지금은 바야흐로 진실을 설하기 때문에 이 경전이 『법화경』 앞자리에 놓이는 것은 진실로 까닭이 있는 것이다. 일단 담론談論이 여기에서 이理의 구경究竟을 드러내고, 이후에는 2권 초부터 4권 초의 법신장法身章에 이르기까지 모두 이 장章의 뜻을 전전展轉하고 발명發明하기 때문에 저 장章이 다시 소와 말의 성품으로 결론지어진 것이다. 경문에 임하여 스스로 반드시 증득해 알아야 한다.

관능가아발다라보경기觀楞伽阿跋多羅寶經記 권제2

관능가아발다라보경기

觀楞伽阿跋多羅寶經記

일체불어심품一切佛語心品 제2의 상上

앞서는 ②-1-(1)-1)-나-(가) 이理를 드러내는 가운데 최초로 적멸寂滅의 일심一心을 밝혔다.

△②-1-(1)-1)-나-(나) 다음은 여래장의 성품을 제시하였다.

이때 대혜보살마하살이 부처님께 여쭈었다.

"세존이여, 세존께서는 수트라에서 여래장의 자성청정自性淸淨을 설하셨습니다. 32상相을 굴려서(당역과 위역에서는 모두 구〔具: 갖추다〕로 되어 있다) 일체중생의 몸속에 들어가니, 마치 아주 값진 보배가 더러운 옷에 싸여 있는 것과 같습니다. 여래의 장藏이 항상 머물면서 변하지 않음도 이와 마찬가지라서 음陰, 계界, 입入의 더러운 옷에 싸여 있으며, 탐욕, 성냄, 어리석음, 실답지 않은 망상, 번뇌의 수고로움으로 오염되어 있습니다. 이는 일체 모든 부처가 연설하신 바인데, 어찌하여 세존께서는 외도와 똑같이 나(我)를 설하면서 여래장이 있다고 말씀하시는 겁니까? 세존이여, 외도 역시 항상하는 작자作者가 있어서 구나求那[390]

를 여의었다고 하면서 보편적으로 편재하며 소멸하지 않는다고 설합
니다. 세존이여, 저 외도는 나(我)가 있다고 설합니다."

爾時大慧菩薩摩訶薩白佛言. 世尊. 世尊脩多羅說如來藏自性淸淨.
轉(二譯皆作具)三十二相入於一切衆生身中. 如大價寶. 垢衣所纏.
如來之藏常住不變亦復如是. 而陰界入垢衣所纏. 貪欲恚癡不實妄
想塵勞所污. 一切諸佛之所演說. 云何世尊同外道說我. 言有如來藏
耶. 世尊. 外道亦說有常作離者於求那. 周偏不滅. 世尊. 彼說有我.

관기

여기서는 장차 여래장 성품이 참되고 항상하고 무아無我라는
걸 제시하고 있다. 그리하여 외도가 신아神我를 허망하게
계교하는 걸 타파하기 위해서 이런 질문을 한 것이다. 처음엔 '적멸寂滅
이란 이름하여 일심一心이라 한다'고 했고, 일심이란 이름하여 여래장
이라 한다. 그러나 이 여래장의 체體는 근본 이래로 일체의 염법染法과
더불어 상응하지 않기 때문에 '자성청정自性淸淨'이라 한다. 모든 부처
가 이를 증득해서 보리열반菩提涅槃이라 호칭하고 32묘상妙相을 이루

---

390 인도철학에서 말하는 만물의 속성, 또는 성질. 산스크리트어로 Guṇa는 '성질'이
라는 뜻이며, 한자로는 덕德, 또는 공덕功德으로 번역한다. 인도의 육파철학六派
哲學 중 하나인 바이세시카 학파에서는 구나를 현상계를 구성하는 여섯 가지
원리 중 하나로 규정했으며, 색깔·맛·냄새·감촉·숫자·크기·개별성·연결·분
리·원격성·근접성·중량 등 총 17종으로 나누었다. 반면 상키아 학파에서는
근본원질根本原質, 즉 프라크리티prakṛti를 이루는 구성요소라고 말하면서 사트
바(sattva, 善性)·라자스(rajas, 動性)·타마스(tamas, 暗性)의 트리구나(Triguṇa, 三
德)로 구분했다.

며, 중생은 이를 미혹해서 생사의 번뇌라 여겨 8만 4천의 번뇌(塵勞)를 짓는다. 그렇다면 중생이 나날이 쓰고 현실로 증득하는 것은 온전히 여래의 과덕果德이기 때문에 '32상相을 굴려서 일체중생의 몸속에 들어가니'라고 한 것이며, 단지 오음五陰의 더러움으로 가려지고 탐욕과 어리석음의 망상으로 오염되기 때문에 마치 아주 값진 보배가 더러운 옷에 싸여 있는 것과 같다고 하였다. 그러나 실제로 자성은 항상 머물며 변하지 않으니, 이것이 바로 일체 모든 부처가 설한 대승의 요달한 뜻(了義)이자 구경究竟의 극에 이른 담론이다. 소위 '일심一心이자 법신法身이자 진아眞我에 항상 머문다'고 했는데, 대혜는 이를 의심해서 이렇게 말했다.

"세존께서는 외도가 신아神我를 허망하게 계교하는 것은 삿된 견해라고 하면서 배척하십니다. 지금 '여래장은 항상 진아眞我에 머문다'고 하시니, 어찌 저 외도가 설한 나(我)와 똑같은 것이 아니겠습니까?"

그러나 세존은 여래장의 체體가 항상하고 두루하며 자성을 여의어서 생겨나지도 않고 소멸하지도 않는다고 설했으며, 그리고 외도 역시 항상하는 작자作者가 있어서 구나求那를 여의고 두루해서 소멸하지 않는다고 설하는데, 그렇다면 저 외도가 나(我)를 설한 것은 부처와 별다르지 않은 것이다. 또 세존은 앞에서는 공空, 무생無生, 둘이 없음(無二), 자성의 상相을 여읨은 일체 수트라에 보편적으로 들어간다'고 하고, 지금은 '여래장의 뜻은 성스러운 가르침과 서로 어긋나니 자기의 말(自語)과 서로 어긋나는 것이다'라고 했다. 그러나 저들이 계교한 나(我)에는 그 뜻이 세 가지가 있다. 첫째는 체體의 항상함(常)이니, 이름하여 작자作者라 한다. 둘째는 비록 오음五陰에 존재하더라도 구나求那를 여의어서 따로 자성自性이 있다. 셋째는 온갖 갈래(趣)를 편력하지만 실제로는 생멸이 아니다. 그 말이 비록 유사하지만 그 뜻은 완전히 잘못이라서 실제로 삿된 견해이기 때문에 '도道를 배우는 사람은 참(眞)을 식별하지 못하니, 단지 종전의 식신識神을 인정할 뿐이다. 한량없는 겁 이래로 생사의 근본은 어리석은 아이를 본래 사람(本來人)이라 인정해 부르는 것이다'라고 하였다. 이 경전은 삿됨을 타파해서 쓰임새(用)로 삼으니, 말하자면 이 삿된 견해를 한 번 타파하는 것을 이름하여 정지正智라 하고 바로 일심을 단박에 증득할 수 있는 것이다. 그러므로 대혜는 이리의 구경究竟을 드러내는 곳에다 이 하나의 질문을 놓은 것이다.

부처님이 대혜에게 고하셨다.
"내가 설한 여래장은 외도가 설한 나(我)와는 똑같지 않다. 대혜야, (여래는) 때때로 공空, 무상無相, 무원無願, 여실한 지평(如實際), 법성法性, 법신法身, 열반涅槃, 자성을 여임, 불생불멸不生不滅, 본래적정本來寂靜, 자성열반自性涅槃을 설했는데, 이러한 구절들은 여래장을 설한 것이다. 여래如來, 응공應供, 등정각等正覺은 어리석은 범부로 하여금 무아無我를 두려워하는 구절을 끊게 하려고 망상을 여읜 무소유無所有 경계의 여래장문如來藏門을 설했다. 대혜야, 미래와 현재의 보살마하살은 응당 아견我見의 계교와 집착을 짓지 말아야 한다.

佛告大慧. 我說如來藏. 不同外道所說之我. 大慧有時說空. 無相. 無願. 如實際. 法性. 法身. 涅槃. 離自性不生不滅. 本來寂靜. 自性涅

槃. 如是等句說如來藏已. 如來應供等正覺. 爲斷愚夫畏無我句故.
說離妄想無所有境界如來藏門. 大慧. 未來現在菩薩摩訶薩. 不應作
我見計著.

관기 여기서는 법이 본래 말을 여읨을 설하고 있다. 기연(機)에
감응하기 때문에 설함이 있어서 여래장 성품의 무아無我를
드러내니, 말하자면 여래의 설법은 외도의 하나에 집착하는 이론과는
똑같지 않은 것이다. 그러나 중생이 집착하는 정情에 순응해서 의당함
에 따라 격파하기 때문에 유상有相에 집착해 희구하는 자를 위해 세
가지 해탈을 설했고, 가법假法³⁹¹에 집착하는 자를 위해 여실한 지평(如
實際)을 설했고, 차별에 집착하는 자를 위해 평등의 법성法性을 설했고,
허망한 몸에 집착하는 자를 위해 법신을 설했고, 생사를 즐기는 자를
위해 열반을 설했고, 생멸을 인정해 심성心性으로 삼는 자를 위해
자성을 여읜 불생불멸不生不滅을 설했고, 시끄러움을 싫어하는 자를
위해 본래 적정을 설했고, 생사를 싫어하는 자를 위해 자성의 열반을
설했으니, 이 같은 구절들은 모두 여래장의 다른 이름(異名)이기 때문
에 '이 같은 구절들은 여래장을 설했을 뿐이다'라고 한 것이다. 사대四大
의 가아假我에 집착하는 자 및 신아神我를 인정하는 자를 위해 무아無我
를 설했는데, 어떤 어리석은 범부는 무아를 설하는 걸 듣고 마침내
공포심을 일으키기 때문에 여래는 바로 망상을 여읜 무소유無所有의
경계를 설했으니 이름하여 여래장의 자성청정自性淸淨이다. 이 또한

---

391 불변하는 실체 없이 여러 인연의 일시적인 화합에 지나지 않는 현상. 현상現象의
제법諸法을 말한다.

방편을 수순隨順하여 본래 실다운 법(實法)이 없으니, 그러므로 그대들은 반드시 뜻(義)에 의거해야지 언설에 집착하지 말아야 하고 응당 아견我見의 계교와 집착을 지어서는 안 된다. 예전에는 '삼승은 권도權度가 되고 일승은 진실(實)이 된다'고 했지만, 지금 법신과 열반과 여래장의 명칭을 말하는 것은 오히려 방편의 건립이니, 소위 나의 대승은 승乘이 아니니 적멸의 심원心源을 드러냄으로써 말과 사유의 길이 끊어지고 참(眞)과 허망(妄) 둘 다 잊어야 바야흐로 자각성지의 구경처究竟處가 된다.

비유하면 도예가가 진흙덩이 하나를 갖고 사람의 공예, 물, 나무, 바퀴, 줄의 방편으로 갖가지 그릇을 만드는 것과 같다. 여래 역시 마찬가지다. 법의 무아無我로서 일체 망상의 상相을 여의고 갖가지 지혜와 능숙한 방편으로 혹은 여래장을 설하기도 하고 혹은 무아를 설하기도 한다. 이 인연 때문에 설한 여래장은 외도가 설한 나(我)와 똑같지 않으니, 이를 이름하여 여래장이라 설한다. 나(我)를 계교한 온갖 외도를 가르쳐 이끌기 때문에 여래장을 설했으니, 실답지 않은 아견我見의 망상을 여의게 해서 세 가지 해탈문解脫門[392]의 경계에 들어가 아뇩다라삼먁삼보리[393]를 조속히 얻기를 희망하는 것이다.

---

392 해탈에 이르기 위해 닦는 세 가지 선정禪定. (1) 공해탈문空解脫門: 모든 현상은 인연 따라 모이고 흩어지므로 거기에 불변하는 실체가 없다고 관조하는 선정. (2) 무상해탈문無相解脫門: 대립적인 차별을 떠난 선정. (3) 무원해탈문無願解脫門: 원하고 구하는 생각을 버린 선정.

393 산스크리트어 anuttarā-samyak-saṃbodhi, 팔리어 anuttarā-sammāsaṃbodhi 의 음사. 무상정각無上正覺·무상정등각無上正等覺·무상정등정각無上正等正覺·

譬如陶家. 於一泥聚. 以人工水木輪繩方便. 作種種器. 如來亦復如
是. 於法無我離一切妄想相. 以種種智慧善巧方便. 或說如來藏. 或
說無我. 以是因緣故說如來藏. 不同外道所說之我. 是名說如來藏.
開引計我諸外道故. 說如來藏. 令離不實我見妄想. 入三解脫門境
界. 希望疾得阿耨多羅三藐三菩提.

관기 여기서는 비유를 통해 법인法因과 기틀의 다름(機異)을 드러내
었다. 정명(淨名: 유마 거사)은 "법은 있음(有)도 아니고 없음
(無)도 아니니, 인연 때문에 온갖 법이 생겨난다"고 말했다. 그래서
도예가가 그릇을 만들 때 진흙은 본래 하나인 것처럼 연緣을 따르기
때문에 그릇이 다른 것인데, 하물며 법은 본래 다르지 않지만 스스로의
기틀(自機)이 다른 것이랴. 그래서 당역에서는 이렇게 말했다.

"여래 역시 마찬가지다. 일체 분별의 상相을 멀리 여읜 무아법無我法
속에서 갖가지 지혜와 방편의 능숙함으로 혹은 여래장을 설하기도
하고 혹은 무아無我를 설하기도 하는데, 갖가지 명자名字는 각각 차별
이 있다."

그러나 '갖가지 지혜와 능숙한 방편'에 대해서 법화法華에선 이렇게
말했다.

"모든 부처의 지혜는 매우 심오하고 한량없어서 그 지혜의 문門은
이해하기 어렵고 들어가기 어렵다. 말하자면 여래는 권도(權度: 방편)
와 실제實際 두 지혜를 갖추었는데, 갖가지 지혜는 바로 일체종지一切種

무상정변지無上正遍知라고 번역. 부처의 깨달음의 경지를 나타내는 말.

智[394]로 근본의 실지實智이고, 능숙한 방편은 후득後得의 권지(權智: 방편 지혜)이다. 그러나 여래는 실지實智로써 이理를 증득하기 때문에 법은 사무치지 않음이 없고, 권지權智로 법을 설하기 때문에 기틀은 의당하지 않음이 없다. 그 설한 법으로는 중생을 인도해서 모두 다 일체지一切智의 경지에 도달한다."

그러므로 '여래는 나(我)를 계교한 온갖 외도를 가르쳐 이끌기 때문에 여래장을 설했으니, 실답지 않은 아견我見의 망상을 여의게 함으로써 세 가지 해탈문解脫門의 경계에 들어가 아뇩다라삼먁삼보리(無上菩提)를 조속히 얻기를 희망하는 것'이니, 어찌 외도가 설한 나(我)와 똑같겠는가? '세 가지 해탈'은 말하자면 여래장 자성청정自性清淨이기 때문에 '공空'이라 말하고, 일체의 상相을 여의기 때문에 '무상無相'이라 말하며, 중생의 성품에 저절로 구족具足되어 외적 추구를 빌리지 않기 때문에 '무원無願'이라 말했다. 과거에는 화엄의 세 가지 해탈을 인용했으니, 보살이 연기緣起를 관觀하여 자성의 공空함을 알아서 공해탈空解脫을 얻고, 12유지有支[395]의 자성이 소멸하는 걸 관찰해서 무상해탈無相解脫을 얻고, 공空에 들어가 원하거나 구함이 없고 오직 중생 교화만 하기 때문에 무원해탈無願解脫을 얻는다. 그러나 그들은 관觀으로써

---

394 세 가지 지혜 중 하나. 세 가지 지혜는 (1) 일체지一切智: 모든 현상을 두루 아는 성문聲聞·연각緣覺의 지혜. (2) 도종지道種智: 깨달음에 이르게 하는 모든 수행을 두루 아는 보살의 지혜. (3) 일체종지一切種智: 모든 현상의 전체와 낱낱을 아는 부처의 지혜.

395 12연기緣起를 말한다. 미혹한 세계의 인과관계를 설명한 것이다. 12인연이라고도 한다. 그 12지분은 무명無明·행行·식識·명색名色·육처六處·촉觸·수受·애愛·취取·유有·생生·노사老死 등이다.

말을 하지만 올바른 뜻은 행행行에 존재하고, 여기서는 체體로써 말을 하지만 올바른 뜻은 이리理에 존재한다. 명칭은 똑같아도 뜻(義)은 별개이니, 배우는 자는 응당 알아야 한다.

그러므로 여래如來, 응공應供, 등정각等正覺은 이렇게 여래의 장藏을 설한 것이다. 만약 이와 같지 않다면 외도와 똑같을 것이다. 그러므로 대혜야, 외도의 견해를 여의려 하기 때문에 반드시 무아無我인 여래의 장藏에 의거해야 한다."

是故如來應供等正覺. 作如是說如來之藏. 若不如是. 則同外道. 是故大慧. 爲離外道見故. 當依無我如來之藏.

여기서는 결론으로 올바른 뜻(正義)을 이루어서 허물을 여의 도록 훈계하고 있다. 말하자면 여래의 설법은 실상實相의 인印으로 온갖 법을 인정印定하기 때문에 그 설한 바에 따라서 모두가 실상과 더불어 서로 위배하지 않는다. 외도는 이 법인法印이 없기 때문에 '이와 같지 않다면 외도와 똑같을 것이다'라고 한 것이다. 아! 여래에게 이 법인이 없다면 외도와 똑같아서 법을 식별하는 자로 하여금 통렬한 두려움을 느끼게 한다. 여래장은 바로 불성佛性이 속박 속에 있는 명칭이니, 말하자면 중생의 식장識藏이 바로 여래이다. 이 때문에 '여래의 장藏'이란 말은 의주석依主釋[396]이다.

---

396 육합석六合釋의 하나. 산스크리트의 합성어合成語를 해석할 때 앞 단어가 뒤 단어를 제한하는 뜻으로 해석하는 방법. 예, rāja-putra(왕의 아들). 참고로

이때 세존께서 이 뜻을 거듭 선포하고자 게송을 설하셨다.

爾時世尊欲重宣此義而說偈言.

인人과 상속相續과 음陰
그리고 연緣과 미진微塵
승勝과 자재自在의 작용이라 하나
마음으로 헤아린(心量) 망상일 뿐이다.

人相續陰. 緣與微塵. 勝自在作. 心量妄想.

관기 여기서는 무아를 통틀어 읊고 있다. 인人, 상속相續, 음陰, 연緣은 바로 범부가 계교한 오음五陰의 연생緣生인 가아假我이고, 미진微塵, 승성勝性, 대자재大自在 등은 바로 외도가 계교한 신아神我이다. 이는 모두 마음으로 헤아린 망상의 분별이니, 그 진실한 본질은

육합석은 산스크리트의 합성어를 해석하는 여섯 가지 방법이다. (1) 지업석持業釋: 앞 단어를 형용사 또는 부사로, 뒤 단어를 명사 또는 형용사로 해석하는 방법. (2) 의주석依主釋: 앞 단어가 뒤 단어를 제한하는 뜻으로 해석하는 방법. 예, rāja-putra(왕의 아들). (3) 유재석有財釋: 합성어 전체를 형용사로 해석하는 방법. (4) 상위석相違釋: 앞 뒤 단어를 병렬 관계로 해석하는 방법. 예, mātā-duhitṛ(어머니와 딸). (5) 인근석隣近釋: 넓은 뜻으로 해석하는 방법. 예를 들면 사염처(四念處, catvārismṛty-upasthānāni)의 본질은 혜慧이지만, 넓은 뜻으로 해석하여 혜慧와 가까운 염念이라고 하는 경우. (6) 대수석帶數釋: 앞 단어가 수량이나 순서를 나타내는 것. 예, tri-dhātu(三界), pañca-indriya(五根).(『시공불교사전』)

다 무아이다.

앞서 첫 권卷 분별자성장分別自性章부터 여기에 이르기까지 삼문三門을 통틀어 잡아서 정사正邪와 인과를 분별한 가운데 처음 삿됨을 타파하고 올바름을 드러냄(破邪顯正)으로써 항상 머무는 진리(常住眞理)를 제시하였다.

○이 아래에선 ②-1 이理에 의거해 감정勘訂함으로써 사邪와 정正의 두
　행行을 변론했는데, 네 가지로 나눈다. ②-1-1 올바른 행(正行)의 방편을
　총체적으로 제시한 것인데, 네 가지로 나눈다.
△②-1-1-(1) 첫째, 능관能觀의 지혜에는 네 가지가 있다.

이때 대혜보살마하살이 미래의 중생을 관찰하고서 다시 세존에게 청했다.
"세존이여, 오직 바라노니 수행의 간단없음(無間)을 설해 주소서. 마치 온갖 보살마하살들처럼 수행자의 대방편大方便을 말입니다."

爾時大慧菩薩摩訶薩觀未來衆生. 復請世尊. 惟願爲說修行無間. 如諸菩薩摩訶薩修行者大方便.

관기　여기서는 올바로 행行을 청하는 것이다. 앞에서 일단 가르침을 열어 이理를 드러낸 업業이 이미 구경究竟이기 때문에 대혜가 이에 이르자 행行을 청했다.

문: 앞서 설한 유심식관唯心識觀, 성지聖智, 삼상三相, 이무아관二無我觀 등은 모두 행行인데, 어찌하여 특별히 이것만을 가리켜 행行이라 하는가?

답: 이 경전은 곧바로 일심一心만을 가리켜서 돈교頓教의 대승이라 한다. 말하자면 생사가 곧 열반이고 번뇌가 곧 보리이기 때문에 오법五法, 삼자성三自性, 팔식八識, 이무아二無我를 잡아서 여래장이 물듦과 청정의 연緣을 따라 세간과 출세간의 법을 성취하고 업의 애착과 무지無知의 물든 연(染緣)을 따라 일어난다고 설하니, 그렇다면 여여如如의 정지正智가 곧 명상名相의 망상을 이루어서 실아實我와 실법實法이 되기 때문에 생사가 있는 것이다. 만약 연생緣生이 성품이 없다는 걸 관찰하면 곧 명상名相의 망상이 여여如如의 정지正智가 되고, 나(我)와 법(法)이 모두 공空함이 그대로 열반임은 오직 이 일심의 전변轉變일 뿐 다시 별다른 법은 없다. 앞에서 비록 각 절節마다 관觀을 설했어도 세존께서 해당 기틀(當機)을 곧바로 가리킨 것은 요컨대 눈앞에서 온갖 법을 단박에 보게 함으로서 연생緣生에 성품이 없고 단박에 무생無生을 깨달아 바로 관觀을 빌려 마음을 밝히고 올바로 이理를 드러내는 데 있다.

지금은 생멸로부터 일심의 참 근원(眞源)을 회통해 돌아가서 이理를 드러냄이 이미 지극하기 때문에 대혜는 앞서의 오무간종성五無間種性을 인因한 것이며, 이 때문에 미래의 중생에도 돈근頓根으로 성숙할 만한 자가 있음을 관觀했기 때문에 여기서 특별히 수행의 간단없음(無間)을 청하고, 또한 앞서 온갖 보살마하살들을 위해 수행의 대방편문大方便門을 설해서 그들을 단박에 깨닫게 한 것처럼 해달라고 청했다.

앞에서는 관觀을 잡아 이리理를 드러냈으며, 여기서는 기틀(機)을 인해 행行을 마련했기 때문에 올바름은 행行에 존재한다. 간단없는 이리理에 의거해 간단없는 행行을 닦고, 간단없는 행에 의거해 간단없는 이리理를 증득하니, 오직 이 일심一心만을 당장(當下) 단박에 증득하기 때문에 사람과 법의 인과가 '간단없다(無間)'고 통틀어 말하는 것은 실로 이 경전의 종취宗趣이다.

부처님께서 대혜에게 고하셨다.
"보살마하살은 네 가지 법을 성취해서 수행자의 대방편을 얻었다. 무엇이 네 가지인가? 말하자면 자심自心의 나타남을 잘 분별하는 것, 외부의 성품이 성품 아님을 관觀하는 것, 생겨나고 머물고 소멸하는 견해를 여의는 것, 자각성지의 훌륭한 즐거움을 얻는 것이니, 이를 이름하여 보살마하살이 네 가지 법을 성취해 수행자의 대방편을 얻는 것이라 한다.

佛告大慧. 菩薩摩訶薩成就四法. 得修行者大方便. 云何爲四. 謂善分別自心現. 觀外性非性. 離生住滅見. 得自覺聖智善樂. 是名菩薩摩訶薩成就四法. 得修行者大方便.

관기 여기서는 행상行相을 올바로 제시하고 있다. 능관能觀의 지혜에 네 가지가 있다. 미래의 기틀(機)은 상근上根의 대지大智가 아니면 오직 마음뿐(唯心)인 법문에 단박에 들어갈 수 없기 때문에 '보살마하살이 네 가지 법을 성취해서 수행자의 대방편을 얻는다'고

한 것이다. 이 때문에 27조祖[397]는 달마達磨에게 부촉付屬하면서 "진단
(震旦: 중국)의 중생에는 대승의 근기가 많으니, 그대는 반드시 그곳에
서 한량없는 사람을 제도하리라"라고 했으니, 그러므로 비조(鼻祖:
달마 대사)께서는 서쪽으로 와서 문자를 건립하지 않고 곧바로 사람
마음을 가리켜 성품을 보아 부처를 이루었기 때문에 조계曹溪[398]로부터
내려오면서 전등傳燈에 실린 것은 모두 네 가지 법을 성취해 수행의
대방편을 얻은 것이지만, 그러나 털끝만큼이라도 투철하지 못해서
간단(間)이 있게 된다면 대방편이라 칭하기엔 부족하다.

무엇이 보살마하살이 자심의 나타남을 잘 분별하는 것인가? 말하자면
이와 같은 삼계의 오직 마음뿐인 분제分齊[399]를 관觀해서 나(我)와 내
것(我所)을 여의고, 동요動搖가 없고, 가고 옴을 여의지만, 비롯 없는
허위虛僞와 습기習氣로 흐습되므로 삼계의 갖가지 색色과 행行으로
계박繫縛해서 몸과 재물을 건립하여 망상이 나타난 바에 따라 들어가
는 것을 이름하여 보살마하살이 자심의 나타남을 잘 분별한 것이라
한다.

---

397 반야다라般若多羅 존자를 말한다. 동인도 출신의 승려로, 불여밀다不如蜜多의
   가르침을 받고 남인도 지역을 편력한다. 보리달마菩提達摩에게 불법佛法의 유지
   와 전파를 부탁하고 입적한다.

398 육조혜능六祖慧能의 별호. 중국 광동성 소주부 동남쪽 30리 쌍봉산 아래 있는
   땅 이름. 그곳에 조계라는 강이 있다. 677년(唐 의봉 2년) 혜능 대사가 이곳에
   보림사를 짓고, 선풍을 크게 드날렸다. 혜능의 유골은 이곳에 묻혀 있다.

399 범위. 정도. 한계. 경계.

云何菩薩摩訶薩善分別自心現. 謂如是觀三界唯心分齊. 離我我所. 無動搖. 離去來. 無始虛僞習氣所熏. 三界種種色行繫縛身財建立. 妄想隨入現. 是名菩薩摩訶薩善分別自心現.

관기 여기서는 네 가지 법 중 첫 구절의 뜻을 해석하고 있다. 말하자면 삼계의 온갖 법이 오직 일심一心뿐이라서 나(我)와 내 것(我所)을 여의고, 본래 움직임과 가고 오는 상相이 없지만, 비롯 없는 허위虛僞와 집착의 습기習氣로 훈습되기 때문에 삼계의 갖가지 색色과 행行으로 계박繫縛해서 몸과 재물의 머무는 곳에 망상과 분별이 나타난 바를 따르는 것이다. 당역에서는 이렇게 말했다.

"색色과 행行은 명언名言의 계박이다."

말하자면 삼계가 단지 명언名言을 체體로 삼는 것이다. 만약 망상의 성품 없음을 요달하면 삼계가 단박에 공空하니, 이것은 공관空觀의 뜻에 해당한다.

무엇이 보살마하살이 외부의 성품이 성품 아님을 관觀하는 것인가? 말하자면 아지랑이나 꿈 등의 일체 성품은 비롯 없는 허위와 망상의 습기의 인因으로 일체의 성자성性自性을 관觀하는 것이다. 보살마하살이 이와 같이 외부의 성품이 성품 아님을 잘 관觀하니(당역에서는 "이와 같이 일체법을 관찰할 때가 바로 자증성지自證聖智를 오로지 구하는 것이다"라고 하였다), 이를 이름하여 보살마하살이 외부의 성품과 성품 아님을 잘 관찰하는 것이라 한다.

云何菩薩摩訶薩善觀外性非性. 謂焰夢等一切性. 無始虛僞妄想習
因. 觀一切性自性. 菩薩摩訶薩作如是善觀外性非性. (唐譯云. 如是
觀察一切法時. 卽是專求自證聖智) 是名菩薩摩訶薩善觀外性非性.

관기 여기서는 다음 구절의 뜻을 해석하고 있다. 삼계의 일체 모든 법이 이미 마음이 나타난 것일 뿐이라고 관찰함을 말미암는다면, 비록 있더라도(有) 실답지 않아서 당체當體가 허위이고 가짜이니, 마치 아지랑이나 꿈, 털 바퀴(毛輪)[400] 등과 같아서 본래 스스로 있지(有) 않다. 다만 망상의 습기를 인因하기 때문에 있는(有) 것이니, 망상에 성품 없음을 말미암는다면 일체법이 모두 성품이 없고, 성품이 없기 때문에 가짜(假)이다. 이것은 가관假觀의 뜻에 해당한다.

무엇이 보살마하살이 생겨나고 머물고 소멸하는 견해를 훌륭히 여읜 것인가? 말하자면 환幻 같고 꿈같은 일체 성품은 자성自性도 타성他性도 구성俱性도 생겨나지 않는다. 자심自心의 분제分齊를 따라 들어가기 때문에 외부의 성품이 성품 아님을 보고, 식識이 생겨나지 않음 및 연緣이 쌓이지 않음을 보고, 망상이 연생緣生이라 삼계 안팎의 일체법을 얻을 수 없음을 보고, 자성自性을 여의어서 생겨난다는 견해가 다 소멸함을 보아서 환幻과 같은 등 온갖 법의 자성에서 무생법인無生法忍[401]을 얻고, 무생법인을 얻고 나면 생겨나고 머물고 소멸하는 견해를

---

400 눈에 병이 났을 때에 눈앞에 어른거리는 깃털 바퀴 모양의 환영.

401 불생불멸不生不滅의 진리를 확실하게 인정하고 거기에 안주하여 마음을 움직이지 않는 경지.

여읜다는 걸 아니, 이를 이름하여 보살마하살이 생겨나고 머물고 소멸하는 견해를 잘 분별해서 여읜다고 한다.

云何菩薩摩訶薩善離生住滅見. 謂如幻夢一切性. 自他俱性不生. 隨入自心分齊. 故見外性非性. 見識不生. 及緣不積聚. 見妄想緣生. 於三界內外一切法不可得. 見離自性. 生見悉滅. 知如幻等諸法自性. 得無生法忍. 得無生法忍已. 離生住滅見. 是名菩薩摩訶薩善分別離生住滅見.

관기 여기서는 제3의 구절의 뜻을 해석하고 있다. 마음과 경계가 대대對待하기 때문에 생멸의 견해를 잊지 못하니, 진실로 마음은 본래 무생無生으로 경계를 인因하여 있기 때문이다. 이제 일체의 경계가 환幻 같고 꿈같아서 실답지 않음을 관觀한다면 모든 법의 당체當體는 생겨나지 않는다. 오직 마음의 나타남일 뿐이기 때문에 생겨나지 않으니, 이미 마음만 나타남일 뿐이라면 외부 경계가 단박에 공空하고 다른 것(他)은 생겨나지 않는다. 외부 경계가 이미 공空하다면 내면의 식識도 일어나지 않기 때문에 '견식見識도 생겨나지 않으니 저절로 생겨나지 않은 것이다'라고 한 것이다. 이미 마음에 해당하는 경계가 없고 또한 경계를 요달하는 마음이 없어서 당체當體가 생겨남이 없으니, 또 무슨 인연으로 생겨날 수 있겠는가? 그래서 '연緣은 쌓이지 않는다'고 한 것이니 공생共生이 아닌 것이다. 삼계의 모든 법은 모두 연기緣起로부터 말미암기 때문에 '망상의 연생緣生을 보고'라고 했으니, 그러므로 무인無因에서 생겨난 것이 아니다. 이제 인연의 체體가 공空함을 관찰하면 삼계 안팎의 일체 모든 법은 다 얻을 수 없고, 온갖 법이 실다운 체가 없음을 요달함으로써 생겨난다는 견해가 다 소멸한다. 그러면 환幻 같은 경계를 증득해 무생법인無生法忍을 얻고 생멸의 견해를 여의니, 생멸이 이미 소멸해서 적멸寂滅이 현전現前하면 이것이 중도中道의 뜻에 해당한다. 중관中觀에서는 이렇게 말했다.

"인연으로 생겨나는 법을/ 그만 그대로 공空이라고 나는 설하며/ 또한 이를 가명假名이라 이름붙이며/ 또한 중도中道의 뜻이라 이름붙이기도 한다."

이것은 단지 모든 법이 오직 자심自心의 나타남일 뿐임을 직관直觀한 것이니, 연생緣生은 성품이 없어서 단박에 무생無生을 증득한다. 뜻(義)을 잡아서 말하면 삼관三觀[402]을 예로 드는데, 다른 경전에서 밝힌 것처럼 역력히 구별되는 차제次第의 견줌이 아니다. 위의 세 구절은 인因에 속하고 아래의 구절은 과果에 속하니, 의생신意生身[403]을 위의 삼관三觀을 인해 증득하기 때문이다.

무엇이 보살마하살이 자각성지의 훌륭한 즐거움을 얻는 것인가? 말하자면 무생법인을 얻어 제8 보살지菩薩地에 머물면서 심心, 의意, 의식意識, 오법五法, 자성自性, 이무아二無我의 상相을 여의어 의생신意生身을 얻는 것이다."

---

402 공관空觀·가관假觀·중관中觀을 말한다.

403 ①초지初地 이상의 보살이 중생을 제도하기 위해 뜻대로 변화한 신체. ②사람이 죽어 다음 생을 받을 때까지의 잠정적인 신체. ③삼계三界의 괴로움을 벗어난 성자가 성불할 때까지 지니는 신체.

云何菩薩摩訶薩得自覺聖智善樂. 謂得無生法忍. 住第八菩薩地. 得
離心意意識五法自性二無我相. 得意生身.

관기 여기서는 제4구句 '원만히 완성된 일심圓成一心의 자각성지의
뜻'을 해석한 것이다. 말하자면 8지 이전에서는 심의식心意識
을 여의지 못함이 오히려 생멸의 경계를 대치하고 아울러 무생법인을
얻는 데 속하지만, 8지 이후에 머물면 오법五法, 삼자성三自性, 팔식八
識, 이무아二無我의 일체를 함께 여읜다. 소위 생멸조차 멸하고 나면
적멸寂滅함이 즐거움이 되기 때문에 '자각성지의 훌륭한 즐거움을
얻는다'고 한 것이니, 생겨남도 없고 생겨나지 않음도 없기 때문에
의생신意生身을 얻어서 몸(身)과 땅(土), 자自와 타他가 장애도 없고
걸림도 없다.

"세존이여, 의생신意生身이란 어떤 인연입니까?"
세존께서 대혜에게 고하셨다.
"의생신이란 비유하면 뜻으로 가면 질풍처럼 빨라서 장애가 없기
때문에 이름하여 의생意生이라 하는 것이다. 비유컨대 뜻대로 가면
석벽石壁도 장애가 되지 않는 것과 같다. 저 다른 방토方土가 무량無量의
유연由延[404]만큼 떨어져 있어도 먼저 본 기억(憶念)을 잊지 않았기 때문
에 스스로의 마음(自心)이 흘러듦이 끊이질 않아서 그곳에 몸이 장애
없이 태어난다.

---

404 유순由旬을 말한다. 산스크리트어, 팔리어 yojana의 음사. 고대 인도의 거리의
단위로, 실제 거리는 명확하지 않지만 보통 약 8km로 간주한다.

대혜야, 이처럼 의생신은 일시一時에 함께하니, 보살마하살의 의생신은 여환삼매력如幻三昧力의 자재한 신통력으로 묘한 상(妙相)으로 장엄된 성스러운 종류의 몸이 일시一時에 함께 생겨난다. 마치 뜻대로(如意) 생기는 것과 같아서 어떤 장애도 있지 않으니, 본원本願의 경계를 기억하는 바에 따라 중생을 성취하게 되어서 자각성지의 훌륭한 즐거움을 얻는다.

世尊. 意生身者. 何因緣. 佛告大慧. 意生身者. 譬如意去迅疾無礙. 故名意生. 譬如意去石壁無礙. 於彼異方無量由延. 因先所見憶念不忘. 自心流注不絕. 於身無障礙生. 大慧. 如是意生身. 得一時俱. 菩薩摩訶薩意生身. 如幻三昧力自在神通妙相莊嚴. 聖種類身一時俱生. 猶如意生. 無有障礙. 隨所憶念本願境界. 爲成就衆生. 得自覺聖智善樂.

관기 여기서는 행行을 성취해 과果를 얻는 양상을 해석한 것이다. 당역에서는 이렇게 말했다.

"비유하면 마음(心)과 뜻(意)이 한량없는 백천(無量百千) 유순由旬 밖에서 먼저 본 갖가지 온갖 사물을 기억해 생각 생각 상속하여 신속히 저기(彼)에 이르지만, 그 몸 및 산하와 석벽이 능히 장애할 수 있는 것이 아니다. '의생신'도 역시 마찬가지다. 여환삼매如幻三昧 신통력의 자재함으로 온갖 상相이 장엄되니, 본원을 기억해 중생의 원顯을 성취하기 때문이다. 마치 뜻대로(如意) 가는 것과 같아서 일체 성인聖人들 가운데 태어난다."

앞서 말한 이무아二無我 중에 법의 무아(法無我)를 보고, 관정위灌頂位[405]에 머물고, 불자佛子의 지위를 초월하여 응당 여래의 자재한 법신 및 오직 마음뿐인 관찰의 완성(唯心觀成), 그리고 성지聖智의 삼상三相 등을 얻어서 구구절절 다 이 뜻을 밝히고 있다.

이처럼 보살마하살이 무생법인을 얻어서 제8 보살지菩薩地에 머물러 심心, 의意, 의식意識, 오법五法, 자성自性, 이무아二無我의 상相과 몸(身)을 전사(轉捨: 전변해 버림)하고 급기야 의생신을 얻어서 자각성지의 훌륭한 즐거움을 얻는다. 이를 이름하여 보살마하살이 네 가지 법을 성취해서 수행자의 대방편을 얻는다고 하니, 응당 이렇게 배워야 한다."

如是菩薩摩訶薩得無生法忍. 住第八菩薩地. 轉捨心意意識五法自性二無我相身. 及得意生身. 得自覺聖智善樂. 是名菩薩摩訶薩成就四法. 得修行者大方便. 當如是學.

관가 여기서는 결론으로 수행을 권유한다. 화엄 구지九地의 성인聖人은 십계十界[406]의 몸을 나타내서 법을 설해 중생을 제도하고

---

405 붓다가 대자비의 물을 보살의 정수리에 부어 불과佛果를 증득證得하게 하는 의식.

406 미혹과 깨달음 양계의 경지를 다시 열 가지로 해석하는 세계관. 불계佛界·보살계 菩薩界·연각계緣覺界·성문계聲聞界 이상은 깨달음의 세계, 천상계天上界·인간계 人間界·수라계修羅界·축생계畜生界·아귀계餓鬼界·지옥계地獄界 이상은 미혹의 세계 등이다. 천상계 이하의 여섯 세계는 미망의 경계로서 범부凡夫의 세계이므

불토佛土를 장엄하고 온갖 부처를 받들어 섬기며 대불사大佛事를 짓는
다. 소위 의생신을 얻는 것이다. 여기에서 '팔지八地에서 얻는다'고
말한 것은 저 항포行布⁴⁰⁷의 단절과 증득을 잡음이니, 말하자면 팔지에
서 구생아집俱生我執⁴⁰⁸을 단절하고 나서 평등의 진여眞如를 증득하고,
삼매의 즐거움을 집착하다 능히 삼매의 즐거움을 버리고서 중생 제도
의 염원을 발하기 때문에 능히 십계의 몸을 나타내서 법을 설해 중생을
제도하고 뜻대로 자재(如意自在)함을 의생신이라 하는 것이다. 이
때문에 구지에서 바야흐로 얻는데, 이는 돈기頓機를 잡은 것이다.
그러나 능히 일념一念으로 무생無生을 단박에 증명해서 심心, 의意,
의식意識의 경계를 여읨은 범부의 지위로부터 즉각 부처 경계에 들어가
는 것이니, 이 대응하는 지위(對位)는 바로 팔지에 해당할 뿐이지
점차로 단절하고 점차로 증득해 차례에 의거해 이르는 것을 말하는
것은 아니다. 그러므로 아래 경문에선 "초지初地가 곧 팔지이니, 있는
바가 없는데(無所有) 무슨 차례란 말인가?"라고 말한 것이다. 소위
'온갖 법의 올바른 성품(正性)을 얻는다'는 하나의 지地로부터 하나의
지地에 이르는 것이 아니니, 이는 단지 전체적인 모습(通相)을 잡아서
말한 것일 뿐이다. 소위 일심을 단박에 깨닫고 불지佛地를 단박에
증득하는 것이다. 비록 온갖 지地를 말하지만, 지위를 빌려 깨달음을

로 이를 육범六凡이라고 하고, 성문계 이상의 네 세계는 증오證悟의 세계, 즉
성자의 세계이므로 이를 사성四聖이라고도 한다.
407 화엄종에서 수행하는 지위로 10주, 10행, 10회향, 10지 등을 밟아 나가 마지막
불지佛地까지 이르는 것을 항포문行布門이라 한다.
408 선천적으로 타고난 자아에 대한 집착.

제시하는 것에 깊고 얕음이 있는 것은 실제로 있는 계급과 차제次第가 아니다. 고덕古德은 "성제聖諦 또한 추구하지 않으니, 어떤 계급이 있단 말인가?"라고 말했다.

○②-1-1-(2) 다음으로 타파된 미혹을 제시했는데 두 가지가 있다. △처음에 연생緣生의 성품 없음을 밝혀서 의타기依他起[409]를 타파한다.

이때 대혜보살마하살이 다시 세존에게 청하였다.
"오직 바라노니, 일체 모든 법의 연緣과 인因의 상相을 설해 주소서. 연緣과 인因의 상相을 깨닫기 때문에 나와 여러 보살들은 일체의 성품이 있다거나 없다는 망견妄見을 여읠 것이고 점차로 함께 생겨난다고 망상으로 보는 일도 없을 것입니다."

爾時大慧菩薩摩訶薩復請世尊. 惟願爲說一切諸法緣因之相. 以覺緣因相故. 我及諸菩薩離一切性有無妄見. 無妄想見漸次俱生.

관기 여기서는 발자취를 좇아서 질문하니, 미혹과 깨달음의 인의因依를 밝힘으로써 앞서 말한 수행자의 대방편을 자세히 해석한 것이다. 그러나 수행의 요체는 오직 의타기성과 변계소집성은 본래 없고 원성실성圓成實性만이 있을 뿐임을 요달하는 것이다. 그러므로

---

409 산스크리트어 paratantra-svabhāva. 삼성三性의 하나인 의타기성依他起性을 말한다. 온갖 분별을 잇달아 일으키는 인식 작용. 삼성은 변계소집성遍計所執性·의타기성依他起性·원성실성圓成實性을 말한다.

여기서는 먼저 연생緣生이 성품 없음을 밝힘으로써 의타기성을 타파한 것이다. 외도는 온갖 법이 여래장에 의거해 생기거나 멸하거나 하는 것을 통달하지 못함을 말미암아서 바로 일체중생과 세계가 나로부터 유출되었다고 허망하게 계교하여 그걸 단박에 생겼다(頓生)고 말하고, 명초冥初에서 각覺이 생겨나고 각覺으로부터 나(我)와 마음 등 25명제 冥諦가 생겨난다고 허망하게 계교해서 이를 일러 점차 생겨남(漸生)이라 한다. 이 있음(有)과 없음(無)의 두 견해가 모두 의타기依他起임을 말미암는 것이기 때문에 세존께서는 종전에 일단 온갖 법이 인연으로부터 생겨난다고 설하고, 연생緣生은 성품이 없기 때문에 무생無生을 설해서 저 허망한 계교를 타파한 것이다. 대혜가 비록 그 종지를 깨우쳐서 실제로 인연의 상相이 있다고 말하려 했지만, 그러나 인연의 상相이 어떠한지는 알지 못했다. 생각건대 만약 인연의 상相을 분명히 요달했다고 말한다면 온갖 법에 대해 있음(有)과 없음(無)의 두 견해를 일으키지 않고 아울러 단박에 생겨남(頓生)과 점차로 생겨남(漸生)에도 집착하지 않는다. 이 때문에 이 질문을 한 것이고 아래에서는 답한 뜻이니, 먼저 인연의 상相을 제시하고 나중에 인연 역시 없음을 제시하였다.

　문: 앞서 이理와 행行의 인과가 이미 두루하고 참과 거짓(眞妄)의 변론도 이미 투철함을 드러냈는데, 어찌하여 다시 인연에 대해 의심을 일으키는 것인가?

　답: 진실로 까닭이 있다. 이 경전은 돈교頓教의 대승으로 일심一心을 종지로 삼으며, 의심을 끊고 집착을 타파하고 삿됨을 꺾고 올바름을 드러냄을 작용(用)으로 삼으니, 일심을 직관直觀하고 근본번뇌를 단박

에 끊고 무생無生을 단박에 증명해서 불지佛地에 즉각 등극하기 때문이다. 그러나 근본번뇌에는 여섯 가지가 있으니, 말하자면 탐욕, 성냄, 어리석음, 오만, 의심, 삿된 견해이다. 하지만 탐욕, 성냄, 어리석음은 본래 여래의 세 가지 덕의 비장祕藏으로 일체중생이 본래 갖춘 불성佛性이라서 유정有情은 다 갖추고 있다. 다만 오만, 의심, 삿된 견해는 이승과 외도가 많이 차지하고 있으니, 정법正法을 의심해 비방하고 삿된 견해를 멋대로 낳고, 얻지 못한 것을 얻었다고 하고 증득하지 못한 것을 증득했다고 하기 때문에 정법과 서로 대립되고 정각正覺을 위배한다. 따라서 '가장 집착을 견고히 하고 교화를 방해하는 자'이다. 세존께서는 40년 이래로 다방면으로 배척받았다. 하지만 여기에 이르러선 근기根機가 이미 성숙했기 때문에 의심의 뿌리를 단박에 뽑아내고 삿된 견해를 능력으로 꺾어서 그들로 하여금 올바른 믿음을 한번 발휘하게 하면 즉각 무생無生을 단박에 증득하게 할 수 있으니, 소위 의심의 바다가 영원히 이미 다해서 실다운 지혜(實智) 속에 안락하게 머문다는 것이다. 그러므로 이 경전은 오로지 한결같이 의심을 끊고 삿됨을 타파함으로써 자각성지를 드러내는 것이다. 그러므로 이미 구경究竟의 가르침을 받았는데도 다시 자취를 밟으며 거듭거듭 의심을 품고 논란을 이루는 것은 단지 수행인(行人)으로 하여금 털끝만한 의심도 다 정화하게 하여 바야흐로 능히 자심自心을 확고히 믿음으로써 다시는 밖을 향해 치구馳求하지 않게 할 뿐이다. 그러므로 앞서 말한 여러 조사祖師들은 바로 자심을 확고히 믿어서 의심 없는 경지에 도달한 자이니, 이 밖에 따로 방편이 있는 것은 아니다. 이후 마지막 편篇의 커다란 종지까지도 대체로 여기에서 벗어나지 않는다.

부처님께서 대혜에게 고하셨다.

"일체법의 두 가지 연상緣相은 밖(外)과 안(內)을 말한다. 외연外緣이란 말하자면 진흙덩이, 기둥, 바퀴, 끈, 물, 나무, 인공人工과 같은 온갖 방편의 연緣으로 병이 생기는 것이니, 마치 진흙 병과 같다. 실과 무명, 짚과 돗자리, 씨앗과 싹, 소酥와 낙酪 등 방편의 연생緣生도 역시 마찬가지니, 이를 이름하여 외연이 앞뒤로 전변하여 생기는 것이라 한다.

佛告大慧. 一切法二種緣相. 謂外及內. 外緣者. 謂泥團柱輪繩水木人工. 諸方便緣有瓶生. 如泥瓶. 縷氎草蓆種芽酥酪等方便緣生. 亦復如是. 是名外緣前後轉生.

관기 여기서는 외연의 상相을 제시하고 있다. 직접적으로(親) 능히 생기生起함은 인因이 되고, 간접적으로(疏) 능히 조기助起함은 연緣이 된다. '일체 모든 법은 연緣으로부터 생겨나지 않음이 없다'는 마치 진흙덩이가 인因이 되고 기둥, 바퀴, 끈, 물, 나무, 인공人工은 연緣이 되어서 병을 이룸은 과果가 된 것과 같다. 만약 실, 짚, 씨앗, 소酥가 인因이 되게 되면 무명, 돗자리, 씨앗, 낙酪은 과果가 되니, 종류(類)에 따라 모든 법은 다 그렇다. 연생緣生의 법은 반드시 인因이 먼저이고 과果는 나중에 펼쳐져 구르면서(展轉) 생겨나기 때문에 '앞뒤로 전변하여 생긴다'고 한 것이다. 안밖(內外)에서 안(內)은 곧 근신根身이고, 밖(外)은 곧 기계器界이다.

무엇이 내연內緣인가? 말하자면 무명無明, 애愛, 업業 등의 법으로 연緣의 명칭을 얻는다. 그것들로부터 음陰, 계界, 입入의 법이 생겨나서 연緣이 일으킨 명칭을 얻으며, 그것들은 차별이 없지만 어리석은 범부는 망상妄想을 하니, 이를 이름하여 내연법內緣法이라 한다.

云何內緣. 謂無明愛業等法. 得緣名. 從彼生陰界入法. 得緣所起名. 彼無差別. 而愚夫妄想. 是名內緣法

관기 여기서는 내연內緣의 상相을 제시하고 있다. 말하자면 무명으로부터 애愛, 업業 등의 12인연은 연緣의 명칭을 건립한 것이고, 연緣으로부터 음陰, 계界, 입入의 법이 생겨나서 연緣이 일으킨 명칭을 얻는다. 비록 삼세三世의 인과는 끝내 차별이 없더라도, 그러나 이는 어리석은 범부의 망상과 분별로 보는 것일 뿐이다. 이것이 바로 연생緣生은 성품이 없다는 뜻을 제시한 것이다.

대혜야, 저 인因에 여섯 가지가 있다. 말하자면 당유인當有因, 상속인相續因, 상인相因, 작인作因, 현시인顯示因, 대인待因이다. 당유인當有因이란 인因을 짓고 나면 안팎內外의 법이 생기는 것이다.

大慧. 彼因者有六種. 謂當有因. 相續因. 相因. 作因. 顯示因. 待因. 當有因者. 作因己. 內外法生.

여기서는 인因의 상相을 제시하고 있다. 인因은 곧 연緣이니, 마음과 경계가 상호 연기緣起하기 때문이다. 다만 생기生起의 뜻을 잡아서 인因을 삼고 조기助起의 뜻을 잡아서 연緣을 삼을 뿐이다. 당역에서는 이렇게 말했다.

"말하자면 안팎의 법이 인因을 지어 과果를 낳는 것이다."

일념이 일어나는 곳이 곧 생사의 인因을 짓는 것이라서 반드시 미래(當來)의 과果가 있기 때문에 당유인當有因이 된다. 지음(作)은 곧 생기生起이니, 이는 인연의 뜻에 해당한다. 만약 생겨남이 본래 무생無生임을 요달한다면 가없는 생사가 단박에 끊어진다.

상속인相續因이란 반연攀緣을 짓고 나서 안팎의 법이 음陰의 종자種子 등을 낳는 것이다.

相續因者. 作攀緣已. 內外法生陰種子等.

 이것은 소연연所緣緣[410]의 뜻에 해당한다. 당역에서는 이렇게 말했다.

---

410 사연四緣의 하나. ①육식六識의 대상이 되는 육경六境을 말한다. ②바깥 대상을 인식 주관으로 끌어들여 인식이 이루어지도록 하는 인식 주관의 지향 작용. 사연은 소연연을 제외하고 다음과 같다. (1) 인연因緣: 육식이 의존하고 있는 육근六根을 말한다. (2) 등무간연等無間緣: 육식에 의해 식별된 전후 두 현상이 동등하게 끊임없이 생멸하는 관계에서 전 현상을 말한다. (4) 증상연增上緣: 육근과 육경, 곧 십이처十二處를 말한다.

"말하자면 안팎의 법이 소연所緣을 지어서 과온果蘊의 종자 등을 낳는 것이다."

소위 근根이든 경계(境)이든 통틀어 소연所緣이 되어 미움, 애착, 취함, 집착을 일으켜서 능히 후생(後有)의 생사를 이루는 일이 끊임이 없기 때문에 '상속인相續因'이라 한다.

상인相因이란 간단없는 상相을 지어서 상속해 생기는 것이다.

相因者. 作無間相相續生.

이것은 등무간연等無間緣의 뜻에 해당한다. 당역에서는 이렇게 말한다.

"간단없는 상相을 지어서 상속의 과果를 낳는다."

망상이 끊임없어서 인과가 상속하기 때문에 이름하여 간단없음(無間)이라 한다.

작인作因이란 증상增上의 일(事)을 짓는 것이니, 마치 전륜왕轉輪王⁴¹¹과 같다.

作因者. 作增上事. 如轉輪王.

---

411 인도신화에서 통치의 수레바퀴를 굴려 정의·정법正法으로써 세계를 통일·지배하는 이상적인 제왕. 전륜성왕 또는 윤왕이라고도 약칭한다.

관기 이것은 증상연增上緣의 뜻에 해당한다. 당역에서는 이렇게 말했다.

"말하자면 증상增上의 일(事)을 지어서 과果를 낳는 것이다."

소위 단일한 경계(單境)는 능히 과果를 낳을 수 없어서 반드시 마음을 빌려 증상增上으로 삼으니, 마음이 경계의 증상연이기 때문이다. '마치 전륜왕과 같다'는 수용受用의 경계에서 변하고 나타남(變現)이 자재한 것이다.

현시인顯示因이란 망상의 일이 생기고 나서 상相이 나타나는 것이니, 짓고(作) 짓는 바(所作)가 마치 등불이 색色 등을 비추는 것과 같다.

顯示因者. 妄想事生已相現. 作所作. 如燈照色等.

관기 이것은 분별연分別緣의 뜻에 해당한다. 위역에서는 '요인了因'이라 했고, 당역에서는 '현료인顯了因'이라 했다. 말하자면 분별의 생겨남은 능히 경계의 상相을 나타낼 수 있으니 마치 등불이 사물을 비추는 것과 같다. 소위 경계의 연緣은 좋고 추함이 없고 좋고 추함은 마음에서 일어나니, 만약 일심一心이 생겨나지 않으면 만법이 함께 적멸하기 때문에 일체법은 단지 분별을 인因으로 삼는다. 능엄楞嚴의 팔환八還[412] 중 분별연分別緣이 바로 이 뜻이다. 이상 네 가지

---

412 『능엄경』에서 부처님이 아난에게 '보는 성품(見性)'을 설명하면서 현상계의 변화를 여덟 가지로 말하고 있다. 즉 밝음, 어둠, 통함, 막힘, 연緣, 완고한 허공, 흐림, 맑음의 여덟 가지로 분류하고 그 근원을 추적해서 해와 그믐밤, 문과

인因은 마음과 경계가 합하고 회통해서 업을 지어 성취하니, 이에 이르면 분별이 완벽히 드러나고 인과가 역연歷然하기 때문에 '요인了因'이라 말하는 것이다.

대인待因이란 소멸할 때 상속을 짓는 일도 끊어져서 망상의 성품이 생기지 않는 것이다.

待因者. 滅時. 作相續斷. 不妄想性生.

이것은 상념 없는 단멸(無想斷滅)의 인因이다. 말하자면 무상
外道無想外道는 심려心慮가 망상이 소멸한 곳에서 재처럼 응결해서 마침내 상속을 짓는 일이 이미 끊어졌는데도 망상이 없다는 견해를 내고, 이를 인因으로 삼아 무상無想의 과보에 감응한다. 소멸을 대대待對함을 인因으로 삼기 때문에 '대인待因'이라 말했는데, 논論 속에선 이것이 없다. 그리하여 이 경전은 바로 삿됨을 올바로 꺾는 데 있기 때문에 이 인因을 특별히 내놓은 것이다.

그러나 이 여섯 가지 인因은 참(眞)과 거짓(妄)을 모두 갖추고, 성스러움과 범속함을 일제히 품부稟賦 받았으니, 법계의 종지(所宗)가 연기를 여의지 않기 때문이다. 진실로 연기를 통달하지 못함을 말미암아 온갖 법이 실제로 자성이 있다고 허망하게 집착하기 때문에 치우침과 삿됨을 이루어서 단지 망상이라고 이름하는 것이다. 만약 연생緣生

벽, 분별과 공空, 티끌(塵)과 맑게 개임에 귀결시키면서 이런 것들을 보는 봄(見)의 정명精明한 성품은 어디에 귀결되는지 묻고 있다.

이 성품 없음을 요달하면, 법은 본래 무생無生이고 참(眞)과 거짓(妄)이
다 공空해서 성스러움과 범속함이 일제히 소멸하니 이것이 바로 자각성
지이다. 그리고 이 인연의 온갖 법은 다 생멸에 속하는데, 그 의도가
본래 생겨나지 않는 뜻은 인연에 속하지 않음을 드러내는 데 있기
때문에 아래에서 '점차(漸)와 단박(頓) 둘 다 아니다'라고 해서 참(眞)은
무생無生이란 뜻을 제시하였다.

대혜야, 저 스스로의 망상의 상相이 어리석은 범부이니, 점차로 생김도
아니고 함께 생김도 아니다.

大慧. 彼自妄想相. 愚夫. 不漸次生. 不俱生.

 여기서는 본래 생겨나지 않음을 밝히고 있다. 당역에서는
이렇게 말했다.
"이것은 어리석은 범부가 스스로 분별한 것이니, 점차로 생김도
아니고 또한 단박에 생김도 아니다."

왜 그런가? 만약 함께 생긴다고 하면, 지음(作)과 지은 바(所作)는
분별이 없을 것이니 인因의 상相을 얻지 못하기 때문이다. 만약 점차로
생김이라면 나(我)[413]의 상相을 얻지 못하기 때문에 점차로 생겨남은
생기지 않음(不生)이다. 마치 자식이 생기지 않으면 아버지의 이름이

___

413 나(我)는 과果의 오기로 보인다. 당역에서는 체體라고 했다.

없는 것과 같다.

所以者何. 若復俱生者. 作所作無分別. 不得因相故. 若漸次生者. 不得相我故. 漸次生. 不生. 如不生子. 無父名.

관기 여기서는 무생無生의 뜻을 따져서 해석하고 있다. 말하자면 온갖 법은 일시에 단박 생겨나지도 않고 또한 점차 생겨나지도 않는다. 만약 단박에 생겨난다면 능能과 소所, 앞(先)과 뒤(後)를 구분할 수 없어서 인과의 상相이 없고, 만약 점차 생겨난다면 과果의 상相을 얻지 못하는데 어찌 인因에서 생겨남을 말하겠는가? 가령 자식을 두지 않았는데 어떻게 아버지란 이름이 있겠는가? 그러므로 위역에서는 이렇게 말했다.

"만약 일체법이 일시에 생겨난다면 인과는 차별할 수가 없으니, 이는 인과의 신상身相을 보지 못하기 때문이다. 만약 차례로 생겨난다면 아직 신상을 얻지 못해서 차례로 생겨난다고 말할 수 없다. 가령 자식을 두지 않았는데 어찌 아버지란 이름이 있겠는가?" '신상'은 단순히 과果의 상相을 얻지 못함을 말한 것이지 인因을 말한 것은 아니다.

대혜야, 점차로 생겨남은 방편을 상속하는 것이라고 하지만 그렇지 않다. 단지 망상일 뿐이니, 반연攀緣, 차제연次第緣, 증상연增上緣 등을 인하여 생기고 생기는 바(所生)이기 때문이다. 대혜야, 점차로 생겨남은 생겨남이 아니니, 망상자성妄想自性이 계교하고 집착하는 상相이기 때문이다.

大慧. 漸次生. 相續方便. 不然. 但妄想耳. 因攀緣次第增上緣等生所
生故. 大慧. 漸次生. 不生. 妄想自性計著相故.

관기 여기서는 법이 본래 연緣을 여의었고 단지 인연의 상相을
허망하게 계교할 뿐임을 밝히고 있다. 말하자면 온갖 법의
당체當는 적멸해서 본래 스스로 무생無生이다. 만약 인연을 인因해서
온갖 법이 생겨난다고 말하는 것은 모두 망상의 분별일 뿐이다. 그러므
로 위역에서는 이렇게 말했다.

"어리석은 범부는 스스로의 마음으로 차제次第의 상속을 관찰해
상응하지 못하기 때문에 '인연因緣, 차제연次第緣[414], 연연緣緣[415], 증상
연增上緣[416] 등은 능히 온갖 법을 낳는다'고 한다. 대혜야, 이와 같은
차례로 온갖 법은 생겨나지 않는데도 허망한 분별로 법의 체體와
상相을 취한다."

당역에서는 이렇게 말한다.

"온갖 계교하고 헤아리는 사람은 인연因緣, 소연연所緣緣, 무간연無
間緣, 증상연增上緣 등이 소생所生과 능생能生으로 상호 매여 있으면서
차례로 생겨난다고 말하는데, 이는 이理가 이루어지지 않으니 모두

---

414 심작용心作用과 심작용이 찰나 간에 생멸하면서 이어지는 것(念念相續)을 차제연
次第緣이라고 한다.

415 소연연所緣緣을 말한다. 사연四緣의 하나. ① 육식六識의 대상이 되는 육경六境을
말한다. ② 바깥 대상을 인식 주관으로 끌어들여 인식이 이루어지도록 하는
인식 주관의 지향 작용.

416 사연四緣의 하나. ① 육근六根과 육경六境,, 곧 십이처十二處를 말한다. ② 인식
주관에 들어온 대상을 분석하고 분별하는 인식 주관의 지향 작용.

허망한 정情으로 상相을 집착하기 때문이다."

'반연攀緣 등을 인한다'고 말한 것에서 소위 직접 능히 생기生起하는 것은 인연이라 말하고, 마음이 외적인 색色 등의 티끌(塵)을 취하면 반연攀緣이라 하니 곧 소연연所緣緣이고, 안팎의 법이 다시 서로 전생轉生하여 상속相續이 간단없는 걸 차제연次第緣이라 하니 곧 등무간연等無間緣이다. 마음은 경계의 증상연增上緣이니 식론識論에서 자세히 밝혔다. 다만 명칭은 동일하나 뜻은 별개이다. 여기서는 연생緣生의 온갖 법을 밝혔지만, 저 식론에서는 연緣의 상相을 갖추었을 뿐이다.

점차漸次로 함께할 뿐 생김이 아니니, 자심自心이 수용受用을 나타내기 때문이다. 자상自相과 공상共相, 외부 경계의 성품과 성품 아님은, 대혜야, 점차로 함께할 뿐 생김은 아니니, 자심의 나타남을 제외하면 망상을 깨닫지 못하기 때문에 상相이 생기는 것이다. 그러므로 인연으로 짓는 일(因緣作事)은 방편의 상相이니, 반드시 점차로 함께한다는 견해를 여의어야 한다."

漸次俱. 不生. 自心現受用故. 自相共相. 外性非性. 大慧. 漸次俱. 不生. 除自心現. 不覺妄想. 故相生. 是故因緣作事方便相. 當離漸次俱見.

관기 여기서는 법이 본래 무생無生이라서 인연의 견해를 지을 수 없음을 결론으로 제시하고 있다. 어찌하여 온갖 법은 단박(頓)과 점차(漸)가 생기지 않는 것인가? 일체법은 오직 마음의 나타남일 뿐이기 때문이다. 이미 오직 마음의 나타남일 뿐이라면 마음 외에는 법이 없으니, '생길 수 없음'은 자상과 공상이 모두 자성이 없기 때문이며, 이미 자성이 없다면 누가 생기는 자(生者)가 되겠는가? 그러므로 모두가 생기지 않는다(不生). 다만 허망한 식식의 분별로만 생겨남이 있다고 하지만 실제로는 생겨남이 없는 것이다. 당역에서는 이렇게 말했다.

"점차漸次와 단박(頓)은 모두 다 생겨나지 않으니, 단지 자심이 몸과 자량資糧 등을 나타낼 뿐이기 때문이다. 외부 경계의 자상과 공상은 모두 성품이 없기 때문에 오직 식식識으로만 스스로의 분별하는 견해를 일으킬 뿐이다. 대혜야, 그러므로 응당 인연이 지은 것은 여의어야 하고 화합상和合相 중에 단박(頓)과 점차(漸)가 생겨나는 견해는 여의어야 한다."

이때 세존께서는 이 뜻을 거듭 선포하고자 게송을 설하셨다.

爾時世尊欲重宣此義而說偈言.

일체가 도무지 무생無生이라서
또한 인연의 소멸함도 없지만,
저 생멸하는 가운데서
인연의 상想을 일으킨다.

소멸했다가 다시 생겨나면서

상속의 인연이 일어남을 부정하는 것은 아니니
오직 우둔한 범부의 어리석은 미혹과
망상의 연緣을 끊어주기 위함이다.

있음(有)과 없음(無)의 연기법은
모두 다 생겨남이 있지(有生) 않으며,
습기習氣는 미혹이 전변轉變한 것이니
이로부터 삼유三有가 나타난다.

一切都無生. 亦無因緣滅. 於彼生滅中. 而起因緣想. 非遮滅復生.
相續因緣起. 唯爲斷凡愚. 癡惑妄想緣. 有無緣起法. 是悉無有生.
習氣所迷轉. 從是三有現.

관기 여기서는 법은 생멸이 없어서 본래 스스로 연緣을 여읨을
읊고 있다. 처음의 1게송은 말하자면 일체법이 본래 생멸이
없지만, 다만 어리석은 범부가 무생無生 중에서 허망하게 생멸을 보아
인연의 상想을 일으킨 것이다. 다음 1.5게송은 논란을 방지한 것이다.
논란에서는 이렇게 말하고 있다.

"어리석은 범부가 온갖 법이 소멸했다가 다시 생겨남을 허망하게
집착하는 걸 인因하기 때문에 세존께서는 인연의 상相을 설해서 그
견해를 차단해버렸는데, 지금은 어찌하여 인연 또한 없다고 말하는
가?"

그러므로 게송에서는 이렇게 말했다.

"'그것이 소멸했다가 다시 생겨남을 부정하지 않았으므로' 인연을 설한 것이다. 다만 인연의 명자名字를 빌려서 저 어리석은 범부의 망상을 타파했을 뿐이고, 또한 인연의 상相이 실제로 있지 않음은 저 생겨나는 법이 되는 것이다. 하물며 일체 있음(有)과 없음(無)의 연기법이 다 무생無生이거늘 어찌 인연의 상相이 있겠는가? 마지막 0.5게송은 또 논란을 통튼 것이다. 논란해 말한다.

'이미 인연이 없다면, 지금 이 삼계는 무엇으로부터 일어났는가?'

답하여 말한다.

'단지 중생의 습기習氣로부터 미혹되어 전변한 것이라서 스스로 삼계의 상相을 허망하게 보았을 뿐이다.'"

그러므로 '습기로 미혹되어 전변한 것이니, 이로부터 삼유三有가 나타난다'고 말한 것이다.

진실은 생겨나는 연(生緣)이 없으며
또한 다시 소멸도 있지 않으니
일체의 유위有爲를 관찰하면
마치 허공 꽃과 같다.

섭수攝受 및 섭수되는 것(所攝)에서
미혹과 혼란의 견해를 버려서 여의라.
이미 생긴 것도 아니고 생길 것(當生)도 아니며
또한 다시 인연도 없다.
일체는 무소유(無所有: 있는 바가 없음)이니

이런 것은 모두 언설이로다.

眞實無生緣. 亦復無有滅. 觀一切有爲. 猶如虛空華. 攝受及所攝.
捨離惑亂見. 非已生當生. 亦復無因緣. 一切無所有. 斯皆是言說.

관기 여기서는 실다운 뜻을 올바로 나타냄을 읊고 있다. 말하자면
일체 생멸의 인연인 유위의 온갖 법은 다 허망의 견해에 속하는
것일 뿐 진실은 본래 생멸이 없다. 다만 일체의 유위법이 허공 꽃(空中
華)과 같음을 보아서 능취能取와 소취所取의 일체 허망한 견해를 멀리
여읜다면, 온갖 법이 본래 이미 생긴 것도 생길 것도 아님을 단박에
봄으로써 저 일체 인연화합因緣和合의 상相이 모두 언설일 뿐 실다운
법이 아니다. 비로소 어리석은 범부가 허망하게 다른 원인(異因)을
집착해 능히 온갖 법을 낳음을 인因해서 있음(有)과 없음(無), 단멸(斷)
과 항상(常)의 두 견해를 일으키기 때문에 세존께서는 먼저 인연으로
생겨나는 법을 제시하여 저 무인無因을 타파함으로써 온갖 법의 연생緣
生이 성품 없음을 관관觀하여 무생無生을 완벽히 깨닫도록 했다. 지금
무생의 이치(理)가 이미 밝아지고 진실의 뜻이 이미 드러났기 때문에
여기서는 특별히 본래 생멸이 없음을 제시했을 뿐 인연을 빌리지
않았으니, 단지 언설이 있을 뿐 도무지 실다운 뜻이 없기 때문이다.
그렇다면 일심의 참 근원(眞源)을 곧바로 가리켜 구경究竟의 제일의제
第一義諦를 드러냄으로써 명자名字의 상相을 여의고 심연心緣의 상相을
여의고 언설의 상相을 여의었으니, 관관觀하는 자는 응당 알아야 한다.

○이상 연생緣生의 성품 없음으로 의타기依他起를 타파함을 밝혔다.
△아래에선 망상의 성품 없음으로 변계소집偏計所執[417]을 타파함을 밝혔다.

이때 대혜보살마하살이 다시 부처님께 여쭈었다.
"세존이여, 오로지 바라노니, 언설망상상言說妄想相의 심경心經을 설
해 주소서. 세존이여, 나와 나머지 보살마하살이 만약 언설망상상의
심경(위역과 당역에서는 모두 심경을 심법문心法門으로 하였다)을 잘 알면
능히 언설과 소설所說의 두 가지 뜻을 통달해 신속히 아뇩다라삼먁삼
보리를 얻고, 언설과 소설所說의 두 가지 취향(趣)으로써 일체중생을
정화합니다."

爾時大慧菩薩摩訶薩復白佛言. 世尊. 惟願爲說言說妄想相心經. 世
尊. 我及餘菩薩摩訶薩. 若善知言說妄想相心經. (二譯皆心法門) 則
能通達言說所說二種義. 疾得阿耨多羅三藐三菩提. 以言說所說二
種趣. 淨一切衆生.

관기　여기서는 역시 자취를 좇아 의문을 품고 있으니, 망상의 성품
없음을 밝힘으로써 변계소집(偏計執)을 타파하고 있다. 첫
권 말미에서 "반드시 뜻(義)에 의거해야지 언설에 집착하지 말라"고
했으니, 생각건대 언설은 망상의 상相이다. 그런데 소설(所說: 설한

417 변계소집성을 말한다. 산스크리트어 parikalpita-svabhāva. 삼성三性의 하나.
　온갖 분별로써 마음속으로 지어낸 허구적인 대상. 온갖 분별로 채색된 허구적인
　차별상.

내용)은 능히 제일의第一義를 나타내고, 이미 능히 제일의를 나타냈다면 어찌하여 이름이 망상인가? 그래서 여기서는 언설 망상의 상相 및 소설所說의 제일의를 청하여 물은 것이니, 만약 이 두 가지 뜻을 능히 통달하면 변계소집을 멀리 여의어서 또한 이 법문으로 중생을 정화해 다스릴 수 있다.

부처님께서 대혜에게 고하셨다.

"자세히 듣고 자세히 들어서 잘 사유思惟하라. 그대를 위하여 설하겠노라."

대혜가 부처님께 여쭈었다.

"훌륭하십니다, 세존이여. 가르침을 잘 받들겠습니다."

부처님께서 대혜에게 고하셨다.

"네 가지 언설 망상言說妄想의 상相이 있다. 말하자면 상相 언설, 몽夢 언설, 과거 망상을 계교하고 집착하는 언설, 비롯 없는(無始) 망상의 언설이다. 상相 언설이란 스스로의 망상으로부터 색상色相을 계교하고 집착해서 생긴 것이다. 몽夢 언설이란 먼저 거친 경계가 기억(憶念)에 따라 생긴 것인데, 깨고 나면 경계는 성품 없이 생긴 것이다.(당역에서는 "말하자면 꿈은 먼저 거친 경계인데, 깨고 나면 기억[憶念]은 실답지 않은 경계에 의거해 생긴 것"이라 하였다) 과거의 망상을 계교하고 집착하는 언설이란 과거에 원한으로 지은 업이 기억(憶念)에 따라 생긴 것이다.(당역에서는 "말하자면 원수를 기억함이 과거에 지은 업으로 생긴 것이다"라고 하였다) 과거(過)는 바로 과거의 악惡이다. 비롯 없는(無始) 망상의 언설이란 비롯 없는 허위虛僞로 계교하고 집착하는 허물로서 스스로

심은 습기習氣에서 생긴 것이다.(당역에서는 "비롯 없는 희론戲論이 허망하
게 집착하는 습기에서 생긴 것"이라 하였다) 이를 이름하여 네 가지 언설의
망상의 상相이라 한다."

佛告大慧. 諦聽諦聽. 善思念之. 當爲汝說. 大慧白佛言. 善哉世尊.
唯然受敎. 佛告大慧. 有四種言說妄想相. 謂相言說. 夢言說. 過妄想
計著言說. 無始妄想言說. 相說言者. 從自妄想色相計著生. 夢言說
者. 先所經境界隨憶念生. 從覺已. 境界無性生. (唐譯云. 謂夢先所經
境界. 覺已憶念. 依不實境生) 過妄想計著言說者. 先怨所作業. 隨憶念
生. (唐譯云. 謂憶念怨讐先所作業生. 過卽過惡) 無始妄想言說者. 無始
虛僞計著過. 自種習氣生. (唐譯云. 以無始戲論妄執習氣生) 是名四種
言說妄想相.

여기서는 언설 망상의 상相을 제시하고 있다. 말하자면 남자와
여자, 신분, 용모, 좋음과 추함 및 일체의 자생資生[418], 기물器
物, 아름다움과 나쁨 등의 상相을 허망하게 보는 것이니, 분별을 허망하
게 일으켜서 언설이 있는 것을 이름하여 상相 언설이라 한다. 꿈은
과거에 거친 경계인데, 깨고 나서 기억(憶念)으로 길흉吉凶과 아름다움
과 악함 등을 허망하게 계교하고 분별하는 것을 이름하여 몽夢 언설이
라 한다. 자신과 타자(自他), 원통함과 친숙함, 사랑과 미움 등 먼저
지은 업을 기억하고 떠올려서(憶想) 허망하게 분별을 일으켜 언설이

---

[418] ①생계를 유지하는 데 도움이 되는 물건. 생활필수품. 생활도구. ②생활. 살아서
활동함. 생계를 유지하며 살아감.

있는 것을 이름하여 과거의 망상을 계교하고 집착하는 언설이라 한다. 비롯 없는 때로부터 팔식八識에 함장된 자류自類의 희론戱論과 종자의 습기가 맹렬하게 고동치며 발하기 때문에 분별을 일으키는 것을 이름하여 비롯 없는 망상의 언설이라고 한다. 일체의 언설은 이 네 가지를 벗어나지 못하니, 망상이 언설의 인因이 되기 때문이다. 이 네 가지를 여의고는 언설이 없으니, 언설 없는 곳이 바로 제일의제第一義諦이지 언설이 제일의제를 능히 나타내는 건 아니다.

이때 대혜보살마하살은 다시 이 뜻으로 세존에게 권유해 청하였다. "오로지 바라노니, 언설의 망상이 나타내는 경계를 다시 설해 주소서. 세존이시여, 어느 곳, 어떤 까닭, 어떻게, 어떤 인因으로 중생은 망상의 언설을 낳습니까?"(위역에서는 "오로지 바라노니, 네 가지 허망하게 집착하는 언어의 상相을 저를 위해 거듭 설해 주소서. 중생의 언어는 어느 곳에서 나옵니까? 어떻게 나옵니까? 무슨 인因으로 나옵니까?"라고 했으며, 당역에서는 "원하노니, 언어 분별이 행하는 상相을 재차 설해 주소서"라고 하였다)

爾時大慧菩薩摩訶薩復以此義勸請世尊. 惟願更說言說妄想所現境界. 世尊. 何處. 何故. 云何. 何因. 衆生妄想言說生. (魏譯云. 惟願爲我重說四種虛妄執著言語之相. 衆生言語. 何處出. 云何出. 何因出. 唐譯云. 願更爲說言語分別所行之相)

부처님께서 대혜에게 고하셨다. "머리, 가슴, 목구멍, 코, 입술, 혀, 치아가 화합하여 음성을 낸다."(당역

에서는 "머리, 가슴, 목구멍, 코, 입술, 혀, 잇몸, 치아의 화합에 의거해 일어난다"고 하였다)

佛告大慧. 頭胸喉鼻唇舌斷齒和合出音聲. (唐譯云. 依頭胸喉鼻唇齗齒舌和合而起)

관기 여기서는 언어의 인연의 상相을 제시하고 있다. 말하자면 중생의 언어가 나온 곳은 앞서 말한 네 가지 망상이 인因이 된다. 여기서는 머리, 가슴 등 여덟 가지가 연緣이 되기 때문에 언설이 있는 것이다. 노자(老氏)는 이른바 '하늘과 땅 사이는 풀무와 같으니, 비어 있을수록 굽히지 않고, 움직일수록 더욱 나온다(天地之間 其猶橐籥乎. 虛而不屈. 動而愈出)'고 했다. 이것이 소위 망상의 연기緣氣로서 식識의 바람이 고동쳐 불면 까닭 없이도 나오는 것이니, 이 때문에 일컬을(謂) 게 없는 것이다. 이 언어의 상相을 관찰하면 음성의 체體가 공空해서 본래 있지(有) 않으니, 중생의 언어가 이와 같다. 부처의 언설에 이르면, 마치 천고天皷의 소리 같기 때문에 그 설법에 64가지 범음梵音[419]이 있어서 특별히 망상에 견줄 것은 아니다.

대혜가 부처님께 여쭈었다.
"세존이여, 언설과 망상은 다릅니까(異), 다르지 않습니까?"
부처님께서 대혜에게 고하셨다.

---

419 범자梵字의 음音. 또는 맑고 깨끗한 음성이란 뜻으로 불보살佛菩薩의 음성을 말한다.

"언설과 망상은 다르지도 않고 다르지 않은 것도 아니다. 왜 그런가? 말하자면 저 언설과 망상은 생겨나는 모습(生相)을 인因하기 때문이다. 대혜야, 만약 언설과 망상이 다르다고 하면 망상은 응당 인因이 아니어야 하고, 만약 다르지 않다고 하면 언어가 뜻을 드러내지 못하는데도 드러내 보임이 있으니, 이 때문에 다르지도 않고 다르지 않음도 아니다."

大慧白佛言. 世尊. 言說妄想. 爲異. 爲不異. 佛告大慧. 言說妄想. 非異. 非不異. 所以者何. 謂彼因生相故. 大慧. 若言說妄想異者. 妄想不應是因. 若不異者. 語不顯義. 而有顯示. 是故非異. 非不異.

관기 여기서는 언어와 망상 둘 다 성품이 공하다(性空)는 뜻을 제시하고 있다. 말하자면 망상과 언설이 만약 각기 자성自性이 있다면 결정코 다르다고 하겠지만, 만약 인생因生을 대대待對하지 않아서 나타내 보이는 바가 없다면 결정코 동일하지 않다. 이제 언어가 이미 망상을 인因해 생겨나므로 결정코 다른 것은 아니다. 언어는 단지 음성의 상相일 뿐이고 음성의 성질은 다만 문식文飾이 없으니, 마치 바람이 북소리나 피리 소리를 내지만 나타내 보이는(顯示) 바는 없는 것과 같다. 망상의 힘을 말미암아 울퉁불퉁 섞여 나와서 나타내 보이는 바가 있어도 능能과 소所가 역연歷然해서 결정코 동일한 것이 아니다. 이처럼 동일하지도 않고 다르지도 않아서 둘 모두 성품이 공하기(性空) 때문에 도무지 실다운 뜻이 없다.

대혜가 다시 부처님께 여쭈었다.

"세존이여, 언설이 바로 제일의第一義가 됩니까, 소설所說이 제일의입니까?"

부처님께서 대혜에게 고하셨다.

"언설은 제일의가 아니고 또한 소설所說도 제일의가 아니다. 왜 그런가? 말하자면 제일의의 성스러운 즐거움은 언설로 들어가는 바(所入)라서 제일의이지, 언설이 제일의는 아니기 때문이다.

大慧復白佛言. 世尊. 爲言說卽是第一義. 爲所說者是第一義. 佛告大慧. 非言說是第一義. 亦非所說是第一義. 所以者何. 謂第一義聖樂. 言說所入. 是第一義. 非言說是第一義.

관기 여기서는 제일의제第一義諦의 언설을 여읜 상相을 제시하고 있다. 대혜는 범부가 망상의 언설을 말미암아 이미 세속제世俗諦[420]를 능히 나타내 보였으므로 성인도 역시 언설로 제일의제를 나타내 보인다고 생각했다. 이제 망상과 언설이 이미 동일한 것도 아니고 다른 것도 아니라서 성언량聖言量[421]과 제일의가 다르기도 하고 다르지

---

420 산스크리트어 loka-saṃvṛti-satya. 제諦는 진리를 뜻한다. 분별과 차별로써 인식한 진리. 허망한 분별을 일으키는 인식 작용으로 알게 된 진리. 대상을 분별하여 언어로 표현한 진리. 세속의 일반적인 진리. 세속에서 상식적으로 알려져 있는 진리. 이에 반해 진제(眞諦, paramārtha-satya)는 가장 뛰어난 진리. 궁극적인 진리. 가장 깊고 묘한 진리를 말한다.

421 성자의 말에 근거한 인식. 또 비량比量은 '추론推論', '추정推定'이라는 뜻이며, 현량現量은 지각·직접적 인식이다.

않기도 함을 한결같이 알기 때문에 질문했다. '언설이 바로 제일의가
됩니까?'는 다르지 않은 것이며, '소설所說이 제일의입니까?'는 다르지
않은 것도 아니다. 부처님께서는 "다름과 다르지 않음 둘 모두 아니다"
라고 답하셨다.

당역에서는 이렇게 말했다.

"왜냐하면 제일의는 성스럽고 즐거운 곳이기 때문이다. 언설을 인因
해 들어가지만 바로 이 언설이 제일의는 아니다."

성스럽고 즐거운 곳이란 바로 온갖 부처의 자수용自受用 경계이니
심의식心意識을 여의어서 언설로 도달할 수 있는 곳이 아니다. 그런데
도 제일의를 언설하는 것은 마치 달을 표시하는 손가락과 같을 뿐이다.
가령 손가락은 단지 달을 표시할 수 있을 뿐 달에 도달할 수 없는
것과 같으니, 손가락을 인因해 달을 관觀하지 달은 손가락이 아니기
때문에 "언설로 들어가는 바(所入)라서 제일의이지 언설이 제일의는
아니다"라고 한 것이다.

제일의第一義란 성지聖智가 스스로 깨달아 얻는 것이지 언설의 망상이
깨닫는 경계가 아니다. 그러므로 언설의 망상은 제일의를 나타내
보이지 않는다.

第一義者. 聖智自覺所得. 非言說妄想覺境界. 是故言說妄想. 不顯
示第一義.

여기서는 언설이 제일의가 아닐 뿐 아니라 또한 제일의를 능히 나타낼 수도 없음을 밝혀서 제일의제第一義諦가 언설의 상相을 여의었음을 펼쳐 밝히고 있다. 제일의는 바로 성지聖智가 스스로 깨달아 얻은 경계이지 언설의 망상이 깨달은 경계는 아니다. 그러니 언설의 망상이 어찌 능히 나타내 보이겠는가? 단지 언설이 도무지 실다운 뜻이 없기 때문이다. 교리 외에 따로 전한(敎外別傳) 종지는 온 마음(擧心) 그대로 두고(錯), 생각(念)이 움직이면 곧 괴리하고, 언어의 길이 끊어지고(言語道斷), 마음 가는(心行) 곳이 소멸하고, 능能과 소所 양쪽을 잊고, 마음과 경계를 쌍으로 끊고, 오직 상응을 증득할 뿐이니, 어찌 망상의 언설이 분별해서 도달할 수 있겠는가?

언설이란 생멸生滅하고 동요動搖하고 전전展轉하고 인연因緣으로 일어나니, 만약 전전하고 인연으로 일어난다면, 그것은 제일의를 나타내 보이지 않는다.

대혜야, 자타自他의 상相은 성품이 없기 때문에 언설의 상相은 제일의를 나타내 보이지 않는다.(당역에서는 "제일의란 자타自他의 상相이 없지만 언어에는 상相이 있어서 능히 나타내 보일 수가 없다"고 하였다)

다음에 대혜야, 자심自心의 현량現量을 따라 들어가기 때문에 갖가지 상相과 외부 경계의 성품과 성품 아님, 언설 망상은 제일의를 나타내 보이지 않는다.(당역에서는 "제일의란 다만 오직 자심自心일 뿐 갖가지 외부의 상相은 모두 다 있지〔有〕않아서 언어 분별로는 나타내 보일 수 없다"고 하였다) 그러므로 대혜야, 언설의 온갖 망상의 상相을 반드시 여의어야 한다."

言說者. 生滅動搖. 展轉因緣起. 若展轉因緣起者. 彼不顯示第一義.
大慧. 自他相無性故. 言說相不顯示第一義. (唐譯云. 第一義者. 無自他
相. 言語有相. 不能顯示) 復次大慧. 隨入自心現量故. 種種相. 外性非
性. 言說妄想不顯示第一義. (唐譯云. 第一義者. 但唯自心. 種種外相悉
皆無有. 言語分別不能顯示) 是故大慧. 當離言說諸妄想相.

관기 여기서는 언설이 제일의제의 까닭을 능히 나타내 보일 수
없음을 거듭 밝히고 있다. 그러나 언설이 필경 제일의를 능히
나타내 보일 수 없는 것에는 세 가지 뜻(義)이 있기 때문이다. '제일의'는
생겨나지도 않고 소멸하지도 않으며(不生不滅), 고요해서(湛然) 항상
적멸하며, 움직이지도 않고 흔들리지도 않으며, 인연의 화합으로 생기
生起함에 속하지도 않는데, 어찌 저 생겨남과 소멸함, 움직임과 흔들
림, 인연으로 생기하는 언어의 상相으로 능히 나타내 보이겠는가?
'제일의'는 초연超然한 절대絕待라서 자타自他의 상相이 없는데, 어찌
저 자타自他가 대대對待하는 언어의 상相으로 능히 나타내 보이겠는가?
'제일의'는 다만 오직 자심 현량自心現量의 경계일 뿐이라서 일체의
갖가지 외적인 상相을 영원히 여의었는데, 어찌 저 망상의 마음 밖에서
법을 취하는 분별의 언어로 능히 나타내 보이겠는가? 이 세 가지
뜻을 말미암는 것이, 언설이 필경 제일의제를 능히 나타내 보일 수
없는 까닭이다. 그러므로 결론으로 권유하길 "만약 제일의를 관觀하려
면 언설의 온갖 망상의 상相을 반드시 여의어야만 들어감(入)을 허락할
수 있다"고 하였다. 소위 심의식心意識을 여의고서 참구參究하고 망상
의 경계를 여의고서 추구해야 바야흐로 약간 상응할 뿐이다. 그러므로

앞에서 "반드시 뜻(義)에 의거하고 언설에 집착하지 말아야 한다"고 했기 때문에 세존께서 어느 날 법좌에 오르자 문수가 백추白槌[422]를 하면서 말했다.

"법왕法王의 법을 체관諦觀하니, 법왕의 법은 이러하다(如是)."

이때 세존께서는 이 뜻을 거듭 선포하고자 게송을 설하셨다.

爾時世尊欲重宣此義而說偈言.

온갖 성품은 자성自性이 없고
또한 다시 언설도 없으니
매우 심오한 공空도 공空한 뜻을
어리석은 범부는 요달할 수 없다.

일체의 성자성性自性과
언설의 법은 그림자와 같으니
자각성지自覺聖智의 종자인
그 실제實際를 내가 설한 바로다.

諸性無自性. 亦復無言說. 甚深空空義. 愚夫不能了. 一切性自性.
言說法如影. 自覺聖智子. 實際我所說.

---

422 수행자에게 무엇을 알릴 때에 나무 방망이로 나무 기둥을 쳐서 집중시키는 것. 선방에서 개당開堂할 적에 추椎를 쳐서 대중에게 알리는 것.

관기 여기서는 언어를 여읨이 바야흐로 실제實際가 됨을 곧바로 나타낸 걸 읊고 있다. 수행인의 명언습기名言習氣[423]를 씻어야 바야흐로 능히 실증實證할 수 있는데, 그러나 이 게송은 조금 간략하다. 당역에서는 이렇게 말했다.

"온갖 법은 자성自性이 없고/ 또한 다시 언설도 없으니,/ 공空도 공하다는 뜻을 보지 못한 자는/ 어리석은 범부이기 때문에 유전流轉한다./ 일체법은 성품이 없고/ 언어의 분별을 여의었으니,/ 온갖 있음 (有)은 꿈이나 화化함 같아서/ 생사와 열반이 아니다./ 마치 왕 및 장자長者가/ 여러 자식들을 기쁘게 하기 위해/ 먼저 비슷한 물건(物)을 하사했다가/ 나중에 진실을 하사한 것과 같다./ 나도 이제 또한 마찬가지니,/ 먼저 비슷한 법을 설했다가/ 나중에야 비로소 그 진실을 펴서/ 실제實際의 법을 스스로 증득한다."

이 왕 및 장자의 비유를 살펴보면, 능가楞伽 이전 40년 동안 설한 온갖 법이 모두 비슷한 말일 뿐 진실을 나타내지 못한다고 따지고 있으며, 또 이미 경전에선 다방면으로 걸러내 근기가 이미 성숙해서 바야흐로 진실하고 말을 여읜 도道를 자증自證함을 설하는 걸 충분히 따지고 있다. 『정법화경正法華經』[424]에서 소위 먼저 세 가지 수레로 여러 자식들을 인도하고, 그런 후에 커다란 흰 소 수레[425]를 균등히 하사하고 보물로 장엄해서 그 자식들로 하여금 달리게 해서 유희하고

---

[423] 명언종자名言種子라고도 하는데, 언어 작용에 의해 아뢰야식阿賴耶識에 저장된 잠재력으로, 모든 마음 작용을 일으키는 직접적인 원인.

[424] 10권. 서진西晉의 축법호竺法護 번역. 『법화경法華經』의 다른 번역.

[425] 대백우거大白牛車. 일승一乘을 뜻한다.

즐겁게 하니, 이것이 성인이 법을 설한 의식儀式이다.

문: 온갖 교리를 판석(判釋: 판단하고 해석함)하는 자는 단지 『법화
경』에서 권도權度를 열어 진실을 나타냈다고 말한다. 하지만 이 경전
(즉 『능가경』)에서 미리 권도를 열어 진실을 나타냈다는 말은 듣지
못했다. 어떻게 회통會通하겠는가?

답: 모든 부처는 일대사인연一大事因緣[426] 때문에 세간에 출현했다.
소위 중생으로 하여금 부처 지견(佛知見)[427]을 가르쳐 제시해서 깨달아
들도록(開示悟入) 하기 위해서이다. '부처 지견'은 소위 유심唯心의
현량現量인 자각성지自覺聖智이니, 바로 일체중생이 본래 갖춘 여래장
심如來藏心의 진실한 불성佛性이란 뜻으로 오직 이 한 가지 일일 뿐
다시 다른 일은 없다. 모든 부처와 성인은 이것을 인因하고 이것을
연緣해서 세간에 출현했기 때문에 설한 법이 처음부터 끝까지 곧바로
이 한 가지 일만을 가르쳐 나타냈을 뿐이다. 과거에 중생은 덕德이
희박하고 때(垢)가 두꺼운 탓에 감히 단박에 제시하지 못했다. 저
중생들이 의심하며 믿지 않다가 도리어 법을 비방하는 허물을 초래하
기 때문에 대자(大慈: 크나큰 사랑)로 은인자중함으로써 단지 변무지지
騈拇枝指[428]에서부터 급기야 중생의 지향志向이 정순貞純할 때까지 바야
흐로 설법의 진실을 감당해야 하므로 이 경전에서 여래장심의 자각성

---

426 가장 중요한 일의 인연. 부처님이 이 세상에 출현하는 일대 목적. 『법화경』에
　　'모든 부처님은 일대사 인연으로 이 세상에 오신다'고 한 것에서 유래된 말.

427 제법실상諸法實相의 이치를 깨닫고 비추어 보는 부처님의 지혜. 모든 부처님이
　　세간에 출현하는 까닭은 중생으로 하여금 이 부처님의 지견知見을 얻게 하기
　　위한 것이라고 한다.

428 쓸데없는 여분, 군더더기를 비유하는 말.

지를 단박에 제시하였다. 만약 이 마음을 깨닫는 자가 있다면, 일념一念에 불지佛地를 단박에 증득해서 많은 겁에 걸친 수행을 수고롭게 하지 않으니, 이것이 소위 돈교頓敎의 법문이다. 저 삼승의 점차적인 폐해를 혁신하고자 했기 때문에 '돈교의 대승'이라 하지만, 그러나 『법화경』이전의 징조(象)이기 때문에 미리 가르쳐 나타낸 것이다.

성인이 법을 설하면 시종일관하고 전후가 상수相須하기 때문에 비밀의 정해지지 않은 가르침이 있다. 그리고 설한 법은 비록 종류가 다양하더라도 대체로 이理와 행行의 인과 사법因果四法을 벗어나지 못할 뿐이라서 제각기 권도(權)와 실제(實)가 있다. 이 네 가지가 각기 그 극極에 돌아가서 하나의 진실(一實)에 들어가면 성인의 능사能事가 끝이 난다. 그러나 40년 가운데 설한 법은 마음과 경계의 대대對待, 능能과 소所, 참(眞)과 거짓(妄), 생사와 열반을 여의지 않기 때문에 그 들은 것이 장차 실다운 법(實法)이 된다 해도 명언습기名言習氣를 버리지 못해서 끝내 문 밖에 있으면서 초암草菴에 머물러 묵을 뿐이다.

그러다 이 경전에 이르면, 철저히 뒤집혀서(徹底掀翻) 구덩이(窠窟)를 타파하고 일체를 함께 여의어 단박에 일심의 자각성지를 제시하니, 그렇다면 이理가 이미 극極에 이르렀음을 나타낸 것이다. 그러면서도 열어서 나타낸(開顯) 것은 바로 삼승의 권리(權理: 방편의 이치)를 열어 제외함으로써 일승의 실리(實理: 실다운 이치)를 나타낸 것이다. 이 실리實理의 정지正智가 장차 참된 인(眞因)이 되니, 소위 생멸하지 않는 마음을 근본 수행의 인因으로 삼는 것 그뿐이다.

『법화경』에 이르면 이 참 지혜(眞智)를 빌려 인因으로 삼음으로써 묘행妙行을 자량資糧하기 때문에 하나의 꽃과 하나의 향(一華一香),

머리를 들고 고개를 숙임, 합장한 채 명호名號를 칭함이 다 불도佛道를
이루니, 그러므로 참된 행(眞行)은 진리에 계합한다. 그러나 '열어서
나타냄(開顯)'은 바로 삼승의 권행權行을 열어 제외함으로써 일승의
실행實行을 나타낸 것이니, 이 실행實行은 실다운 과보(實果)를 희구하
며 오르기 때문에 삼승의 사람은 하나하나 수기授記를 받아서 많은
부처를 내리 섬겨 바야흐로 불도佛道를 이룬다. 만약 이 참된 인(眞因)
을 빌리지 않는다면, 설사 재차 진겁塵劫[429]을 거치더라도 끝내 화성化
城[430]에 정체될까 걱정일 뿐이다. 두 경전의 종취宗趣는 비록 다르지만
이理와 진실(實)은 그윽이 부합한다.

『능엄경』에 이르면 이理와 행行의 인과가 하나하나 다 참(眞)이라서
바로 앞서의 권도(權)를 통틀어 회통해 몽땅 하나의 진실(一實)로
돌아가고, 삼승을 통합해 거두고, 오성五性이 일제히 들어간다. 그리하
여 일대一代의 사람(人)과 법, 이理와 행行의 인과를 원융해 회통해서
총체적으로 여래의 묘장엄해妙莊嚴海에 들어가니, 여기서 더욱 여래의
설법이 시종일관始終一貫함을 본다.

관觀하는 자가 만약 이 공통된 대로大路인 설법의 의식儀式을 밝히지
못한다면, 설사 자기 마음을 깨닫더라도 역시 동몽童蒙[431]을 능히 가르
쳐 보일 수가 없다. 소위 종지는 통해도(宗通) 설명은 통하지 않는

---

429 무한한 시간. 영원永遠을 불가佛家에서는 '겁劫', 도가道家에서는 '진塵'이라 한다.
430 『법화경』「화성유품化城喩品」 등에서 3승의 가르침이 방편에 불과한 것임을
　　화성化城의 비유를 통해서 설명하고 있다. 즉 화성은 실제가 아닌 방편을 나타낸
　　것으로 쓰였다.
431 사리에 어두운 순진한 자를 가리킨다.

것이 마치 태양이 구름에 가린 것과 같아서 역시 구경究竟의 실제實際에
는 이르지 못한 것이니, 여래의 본래 회포를 요달하지 못했기 때문이
다. 결과가 여기까지 미쳤으니, 관觀하는 자는 그 번잡함을 싫어하지
말라.

○이상 망상의 성품 없음으로 변계소집을 타파함을 밝혔다.
△②-1-1-(3) 아래에선 마음과 경계가 함께 멸망함으로써 원만한 완성(圓
　成)[432]을 나타냄을 밝힌다.

이때 대혜보살마하살이 다시 부처님께 여쭈었다.
"세존이여, 오직 바라노니, 동일함(一)과 다름(異), 함께함(俱)과 함께하
지 않음(不俱), 있음(有)과 없음(無), 있음도 아니고 없음도 아님(非有非
無), 항상(常)과 무상無常을 여읨을 설해 주소서. 일체의 외도가 행하지
못하는 것이고, 자각성지가 행하는 것으로서 망상의 자상自相과 공상
共相을 여의어 제일진실第一眞實의 뜻에 들어가게 하소서.

爾時大慧菩薩摩訶薩復白佛言. 世尊. 惟願爲說離一. 異. 俱. 不俱.
有. 無. 非有非無. 常. 無常. 一切外道所不行. 自覺聖智所行. 離妄想
自相共相. 入於第一眞實之義.

---

432 원성실성圓成實性을 말한다. 산스크리트어 pariniṣpanna-svabhāva. 삼성三性의
　하나. 분별과 망상이 소멸된 상태에서 드러나는, 있는 그대로의 청정한 모습.

관기 여기서도 역시 자취를 밟으면서 질문을 이룬 것이다. 장차 마음과 경계가 함께 멸망함으로써 원성실성圓成實性을 나타냄을 밝힌 것이다. 첫 권卷에서 부처가 배척한 외도가 온갖 법의 성품 없음을 요달하지 못함을 말미암아 제일의第一義에 대해 허망하게 있음과 없음(有無), 단멸과 항상(斷常)의 두 견해를 지어서 결정적 동일성(定一)과 결정적 차이성(定異), 함께함(俱)과 함께하지 않음(不俱) 등 네 구절의 논의에 집착하는데, 바로 이것은 어리석은 자의 망상으로 행한 경계이지 자각성지의 경계가 아니기 때문에 의타기성依他起性과 변계소집성遍計所執性이 흥기했고 원성실성圓成實性은 나타나지 않은 것이다. 이제 대혜가 제일의제第一義諦를 설하는 걸 듣고서 언설의 상相을 여의고 심연心緣의 상相을 여의었으니, 그렇다면 언어의 길이 끊어지고(言語道斷) 마음이 행하는 곳이 소멸해서(心行處滅) 사구四句를 이미 여의었고 백비百非도 함께 버려졌으니, 이는 외도의 경계가 아니고 바로 자각성지가 행한 경계이다. 그러나 사구四句를 여의는 것 외에 성지聖智의 경계와 구경究竟이 어떠한지는 알지 못한다. 생각건대 만약 이를 요달하면 두 가지 성품이 단박에 탈락하고 원성실성이 나타난다. 즉 제일진실第一眞實의 뜻에 들어갈 수 있기 때문에 특별히 이 질문을 일으켜서 성자성成自性을 밝힌 것이다.

온갖 지地의 상속, 점차 위로 위로 청정의 상相을 증진增進하는 것, 여래지如來地의 상相을 따라 들어가는 것, 개발開發이 없는 본원本願(당역에서는 "공용功用이 없는 본원력本願力 때문이다"라고 하였다)은 비유하면 온갖 색깔을 나타내는 마니주摩尼珠와 같아서 경계가 가없는 상相과 행行(위역에서는 "여의보如意實처럼 한량없는 경계의 수행 상相이자 저절로 그러한[自然] 행行이기 때문이다"라고 하였다)은 자심自心이 부분部分의 상相을 나타내 취향趣向한 일체 모든 법이니(당역에서는 "일체 모든 법이 다 자심이 나타낸 차별이다"라고 하였다), 나(我) 및 여타의 보살마하살은 이러한 등의 망상자성妄想自性의 자상自相과 공상共相의 견해를 여의고서 조속히 아뇩다라삼먁삼보리를 얻어 일체중생으로 하여금 모든 안락과 충만함을 구족具足케 합니다."

諸地相續. 漸次上上增進淸淨之相. 隨入如來地相. 無開發本願. (唐譯云. 以無功用本願力故) 譬如衆色摩尼. 境界無邊相行. (魏譯云. 如如意寶. 無量境界修行之相. 自然行故) 自心現趣部分之相. 一切諸法. (唐譯云. 一切諸法. 皆是自心所現差別) 我及餘菩薩摩訶薩. 離如是等妄想自性自共相見. 疾得阿耨多羅三藐三菩提. 令一切衆生一切安樂具足充滿.

관기 여기서는 인법因法이 획득하는 이익과 질문을 이룬 뜻의 까닭을 서술하고 있다. 말하자면 만약 사구四句를 여의는 뜻을 요달할 수 있어서 법의 진실에 들어간다면 점차 여러 지地를 증진할 수 있어서 여래지如來地로 들어가게 되고 공용功用이 없는 행행으로 중생을 성취한다. 마치 마니주와 같아서 마음에 따라 변하여 나타나는데, 일체에 널리 감응하여 오직 마음뿐인 경계를 깨달아서 외도의 견해를 여읠 뿐만 아니라 또한 음陰, 계界, 입入에서 자상과 공상의 망상을 지은 이승의 견해를 여읜다. 그렇다면 공용功用을 조금만 베풀더라도 조속히 보리를 얻어서 스스로도 이롭고 남도 이롭게 하여(自利利他) 법의 이익이 충만하니, 이런 큰 이익이 있었기 때문에 질문을 청한 것이다.

부처님께서 대혜에게 고하셨다.

"훌륭하고 훌륭하도다. 그대가 내게 이런 뜻을 질문한 것은 많은 자를 안락케 하고 많은 자를 이롭게 하고 일체의 모든 천天과 인간을 불쌍히 여기는 것이다."

부처님께서 대혜에게 고하셨다.

"자세히 듣고 자세히 들어서 잘 사유하도록 하라. 내가 반드시 그대를 위해 분별하고 해설하겠다."

대혜가 부처님께 여쭈었다.

"훌륭하십니다, 세존이여. 기꺼이 가르침을 받겠습니다."

부처님께서 대혜에게 고하셨다.

"심량心量을 알지 못하는 어리석은 범부는 안과 밖의 성품을 취하여 동일함(一)과 다름(異), 함께함(俱)과 함께하지 못함(不俱), 있음(有)과 없음(無), 있음도 아니고 없음도 아님(非有非無), 항상(常)과 무상無常의 자성自性에 의거해 습기의 인(習因)으로 망상을 계교하고 집착한다.

佛告大慧. 善哉善哉. 汝能問我如是之義. 多所安樂. 多所饒益. 哀愍一切諸天世人. 佛告大慧. 諦聽諦聽. 善思念之. 吾當爲汝分別解說. 大慧白佛言. 善哉世尊. 唯然受敎. 佛告大慧. 不知心量愚癡凡夫. 取內外性. 依於一異俱不俱有無非有非無常無常自性. 習因計著妄想.

대혜의 청문請問은 사구四句를 여의는 것 외에 따로 성지聖智가 행한 경계를 구한 것이니, 장차 실제로 사구를 여읠 수 있고 실제로 성지聖智를 얻을 수 있음을 말한 것이다. 부처가 답한 뜻은 말하자면 본래 여읠 수 있는 사구가 없고 또한 얻을 수 있는 성지도 없다는 것이다. 왜 그런가? 제일의第一義로써 허망과 참(妄眞)을 쌍으로 끊기 때문이다. 그리고 사구四句란 대체로 어리석은 범부가 오직 마음의 나타남일 뿐인 꿈같은 경계를 요달하지 못함을 말미암아 안팎의 일체 모든 법이 실제로 자성自性이 있다고 허망하게 취하기 때문에 동일함(一)과 다름(異) 등의 견해를 허망하게 낳아 분별한 것이다. 이것은 바로 희론戱論의 습기가 인因이 되어 허망하게 낳은 계교와 집착일 뿐이라서 실제로 사구四句가 있는 건 아니다. 진실로 마음과 경계가 공空과 같아서 의거하는 바가 없지만, 그러나 분별된(所分別) 경계가 이미 없는데 능히 분별하는(能分別) 허망한 마음이 어찌 있겠는가? 진실로 일심一心이 생겨나지 않으면 만법이 스스로 적멸하니, 어찌 여읠 수 있는 사구四句가 실제로 있겠는가? 단지 범속한 정서를 다할 뿐 따로 성스러운 이해는 없다. 만약 성스러운 이해가 생기면 즉각 범속한 정서에 떨어지기 때문에 또한 얻을 수 있는 성지聖智는 없다. 그러므로 당역에서는 이렇게 결론지었다.

"반드시 성지聖智가 증명된 법 중에서 생겨나고(生), 머물고(住), 소멸하고(滅), 동일함(一)과 다름(異) 등의 일체 분별을 여의어야 하니, 이 경계에 이르면 말과 사유의 길이 끊어짐이 바야흐로 궁극의 법칙(極則)이 된다."

이 때문에 한 승려가 마 대사馬大師[433]에게 물었다.

"사구四句를 여의고 백비百非를 끊고서 곧바로 달마 대사가 서쪽에서
온 뜻을 가리켜 주시길 대사님께 청합니다."

마 대사가 말했다.

"오늘은 두통頭痛이 있어서 그대에게 설명해줄 수 없구나."

문수보살은 유마 거사에게 불이不二 법문[434]을 물었는데, 유마 거사
는 침묵을 했다. 이 때문에 세존께서는 다음과 같은 답을 했다. 단지
12가지 비유를 빌려서 발명했다. 앞의 일곱 가지 비유는 경계가 본래
없는데 어리석은 자가 허망하게 분별을 일으킨 걸 비유했으니, 망상이
있음(有)이 아니란 걸 나타냄으로써 여읠 수 있는 사구가 본래 없음을
밝혔다. 나중의 다섯 가지 비유는 부처의 설법이 기틀에 감응해 시설施
設함을 비유했으니, 본래 집착을 타파함이 마치 쐐기로써 쐐기를 뽑는

---

433 중국 당대의 승. 성은 마馬, 이름은 도일道一. 사천 사람. 조계 혜능의 3세에
  해당하는데, 홍주洪州, 강서성 개원사를 도량으로 하여 새로운 남종선南宗禪의
  선조가 되었기 때문에 마조라는 이름으로 친숙하다. '평상심이 도道이다', '마음
  이 불佛이다' 등 평이한 설법으로 알려졌으며, 백장회해, 남천보원, 서당지장,
  홍선준관 등의 많은 우수한 제자를 배출하였다.

434 일체의 대립을 여읜 부처의 경지. 불이에 대한 설명은 『유마경維摩經』에 나온다.
  유마 거사를 병문안 간 부처님의 제자들이 불이의 뜻에 대해 서로 토론하게
  되었다. 이 토론에 참가한 제자가 무려 32명이었는데, 마지막에 문수가 이것을
  정리하여 "불이란 말로 설할 수도 없고 나타낼 것도 없고 인식할 것도 없어서
  일체 문답을 떠난 절대 평등의 경지다"라고 설하였다. 그러나 여기서 문수는
  불이란 사유와 언어를 초월한 것이어서 말할 수 없는 것이라 설하면서 그
  자신도 그것을 말하고 있는 잘못을 저지르고 있다. 그래서 문수는 최후로
  유마에게 물었다. 그러자 유마는 오직 침묵한 채 한마디 말도 하지 않았다.
  즉 유마는 침묵으로 불이의 세계를 나타낸 것이다.

것과 같아서 원래 실다운 법과 인간이 없다. 이 때문에 게송에서는 이렇게 말했다.

"말의 가르침은 오직 가명假名일 뿐이며

그 가명 역시 상相이 있지 않다."

그리하여 얻을 수 있는 성지聖智 또한 없음을 밝혔다. 그러나 이 장章에서 비유한 것은 비록 나타내서 쉽게 보는 것 같아도 그 진실은 심오해서 밝히기 어려우니, 관觀하는 자는 반드시 잘 체득하고 회통해서 불심佛心에 계합하길 힘써야 한다. 소위 말을 받드는 것은 모름지기 종지를 회통함이라서 스스로 규구規矩[435]를 건립하지 말아야 하니, 지혜로운 자는 깊이 관觀해야 한다.

비유하면 사슴 떼가 갈증에 시달리다가 봄날의 아지랑이를 보고 물이란 생각(想)을 해서 미혹과 교란으로 치달려도 물이 아닌 줄 알지 못하는 것과 같다. 이처럼 어리석은 범부는 비롯 없는 허위와 망상에 훈습되어서 삼독三毒[436]이 마음을 태우고 빛깔(色)의 경계를 즐기고 생겨남(生), 머묾(住), 소멸함(滅)을 보면서 안팎의 성품을 취하다가 동일함(一)과 다름(異), 함께함(俱)과 함께하지 않음(不俱), 있음(有)과 없음(無), 있지도 않고 없지도 않음(非有非無), 항상(常)과 무상無常의

---

435 규범, 법도라는 뜻. 원래는 지름이나 선의 거리를 재는 도구를 말한다.

436 탐욕(貪慾, lobha)과 진에(瞋恚, dosa)와 우치(愚癡, moha)를 가리킨다. 탐욕은 본능적 욕구를 포함해서 탐내어 구하는 것을 말하고, 진에는 뜻에 맞지 않을 때 일어나는 증오심이나 노여움이며, 마지막으로 우치는 탐욕과 진에에 가려 사리분별에 어두운 것을 말한다.

상념(想)에 떨어진다는 허망한 견해(妄見)를 섭수攝受한다.

譬如羣鹿. 爲渴所逼. 見春時燄. 而作水想. 迷亂馳趣. 不知非水. 如
是愚夫. 無始虛僞妄想所熏習. 三毒燒心. 樂色境界. 見生住滅. 取內
外性. 墮於一異俱不俱有無非有非無常無常想妄見攝受.

관기   여기서는 경계가 본래 무생無生임을 통틀어 나타내고 있으며,
또한 마음의 분별을 인因해 집착해 취함을 비유하고 있다.
무릇 아지랑이는 본래 물이 아닌데, 사슴 떼가 갈증에 시달리다가
물이란 생각을 해서 허망하게 쫓지만 본래 물이 아니란 걸 알지 못한다.
하물며 일체 경계는 본래 스스로 무생無生이기 때문에 또한 욕구할
수 없는 것이다. 어리석은 범부가 비롯 없는 탐욕과 애착의 종자種子의
습기習氣로 안으로는 삼독을 훈습하고 밖으로는 현행現行을 발해서
갈애渴愛로 시달리다가 일체 색色의 경계에서 탐욕의 추구와 쾌락의
욕구를 허망하게 일으킨다. 이는 무생無生 중에 생멸을 허망하게 보아
서 근根, 신身, 기器, 계界 안팎의 온갖 법을 집착해 취하는 것이니,
동일함(一)과 다름(異), 항상(常)과 무상無常 등 사구四句의 허망한
견해를 망령되게 일으키는데도 본래 스스로 무생無生임을 알지 못한
다. 이것이 바로 망상의 섭수攝受로서 정견正見이 아닌 것이다.

마치 건달바성揵闥婆城[437]과 같다. 어리석은 범부는 지혜가 없어서

---

[437] 간다르바의 음역인 건달바와 나가라의 뜻인 성城을 딴 복합어. ① 건달바가
교묘한 솜씨로 공중에 지어낸 성. 어떤 사물이 거짓된 환영으로 생겨났을

성城이란 상념을 일으켜 비롯 없는 습기의 계교와 집착의 상相이 나타난다.(당역에서는 "지혜가 없는 사람은 비롯 없는 때로부터 성城의 종자가 허망하게 훈습하는 걸 집착하기 때문에 성이란 상념을 짓는다"라고 하였다) 거기엔 성城이 있지도 않고 성이 없지도 않으니, 이처럼 외도의 비롯 없는 허위와 습기의 계교와 집착은 동일함(一)과 다름(異), 함께함(俱)과 함께하지 않음(不俱), 있음(有)과 없음(無), 있지도 않고 없지도 않음(非有非無), 항상(常)과 무상無常의 견해에 의거하므로 자심自心의 현량現量을 능히 요달해 알 수 없다.

如犍闥婆城. 凡愚無智. 而起城想. 無始習氣計著相現. (唐譯云. 無智之人. 無始時來執著城種妄熏習故. 而作城想) 彼非有城. 非無城. 如是外道無始虛僞習氣計著. 依於一異俱不俱有無非有非無常無常見. 不能了知自心現量.

관기　여기서는 비유를 통해 위의 뜻을 전변해 해석하고 있다. 말하자면 어리석은 범부가 욕구할 수 없는 가운데 허망하게 집착을 내서 사구四句의 분별을 짓는 까닭은 일체의 경계가 오직 마음이 나타난 것일 뿐임을 모르기 때문이니, 소위 자심自心으로 자심自心을 취한 것이고 환 아님(非幻)으로 환幻의 법을 성취한 것이다.

비유하면 어떤 사람이 꿈에서 남자, 여자, 코끼리, 말, 수레, 도보,

　뿐, 실재하는 것이 아닌 경우에 쓰이는 비유적인 말.

성읍城邑, 원림園林, 산하山河, 욕지浴池 등 갖가지 장엄과 자신도 그 속에 들어간 걸 보다가 깨고 나서 기억하는 것과 같다. 대혜야, 어떻게 생각하느냐? 이런 사부士夫가 전에 꾼 꿈속의 기억을 버리지 못한다면 슬기롭다고 하겠는가?"

대혜가 부처님께 여쭈었다.

"아닙니다, 세존이여."

부처님이 대혜에게 고하셨다.

"이처럼 범부는 악견惡見에 삼켜지고 외도의 지혜는 꿈처럼 자심自心이 나타낸 성품임을 알지 못해서 동일함(一)과 다름(異), 함께함(俱)과 함께하지 않음(不俱), 있음(有)과 없음(無), 있지도 않고 없지도 않음(非有非無), 항상(常)과 무상無常의 견해에 의거한다.

譬如有人. 夢見男女象馬車步城邑園林山河浴池種種莊嚴. 自身入中. 覺已憶念. 大慧. 於意云何. 如是士夫. 於前所夢憶念不捨. 爲黠慧不. 大慧白佛言. 不也世尊. 佛告大慧. 如是凡夫. 惡見所噬. 外道智慧. 不知如夢自心現性. 依於一異俱不俱有無非有非無常無常見.

관기 여기서는 비유를 통해 위의 뜻을 총체적으로 해석하고 있다. 말하자면 외도는 자심自心이 나타낸 바가 꿈같은 경계임을 알지 못한 채 허망하게 집착해 취하고 탐욕과 집착으로 추구한다. 이에 분별을 멋대로 일으키는 바람에 동일함(一)과 다름(異) 등의 견해가 어리석은 악견惡見이 되지 영리한 슬기가 되지 않는 것이다.

비유하면 그림 속 형상(像)은 높지도 않고 낮지도 않은데도 저 어리석은 범부는 높다거나 낮다는 생각(想)을 한다. 이처럼 미래의 외도는 악견의 습기가 충만해서 동일함(一)과 다름(異), 함께함(俱)과 함께하지 않음(不俱), 있음(有)과 없음(無), 있지도 않고 없지도 않음(非有非無), 항상(常)과 무상無常의 견해에 의거해 스스로를 파괴하고 남도 파괴한다. 나머지(餘: 당역에서는 '어於'라고 하였다) 있음(有)과 없음(無)을 여읜 무생無生의 이론도 또한 없음(無)을 말한 것이라 설해서(위역에서는 "그러나 저 외도는 스스로를 파괴하고 남도 파괴하면서 이런 말을 설한다. '온갖 법은 생겨나지도 않고 소멸하지도 않아서 있음(有)과 없음(無)이 적정寂靜하다' 이런 말을 설한 사람을 이름하여 올바르지 못한 견해를 지닌 사람이라 한다"고 하였다. 당역에서는 "있음(有)과 없음(無)을 여읜 무생無生의 이론도 또한 없음(無)을 말한 것이다"라고 하였다) 인과因果의 견해를 비방하고 선善의 근본을 뽑아내서 청정의 인因을 파괴하고 있다. 뛰어남(勝)을 구하는 자라면(당역과 위역 둘 다 "뛰어난 법을 구하고자 한다면"이라고 하였다) 반드시 멀리 여의어 떠나면서 이렇게 말해야 한다.

'저들은 자기(自)와 타자(他)가 함께 있음(有)과 없음(無)의 망상을 보는데 떨어지고 나서 건립과 비방에 떨어졌으니, 이 악견 때문에 반드시 지옥에 떨어질 것이다.'

譬如畫像不高不下. 而彼凡愚作高下想. 如是未來外道. 惡見習氣充滿. 依於一異俱不俱有無非有非無常無常見. 自壞壞他. 餘(唐譯作於)離有無無生之論. 亦說言無. (魏譯云. 而彼外道自壞壞他. 說如是言. 諸法不生不滅. 有無寂靜. 彼人名爲不正見者. 唐譯云. 於離有無無生之論.

亦說爲無) 謗因果見. 拔善根本. 壞清淨因. 勝求者(二譯俱作欲求勝法)
當遠離去. 作如是說. 彼墮自他俱見有無妄想己. 墮建立誹謗. 以是
惡見. 當墮地獄.

관기 여기서는 비유를 통해 외도의 삿되고 오만한 고집과 악견惡見
이 도리어 정법正法을 비방하고 인과를 배척해 없다고 하므로
수행자는 반드시 통렬히 외도의 견해를 끊어야 한다고 절실히 훈계하
고 있다. 마음은 공화사工畫師가 온갖 형상을 그려내는 것과 같으니,
일체 온갖 법도 오직 마음의 나타냄일 뿐이라서 당체當體가 적멸하여
무생無生이고 높고 낮음도 있지 않다. 그런데도 저 외도는 스스로
생멸의 악견을 믿고서 자기를 자랑하여 높다고 하고 도리어 불법이
있음(有)과 없음(無)을 여의어 무생無生이라는 이론이라 하면서 없음
(無)을 주장했다고 비방한다. 이는 인과를 비방하고 선善의 근본을
뽑아버려서 청정의 인因을 파괴하니, 이런 사람은 자기(自)와 타자
(他), 있음(有)과 없음(無)의 망상에 떨어지고 단멸(斷)과 항상(常)의
두 견해에 떨어져서 이 악견 때문에 반드시 지옥에 떨어짐을 응당
알아야 한다. 그래서 뛰어난 법을 구하고자 하는 수행자에게 신속히
멀리 여의어야 한다고 훈계한 것이다.

비유하면 눈병 난 사람이 눈에 아른거린 머리카락이 있다고 보는
것과 같다. 말하자면 뭇 사람에게 너희들은 이것을 관찰하라'고 말하지
만, 이 아른거리는 머리카락은 필경 성품이 있음도 아니고 성품이
없음도 아니니, 보지만 보지 못하기 때문이다. (위역에서는 "비유하면

병든 눈이 허공 속에 모륜毛輪이 있다고 보고서 남에게 '이러이러한 파랗고 노랗고 붉고 흰 것을 너희는 어찌하여 관찰하지 못하느냐'고 말하는 것과 같다. 대혜야, 하지만 저 모륜은 본래 스스로 체體가 없으니, 왜 그런가? 보지만 보지 못하기 때문이다'라고 하였다) **이처럼 외도는 허망하게 희망을 보고서 동일함(一)과 다름(異), 함께함(俱)과 함께하지 않음(不俱), 있음 (有)과 없음(無), 있지도 않고 없지도 않음(非有非無), 항상(常)과 무상無 常의 견해에 의거해 정법正法을 비방함으로써 자기도 함정에 빠지고 남도 함정에 빠트린다.**

譬如翳目見有垂髮. 謂衆人言. 汝等觀此. 而是垂髮畢竟非性. 非無 性. 見不見故. (魏譯云. 譬如翳目見虛空中有於毛輪. 爲他說言. 如是如是 青黃赤白. 汝何不觀. 大慧. 而彼毛輪本自無體. 何以故. 有見不見故) 如是 外道妄見希望. 依於一異俱不俱有無非有非無常無常見. 誹謗正法. 自陷陷他.

여기서는 비유를 통해 앞서 말한 스스로를 파괴하고 남도 파괴한다는 뜻을 해석하고 있다. 말하자면 저 외도가 스스로 삿된 견해를 믿어서 타인도 자기와 똑같아지길 도리어 가르치는 것이 니, 바로 병든 눈(翳目)이 스스로 공중의 모륜毛輪을 보는 것과 같아서 오히려 타인이 자기 견해와 똑같지 않음을 질책한다. 그러나 공중의 모륜은 오직 병든 눈이 볼 뿐 좋은 눈은 보지 못한다. 하물며 동일함(一) 과 다름(異), 있음(有)과 없음(無)의 사구四句이겠는가! 단지 삿된 견해가 집착한 것일 뿐 정견正見이라면 여읠 것이다. 그리고 저 외도는 여전히 견고한 집착으로 스스로는 옳지만 타인은 그르다고 하면서 정법을 비방하고 전전展轉하면서 사람을 가르친다. 소위 근본 이래로 완성된 일을 서로 계승하면서 훈습으로 교화(化)를 이루니, 스스로를 함정에 빠트리고 남도 함정에 빠트려서 법을 크게 해치게 된다. 이 때문에 수행자가 응당 조속히 멀리 여의도록 절실히 훈계한 것이다. 생각건대 그 사람과 친하지 않을 뿐 아니라 또한 실제로 있는 사구의 견해를 지을 수 없기 때문에 아른거리는 머리카락(垂髮)으로 비유한 것이다.

비유하면 불 바퀴(火輪)와 같으니, 바퀴가 아닌데도 어리석은 범부는 바퀴라는 상념을 떠올린다. 이처럼 외도의 악견은 동일함(一)과 다름 (異), 함께함(俱)과 함께하지 않음(不俱), 있음(有)과 없음(無), 있지도 않고 없지도 않음(非有非無), 항상(常)과 무상無常의 상념에 의거해 일체의 성품이 생겨난다고 희망한다.

譬如火輪. 非輪. 愚夫輪想. 非有智者. 如是外道惡見希望. 依於一異 俱不俱有無非有非無常無常想一切性生.

관기 여기서는 비유를 통해 본래 사구가 없는 뜻을 해석하고 있다. 빙빙 도는 불은 바퀴가 아니고 단지 어리석은 범부가 허망하게 바퀴라는 상념을 지을 뿐이다. 하물며 법에 사구四句가 없고 단지 외도의 삿된 집착이 허망하게 네 가지 계교를 일으킬 뿐인 것이랴. 이 때문에 '일체의 성품이 생겨난다'고 말했고, 영가永嘉 대사는 "일체의 수구數句[438]와 수구 아님이 나의 영각靈覺과 무슨 교섭이 있으랴'라고 말했다.

비유하면 물거품이 마니주摩尼珠와 비슷해서 어리석고 지혜 없는 사람이 마니주란 상념을 짓고 계교하고 집착하며 쫓아다니는 것과 같다. 하지만 저 물거품은 마니주가 아니고 마니주가 아닌 것도 아니니 취해도 취하지 못하기 때문이다. 이처럼 외도의 악견은 망상의 습기로 훈습되어서 있는 바가 없는데도(無所有) 있음이 생겨난다고(有生) 설하니, '반연이 있다(緣有)'는 것은 소멸(滅)을 말한 것이다.

譬如水泡. 似摩尼珠. 愚小無智. 作摩尼想. 計著追逐. 而彼水泡非摩尼. 非非摩尼. 取不取故. 如是外道惡見妄想. 習氣所熏. 於無所有說有生. 緣有者. 言滅.

관기 여기서는 외도가 허망하게 집착하는 사구四句의 인과가 참(眞)이 아님을 비유하고 있다. 물거품은 단지 마니주와 비슷할 뿐 실제로 마니주가 아닌데도 어리석고 지혜 없는 자는 마침내 취해서 참(眞)이 된다. 지혜로운 사람이 밝게 본다면 취하지 않을 터인데, 하물며 외도의 사구四句랴. 다만 '하나(一)'와 흡사하고 '항상(常)'과 흡사하지만 실제로는 참되고 항상한(眞常) 도道가 아니니, 저 지혜 없음을 말미암아서 허망함을 집착해 참(眞)으로 삼았을 뿐이다. 만약

---

438 온갖 법상法相과 교설敎說.

유심唯心의 현량現量을 요달한 자라면 취하지 않기 때문에 '취해도 취하지 못하기 때문'이라 말한 것이다. 그러나 저들은 단지 허망한 습기로 훈습된 탓에 무생無生 중에 생겨남이 있다고 허망하게 보기 때문에 '있는 바가 없는데도(無所有) 있음이 생겨난다고(有生)'고 말한 것이며, 연생緣生하는 온갖 법에 대해 다시 단멸斷滅을 집착해서 인연을 파괴하기 때문에 '반연이 있는(緣有) 것은 소멸(滅)을 말한 것'이라 한 것이다. 이로 말미암아 사구四句를 허망하게 지어서 멋대로 논하므로 또한 인因은 참된 인(眞因)이 아니고 과果는 참된 과(眞果)가 아니며, 참(眞)이 아닌 걸 허망하게 집착해서 참(眞)으로 삼기 때문에 마치 어린이가 물거품을 인정해 마니주라는 상념을 짓는 것과 같다. 그러나 저 사구四句는 단지 망상일 뿐이다. 만약 망상에 성품이 없음을 요달한다면 사구의 체體가 공空해서 여읠 만한 것이 없으니, 이 때문에 앞서 일곱 가지 비유는 여읠 만한 사구가 없음을 통틀어 밝힌 것이다.

다시 다음에 대혜야, 세 가지 양量과 오분론五分論을 각기 건립하고 나서 성지聖智의 자각自覺을 얻어 두 가지 자성自性의 일을 여의는데, 그러면서도 성품이 있다는 망상을 지어서 계교하고 집착한다.

復次大慧. 有三種量. 五分論. 各建立已. 得聖智自覺. 離二自性事. 而作有性妄想計著.

관기 이 이하에선 얻을 만한 성지聖智도 없다는 걸 밝히고 있다. 당역에서는 이렇게 말했다.

"세 가지 양량을 건립하고 나서 성지聖智의 내증內證으로 두 가지 자성법을 여의면서도 성품이 있다는 분별을 일으킨다."

위역에서는 이렇게 말한다.

"그리고 이런 말을 한다. 실제로 성자聖者가 내증內證하는 법으로 두 가지 자성을 여의고서도 허망하게 분별하기 때문이다."

세존의 의도는 대혜를 질책하는 것이었다. 말하자면 나는 이미 그대들을 위해 세 가지 양량과 오분론五分論을 세워서 옳고 그름을 바르게 정한 것은 삿된 집착을 버리기 위한 것이었으니, 어떻게 해서 여기까지 이르렀고 또 스스로 증득한 성지聖智가 두 가지 자성법을 여읜 가운데 실제로 있는 성지聖智를 얻을 수 있는 견해를 다시 일으키겠는가? 만약 성지聖智가 얻을 수 있는 자성이 있다면 역시 허망한 견해이기 때문에 논論에서는 이렇게 말했다.

"적은 사물이라도 건립해 현전現前한다면/ 말하자면 이는 유식唯識의 성품이니/ 얻는 바가 있기(有所得) 때문이지/ 실제로 유식唯識에 머무는 것은 아니다."

말하자면 털끝만큼이라도 본 곳(見處)을 잊지 못한다면 여전히 생사의 언덕 언저리의 일이니, 반드시 지혜도 없고 얻음도 없어야 바야흐로 구경究竟일 뿐이다.

세 가지 양량이란 말하자면 현량現量, 비량比量, 성언량聖言量이다. '현량現量'에서 현現은 곧 현현顯現이니, 말하자면 분명히 증득한 경계이다. 명언名言을 대동하지 않고, 헤아리는 마음을 재지 않고, 직접 법체法體를 얻고, 허망한 분별을 여의면서도 착오나 오류가 아니기 때문에 이름하여 현량이라 한다. '비량比量'에서 비比는 곧 비류(比類:

견주고 분류함)이니, 말하자면 인유因由로써 비유하는 것이다. 비류로 헤아려서(量度) 앎을 얻기 때문에 비량에는 삼지三支가 있다. '성언량聖言量'은 말하자면 여래의 성스러운 가르침이 수준기와 먹줄이 되기 때문이다. '오분론五分論'은 즉 종宗, 인因, 유喩의 삼지三支와 아울러 합습과 결結을 더해 오분五分이 되는데『인명론因明論』[439]에 자세히 실려 있다. '이미 세 가지 양量과 오분五分의 건립이 있다'는 바로 앞서 첫 권에서 일단 설한 것이 총체적으로 세 가지 양과 오분을 벗어나지 못함을 가리킨다. 마치 자심自心은 자각성지 등을 나타낸다고 말한 것과 마치 허깨비나 물속의 달, 빛 그림자, 허공 꽃과 같다고 말한 것, 아울러 티끌(微塵), 진흙덩이, 병瓶 등은 비유로써 발명發明한 것으로서 모두 비량이다. '일체 모든 부처 여래가 다 먼저는 권도權度로써 설하고 나중은 진실로써 설했으며, 아울러 법신불과 보신불과 화신불의 설법 운운…'은 모두 성언량이다. 이것이 모두 세 가지 양量의 건립이다. '나는 여래장 제일의第一義의 마음을 종지로 삼고, 외도는 신아神我의 뛰어난 성품(勝性) 등을 종지로 삼는다'고 말하는 것은 다 종宗이다. 나는 제일의의 자각성지 등을 인因으로 삼는 것과 저들은 비롯 없는 허망한 습기 종자를 인因으로 삼는 것, 아울러 지음(作)과 지음 없음(無作), 생生과 무생無生, 상常과 무상無常 등은 모두 인因이다. 마치 허공의 부처 뼈와 같다거나, 아울러 타버린 싹이나 깨진 병 등은 모두 비유(喩)이다. 이상이 삼지三支인데, 그 가운데 스스로

---

439 인도의 논리학. 산스크리트의 본뜻은 '추론에서의 이유 개념에 대한 학'으로 논리학을 말한다. 인도의 논리학은 니아야Nyāya 학파와 불교에 의해 체계화되었다고 볼 수 있으나 중국 등지에서 특히 불교논리학을 인명이라 부른다.

합합과 결結의 글이 있어서 모두 오분론이기 때문에 '건립하고 나서'라고 말한 것이다. 부처의 설법은 세 가지 양量과 오분론을 벗어나지 않는 것을 본보기로 삼기 때문이다.

대혜야, 마음(心), 뜻(意), 의식意識의 몸과 마음이 전변하여 자심自心이 나타낸 섭수함과 섭수한 바의 온갖 망상이 끊어져야 여래지如來地의 자각성지이다. 수행자는 이에 대해 성품과 성품 아님이란 상념을 짓지 말아야 한다.(당역에서는 "온갖 수행자는 마음, 뜻, 식識을 전변하여 능취能取와 소취所取를 여의고 여래지의 스스로 증득하는 성스러운 법에 머물러서 있음〔有〕 및 없음〔無〕에 대해 상념을 일으키지 않아야 한다"라고 하였다) 만약 다시 수행자가 이러한 경계를 성품과 성품 아님으로 섭취攝取해서 서로 생겨나는 것이라면, 그건 바로 장양長養을 돕는 것이며 아울러 아상(我)과 인상(人)을 취하는 것이다.(당역에서는 "온갖 수행자가 만약 경계에 대해 있음〔有〕과 없음〔無〕의 집착을 일으킨다면 아상我相, 인상人相, 중생상衆生想, 수자상壽者相에 집착하는 것이다"라고 하였다) 대혜야, 만약 저 성자성性自性의 자상自相과 공상共相을 설한다면 일체가 다 화신불이 설한 것이지 법신불이 설한 것이 아니다. 또 온갖 언설言說은 다 어리석은 범부의 희망을 말미암아 생김을 본 것이지 자성법에 나아가 법을 따로 건립하여 성지聖智의 자각삼매自覺三昧를 얻어서 즐겨 머무는 자를 위해 분별하여 나타내 보인 것은 아니다.

大慧. 心意意識身心轉變. 自心現. 攝所攝諸妄想斷. 如來地自覺聖智. 修行者不於彼作性非性想. (唐譯云. 諸修行者. 轉心意識. 離能所取.

住如來地自證聖法. 於有及無. 不起於想) 若復修行者. 如是境界性非性
攝取相生者. 彼卽取長養. 及取我人. (唐譯云. 諸修行者. 若於境界起有
無執. 則著我人衆生壽者) 大慧. 若說彼性自性自共相. 一切皆是化佛
所說. 非法佛說. 又諸言說. 悉由愚夫希望見生. 不爲別建立趣自性
法得聖智自覺三昧樂住者分別顯示.

관기 여기서는 대혜를 질책하면서 스스로 증득한 성지聖智의 법
중에 있음(有)과 없음(無)의 견해를 일으키는 것은 온당치
않다고 함으로써 본래 얻을 수 있는 성지聖智가 없음을 밝히고 있다.
말하자면 온갖 수행인은 이미 심의식心意識을 전변해 능취能取와 소취
所取를 여의고 여래의 스스로 증득한 경계에 편안히 머무는데, 어찌
다시 저 자각성지 속에서 있음(有)과 없음(無)의 상념을 지을 수 있겠는
가? 만약 이 가운데서 있음(有)과 없음(無)의 집착을 일으키는 자라면
아상, 인상, 중생상, 수자상의 견해에 집착하게 된다. 소위 나를 간직하
고 나를 깨닫는(存我覺我) 것은 둘 다 이름하여 장애라 한다. 바로
원각圓覺이 밝힌 미세의 사상四相과 같으니, 증오證悟를 간직함을 말미
암아 아직 능能과 소所를 잊지 못하기 때문이다. 만약 저 성자성性自性
이하를 설한다면 전난轉難을 방해하는 것이다. 말하자면 전난의 말은
진여眞如, 자성自性, 열반涅槃, 증득證得, 불종佛種의 연기緣起 등으로
모두 부처의 설법인데, 어떻게 지금 얻을 수 있는 지혜가 없다고
말하겠는가?

세존께서 답하셨다. 만약 저 스스로 증득한 성지법聖智法 중에 실제
로 자성이 있어서 연緣을 기다려 생겨난다고 설한다면, 이는 바로

화신불이 설한 것이지 법신불이 설한 것은 아니다. 그러나 화신불이 이렇게 설한 것도 역시 본래의 회포는 아니다. 대체로 중생의 어리석음은 증득할 바가 있다고 희망하기 때문에 취하는 걸 과果로 삼아서 바야흐로 기꺼이 취향해 나간다. 만약 무아無我, 무지無智, 무득無得을 설하면 공포가 생기기 때문에 부득이 기틀의 온당함을 수순隨順해 방편을 마련했지만, 본래 실다운 법이 아니기 때문에 '다 어리석은 범부의 희망을 말미암아 생김을 본다'고 말한 것이지 발심發心해 나아가는 자성법을 위해 여실행如實行을 닦아서 자각성지의 삼매를 얻어 즐겁게 머무는 상상근기上上根機의 사람이 분별하여 나타내 보인 것은 아니다. 생각건대 지금 이것은 돈교頓敎의 대승이다. 특히 상상근기의 사람이 심의식心意識을 여읜 자각성지의 경계를 단박에 제시한 것으로 바로 법신불이 설한 진실의 법이니, 어찌 저 권도權度를 집착해 희망의 증득을 설할 수 있겠는가?

　문: 진여의 법성法性은 어느 곳에서 또한 자상과 공상을 말하는가?

　답: 온갖 법의 자체自體는 오직 지혜(智)로 증득해 알 뿐 언설이 미치지 못해서 당체當體가 여여如如하니, 이를 자상自相이라 일컫는다. 만약 법의 체성體性이 언설이 미칠 수 있고 가지假智의 소연所緣으로 자상을 얻지 못하면 이것이 공상共相이 된다. 이제 이 돈교 대승의 종지 중에 돈頓은 제일의의 마음이 언설의 상相을 여읨을 나타내 보이고 오직 자상自相의 체體가 있을 뿐 도무지 공상共相의 체體는 없어서 자상은 오직 현량現量만이 얻기 때문에 '자성법에 나아가 성지의 자각自覺 삼매를 얻어 즐겁게 머무는 자를 위해 분별해 나타내 보인다'고 말한 것이다.

문: 화신불이 설한 자상과 공상은 무엇인가?

답: 화신불이 설한 진여의 자성自性은 응연凝然하여 불변이니, 이를 일러 자상이라 한다. 물듦과 청정의 연緣을 따라 일체 세간법과 출세간 법을 이루니, 이를 일러 공상이라 한다. 이제 대혜가 얻을 수 있는 성지聖智가 실제로 있다고 말하려는 것은 바로 연緣하고 인因하는 불성을 집착해서 반연(緣)을 기다려 드러나는 것이니, 증득하는 바가 있기 때문이다.

비유하면 물속에 나무 그림자가 나타난 것과 같으니, 그것은 그림자도 아니고 그림자 아닌 것도 아니며, 나무 형상도 아니고 나무 형상 아닌 것도 아니다. 이처럼 외도의 견해는 습기로 훈습된 망상이 계교하고 집착한 것으로 동일함(一)과 다름(異), 함께함(俱)과 함께하지 않음(不俱), 있음(有)과 없음(無), 있지도 않고 없지도 않음(非有非無), 항상(常)과 무상無常의 상념에 의거하지 자심自心의 현량現量은 능히 알지 못한다.

譬如水中有樹影現. 彼非影. 非非影. 非樹形. 非非樹形. 如是外道見 習所熏. 妄想計著. 依於一異俱不俱有無非有非無常無常想. 而不能 知自心現量.

관기 이 이하에선 다섯 가지 비유를 통해 본래 얻을 수 있는 성지聖智 가 없음을 나타내고 있다. 이는 부처가 몸을 나타내는 것이 마치 물속의 그림자와 같다고 비유한다. 물은 중생의 마음을 비유하고,

나무는 부처의 법신, 보리신菩提身, 원신願身을 비유한다. 진실로 법신은 몸이 아니라 원력願力을 타고 나타나기 때문에 중생의 심수心水가 청정해지고 보리의 그림자가 한복판에 나타난다. 그리하여 그 나타난 바를 말하지만 원래는 중생이 본래 갖추고 있는 법신의 자심의 현량이다. 그 감응하는 도道의 교류가 불가사의(不可思議: 사량으로는 논의할 수 없음)해서 단지 일심一心일 뿐이기 때문에 그림자와 나무 둘 다 아니다. 외도는 오직 마음만 나타난 것임을 요달하지 못하기 때문에 동일함(一)과 다름(異) 등의 견해를 허망하게 집착하고 있다.

비유하면 밝은 거울이 연緣을 따라 일체의 색상色像을 현현하면서도 망상이 없는 것과 같다. 그건 형상(像)도 아니고 형상 아님도 아닌데도 형상과 형상 아님을 보니, 망상의 어리석은 범부로서는 형상의 상념을 짓는다. 이처럼 외도의 악견은 자심의 형상이 나타낸 망상의 계교와 집착으로 동일함(一)과 다름(異), 함께함(俱)과 함께하지 않음(不俱), 있음(有)과 없음(無), 있지도 않고 없지도 않음(非有非無), 항상(常)과 무상無常의 견해에 의거한다.

譬如明鏡隨緣顯現一切色像. 而無妄想. 彼非像. 非非像. 而見像非像. 妄想愚夫而作像想. 如是外道惡見自心像現. 妄想計著. 依於一異俱不俱有無非有非無常無常見.

관기 여기서는 부처가 무심無心으로 사물에 감응하고, 연緣에 따라 일을 성취하고, 기틀(機)에 응해 차별함이 마치 거울이 형상(像)을 나타내는 것과 같음을 비유하고 있다. 위역에서는 이렇게 말했다.

"반연이 있으면(有緣) 봄(見)을 얻으니, 반연이 없으면 보지 못하기 때문이다."

비유하면 바람과 물이 화합하여 소리를 내는 것과 같으니, 그건 성품도 아니고 성품 아님도 아니다. 이처럼 외도의 악견과 망상은 동일함(一)과 다름(異), 함께함(俱)과 함께하지 않음(不俱), 있음(有)과 없음(無), 있지도 않고 없지도 않음(非有非無), 항상(常)과 무상無常의 견해에 의거한다.

譬如風水和合出聲. 彼非性. 非非性. 如是外道惡見妄想. 依於一異俱不俱有無非有非無常無常見.

관기 여기서는 부처의 설법이 바로 반연으로 격발됨을 비유하고 있으니, 마치 바람과 물이 화합하고 난 후에 소리가 있는 것과 같다. 이 때문에 일체의 성교聲敎는 본래 실다운 법이 없지만 어리석은 자는 허망하게 진실로 여기기 때문에 당역에서는 "비유하면 골짜기의 메아리 같다"고 한 것이다.

비유하면 대지大地 중 풀과 나무가 없는 곳에 뜨거운 열기의 아지랑이가 개천처럼 흐르거나 큰 파도가 치거나 구름이 솟구치는 것과 같다.(당역에서는 "햇빛이 비추어서 아지랑이가 파도가 치는 것 같다"고 하였다) 그건 성품도 아니고 성품 아님도 아니니, 탐냄이 없는 걸 탐내기 때문이다. 이처럼 어리석은 범부는 비롯 없는 허위의 습기로 훈습된 망상 및 계교와 집착으로 생겨남과 머묾과 소멸함, 동일함(一)과 다름(異), 함께함(俱)과 함께하지 않음(不俱), 있음(有)과 없음(無), 있지도 않고 없지도 않음(非有非無), 항상(常)과 무상無常에 의거해서 스스로 머무는 사문事門을 반연하니 또한 다시 저 뜨거운 열기의 아지랑이나 파도가 치는 것과 같다.

譬如大地. 無草木處. 熱燄川流. 洪浪雲湧. (唐譯云. 日光照觸. 燄水波動) 彼非性. 非非性. 貪無貪故. 如是愚夫. 無始虛偽習氣所熏. 妄想計著. 依生住滅一異俱不俱有無非有非無常無常. 緣自住事門. 亦復如彼熱燄波浪.

관기 여기서는 머묾이 없는 근본으로부터 일체법을 건립함을 비유하고 있다. 그래서 마치 대지大地 중 풀과 나무가 없는 곳에 뜨거운 열기의 아지랑이가 개천처럼 흐르거나 큰 파도가 치거나 구름이 솟구치는 것과 같지만, 그러나 법의 성품은 무생無生이고 무생의 법에선 생멸을 허망하게 본다. 이 때문에 당역에서는 이렇게 말했다.

"성지聖智가 스스로 증득하는 법성문(自證法性門) 속에서 생겨남과 머묾과 소멸함, 동일함(一)과 다름(異), 있음(有)과 없음(無), 함께함(俱)과 함께하지 않음(不俱) 등을 보는 것이다."

비유하면 어떤 사람이 주술呪術의 기능(機)을 발휘해 중생이 아닌

슐수(非衆生數)(당역에서는 "기관機關의 목인木人은 중생의 체體가 없다"라고 하였다)로써 비사사毗舍闍[440] 귀신을 방편으로 합성해 움직이고 흔들리고 말하고 행위하게 하면(비사사毗舍闍는 한역하면 담정기啖精氣이다. 당나라 말로는 전귀顚鬼라 한다), 어리석은 범부의 망상으로는 오고 간다고 계교하고 집착하는 것과 같다. 이처럼 외도의 악견과 희망은 동일함(一)과 다름(異), 함께함(俱)과 함께하지 않음(不俱), 있음(有)과 없음(無), 있지도 않고 없지도 않음(非有非無), 항상(常)과 무상無常의 견해에 의거해 희론戱論하고 계교하고 집착해서 실다운 건립을 하지 못한다.

譬如有人呪術機發. 以非衆生數. (唐譯云. 機關木人. 無衆生體) 毗舍闍鬼方便合成. 動搖云爲. (毗舍闍. 此云啖精氣. 唐言顚鬼) 凡愚妄想計著往來. 如是外道惡見希望. 依於一異俱不俱有無非有非無常無常見. 戱論計著. 不實建立.

관기 여기서는 불신佛身이 몸이 아님을 비유하고 있다. 다만 작위 없는 묘한 능력(無作妙力)으로 중생을 성취함으로써 본래 오고 감(去來)이나 출몰出沒하는 상相이 없는데, 어리석은 범부는 요달하지 못하고 허망하게 실답다고 여긴다.

대혜야, 그러므로 자각성지의 일(事)을 얻고자 하면 반드시 생겨남과

---

440 산스크리트어 piśāca의 음사. 식혈육귀食血肉鬼·전광귀癲狂鬼라고 번역. 수미산 중턱의 동쪽을 지키는 지국천왕持國天王의 권속으로, 사람의 정기나 피를 먹는다는 귀신.

머묾과 소멸함, 동일함(一)과 다름(異), 함께함(俱)과 함께하지 않음(不俱), 있음(有)과 없음(無), 있지도 않고 없지도 않음(非有非無), 항상(常)과 무상無常 등의 악한 견해와 망상을 여의어야 한다."

大慧. 是故欲得自覺聖智事. 當離生住滅一異俱不俱有無非有非無常無常等惡見妄想.

관기 여기서는 결론으로 관觀하고 행行하는 사람은 반드시 앞서 말한 동일함(一)과 다름(異) 등 사구四句의 악견과 망상을 여의어야 자연히 자각성지에 들어갈 수 있다고 한다. 진실로 중생여衆生如이고 불여佛如이고, 일여一如이자 둘이 없는 여(無二如)이다. 만약 삼계와 오온이 허환虛幻하여 실답지 않음을 관觀하면 당체當體의 여여如如가 곧 자각성지이다. 만약 스스로 증득한 성지(自證聖智)의 법성문 중에서 불견佛見과 법견法見을 일으키고 동일함(一)과 다름(異) 등으로 분별하면 곧 외도의 삿된 견해에 떨어진다. 적멸의 일심이 나타낸 경계에서 사구四句의 견해를 일으키지만 단지 망상일 뿐 실다운 법(實法)이 아니니, 이 때문에 본래 여읠 수 있는 사구四句는 없는 것이다. 진실로 일념이 생기지 않으면 정情이 잊히고 집착이 물러나서 본래 스스로 여여如如하니, 소위 단지 범속한 정情을 다할 뿐 따로 성스러운 이해(聖解)는 없기 때문에 역시 얻을 수 있는 성지聖智는 없는 것이다. 이 범속한 정情과 성스러운 이해를 일제히 탕진蕩盡하게 되면 바야흐로 자각성지의 구경사究竟事이지만, 다만 털끝만큼이라도 보는 곳(見處)이 잊히지 않으면 곧 외도의 악견에 떨어진다. 그러나 외도에도 세 가지 동일하지 않음이 있으니, 첫째는 불법 밖의 외도이고, 둘째는 불법에 붙어 있는 외도이고, 셋째는 불법을 배워 외도를 성취하는 것이다.

첫째, '불법 밖의 외도'에서 그 본원本源에 세 가지가 있다. 하나는 가비라迦毗羅441로서 한역하면 황두黃頭이니, 인因 속에 과果가 있다고 계교한다. 둘은 구루승거漚樓僧佉로서 한역하면 휴후休睺이니, 인 속에 과가 없다고 계교한다. 셋은 늑사바勒沙婆로서 한역하면 고행苦行이니, 인 속에 과가 있기도 하고 없기도 하다고 계교한다. 또 『입대승론入大乘論』에서는 이렇게 말했다.

"가비라는 동일함(一)을 계교하는 허물이 있으니, 말하자면 지음(作)과 작자作者가 동일하고, 상相과 상자相者가 동일하니, 이와 같은 것을 '동일함'을 계교하는 것이라 칭한다. 구루승거는 다름(異)을 계교하고, 가루구타迦樓鳩馱는 동일하기도 하고 다르기도 함을 계교하고, 약제자若提子442는 동일하지도 않고 다르지도 않음을 계교하니, 일체 외도가 달리 계교하는 것은 모두 이 네 가지를 벗어나지 않는다.

---

441 가비라迦毗羅는 원래 누른빛이라는 말이니, 석존보다 1세기쯤 전 가비라국迦毗羅國에서 도리道理를 닦았던 머리 빛이 누른 선인仙人이다. 머리 빛이 누른 선인이 이 나라에서 도리를 닦았으므로 가비라국이라고 하는데, 줄여서 가비라고도 한다.

442 니건야제자尼揵若提子, 니건타야제자尼乾陀若提子라고도 한다. 팔리어 nigaṇṭha-nātaputta, 이건타尼犍陀는 nigaṇṭha의 음사, 야제若提는 nāta의 음사로 종족 이름. 자子는 putra의 번역. 곧 야제족若提族 출신의 니건타尼犍陀라는 뜻. 자이나교의 교조로, 본명은 바르다마나vardhamāna이며, 깨달은 후에는 그를 높여 마하비라(mahāvīra, 大雄) 또는 지나(jina, 勝者)라고 일컫는다.

이로부터 분파分派와 지류枝流가 나와서 부처가 세간에 나왔을 때는 여섯 명의 대사大師가 있었다. 첫째, 부란나가섭富蘭那迦葉[443]은 불생불 멸不生不滅을 계교하는데, 이는 상견常見이다. 둘째, 말가리구사리자 末伽梨拘賖梨子[444]는 중생의 고통과 즐거움은 인연이 있지 않고 자연히 그렇다고 계교하는데, 이는 단견斷見이다. 셋째, 나자야비라지자那闍 夜毗羅胝子[445]는 중생이 시기가 성숙하면 도道를 얻는 것이 실 꾸러미에 서 실이 다 풀리면 저절로 해탈을 이루는 것과 같다(縷丸數極)고 한다. 넷째, 아자다시사흠바라阿耆多翅舍欽婆羅[446]는 죄의 과보로 받는 고통 을 계교해서 몸을 바위에 던지고 머리털을 뽑는 것으로 대신했다. 다섯째, 가라구타가전연迦羅鳩馱迦旃延[447]은 있기도 하고 없기도 하다 고 계교했다. 여섯째, 니건타야제자尼犍陀若提子는 업業으로 지은 것은

---

443 팔리어 pūraṇa-kassapa의 음사. 인연을 부정하고 선악의 행위에 대한 과보도 인정하지 않는다.

444 팔리어 makkhali-gosāla의 음사. 그의 교도들을 불교도들은 그릇된 생활 방법을 취하는 사명외도邪命外道라고 한다. 그는 인간이 번뇌에 오염되거나 청정해지는 과정과, 인간의 고락과 선악에는 아무런 원인이나 조건이 작용하지 않고, 오직 자연의 정해진 이치에 따른 것이라고 한다.

445 팔리어 sañjaya-velaṭṭhi의 음사. 지식이란 주관에 따라 달라지므로 객관적인 지식은 있을 수 없다고 주장해서 지식을 버리고 오직 수행만 중시한다. 사리불과 목건련은 원래 그의 제자였으나 후에 붓다에게 귀의한다.

446 팔리어 ajita-kesakambala의 음사. 인간은 다만 지地·수水·화火·풍風의 4원소로 구성되어 있는데, 이들만이 참 실재이며 불변하다고 주장한다. 선악이나 인과도 없고, 과거와 미래도 없으므로 현재의 쾌락만이 인생의 목표라고 한다.

447 팔리어 pakudha-kaccāyana의 음사. 중생의 생존은 모두 자재천自在天의 뜻에 따라 이루어지므로 자신의 죄나 허물에 대해 부끄러워할 필요가 없다고 주장하 고, 선악의 행위에 대한 과보도 부정한다.

결정코 고칠 수 없다고 계교했다. 총체적으로 있음(有)과 없음(無), 단멸(斷)과 항상(常)의 두 견해를 벗어나지 못하니, 이것이 불법 밖의 외도이다."

둘째, '불법에 붙어 있는 외도'는 저절로 독자犢子와 방광方廣⁴⁴⁸의 도인道人이 생긴 걸 말하니, 스스로 총명함으로 불경 서적을 읽고서 개별적으로 하나의 견해를 내어 불법에 붙어 일으키기 때문에 이런 명칭을 얻은 것이다. 독자犢子는 사리불비담舍利弗毗曇⁴⁴⁹을 읽고 개별적인 뜻을 자제하면서 '나(我)는 사구四句 밖에 존재한다'고 말했다. 불가설장不可說藏 중에서 무엇을 사구四句라 하는가? 외도는 '색에 즉해 나이다(卽色是我)', '색을 여의고 나이다(離色是我)', '색 중에 나가 있다(色中有我)', '나 속에 색이 있다(我中有色)'고 계교하는데, 사음四陰 역시 마찬가지라서 도합 스무 가지 신견身見이 있다. 『대론大論』에서 "스무 가지 신견을 타파하면 수다원須陀洹을 성취한다"고 한 것이 바로 이 뜻이다. 이제 독자犢子에서 나(我)를 계교함은 여섯 대사⁴⁵⁰와도 다르고 또 불법의 논論들도 아니라서 모두 미루어 받아들이지 않는 것이니, 문득 이것이 불법에 붙어 있는 삿된 사람의 법이다.

셋째, '불법을 배워서 외도를 성취한다'는 말하자면 부처의 교문教門을 집착해서 번뇌를 내면 이理에 들어가지 못한다는 것이다. 『대론大

---

448 『마하지관』에서는 독자와 방광이 영원불변한 나란 없지만 사구四句를 여읜 다섯 번째 입장을 통해 영원불변한 나의 실재성을 주장했다.

449 사리불의 『아비담론』을 말한다. 읽고 나서 스스로 "'나'란 사구四句 외에 다섯 번째인 불가설장不可說藏에 있다"고 하였다.

450 육사외도六師外道를 말한다.

論』에서는 이렇게 말했다.

"만약 반야방편般若方便을 얻지 못하면 아비담阿毗曇[451]에 들어가도 곧 있음(有) 속에 떨어지고, 공空에 들어가도 곧 무無 속에 떨어지고, 비륵毘勒[452]에 들어가도 있기도 하고 없기도 함(亦有亦無) 속에 떨어진다."

『중론中論』에서는 "있음도 아니고 없음도 아니다(非有非無)를 집착하는 것을 이름하여 어리석은 이론(愚癡論)이라고 한다"고 했으니, 정법正法을 거꾸로 집착하여 도리어 삿된 사람을 이룬다. 그러므로 마하연(摩訶衍: 대승)의 네 가지 문門을 배워서 반야의 뜻을 얻지 못하면 즉시 네 가지 비방에 떨어지고 삿된 불에 태워져서 도리어 삿된 사람의 법을 이루기 때문에 소승은 가짜(假)와 진실(實)의 두 변邊을 집착하고 대승은 공空과 있음(有)의 두 변을 집착하는 것이다. 소승은 마음 밖에 법이 있다고 집착하는데, 이는 있음(有)에 집착하는 것이고, 대승은 보리와 열반이 다 없음(無)이라 배척하는데, 이는 공空에 집착하는 것이니, 이 때문에 불법을 배워서 외도의 견해를 이룬다고 하는 것이다. 총체적으로 모두 유심唯心의 현량現量 경계를 통달하지 못하기 때문에 이 계교를 허망하게 일으킨 것이다.

이제 삿됨을 꺾어서 올바름을 드러냄(摧邪顯正)을 거쳐 일체를 아울

---

451 아비담은 아비다르마(Abhidharma, 阿毘達磨), 즉 논論을 뜻한다. 문자 그대로의 뜻은 대법(對法: abhi+dharma=對+法)이다. 법法, 즉 붓다가 설한 교법에 대한 연구와 해석을 말하는 것으로서, 협의의 아비달마는 부파불교의 여러 논(論, sastra), 즉 논서論書들을 뜻한다. 오랫동안에 걸쳐서 많은 논論들이 만들어지고 후일에 정비되어 논장論藏이 되었다

452 가전연迦旃延이 지은 논서論書.

러 타파하기 때문에 앞 단락의 일곱 가지 비유는 불법 밖의 외도와
더불어 불법에 붙어 있는 외도의 네 가지 계교를 타파함으로써 자각성
지가 본래 여읠 수 있는 사구四句가 없음을 드러내었고, 나중의 다섯
가지 비유는 불법을 배워서 외도를 성취하는 걸 타파함으로써 적멸의
일심一心을 증득하기 때문에 얻을 수 있는 성지聖智가 없는 것이다.
만약 온갖 견해가 꺼져 없어진다면 일심이 저절로 드러나니, 관觀하는
자는 응당 알아야 하며 그 번뇌를 싫어하지 말아야 한다.

이때 세존께서는 이 뜻을 거듭 선포하고자 게송을 설하셨다.

爾時世尊欲重宣此義而說偈言.

환幻이나 꿈같고, 물에 비친 나무 그림자 같으며
눈에 아른거리는 머리털 같고, 뜨거울 때 아지랑이 같으니
이처럼 삼유三有를 관觀하면
구경究竟에는 해탈解脫을 얻는다.

비유하면 사슴이 목마른 생각(想)에
이리저리 흔들리며 마음을 미혹하고 혼란시키는데,
사슴의 생각(想)으론 물이라 하지만
그러나 실제로 물이란 현상(事)은 없다.

이와 같은 식識의 종자種子가

동정動靜으로 보이는 경계에서
어리석은 범부는 망상이 생겨나니
마치 가리개에 가려진 것과 같다.

비롯 없는 태어남과 죽음에서
성품을 계교하고 집착하여 섭수攝受하니
마치 쐐기를 거꾸로 쳐서 쐐기를 빼내는 것처럼
탐욕의 섭수를 버리고 여의어라.

마치 환술과 주술의 기틀이 발해지는 것 같고
뜬구름 같고, 꿈이나 번개와 같으니
이를 관觀하면 해탈을 얻어서
영원히 세 가지 상속相續을 끊으리라.

그것들은 지음(作)이 있지 않아서
마치 허공의 아지랑이 같으니
(당역에서는 "마치 공空 속의 아지랑이 같다"고 하였다)
이와 같이 온갖 법을 안다면
아는 바(所知)가 없게 되리라.

幻夢水樹影. 垂髮熱時欲. 如是觀三有. 究竟得解脫. 譬如鹿渴想.
動轉迷亂心. 鹿想謂爲水. 而實無水事. 如是識種子. 動靜見境界.
愚夫妄想生. 如爲翳所翳. 於無始生死. 計著攝受性. 如逆楔出楔.

捨離貪攝受. 如幻呪機發. 浮雲夢電光. 觀是得解脫. 永斷三相續. 於彼無有作. 猶如燄虛空. (唐譯云. 如空中陽燄) 如是知諸法. 則爲無所知.

관기 여기서는 온갖 비유를 통틀어 사용해서 여읠 수 있는 사구四句가 본래 없음을 먼저 읊고 있다. 위역과 당역에서는 모두 먼저 오온을 거론하고 나중에 삼계가 실답지 않아서 마치 그림자 같고 환幻 같다는 등을 거론했다. 말하자면 중생은 하나의 오온의 몸과 마음이 그림자 같고 환幻 같음을 능히 요달할 수 없어서 허망하게 실답다고 계교하기 때문에 삼계의 생사를 능히 해탈할 수 없다. 그러나 오온의 온갖 법은 본래 스스로 무생無生인데, 이제 무생 중에서 허망하게 생멸을 보기 때문에 비유하면 목마른 사슴이 물 없는 곳에서 허망하게 물이란 상념을 짓는 것과 같다. 이처럼 중생은 모두 업식業識의 종자를 말미암아 습기習氣가 훈습해 발하기 때문에 범부는 허망하게 생사를 보고, 외도와 이승은 허망하게 열반을 보기 때문에 '동정動靜으로 보이는 경계에서'라고 했다. 이는 모두 어리석은 범부의 망상에서 생긴 것이라서 마치 가려진 눈이 허망하게 허공 꽃을 보는 것과 같기 때문에 비롯 없는 생사에서 허망하게 집취執取를 계교하며, 장차 실제로 자성自性이 있다고 말하기 때문에 동일함(一)과 다름(異), 있음(有)과 없음(無), 단멸(斷)과 항상(常) 등 사구의 악견을 일으킨다.

세존께서는 저들의 미혹을 불쌍히 여겨서 사구를 여의는 법을 설해 저들의 탐내고 집착하는 마음을 타파하셨으니, '마치 쐐기를 거꾸로 쳐서 쐐기를 빼내는 것'과 같기 때문에 탐욕의 섭수攝受를 버리고 여의게 한 것이지 실제로 여읠 수 있는 사구가 있는 건 아니다. 그러나 저 온갖 법은 본래 지음(作)이 있지 않고 또한 실제의 일(實事)도 아니기 때문에 마치 환술과 주술의 기틀이 발해지는 것 같고, 뜬구름 같고 꿈이나 번개, 아지랑이와 같을 뿐이다. 소위 생사와 열반은 지난밤의 꿈과 같다는 것이다.

만약 이와 같은 관(觀)을 능히 지을 수 있다면 온갖 법은 당체(當體)가 적멸해서 끝내 생사와 열반의 상(相)이 없기 때문에 "이와 같이 온갖 법을 안다면 아는 바(所知)가 없게 되리라"라고 한 것이다. 아는 바(所知)가 없음을 말미암으면 온갖 견해가 저절로 멸망하고 사구가 단박에 버려지는 것이 바로 이름하여 자각성지이다.

말의 가르침은 오직 가명(假名)일 뿐으로
말 역시 상(相)이 있지 않지만
거기서 망상을 일으키니
음(陰)과 행(行)은 아른거리는 머리털과 같다.

마치 그림이나 아른거리는 머리털, 환(幻)과 같고
꿈이나 건달바성(犍闥婆城),
불 바퀴나 뜨거울 때의 아지랑이 같아서
실제론 없는데도(無) 중생에 나타난다.

항상(常)과 무상(無常), 동일함(一)과 다름(異)
함께함(俱)과 함께하지 않음(不俱)도 마찬가지니

비롯 없는 과거부터 상속되어 온
순진한 범부의 어리석은 망상이다.

명경수明鏡水나 청정한 눈과 같고
마니摩尼의 묘한 보배 구슬 같아서
그 가운데서 온갖 빛깔을 나타내지만
실다움은 없기(無) 때문에 있는(有) 것이다.

일체의 성품이 현현顯現함이
마치 그림과 같고 뜨거울 때의 아지랑이 같으니
갖가지 온갖 빛깔이 나타남이
마치 꿈과 같아서 있는 바가 없다(無所有).

言敎唯假名. 彼亦無有相. 於彼起妄想. 陰行如垂髮. 如畫垂髮幻.
夢揵闥婆城. 火輪熱時燄. 無而現衆生. 常無常一異. 俱不俱亦然.
無始過相續. 愚夫癡妄想. 明鏡水淨眼. 摩尼妙寶珠. 於中現衆色.
而實無故有. 一切性顯現. 如畫熱時燄. 種種衆色現. 如夢無所有.

관기 여기서도 역시 얻을 수 있는 성지聖智가 없음을 읊고 있다.
당역에서는 이렇게 말한다.

"온갖 온蘊은 모륜毛輪과 같으니/ 그 가운데서 허망하게 분별한다/
오직 가명假名으로만 시설施設된지라/ 상相을 구해도 얻을 수 없다."

말하자면 오온의 온갖 법은 본래 있는 바가 없고(無所有) 텅 빈 가짜라서 실답지 않으니, 마치 환幻이나 꿈 등의 일과 같다. 범부의 어리석음이 오직 마음뿐임을 요달하지 못해서 허망하게 분별을 일으키기 때문에 네 가지 계교를 일으킨다. 만약 저 온갖 법이 오직 마음만으로 나타낸 것임을 요달해서 마치 명경지수明鏡止水나 청정한 눈(淨眼), 마니摩尼와 같다면, 비록 온갖 빛깔을 나타내더라도 본래 스스로 무생無生이라 당체當體가 원만히 밝은(圓明) 것이 곧 자각성지이다. 이것 외에 다시 얻을 수 있는 성지聖智는 없는 것이다.

○이상 두 가지 견해를 통틀어 타파함으로써 원만한 성취를 드러내었다. △②-1-1-(4) 이하에선 허물을 여의고 잘못을 끊음을 결론으로 나타냈다.

"다시 다음에 대혜야, 여래의 설법은 이와 같은 사구四句를 여의는 것이니, 말하자면 동일함(一)과 다름(異), 함께함(俱)과 함께하지 않음(不俱), 있음(有)과 없음(無), 있지도 않고 없지도 않음(非有非無), 항상(常)과 무상無常이다. 있음(有)과 없음(無)의 건립과 비방을 여의고 진제眞諦, 연기緣起, 도道, 멸滅, 해탈解脫을 분별해 결집하니, 여래의 설법은 이를 으뜸(首)으로 삼는다.(위역에서는 "여래의 설법은 실제의 인연과 적멸의 해탈에 의거하기 때문이다"라고 하였다) 이는 성품도 아니고, 자재自在도 아니고, 무인無因도 아니고, 미진微塵도 아니고, 시간(時)도 아니고, 자성의 상속으로 설법을 하는 것도 아니다.

復次大慧. 如來說法. 離如是四句. 謂一異俱不俱有無非有非無常無常. 離於有無建立誹謗分別. 結集眞諦緣起道滅解脫. 如來說法. 以

是爲首. (魏譯云. 如來說法. 依實際因緣寂滅解脫故) 非性. 非自在. 非無因. 非微塵. 非時. 非自性相續. 而爲說法.

관기 여기서는 결론으로 질문의 뜻에 답함으로써 허물을 여의고 잘못을 끊음을 드러내고 있다. 대혜의 청문請問은 동일함(一)과 다름(異), 있음(有)과 없음(無) 등의 사구를 여의어서 일체 외도가 행하지 못한 바이고 자각성지가 행한 바이다. 부처의 답변은 단지 오온의 온갖 법이 오직 마음뿐임을 요달해서 분별을 일으키지 않으면 당장(當下)에 여여如如해서 본래 여읠 수 있는 사구가 없고 또한 얻을 수 있는 성지聖智도 없기 때문에 여기서 결론으로 말한 것이다. '여래의 설법이 이와 같은 사구를 여의는 까닭'은 실제의 인연과 적멸의 해탈에 의거해 설했기 때문이지 외도가 허망하게 가리킨 성품의 자재性自在 등 삿된 인因에 견주어 설법한 것이 아니니, 이 때문에 영원히 온갖 허물을 여의는 것이다.

다시 다음에 대혜야, 번뇌와 이염爾燄의 장애를 정화하기 때문이다. 비유하면 상주商主가 108구句의 무소유無所有를 차례대로 건립해서 여러 승乘 및 여러 지地의 상相을 잘 분별하는 것과 같다."

復次大慧. 爲淨煩惱爾燄障故. 譬如商主. 次第建立百八句無所有. 善分別諸乘及諸地相.

여기서는 논란을 방지하는 것이다.

관기

논란: 여래의 설법이 이미 사구四句를 여의었다면 설할 만한 법이 없는데, 어찌 또 108구를 차례대로 건립하고 아울러 온갖 승乘과 지地의 상相을 분별하는가? 그러므로 여기서는 "중생의 번뇌와 소지所 知 두 가지 장애를 정화하기 때문이다. 비유하면 상주商主는 뭇 사람들을 인도해 보배 처소(寶所)에 이르게 하기 때문에 온갖 방편을 마련하는 것이다"라고 해석했다. 여래의 설법도 이와 같아서 실제로 설할 내용 (所說)이 있지 않기 때문에 경전에서는 이렇게 말했다.

"법을 요달하는 것은 말에 있지 않다. 무언無言의 지평(際)에 잘 들어가면서도 능히 언설을 제시할 수 있으니, 마치 메아리가 세간에 두루한 것과 같으니 또한 절연絕然해서 설하지 못한 것이 아니다."

『보경寶鏡』에서는 "비록 말(言)이 있지 않아도 말(語)이 없는 것은 아니다"라고 했으니, 앞에서 '108구는 삼계, 25유有, 삿됨과 올바름(邪 正), 사구四句의 건립이다'라고 했는데, 그 뜻이 여기에서 보인다.

이상 변행辯行 중에서 처음으로 정행正行의 방향을 총체적으로 제시했다.
②-1-2 다음은 삿되고 올바른 인과의 상相을 간략히 제시한 걸 네 가지로 나눈다.
②-1-2-(1) 처음에는 두 가지 인因을 간략히 제시했다.
△②-1-2-(1)-1 먼저 외도와 이승의 삿된 인의 선(邪因禪)을 제시했다.

"다시 다음에 대혜야, 네 가지 선禪이 있는데, 무엇이 네 가지인가? 말하자면 어리석은 범부가 행하는 선禪, 뜻(義)을 관찰하는 선禪, 여如

를 반연하는 선禪, 여래선如來禪이다. 무엇이 어리석은 범부가 행하는 선인가? 말하자면 성문과 연각과 외도의 수행자는 인무아성人無我性의 자상自相과 공상共相, 골소관骨瑣觀, 무상無常, 공꿈, 부정상不淨相의 계교와 집착이 으뜸이 되니, 이와 같은 상相을 달리 관觀하지 않아서(당역에서는 "이와 같은 관찰에선 견고한 집착이 버려지지 않는다"고 하였다) 전후로 전변하여 나가는 상相이 제거, 소멸되지 않는다.(당역에서는 "점차로 증진增進해서 무상정無想定과 멸진정〔滅定〕에 이른다"고 하였다) 이를 이름하여 어리석은 범부가 행하는 선이라 한다.

復次大慧. 有四種禪. 云何爲四. 謂愚夫所行禪. 觀察義禪. 攀緣如禪. 如來禪. 云何愚夫所行禪. 謂聲聞緣覺外道修行者. 觀人無我性自相共相. 骨瑣. 無常. 苦. 不淨相. 計著爲首. 如是相. 不異觀.（唐譯云. 如是觀察. 堅著不捨）前後轉進. 相不除滅.（唐譯云. 漸次增進. 至無想滅定）是名愚夫所行禪.

관기 여기서는 삿됨과 올바름의 두 가지 원인을 간략히 밝혔다. 처음에는 외도와 이승의 삿된 원인을 제시하였다. 그러나 '여래의 설법이 외도와 동일치 않은 까닭'은 인행因行이 동일하지 않기 때문이다. 그러므로 여기서는 네 가지 선을 특별히 말해 삿됨과 올바름의 두 가지 인因을 가려냄으로써 수행인으로 하여금 선택한 것을 알게 하고자 하였다. 선禪 수행자의 이理에 들어가는 방편은 소위 인행因行일 뿐이다. 이승과 외도는 자심의 현량의 참된 무아無我의 이理를 요달하지 못해서 비록 아공我空을 관觀하더라도 취하고 집착함을 잊지 못해 더욱 아견我見을 키우기 때문에 상相이 제거, 소멸되지 않는다. 인지因地는 참(眞)이 아니기 때문에 과果는 우곡(迂曲: 이리저리 구부러짐)을 초래하고, 그러므로 열반도 역시 진실이 아니다. 이를 이름하여 어리석은 범부가 행하는 선禪이라 한다.

무엇이 뜻(義)을 관찰하는 선禪인가? 말하자면 인무아人無我의 자상과 공상, 외도의 자성自性과 타성他性, 둘 다의 성품(俱性)이 없는 것이다. (당역에서는 "말하자면 자상과 공상의 인무아를 알 뿐이고, 또한 외도의 자성과 타성, 둘 다의 성품〔俱性〕 지음을 여의는 것이다"라고 하였다) 법무아法無我를 관찰해서 저 지地와 상相의 뜻이 점차로 증진하니(당역에서는 "법무아에서 여러 지地와 상相의 뜻은 관찰에 수순隨順한다"고 하였다), 이를 이름하여 뜻을 관찰하는 선이라 한다.

云何觀察義禪. 謂人無我自相共相. 外道自他俱. 無性已. (唐譯云. 謂知自共相人無我已. 亦離外道自他俱作) 觀法無我. 彼地相義. 漸次增進. (唐譯云. 於法無我諸地相義. 隨順觀察) 是名觀察義禪.

관기 여기서는 보살의 수행 방편을 칭해서 정인正因을 제시하였다. 삼현三賢[453] 이후부터 곧바로 칠지七地의 행상行相에 이르기까지 모두 이 열列에 존재하니, 이른바 "두 가지 장애를 분별하니 환희지가 없고, 선천적으로 생긴 법집도 각 지地마다 제거된다(分別二障極喜無.

---

453 십주十住, 십행十行, 십회향十廻向의 수행 단계에 있는 보살.

法執俱生地地除)." 이 때문에 "법무아法無我를 관찰하면 저 지상地相의 뜻은 점차로 증진한다"라고 하였다.

무엇이 여如를 반연한 선인가?(위역에서는 "진여眞如를 관찰하는 선禪"이라 했고, 당역에서는 "진여를 반연하는 선"이라 하였다) **말하자면 망상은 이무아二無我의 망상이지 실다운 곳**(如實處)**에서는 망상이 생기지 않으니, 이를 이름하여 여如를 반연하는 선이라 한다.**

云何攀緣如禪. (魏譯云. 觀眞如禪. 唐譯云. 緣眞如禪) 謂妄想二無我妄想. 如實處不生妄想. 是名攀緣如禪.

관기 여기서는 팔지八地 이상 해탈도解脫道의 행상行相에 이르기까지를 밝힌 것이다. 당역에서는 이렇게 말했다.

"만약 무아無我에 두 가지가 있다고 분별하면 이는 허망한 생각(念)이니, 만약 실답게(如實) 안다면 그런 생각은 일어나지 않는다."

말하자면 만약 실제로 이무아二無我의 이理가 있다고 한다면 이는 곧 망상이기 때문에 '망상은 이무아의 망상'이라 한 것이다. 만약 진실에 부합해 관찰하면 인人과 법法은 본래 없는데, 이제 무엇을 두 가지가 없다고 하겠는가? 평등하고 여여如如해서 분별이 일어나지 않기 때문에 위역에서는 이렇게 말했다.

"분별심 속에 머물지 않아서 적정寂靜의 경계를 얻으니, 이를 이름하여 진여眞如를 관찰하는 선이라 한다."

이상이 바로 삼승의 행상行相이다.

무엇이 여래선如來禪인가? 말하자면 여래지如來地에 들어가서 자각성지의 상相과 세 가지 즐겨 머묾(樂住)을 얻어 중생의 부사의不思議한 일을 성취하는 것이니, 이를 이름하여 여래선이라 한다."

云何如來禪. 謂入如來地. 得自覺聖智相三種樂住. 成辦衆生不思議事. 是名如來禪.

관기 여기서는 가장 높은 일승(最上一乘)의 행상行相이다. 여래선이란 말은 여래가 행한 선이 아니라 바로 여래 과지果地의 깨달음으로써 근본 원인의 마음(本因心)을 삼은 것이다. 소위 생멸하지 않는 마음을 근본 수행의 원인(本修因)으로 삼기 때문에 "여래지에 들어가 자각성지를 얻는다"고 했으니 바로 앞서 말한 수행자의 대방편이다. 이상 두 가지 선禪은 비록 정행正行을 말하더라도 여전히 점수漸修에 속한다. 그렇다면 돈오頓悟의 일심一心은 불지佛地를 단박에 증득하고, 세 가지 덕을 비장祕藏하고, 일념을 단박에 얻어서 곧 중생의 부사의한 일을 능히 성취하기 때문에 이름하여 여래청정선如來淸淨禪이라 한다. 이것이 달마가 전한 선의 종지를 요달하는 것으로 삼세의 여러 부처와 역대 조사의 심인心印이다. 이 경전에서 제시한 취지의 뜻이 여기에 있으니, 어찌 외도와 이승의 삿된 선(邪禪) 및 망상의 반연으로 증득을 짓는 것으로 견줄 수 있겠는가? 그러므로 수행인으로 하여금 반드시 이를 참된 원인(眞因)으로 삼아서 바야흐로 여래의 무상대열반無上大涅槃의 과과를 얻게 하니, 인因이 참되고 과과가 올바른 이것이 여래의 설법이 외도의 악견과는 함께하지 못하는 까닭이다.

이때 세존께서 이 뜻을 거듭 선포하고자 게송을 설하셨다.

爾時世尊欲重宣此義而說偈言.

어리석은 범부가 행하는 선禪,
상相의 뜻(義)을 관찰하는 선,
여如의 실다움(實)을 반연하는 선,
여래청정선如來淸淨禪이 있다.

愚夫所行禪. 觀察相義禪. 攀緣如實禪. 如來淸淨禪.

 여기서는 네 가지 선禪의 상相을 통틀어 읊고 있다.
이하에선 삿됨과 올바름을 가려내 구별한다.

비유하면 해나 달의 형상과 같고
발두마鉢頭摩[454]의 깊고 험함 같으며
마치 허공과 같고 불이 타버린 것과 같으니
수행자는 이렇게 관찰한다.

이와 같은 갖가지 상相은
외도의 도道에 통하는 선禪이고

---

454 산스크리트어 padma의 음사. 붉은색의 연꽃.

또한 다시 성문승과
연각승의 경계에도 떨어진다.

譬如日月形. 鉢頭摩深險. 如虛空火盡. 修行者觀察. 如是種種相.
外道道通禪. 亦復墮聲聞. 及緣覺境界.

관기 여기서는 외도와 이승의 삿된 선의 행상行相을 읊어서 그
훈계를 통해 수행인들로 하여금 오류에 떨어지지 않게끔 하는
것이다. 말하자면 외도는 신아神我를 계교하기 때문에 선정에 들어갈
때 관觀함이 마치 해나 달의 형상이 밝고 청정하고 명랑하고 빛나는
것처럼 보거나, 혹은 홍련화紅蓮華가 바다 속에 존재하는 것처럼 보는
것이다. 이것을 참(眞)으로 삼아서 이승은 오온이 실제로 자상과 공상
이 있다고 허망하게 계교하기 때문에 무상無常, 고苦, 공空 등의 관觀을
지어서 스스로를 소멸하고 지혜도 끊어냄(灰自泯智)이 허공과 동일하
다. 마치 장작이 불에 다 타서 소멸하는 것을 열반으로 삼는 것과
같다. 이 때문에 "수행자는 이렇게 관찰한다. 설사 이와 같은 갖가지
경계와 상相을 보더라도 결코 그 속에 잘못 떨어질 수는 없는 것이다"라
고 훈계하였다.

저 일체를 버려서 여의면
이것이 있는 바가 없음(無所有)이니
일체 찰토刹土의 온갖 부처가
부사의不思議의 손으로

일시에 그 정수리를 어루만지면
수순隨順하여 여如의 상相에 들어가리라.

捨離彼一切. 則是無所有. 一切刹諸佛. 以不思議手. 一時摩其頂.
隨順入如相.

여기서는 정행正行을 드러냄을 읊고 있다. 생각건대 수행인으로 하여금 저 외도와 이승의 삿된 선을 버리게 할 뿐만 아니라 직접 익힐 수도 없게 한다는 것이다. 만약 부처의 교문敎門에 의거해 유심唯心의 현량現量을 요달한다면 곧 연緣과 여如의 두 가지 점차적인 행行을 관찰해서 역시 반드시 직접 익히지는 않으니, 이 때문에 "저 일체를 버려서 여의면/ 이것이 있는 바가 없음(無所有)이니"라고 한 것이다. 있는 바가 없음(無所有)에 의거해 관觀하면 능히 진여眞如를 따라 들어갈 수 있으니, 이를 이름하여 여래청정무상선如來淸淨無相禪이라 한다. 수행인이 이에 의거함을 바야흐로 정행正行이라 이름한다면 능히 불심佛心에 단박 계합할 수 있으니, 이 때문에 즉각 시방의 모든 부처를 감응하면 그 부사의不思議의 손으로 일시에 정수리를 어루만진다.

○이상 삿됨과 올바름의 인행因行이 동일하지 않음을 간략히 밝혔다.
△②-1-2-(2) 이하에선 삿됨과 올바름의 과果의 상相이 동일하지 않음을 간략히 밝히고 있다.

이때 대혜보살마하살은 다시 부처님께 여쭈었다.

"세존이여, 반열반般涅槃이란 어떤 법을 일컬어서 열반이 된다고 설한 것입니까?"

爾時大慧菩薩摩訶薩復白佛言. 世尊. 般涅槃者. 說何等法謂爲涅槃.

관기
앞에서는 인행因行의 동일하지 않음을 밝혔고, 여기서는 과果의 상相도 다름을 밝히고 있다. 대혜가 인행因行의 동일하지 않음을 듣고서 마침내 질문하길, 세존께서 이미 여래청정선을 인행因行으로 삼았어도 어떤 법을 과果의 상相으로 삼는 줄 알지 못했기 때문에 여기서 열반에 대한 질문을 청하여 과덕果德이 동일하지 않음을 드러내었다.

부처님께서 대혜에게 고하셨다.

"일체의 자성自性, 습기習氣, 장藏, 의意, 의식意識, 견습見習이 전변轉變한 것을 이름하여 열반이라 한다. 모든 부처 및 나의 열반은 자성自性이 공空한 일의 경계이다.

佛告大慧. 一切自性習氣藏意意識見習轉變. 名爲涅槃. 諸佛及我涅槃. 自性空事境界.

관기
여기서는 생사를 전변하여 열반이 됨으로써 여래의 참된 과果를 드러내는 걸 밝히고 있다. 당역에서는 이렇게 말했다.

"일체의 식識, 자성自性, 습기習氣 및 장식藏識, 의식意識, 견습見習이 전변하면 나 및 모든 부처가 이름하여 열반이라고 설하는데, 이것이 바로 모든 법의 성품이 공空한 경계이다."

말하자면 일체의 식, 자성, 습기 및 심의식心意識, 견습, 무명無明은 다 생사의 원인(因)이다. 생각건대, 만약 저 성품의 공空함을 요달하면 곧 생사의 당체가 전변하여 열반이 된다. 이는 곧 모든 법의 성품이 공한 경계라서 외도와 이승이 허망하게 증득을 두어서 열반에 집착하는 것과는 같지 않다. 저 인지因地가 참되지 않기 때문에 취한 바의 열반도 역시 구경究竟이 아니니, 생사의 인因을 여의지 못하기 때문이다.

다시 다음에 대혜야, 열반이란 성지聖智의 자각 경계로서 단멸과 항상의 망상, 성품과 성품 아님을 여의었다. 무엇이 항상(常)이 아닌가? 말하자면 자상自相과 공상共相의 망상을 끊었기 때문에 항상이 아니다. 무엇이 단멸(斷)이 아닌가? 말하자면 일체의 성스러움이 과거, 미래, 현재에서 자각自覺을 얻기 때문에 단멸이 아니다.
대혜야, 열반은 파괴되지도 않고 죽지도 않는다. 만약 열반이 죽음이라면 다시 응당 생生을 받아 상속해야 하며, 만약 열반이 파괴되는 것이라면 응당 유위有爲의 상相에 떨어져야 한다. 그러므로 열반은 파괴를 여의고 죽음을 여의니, 이 때문에 수행자가 귀의할 곳이다.

復次大慧. 涅槃者聖智自覺境界. 離斷常妄想性非性. 云何非常. 謂自相共相妄想斷. 故非常. 云何非斷. 謂一切聖去來現在得自覺. 故

非斷. 大慧. 涅槃不壞不死. 若涅槃死者. 復應受生相續. 若壞者. 應墮有爲相. 是故涅槃離壞離死. 是故修行者之所歸依.

관기 여기서는 열반의 상相을 제시하고 있다. 열반이 바로 자각성지의 경계이지 외도와 이승의 망상 경계는 아니니, 단멸(斷)과 항상(常), 있음(有)과 없음(無)의 분별을 여의기 때문이다. 범부의 가아假我 및 외도의 신아神我를 여의기 때문에 항상(常)이 아니며, 외도의 활달豁達 및 이승의 단멸斷滅을 여의기 때문에 단멸(斷)이 아니다. 파괴되지 않기 때문에 불멸不滅이고, 죽지 않기(不死) 때문에 생겨나지 않는다(不生). 불멸이기 때문에 뭇 성스러움의 영부靈府가 되고, 생겨나지 않기 때문에 온갖 생명의 안락한 저택이 되니, 이 때문에 "일체의 성스러움이 과거, 미래, 현재에서 자각自覺을 얻으니, 수행자가 귀의歸依할 곳이다"라고 하였다. 이 가운데 범부는 오온의 가아를 자상自相으로 허망하게 인정하며, 외도는 신아의 주제主諦를 공상共相으로 허망하게 건립한다.

다시 다음에 대혜야, 열반은 버리지도 못하고 얻지도 못하며, 단멸도 아니고 항상도 아니며, 하나의 뜻(一義)도 아니고 갖가지 뜻(種種義)도 아니니, 이를 이름하여 열반이라 한다.

復次大慧. 涅槃非捨非得. 非斷非常. 非一義. 非種種義. 是名涅槃.

관기 여기서는 열반의 정의正義를 결론으로 제시하고 있다. 진실로 삼승의 허망한 견해와 취하고 버림, 외도의 단멸과 항상, 동일함과 다름을 허망하게 집착하는 것은 총체적으로 허망한 견해의 분별에 속한다. 여래의 자성청정 대열반의 상相은 이 온갖 허물을 여의고 일체가 다 부정되기(非) 때문에 육조六祖는 이렇게 말했다.

"위없는 대열반(無上大涅槃)은 원만히 밝고 항상 고요히 비추는데, 범부의 어리석음은 그걸 죽음이라 하고, 외도는 그걸 집착해서 단멸(斷)이라 한다. 이승을 추구하는 온갖 사람들은 눈으로는 작용이 없다(無作)고 여기지만 다 정情으로 계교하는 것에 속하니, 육십이견455의 근본은 텅 빈 가명假名을 허망하게 건립하는 것이거늘 무엇이 진실의 뜻이 되겠는가? 오직 양을 초과한 사람(過量人)456이 있어서 취하고 버림이 없음을 통달했을 뿐이다. 그리하여 오온법 및 온蘊 속의 나(我)를 알고, 밖으로 뭇 색상色像과 하나하나 음성의 상相을 나타내고, 평등은 마치 환幻이나 꿈같아서 범속함이나 성스러움의 견해를 일으키지 않고, 열반의 이해를 짓지 않아서 이변二邊457과 삼제三際458가 끊어지

---

455 붓다가 살아 있을 당시에 인도의 외도들이 주장한 62가지 견해. 과거에 대한 견해로서 자아自我와 세계는 영원하다는 견해, 자아와 세계는 일부분만 영원하다는 견해, 세계는 유한하다는 견해, 세계는 무한하다는 견해, 자아와 세계는 원인 없이 생긴다는 견해 등 18가지. 미래에 대한 견해로서 자아는 사후에도 의식이 있다는 견해, 자아는 사후에 의식이 없다는 견해, 자아는 사후에 의식이 있지도 않고 없지도 않다는 견해 등 44가지.

456 범부와 성인, 미혹과 깨달음 등 일체의 범부를 초월한 사람을 말한다.

457 공空과 유有, 또는 무無와 유有.

458 전제前際·중제中際·후제後際, 곧 과거·현재·미래를 말한다.

며, 항상 온갖 근根의 작용에 감응하면서도 작용의 상념을 일으키지 않으며, 일체의 법을 분별하면서도 분별의 상념을 일으키지 않으며, 겁화劫火가 바다 밑바닥까지 태우고 바람이 고동쳐서 산과 서로 부딪치더라도 참되고 항상하고(眞常) 적멸한 즐거움이니, 열반의 상相이 이와 같다."

육조六祖가 설한 열반의 상相을 관하는 것은 마치 손바닥 안의 암마륵菴摩勒 열매를 보는 것과 같으니, 이것이 소위 심心, 의意, 의식意識의 견습見習을 전변하여 열반으로 삼아서 온갖 법의 성품이 공空한 경계에 들어가는 것이다.

다시 다음에 대혜야, 성문과 연각의 열반이란 자상自相과 공상共相을 깨달아서 경계에 습기로 다가가지 않고(당역에서는 "시끄러움을 버려서 여의고"라고 하였다) 뒤바뀌게(顚倒) 보지 않아서 망상妄想이 생기지 않으니, 저들은 이런 것들로 열반의 깨달음을 짓는다."

復次大慧. 聲聞緣覺涅槃者. 覺自相共相. 不習近境界. (唐譯云. 捨離憒鬧) 不顚倒見. 妄想不生. 彼等於彼作涅槃覺.

여기서는 이승의 열반과 가짜 과보(假果)를 말하고 있다. 이승은 비록 외도의 삿된 견해를 초월하더라도 아직 구경究竟이라 하지는 못하니, 소위 단지 생사를 다할 뿐인 걸 해탈이 된다고 일컫기 때문이다. 위역에서는 이렇게 말했다.

"성문과 벽지불辟支佛은 구경의 처소가 아니라서 열반의 상념을 일으킨다."

○②-1-2-(2)-1), ②-1-2-(2)-2) 이상 두 가지 과果를 제시했다.
△②-1-2-(3) 이하에선 두 가지 성품을 당면해 전변함(當轉)을 간략히
　제시했다.

"다시 다음에 대혜야, 두 가지 자성의 상相인데, 무엇이 두 가지인가?
말하자면 언설자성言說自性의 상相이 계교하고 집착하는 것과 사자성
事自性의 상相이 계교하고 집착하는 것이다. 언설자성의 상이 계교하고
집착하는 것은 비롯 없는 언설의 허위虛僞와 습기로 계교하고 집착해
서 생기는 것이며, 사자성의 상이 계교하고 집착하는 것은 자심이
나타낸 분제分齊임을 깨닫지 못한 데서 생기는 것이다."

復次大慧. 二種自性相. 云何爲二. 謂言說自性相計著. 事自性相計
著. 言說自性相計著者. 從無始言說虛僞習氣計著生. 事自性相計著
者. 從不覺自心現分齊生.

관기 여기서는 앞서 일체 자성의 습기의 상相을 해석하여 두 가지
성품을 당면해 전변함을 간략히 제시함으로써 과덕果德이
동일하지 않은 까닭을 밝히고 있다. 그러나 여래의 열반이 외도 및
이승과 동일하지 않은 까닭은 여래는 일체 자성의 습기를 전변하여
열반으로 삼지만, 외도와 이승은 자성이 있다고 집착하는 걸 열반으
로 삼기 때문이다. 이처럼 동일하지 않기 때문에 여기서는 특별히

두 가지 자성의 상相을 제시해서 전변한 바(所轉)를 알게 하고자 한 것이다.

'언설자성言說自性'에 대해서는 『법화경』에서 이렇게 말했다.

"온갖 법의 적멸한 상相은 언어로써 펼칠 수 없다."

삼계는 본래 실다운 법이 없으며 오직 명언名言으로써 체體를 삼으니, 단지 언설이 있을 뿐 도무지 실다운 뜻이 없기 때문이다. 범부와 외도는 명언名言의 성품이 공함을 알지 못해서 언설과 음성에 실다운 자체自體가 있다고 허망하게 계교하고, 그것에 의거한 분별로 갖가지 업을 예로부터 지어왔기 때문에 "비롯 없는 언설의 허위虛僞와 습기로부터 생기는 것"이라 했다. 만약 음성이 메아리 같음을 요달한다면 언설의 성품이 공空하고, 바람이 나무 구멍에 불어대도 태허太虛가 적멸하여 분별이 일어나지 않으면 법성法性이 고요하여(湛然) 오직 하나의 원명圓明뿐이라서 끝내 티끌의 습기(塵習)가 없다. 이것이 소위 언설자성을 전변해서 열반으로 삼는 것이다. 외도는 이를 벗어날 줄 알지 못해서 허망하게 온갖 견해를 일으키니, 이 때문에 저 열반을 계교함이 모두 언설자성의 비롯 없는 허위와 습기를 계교하고 집착함으로부터 생긴 것이라서 진실이 아니다.

'사자성事自性에 대해 경전에서는 이렇게 말했다.

"삼계의 위와 아래의 법은 오직 일심一心이 지은 것일 뿐이다."

온갖 법이 오직 마음이 나타난 것일 뿐이니, 마치 거울 속의 형상과 같아서 본래 실답게 있는(實有) 것이 아니다. 단지 일심일 뿐이지 다시 별개의 법은 없는데, 이승은 오직 마음뿐임을 요달하지 못하고 마음 밖에 법을 취해서 온갖 법에는 실제로 자체自體가 있다고 허망하게 계교했다. 그리하여 온갖 법이 본래 적멸한 상相을 통달하지 못했기 때문에 싫어할 만한 생사와 증득할 수 있는 열반이 있다고 허망하게 본 것이다. 그래서 저 증득한 열반은 모두 사자성事自性의 상相을 계교하고 집착한 것이니, 자심自心이 나타난 분제分齊를 깨닫지 못한 데서 생긴 것이라서 진정한 멸도滅度가 아니다. 인因이 참된 인(眞因)이 아님을 말미암기 때문에 과果도 구경究竟이 아니니, 이것이 여래가 설한 열반이 외도와는 동일하지 않은 까닭이다.

△②-1-2-(2)-4) 이하에선 감응의 두 가지 징조를 간략히 제시하였다.

"다시 다음에 대혜야, 여래는 두 가지 신력神力으로 건립하니(당역에서는 "신력神力으로 가지加持한다"고 하였다), 보살마하살은 온갖 부처에게 정례頂禮하고서 질문의 뜻을 청취해 받아들였다. 무엇이 두 가지 신력의 건립인가? 말하자면 삼매의 정수正受로서 일체의 몸과 얼굴(身面)과 언설을 나타내는 신력 및 손으로 관정灌頂하는 신력이다.

復次大慧. 如來以二種神力建立. (唐譯云. 神力加持) 菩薩摩訶薩. 頂禮諸佛. 聽受問義. 云何二種神力建立. 謂三昧正受. 爲現一切身面言說神力. 及手灌頂神力.

관기 여기서는 감응의 두 가지 징조를 간략히 제시하고 있다. 말하고 행하는 사람 안에는 참된 인(眞因)이 갖춰져 있어서 외적으로 뛰어난 연緣에 감응하여 두 가지 신력神力의 가지加持를 빙자함을 말미암으니, 이것이 외도와 성문과 벽지불의 지地에 떨어지지 않는 까닭이다. 그 의도는 수행인으로 하여금 결정적인 믿음을 내게 해서 구경究竟의 과果로 취향하도록 하는 것이다. 무릇 정법正法이 세간에 머묾을 관觀하는 대보살들은 모두 오랫동안 선근善根을 심고 직접 불족佛足을 이어받았으며, 또 일반적으로 행한 증득證得은 모두 여래 신력의 가지加持에 의거했는데 하물며 말법未法이랴. 슬프다! 성인이 떠나간 때가 오래되었고 마魔는 강하고 법은 약해서 우리의 선근은 얕고 천박하니, 진실로 모든 부처의 원력願力의 가지加持를 우러러 의존하지 않으면 생사를 벗어나 마원魔寃을 타파하고자 해도 또한 어려운 일이다.

가지加持에는 두 가지가 있다. 첫째, 모든 부처의 대원력大願力이며, 둘째, 수행자의 대신력大信力이다. 법화法華에서는 이렇게 말했다.

"만약 이 경전과 법을 수행하는 자가 있다면, 나는 이때 청정광명신淸淨光明身 등을 나타낸다."

능엄楞嚴에서는 이렇게 말했다.

"만약 말세에 도량에 앉고자 한다면, 먼저 비구의 청정금계淸淨禁戒를 지니고 이 심불心佛이 설한 신주神呪를 외워서 도량을 건립하고 시방의 국토에 현재 머무는 무상여래無上如來를 구하면, 대비大悲의 광명을 놓아 그 정수리에 와서 붓는다. 나는 스스로 몸을 나타내 그 사람 앞에 이르러서 정수리를 어루만지며 위로함으로써 그를 개오開悟하게 하니, 이는 수행인의 신력信力이다."

이 경전은 비록 원력願力을 단순히 설했지만, 그 의도는 결정적인 신력(決定信力)을 증대시키려 한 것일 뿐이다.

또 가지加持에 두 가지가 있다. 첫째는 명冥이고, 둘째는 현顯이다. 이 두 가지는 가加를 드러낸다. '삼매의 정수正受로서 몸과 얼굴(身面)과 언설 등을 나타낸다'고 말한 것은 대체로 수행인이 삼매에 들어가서 바야흐로 두 가지 신력의 가지加持를 얻지만 자못 산란한 마음으로 얻을 수 있는 건 아니기 때문에 앞에서 "저 일체를 버리고 여읜다면 이는 있는 바가 없음이니(無所有), 일체의 찰토刹土에서 온갖 부처가 부사의不思議의 손으로 일시一時에 그 정수리를 어루만져서 여如의 상相에 수순隨順해 들어간다"고 한 것이다.

대혜야, 보살마하살은 첫 보살지菩薩地에서 부처의 신력神力에 머무니, 소위 보살대승조명삼매菩薩大乘照明三昧에 들어가는 것이다. 이 삼매에 들어가고 나면 시방세계의 일체 모든 부처가 신통력으로 일체의 몸과 얼굴 및 언설을 나타내게 되니(당역에서는 "시방의 모든 부처가 그 앞에 보편적으로 나타난다"고 하였다), 가령 금강장보살마하살金剛藏菩薩摩訶薩 및 여타의 이러한 상相과 공덕을 성취한 보살마하살이다. 이를 이름하여 첫 보살지라 하니, 이 첫 보살지에서 보살마하살이 보살의 삼매정수신력三昧正受神力을 얻는데, 백천 겁 동안 선근善根을 쌓아 익혀 성취한 것이다.

大慧. 菩薩摩訶薩. 初菩薩地. 住佛神力. 所謂入菩薩大乘照明三昧. 入是三昧已. 十方世界一切諸佛. 以神通力. 爲現一切身面言說. (唐譯云. 十方諸佛普現其前) 如金剛藏菩薩摩訶薩. 及餘如是相功德成就菩薩摩訶薩. 大慧. 是名初菩薩地菩薩摩訶薩. 得菩薩三昧正受神

力. 於百千劫積習善根之所成就.

관기 여기서는 몸과 얼굴 및 언설의 신력을 나타냈고, 그리고 '지地에 올라 바야흐로 가加한다'고 하였다. 삼현三賢이 가加를 수용하지 못하는 것은 아직 진여의 무상삼매無相三昧에 들어가지 못했기 때문이다. 그러나 한 번 초지初地에 오르면 문득 가加하는 것은 대체로 많은 겁 동안 쌓아 익힌 선근이 성취한 것이지 특별히 그런 것은 아니다. 이 때문에 위로부터 여러 조사祖師들이 비록 일념에 자심自心을 단박에 깨닫더라도 남으로부터 얻은 것이 아니니, 많은 겁 동안 쌓아 익힌 반야般若의 선근이 오랫동안 온갖 부처의 호념護念을 받아서 안으로 훈습해 공덕이 충족했기 때문에 외적으로 가지加持를 감응한 것이니, 어찌 얕고 천박한 자가 얻을 수 있겠는가?

차례대로 여러 지地에서 대치對治하고 대치받는 상相을 구경究竟까지 통달하여 법운지法雲地[459]에 이르면, 큰 연꽃의 미묘한 궁전(大蓮華微妙宮殿)에 머물면서 큰 연꽃 보배의 사자좌(大蓮華寶師子座)에 앉아 동일한 종류의 보살마하살의 권속에게 둘러싸여 있으며, 온갖 보배 영락瓔珞[460]으로 그 몸을 장엄함이 마치 황금의 담복薝蔔[461]꽃이나 해와 달의

---

[459] 십지十地의 하나. 지혜의 구름이 널리 진리의 비를 내리는 단계. 구름이 비를 내리듯 부처의 가르침을 널리 중생들에게 설하는 단계.

[460] 구슬을 꿰어 몸에 달아 장엄하는 기구. 후세에는 불상이나 불상을 모시는 궁전을 장엄할 적에 꽃모양으로 만든 금붙이와 주옥珠玉을 섞어 쓰는 것을 영락이라 한다.

[461] 산스크리트어 campaka의 음사. 인도 북부에서 자라는 교목. 잎은 윤택이 있고,

광명 같다. 여러 최승자最勝子가 시방으로부터 와서 큰 연꽃 궁전의 좌석 위로 나아가 그 정수리에 관정灌頂을 하는데, 비유하면 자재전륜성왕自在轉輪聖王 및 천제석天帝釋 태자太子에게 관정하는 것과 같으니, 이를 이름하여 보살이 손으로 관정하는 신력(菩薩手灌頂神力)이라 한다.

次第諸地. 對治所治相. 通達究竟. 至法雲地. 住大蓮華微妙宮殿. 坐大蓮華寶師子座. 同類菩薩摩訶薩眷屬圍繞. 衆寶瓔珞莊嚴其身. 如黃金蒼蔔日月光明. 諸最勝子從十方來. 就大蓮華宮殿座上而灌其頂. 譬如自在轉輪聖王. 及天帝釋太子灌頂. 是名菩薩手灌頂神力.

여기서는 관정하는 신력神力의 가지加持이다. 법신法身이 다섯 길(五道)을 유전流轉하는 것을 중생이라 호칭하며, 두 가지 장애에 속박되기 때문에 법신은 은폐되어 드러나지 않는다. 그렇다면 단지 잡아 지니는(執持) 능력이 있을 뿐이라서 가지에 능히 감응할 수 있는 능력은 없다. 이제 수행인이 대승조명삼매大乘照明三昧에 들면 삼매력으로 거칠고 무거운 세 가지 장애를 단박에 끊고 평등의 진여를 증득해 법성신法性身을 얻어서 시방의 부처와 더불어 기분氣分이 교접交接하기 때문에 즉각 모든 부처의 현신現身 설법에 감응한다. 신력이 가지하여 안팎으로 서로 훈습함을 말미암아 미세한 두 가지 장애를 깨끗이 다스려 구경까지 남김이 없어서 일념一念에 두 가지 전의과(二

___

짙은 노란색의 꽃이 피는데 그 향기가 진하다.

轉依果)⁴⁶²를 단박에 증득하니, 법성法性이 원명圓明하여 시방의 부처와 동일한 체體로서 둘이 없기 때문에 관정하는 신력의 가지(灌頂神力加持)에 감응하는 것이다.

대혜야, 이를 이름하여 보살마하살의 두 가지 신력이라 한다. 만약 보살마하살이 두 가지 신력에 머문다면 모든 부처 여래를 대면해 보겠지만, 만약 그렇지 못하다면 볼 수 없을 것이다.

大慧. 是名菩薩摩訶薩二種神力. 若菩薩摩訶薩住二種神力. 面見諸佛如來. 若不如是. 則不能見.

관기 여기서는 두 가지 가지加持를 결론지음으로써 세 가지 불성佛性의 뜻을 밝히고 있다. '불성에 세 가지가 있다'는 정인正因, 연인緣因, 요인了因을 말한다. 중생 각각이 비록 정인正因의 불성을 갖추었어도 만약 참된 선지식의 훌륭하고 교묘한 방편의 도움과 격발을 만나지 못한다면 또한 능히 완벽히 밝게 봄(了了明見) 수가 없다. 비유하면 왕이 공후箜篌의 소리를 듣고자 현弦을 끊고 물을 갈라서 구했지만 필경 들을 수 없는 것과 같으니, 훌륭하고 교묘한 방편의 연緣이 없기 때문이다. 저 외도와 이승도 역시 똑같이 정인正因을 품부 받았지만, 단지 악견惡見의 훈습을 말미암아 두 가지 자성을

---

462 유식유가행파의 교학에서는 전의轉依도 크게 번뇌장, 즉 아집을 끊고 열반(즉 해탈)을 증득할 때의 전의와 소지장, 즉 법집을 끊고 보리를 증득할 때의 전의로 나뉘고, 열반(즉 해탈)과 보리를 통칭하여 2전의과二轉依果라 한다.

허망하게 집착해서 열반으로 삼고 있으니, 비록 그 열반을 구하고자 해도 도리어 삿된 집착만 늘어날 뿐 필경에는 불성을 능히 밝게 볼 수 없기 때문에 "만약 이와 같지 않다면 능히 볼 수 없다"라고 한 것이다. 그 의도는 외도와 이승이 만약 과果가 참된 과(眞果)라면 반드시 이와 같이 감응하는 가피加被[463]의 힘을 얻을 것이라고 밝힌 것이니, 이제 과果가 이미 참되지 않기 때문에 능히 볼 수 없다는 것이다. 법화法華에서는 이렇게 말했다.

"만약 부처를 지을 때를 얻는다면 삼십이상相을 갖추고 천인天人과 야차의 무리, 용신龍神 등이 공경하니, 이때에야 비로소 영원히 남김없이 다 소멸했다고 말할 수 있다. 지금은 이미 그렇지 않으니 참다운 소멸(眞滅)이 아닌 줄 충분히 알겠다."

다시 다음에 대혜야, 보살마하살이 일반적으로 분별한 삼매와 신족神足과 설법의 행行, 이런 것들 일체는 다 여래의 두 가지 신력에 머문다. (당역에서는 "온갖 보살마하살이 삼매에 들어가 신통을 나타내서 법을 설하니, 이와 같은 일체는 모두 온갖 부처의 두 가지 신력을 말미암는다"고 하였다) 대혜야, 만약 보살마하살이 부처의 신력을 여의고서 능히 변설辯說할 수 있는 것이라면 일체의 범부 역시 응당 설할 수 있어야 한다. 왜 그런가? 말하자면 신력에 머물지 않기 때문이다.

復次大慧. 菩薩摩訶薩. 凡所分別三昧神足諸法之行. 是等一切悉住

---

463 부처나 보살이 자비심으로 중생에게 힘을 주는 것.

如來二種神力. (唐譯云. 諸菩薩摩訶薩. 入於三昧現通說法. 如是一切. 皆
由諸佛二種神力) 大慧. 若菩薩摩訶薩離佛神力能辯說者. 一切凡夫
亦應能說. 所以者何. 謂不住神力故.

관기 여기서는 보살이 능히 불성을 밝게 봄을 말했다. 이 때문에
일반적인 동정動靜, 말과 행동이 모두 여래의 두 가지 신력에
머문다. 일체의 범부는 똑같이 불성을 품부 받았지만 능히 설법할
수 없는 것은 매일매일 쓰면서도 알지 못하기 때문이니, 알지 못함을
말미암아 특히 신력에 머물지 않을 뿐이다. 가加하지 못함도 아님은
여래가 하나의 중생도 버리지 않기 때문이다. 방 거사(老龐)는 이렇게
말했다.

"야로(野老: 촌 늙은이)는 장작을 지고 돌아가고

촌부(村婦: 시골 아낙네)는 밤 내내 베를 짠다.

그들을 살펴보니, 집안 일이 바쁜데

말해 보라, 누구의 힘에 의존하는가?

그대에게 물어도 그대는 알지 못하고

단지 의혹을 일으킬 뿐이네.

슬프다, 지금과 옛 사람 중에

몇 사람이나 은덕恩德을 알고 있는가!"

그러므로 화엄華嚴의 마흔두 가지 법문은 모두 보살이 부처의 신력을
이어받아서 설한 것이다. 만약 다른 중생이 모두 능히 설법할 수
있게 된다면 각기 한 가지 법문을 얻으니, 여래의 두 가지 신력에
머묾을 말미암기 때문이다.

대혜야, 산, 돌, 수목 및 온갖 악기, 성곽, 궁전도 여래가 성에 들어갈 때의 위신력 때문에 모두 자연히 음악의 소리를 내는데, 하물며 마음이 있는 자이겠는가? 귀머거리, 소경, 벙어리 등 한량없이 온갖 고통을 받는 이들도 모두 해탈을 얻으니, 여래에겐 이와 같은 등의 한량없는 신력이 있어서 중생을 이롭게 하고 안락케 한다."

大慧. 山石樹木及諸樂器城郭宮殿. 以如來入城威神力故. 皆自然出音樂之聲. 何況有心者. 聾盲瘖瘂. 無量衆苦. 皆得解脫. 如來有如是等無量神力. 利安衆生.

관기 여기서는 여래가 중생을 가피하지 않음이 없음을 되돌아 드러내고 있다. 다만 중생이 자심自心을 요달하지 못하기 때문에 여래의 진실을 수용하지 못할 뿐이다. 자못 여래가 중생을 포기한 것은 아니기 때문에 '한량없는 신력으로 중생을 이롭게 하고 안락케 한다'고 하였다. 이로 말미암아 살펴보면, 무정無情도 가피를 받아 오히려 소리를 내는데, 하물며 저 외도와 이승의 유정有情이겠는가? 그러므로 "선근善根을 버린 일천제一闡提도 다시 여래의 신력 때문에 혹시 선근이 생기니, 이는 필경 가加하지 못한 것이 아니다. 비유하면 햇빛이 맹인盲人에게 이익을 주지 않음이 없는 것과 같다"고 하였다.

대혜보살이 다시 부처님께 여쭈었다.
"세존이여, 어떤 인연으로 여래, 응공應供, 등정각等正覺께서는 보살마하살이 삼매정수三昧正受에 머물 때 및 승진勝進한 지地에서 관정灌頂

할 때 그 신력神力을 가加합니까?"

부처님께서 대혜에게 고하셨다.

"마업魔業의 번뇌를 여의기 때문이며, 아울러 성문지聲聞地의 선禪에 떨어지지 않기 때문이며, 여래의 자각지自覺地를 얻기 때문이며, 아울러 얻은 법을 증진하기 때문이니, 그러므로 여래, 응공, 등정각께서는 다 신력으로 온갖 보살마하살을 건립한다. 만약 신력으로 건립하지 못한다면 외도의 악견과 망상에 떨어지고 아울러 여러 성문과 뭇 마魔의 희망에 떨어져서 아뇩다라삼먁삼보리를 얻지 못한다. 이 때문에 모든 부처 여래는 다 신력으로 온갖 보살마하살을 섭수攝受한다."

大慧菩薩復白佛言. 世尊. 以何因緣. 如來應供等正覺. 菩薩摩訶薩住三昧正受時. 及勝進地灌頂時. 加其神力. 佛告大慧. 爲離魔業煩惱故. 及不墮聲聞地禪故. 爲得如來自覺地故. 及增進所得法故. 是故如來應供等正覺. 咸以神力建立諸菩薩摩訶薩. 若不以神力建立者. 則墮外道惡見妄想. 及諸聲聞衆魔希望. 不得阿耨多羅三藐三菩提. 以是故. 諸佛如來咸以神力攝受諸菩薩摩訶薩.

관기 여기서는 앞서의 질문을 이어받고 있다. 대혜의 의도는 여래가 이미 한량없는 신력으로 중생을 이롭게 하고 안락케 했는데, 어찌하여 단지 지地 위의 보살을 가加한다고 말하면서도 그 나머지 중생은 말하지 않느냐는 것이다. 이 때문에 세존께서는 "지地에 오른 보살은 처음으로 참(眞)에 들어가 도道를 보고 상相이 있음을 다양하게 관觀한다"고 하였다. 만약 가지加持하지 못하면 마업魔業에 떨어지기 때문에 화엄에서는 이렇게 말했다.

"보살에 열 가지 마魔가 있다. 보리심을 망실忘失했는데도 온갖 선근을 닦으면 이는 마업魔業이 되니, 그렇다면 초지初地에 가加하지 못하는 것이고, 그래서 마업에 떨어진다. 칠지七地 보살은 아직 심량心量을 여의지 못하니, 만약 가加를 받지 못하면 외도의 삿된 길에 떨어진다. 팔지八地 보살은 순수한 무상관無相觀으로 삼매를 맛보아 집착해서 중생을 제도하려는 마음을 일으키지 않기 때문에 시방 온갖 부처의 세 가지 가加와 일곱 가지 권유(勸)로 적정寂定에서 끄집어낸다.

'일어나라, 선남자여. 삼매에 즐겨 머물지 말라. 그대의 삼매는 이승을 얻었기 때문에 여기서 가加하지 않으면 이승의 선禪에 떨어져서 여래의 자각지自覺地에 능히 도달하지 못한다.'

이 때문에 십지十地 이상의 금강유정金剛喩定에선 오히려 가장 극도의 미세한(最極細微) 두 가지 장애가 있기 때문에 승진勝進에 가加하지 못해서 극미極微의 두 가지 장애를 단박에 능히 끊을 수 없고 무상보리無上菩提를 능히 단박에 얻을 수 없다. 그러므로 온갖 부처 여래가 다 신력으로 온갖 보살을 섭수하지만 나머지 지地 이전은 참 수행이 아니기 때문에 섭수하지 못한다."

아! 저 외도와 이승은 이미 생멸하지 않는 마음을 근본 수행의 원인(本修因)으로 능히 삼을 수 없고 또 시방 여래의 신력의 가지加持를 입을 수 없는데, 어떻게 구경의 참되고 항상한 과果를 능히 얻을 수 있겠는가? 이것이 침륜沈淪에 기꺼이 떨어지는 까닭이니, 비루한 일을 즐기는 것도 당연하다. 그렇다면 원각圓覺의 삼기三期와 능엄楞嚴의 단장壇場도 한갓 시설된 것이 아니니, 수행인은 마땅히 깊게 그걸 식별해야 한다.

이때 세존께서는 이 뜻을 거듭 선포하고자 게송을 설하셨다.

爾時世尊欲重宣此義而說偈言.

신력神力의 인중존人中尊[464]께서는
대원大願이 다 청정하시고
삼마제三摩提에서 관정灌頂하시니
초지初地 및 십지十地까지이다.

神力人中尊. 大願悉淸淨. 三摩提灌頂. 初地及十地.

②-1-3 이상으로 삿됨과 올바름의 인과의 상相을 간략히 제시했다.
②-1-3 이하 제3에선 삿됨과 올바름의 인과의 차별상差別相을 자세히 해석했는데 두 가지로 나눈다.
②-1-3-(1) 첫째, 앞서의 세 가지 선禪으로써 삼승의 차별 인과의 상相을 드러냄을 자세히 해석했다. 또 두 가지가 있는데, ②-1-3-(1)-1) 처음은 인因의 차별을 변별했는데, 세 가지가 있다.
△②-1-3-(1)-1)-가 처음에는 어리석은 범부의 선禪 중에서 ②-1-3-(1)-1)-가-(가) 외도의 삿된 선(邪禪)을 자세히 해석했다.

---

464 부처의 다른 칭호.

이때 대혜보살마하살이 다시 부처님께 여쭈었다.

"세존이여, 부처님께서 설한 연기緣起는 바로 인연因緣을 설한 것이지 스스로 도道를 설한 것이 아닙니다.(위역에서는 "마치 세존께서 설하신 십이인연十二因緣은 인因으로부터 과果가 생기지만 자심自心의 망상 분별의 보는 능력[見力]으로 생겨난다고 설한 것은 아닙니다"라고 하였다. 당역에서는 "부처께서 설한 연기緣起는 작용[作]을 말미암아 일으킨 것이지 스스로의 체[自體]에서 일어난 것은 아닙니다"라고 하였다)

세존이여, 외도도 역시 인연을 설합니다. 말하자면 승勝(위역에서는 "자성自性"이라 했고, 당역에서는 "뛰어난 성품[勝性]"이라 하였다), 자재自在, 시時, 미진微塵이 생긴 것이니, 이처럼 온갖 성품이 생기지만, 그러나 세존이여, 소위 인연이 낳은 온갖 성품과 언설은 유간有間의 실단悉檀[465]과 무간無間의 실단입니다.

爾時大慧菩薩摩訶薩復白佛言. 世尊. 佛說緣起. 卽是說因緣. 不自說道. (魏譯云. 如世尊說十二因緣. 從因生果. 不說自心妄想分別見力而生. 唐譯云. 佛說緣起. 是由作起. 非自體起) 世尊. 外道亦說因緣. 謂勝. (魏譯云. 自性. 唐譯云. 勝性) 自在. 時. 微塵生. 如是諸性生. 然世尊所謂因緣生諸性言說. 有間悉檀. 無間悉檀.

---

465 산스크리트어 siddhānta의 음사. 종宗이라 번역. ①요지. 중요한 뜻. ②스스로 체득한 궁극적인 진리. 언어로 표현할 수 없는 스스로 체득한 깨달음 그 자체. ③어떤 학파에서 확정된 학설. 어떤 학파에서 주장하는 명제.

관기 여기서 대혜는 부처의 설법도 또한 외도와 동일해서 어리석은 범부의 선禪 중에서 외도의 삿된 선이 발發한다고 의심하였다. 여기서 논란한 부처가 설한 인연도 역시 외도가 유(有: 있음)에 떨어짐과 똑같다는 것은 앞서 '여래의 설법은 있음(有)과 없음(無)을 여의었다'를 말미암아 진제眞諦의 연기緣起를 으뜸으로 삼은 데 의거한 것이지 외도의 승성勝性, 자재自在, 무인無因, 미진微塵 시時 등을 으뜸으로 삼은 것이 아니기 때문에 여기서는 "부처께서 설한 연기緣起는 작용(作)을 말미암아 일으킨 것이지 스스로의 체(自體)에서 일어난 것은 아니다"라고 논란했다. 또한 외도가 설한 것과 똑같이 승성勝性, 자재自在, 시時, 아我, 미진微塵에 의거해 온갖 법을 낳으면, 이는 유有: 있음에 떨어진 것이다. 그러므로 당역에서는 "지금 부처 세존께서는 단지 이명異名으로 연기緣起를 지음을 설한 것이다"라고 했다. 그러나 세존께서 설한 인연의 생법生法은 외도가 설한 승성勝性 등과는 별개의 뜻이 있기도 하고 별개의 뜻이 없기도 하니, 이 때문에 "유간有間의 실단悉檀과 무간無間의 실단"이라 한 것이다. 단檀은 한역하면 시施이고 중국과 인도에서 아울러 칭하는 것은 '편시(偏施: 두루 베풂)'인데 부처의 법시法施[466]를 말한 것이다.

여기서는 부처가 설한 인연이 아직 유有를 여의지 못했다고 논란했으며, 이하에선 무인無因이 아직 무無를 여의지 못했다고 논란하였다.

세존이여, 외도 역시 있음(有)이 있음·없음(無有)에서 생긴다고 설하

---

466 남에게 부처의 가르침을 베풂.

고, 세존 역시 있음이 없음(無有)에서 생기고, 생기고 나면 소멸한다고
설했습니다.

世尊. 外道亦說有無有生. 世尊亦說無有生. 生已滅.

관기 여기서는 부처가 설한 무인無因이 또한 외도가 무無에 떨어진
것과 똑같다고 논란하고 있다. 외도가 있음(有)을 계교하는
것은 유인有因으로부터 생기고, 무無를 계교하는 것은 무인無因으로부
터 생기기 때문에 "있음(有)이 있음·없음(無有)에서 생기고"라고 했으
니, 말하자면 있음(有)이든 없음(無)이든 둘 모두 생겨남(生)이 있는
것이다. 이 가운데서 대혜는 무인을 올바로 취했다. 그러나 세존께서는
역시 '있음·없음에서 생기고, 생기고 나면 소멸한다'고 했으니, 이것은
외도의 있음·없음에서 생긴 것과 똑같으므로 바로 무인이고, 무인이라
면 외도의 무無를 계교함과 동일하다는 것이다.

마치 세존께서 설한 무명無明이 행行을 반연하고 나아가 늙고 죽음(老
死)에까지 이르는 것과 같은데, 이는 세존의 무인설無因說이지 유인설
有因說이 아닙니다. 세존께서 이러한 설說, 즉 '이것이 있기(有) 때문에
저것이 있다(有)'고 지어서 건립한 것은 점차 생겨남(漸生)을 건립한
것이 아니니, 외도가 설한 승勝을 관찰하면 여래가 아닙니다.

如世尊所說無明緣行. 乃至老死. 此是世尊無因說. 非有因說. 世尊
建立作如是說. 此有故彼有. 非建立漸生. 觀外道說勝. 非如來也.

관기 여기서는 부처가 설한 무인無因이 도리어 외도가 설한 승勝으로 삼는 것과는 같지 않음을 증명해 성취하고 있다. 말하자면 부처가 설한 무명無明이 인因이 되어서 행行, 식識 등의 과果를 낳는데, 이는 자심의 생겨남을 설한 것이 아니라 무명의 생겨남을 설한 것이므로 바로 무인無因이다. '이것이 있기(有) 때문에 저것이 있다(有)'는 말하자면 이 무명도 하나의 있음(有)이라면 저 행行에서 늙고 죽음(老死)에 이르기까지도 일시一時에 모두 있음(有)이기 때문에 '점차 생겨남을 건립한 것이 아니다'라고 말한 것이다. 외도가 설한 신아神我의 주제主諦로부터 명초冥初⁴⁶⁷가 되고, 명초로부터 각(覺: 깨달음)이 생기고, 각覺으로부터 나의 마음(我心)이 생기고, 나의 마음으로부터 오진五塵⁴⁶⁸이 생기고, 오진으로부터 오대五大⁴⁶⁹가 생기고, 오대로부터 십일근十一根⁴⁷⁰이 생겨서 도합 이십오법二十五法이다. 그러면서도 신아神我를 승성勝性으로 삼기 때문에 승성을 생인生因으로 삼는 것이며, 이렇게 점차로 생겨남(漸次)을 건립하는 것이다. 그렇다면 여래가 설한 '이것이 있기(有) 때문에 저것이 있다(有)'는 일시에 단박에 생겨서 차제次第가 있지 않은 것이며, 그래서 또 과果가 생기고 인因이 소멸함은 도리어 외도가 설한 승勝과는 같지 않은 것이다.

---

467 명제冥諦와 같다. 상키야 학파에서 설하는 물질의 근원인 자성自性으로, 산스크리트어 prakṛti을 말한다.

468 색색色, 성성聲, 향향香, 미미味, 촉촉觸.

469 땅(地), 물(水), 불(火), 바람(風), 공空.

470 십일근은 오지근(五知根: 눈, 귀, 코, 혀, 피부)과 오작근(五作根: 손, 발, 혀, 생식기, 배설기)과 심근心根을 말한다.

왜 그런가요? 세존이여, 외도가 설한 인因은 연緣으로부터 생기지 않아서 생긴 바(所生)가 있습니다. 세존께서는 '인因을 관觀하면 사事가 있고, 사事를 관하면 인因이 있다'고 설했으니 (당역에서는 "세존께서 설한 과果는 인因을 대대待對하고, 인因은 다시 인因을 대대待對한다"고 하였다), 이처럼 인연이 섞여 혼란하고 이처럼 전전展轉하여 무궁합니다."

所以者何. 世尊. 外道說因不從緣生. 而有所生. 世尊說觀因有事. 觀事有因. (唐譯云. 世尊所說果待於因. 因復待因) 如是因緣雜亂. 如是展轉無窮.

관기 이 해석은 여래의 설법이 외도와 같지 않은 까닭을 이루고 있다. 말하자면 외도가 설한 승성勝性 등이 인因이 되면 타연他緣으로부터 생기지 않으면서도 능히 타他를 낳는다. 이 인因이 항상 인因이 되지 과果가 되지 않으니, 이처럼 인因과 과果가 분명하다. 그러나 세존께서 설한 십이인연은 무명을 인因으로 삼고 행行을 낳음이 과果가 되며, 또 행行을 인因으로 삼고 식識을 낳음이 과果가 되며, 늙고 죽음에 이르는 것이 인因이 되고 또 무명을 낳음이 과果가 되니, 이러한 하나의 법(一法)이 또 작인作因이고 또 작과作果이기 때문에 "사事를 관하면 인因이 있고, 인因을 관觀하면 사事가 있다"고 하였다. 이 인因과 과果가 섞이고 혼란해서 삼세三世의 바퀴가 굴러가면서도 하나로 고정됨(一定)이 있지 않으니, 이 때문에 외도가 설한 승勝과는 같지 않다. 그러므로 여래의 설법이 외도와 동일하지 않음이 있지 않은 것이니, 이는 대혜가 인연으로 논란을 마련한 것이다. 장차 연기緣

起의 성품이 없음을 변별하여 진여의 언설을 여읜 상相을 나타냄으로써 외도의 언설자성言說自性의 상相으로 계교하고 집착함을 타파한 것이다.

○②-1-3-(1)-1)-가-(가)-가) 먼저 연기의 성품 없음을 변별한다.

부처님께서 대혜에게 고하셨다.
"나는 무인無因이라 설하지도 않았고 아울러 인연이 섞여 혼란하다고 설하지도 않았다. '이것이 있기(有) 때문에 저것이 있고(有)'는 섭수함과 섭수한 바(攝所攝)가 성품이 아니라 자심自心의 현량現量임을 깨닫는 것이다.(당역에서는 "대혜야, 나는 온갖 법이 오직 마음의 나타냄일 뿐임을 요달해서 '이것이 있기[有] 때문에 저것이 있다[有]'를 설한 것이니, 이는 무인無因도 아니고 아울러 인연의 과실過失도 아니다"라고 하였다)
대혜야, 만약 섭수함과 섭수한 바(攝所攝)의 계교와 집착이라면 자심의 현량을 깨닫지 못해서 외부 경계의 성품과 성품 아님이라 하니, 저들에게 이와 같은 허물이 있지만 내가 설한 연기緣起는 아니다.(당역에서는 "만약 온갖 법이 오직 마음의 나타냄일 뿐임을 요달하지 못하면 능취能取 및 소취所取가 있다고 계교해서 외부 경계가 있든 없든 집착하는데, 저들에게 이 허물이 있는 것이지 내가 설한 것은 아니다"라고 하였다) 나는 항상 인因과 연緣이 화합해서 온갖 법을 낳았다고 설했지 무인無因에서 생긴 것은 아니라고 설했다."

佛告大慧. 我非無因說. 及因緣雜亂說. 此有故彼有者. 攝所攝非性.

覺自心現量. (唐譯云. 大慧. 我了諸法唯心所現. 說此有故彼有. 非是無因. 及因緣過失) 大慧. 若攝所攝計著. 不覺自心現量. 外境界性非性. 彼有如是過. 非我說緣起. (唐譯云. 若不了諸法唯心所現. 計有能取及以所取. 執著外境若有若無. 彼有是過. 非我所說) 我常說言因緣和合而生諸法. 非無因生.

관기 여기서는 세존께서 외도가 설한 것과는 동일하지 않음을 해석해 이룸으로써 연기의 성품 없음을 밝혔다. 생각건대 내가 온갖 법이 오직 마음의 나타냄일 뿐 본래 실다운 법이 없음을 요달함으로써 무명불각無明不覺의 자심현량自心現量으로 허망하게 경계를 본 것을 실제로 있다(實有)고 여기기 때문에 나는 '이것이 있기(有) 때문에 저것이 있는(有) 것이지 무인無因 및 인연의 과실은 아니다'라고 한 것이다. 왜 그런가? 저 외도는 온갖 법이 오직 마음의 나타냄일 뿐임을 요달하지 못해서 능취能取와 소취所取가 있다고 계교해 외부 경계를 집착하기 때문에 허망하게 있음(有)과 없음(無), 단멸(斷)과 항상(常), 동일함(一)과 다름(異) 등을 계교한다. 그러나 저들에게 이런 허물이 있는 것이지 내가 설한 연기의 법은 아니기 때문에 나는 인연을 설해서 저 허망한 견해를 타파한 것일 뿐 유(有: 있음)에 떨어진 것은 아니다. 그리고 나는 이미 인因과 연緣이 화합해서 온갖 법을 낳는다고 설했는데 어찌하여 무인無因이라 하겠는가? 그러므로 외도가 설한 바와는 동일하지 않기 때문에 무인無因으로 생긴 것은 아니라고 말한 것이다.

○이상 연기의 성품 없음을 변별했다.

△다음은 진여가 언설의 상相을 여의었음을 드러내었다.

대혜가 다시 부처님께 여쭈었다.
"세존이여, 언설에 성품이 있음은 일체의 성품(一切性)이 있는 것 아닙니까? 세존이여, 만약 성품이 없다면 언설이 생기지 않을 것이니, 그러므로 언설에 성품이 있음은 일체의 성품이 있는 겁니다."

大慧復白佛言. 世尊. 非言說有性有一切性耶. 世尊. 若無性者. 言說不生. 是故言說有性有一切性.

여기서는 온갖 법이 실제로 자성이 있다고 계교해서 언설을 말한 것이다. 장차 진여가 말을 여의었음을 드러냄으로써 언설자성의 상相을 계교하고 집착함을 타파한 것이다. 앞서 부처가 설한 온갖 법의 성품 없음을 말미암기 때문에 연생緣生을 설한 것이니, 그러므로 여기서 "어찌 언설에 성품이 있어서 온갖 법에도 또한 실제로 성품이 있는 게 아니겠습니까?"라고 논란한 것이다. 생각건대 이미 언설이 있다면 반드시 온갖 법이 있고, 만약 온갖 법이 없다면 언설이 어찌 일어나겠는가? 이것은 온갖 법과 언설이 모두 실체가 있다고 계교하기 때문에 아래에선 부처가 두 가지 뜻으로 타파한 것이니, 첫째는 말하자면 온갖 법이 비록 무無라도 언설을 방해하지 않으니 마치 토끼 뿔이나 거북 털 등과 같으며, 둘째는 말하자면 비록 언설이 없더라도 역시 능히 설함을 나타낼 수 있으니 마치 첨시(瞻視: 바라보다) 등과 같다.

△차초且初

부처님께서 대혜에게 고하셨다.

"성품이 없어도 언설을 만든다. 말하자면 토끼 뿔이나 거북 털 등이니, 세간은 언설을 나타낸다. 대혜야, 성품도 아니고 성품 아님도 아니니, 단지 언설일 뿐이다. 네가 말한 대로 언설에 성품이 있음은 일체의 성품이 있는 것이라는 너의 이론은 즉각 무너진다.

佛告大慧. 無性而作言說. 謂兎角龜毛等. 世間現言說. 大慧. 非性. 非非性. 但言說耳. 如汝所說言說有性有一切性者. 汝論則壞.

관기 여기서는 온갖 법이 비록 무無라도 언설을 방해하지 않음을 말한 것이다. 당역에서는 이렇게 말했다.

"비록 온갖 법이 없더라도 역시 언설이 있으니, 어찌 거북 털, 토끼 뿔, 석녀石女의 아이 등을 나타내 보지 않겠는가? 세상 사람은 이 가운데서 모두 언설을 일으키니. 그건 있음(有)도 아니고 있음(有) 아님도 아니라서 단지 언설이 있을 뿐이다."

대혜야, 네가 설한 대로 언설이 있기 때문에 온갖 법이 있다고 하는 것은 온갖 법이 만약 없다면 언설도 없다는 것이다. 이제 토끼 뿔 등은 비록 없더라도(無) 있다(有)는 설명을 방해하지 않으니, 이로써 살펴보면 너의 뜻은 이루어지지 않기 때문에 "너의 이론은 즉각 무너진다"고 말한 것이다.

대혜야, 일체의 찰토刹土에는 언설이 있지 않다. '언설'이란 지음(作)일

뿐이다.(당역에서는 "언설이란 임시로 안립安立한 것일 뿐이다"라고 하였다)

어떤 불찰佛刹에서는 첨시(瞻視: 바라봄)가 법을 드러내기도 하고, 어떤

경우에는 상相을 짓기도 하고, 어떤 경우에는 눈썹을 치켜뜨기도

하고, 어떤 경우에는 눈동자를 움직이기도 하고, 혹은 웃기도 하고,

혹은 하품을 하기도 하고, 혹은 헛기침을 하기도 하고, 혹은 찰토刹土를

염念하기도 하고, 혹은 동요하기도 한다.(당역에서는 "어떤 불국토에서는

눈을 크게 뜨고 보아서[瞪視] 법을 드러내기도 하고, 어떤 경우에는 이상異相을

나타내기도 하고, 어떤 경우엔 눈썹을 반복해 치켜뜨기도 하고, 어떤 경우엔

눈동자를 움직이기도 하고, 어떤 경우엔 미소를 보이기도 하고, 자주 웅얼거리

며 헛기침도 하고, 억념憶念으로 동요하기도 하니, 이러한 것들로 법을 드러낸

다"고 하였다)

대혜야, 마치 첨시(瞻視: 바라봄) 및 향적세계香積世界(당역에서는 "마치

눈을 깜박이지 않는[不瞬] 세계 및 묘향세계妙香世界와 같다"고 하였다), 보현

여래普賢如來[471]의 국토는 단지 바라보는 것만으로 온갖 보살들로 하여

금 무생법인無生法忍 및 온갖 뛰어난 삼매를 얻게 한다. 그러므로

언설에 성품 있음은 일체의 성품이 있는 것이 아니다.(당역에서는

"언설을 말미암아서 온갖 법이 있는 것이 아니다"라고 하였다)

---

471 보현보살(普賢菩薩, 산스크리트어 Samantabhadra, 사만타바드라)은 불교의 진리와

　　수행의 덕을 맡은 보살이다. 문수보살과 함께 석가모니여래 옆을 지키고 있으며,

　　연화대에 앉거나 여섯 이빨을 가진 흰 코끼리를 타고 있다. '사만타'는 넓다는

　　뜻으로 덕이 두루 온 누리에 미친다는 것을 뜻하여 한문으로 보普라 하며,

　　'바드라'는 지극히 원해서 선을 가다듬는 다는 것을 뜻하여 한문으로 현賢이라

　　한다.

대혜야, 이 세계의 모기, 파리, 벌레, 개미를 보라. 이런 중생들은 언설이 있지 않아도 저마다 일(事)을 판별한다."

大慧. 非一切刹土有言說. 言說者. 是作耳. (唐譯云. 言說者. 假安立耳) 或有佛刹瞻視顯法. 或有作相. 或有揚眉. 或有動睛. 或笑. 或欠. 或謦欬. 或念刹土. 或動搖. (唐譯云. 或有佛土瞪視顯法. 或現異相. 或復揚眉. 或動目睛. 或示微笑. 頻呻謦欬. 憶念動搖. 以如是等而顯於法) 大慧. 如瞻視. 及香積世界. (唐譯云. 如不瞬世界. 妙香世界) 普賢如來國土. 但以瞻視令諸菩薩得無生法忍. 及諸勝三昧. 是故非言說有性有一切性. (唐譯云. 非由言說而有諸法) 大慧. 見此世界蚊蚋蟲蟻. 是等衆生. 無有言說. 而各辨事.

관기 여기서는 비록 언설이 없더라도 또한 능히 법을 드러낼 수 있음을 밝히고 있다. 그러나 '언설'이란 단지 나의 사바娑婆[472]에서만 숭상하는 것이라서 소위 이곳(此方)의 참된 가르침의 체體이고, 청정은 음성이 들리는 데 존재하고 여타의 찰토刹土라면 다 그렇지는 않기 때문에 "일체 찰토에 언설이 있는 것은 아니다"라고 한 것이다. 그 나머지 불국토에서 언설을 사용하지 않게 되면, 어떤 경우엔 바라봄(瞻視)으로써 법을 드러내고, 어떤 경우엔 눈썹을 치켜뜨고 눈을 움직이며, 헛기침을 하고 자주 중얼거리며, 억념憶念으로 동요하는 것이

---

472 산스크리트어 사하saha의 번역. 본래 대지를 의미하는데 감인(堪忍, 참고 견딤) 또는 인토(忍土, 인내의 땅)로 번역한다. 사바세계는 고통이 많은 중생의 세계를 말한다.

다 불사佛事가 된다. 또 가령 향적세계香積世界는 온갖 향기로써 불사佛事를 삼으며, 또 가령 이 찰토의 모기, 파리, 벌레, 개미는 모두 언설이 없어도 저마다 일을 판별하니, 이 어찌 언설을 기다렸다 온갖 법을 드러내는 것이겠는가? 그렇다면 온갖 법이 성품이 없을 뿐만 아니라 또한 언어의 성품도 공空하니, 소위 온갖 법이 적멸寂滅의 상相이라서 언어로 펼칠 수 없다. 위로 부처와 조사로부터 전해진 말 못하는(不言) 도道가 여기에서 그 뜻이 보이기 때문에 임제臨濟와 덕산德山의 방棒과 할喝[473]이 서로 대치하고, 앙산仰山의 원상圓相, 석공石鞏의 장궁(張弓: 활시위를 메는 것), 도오道吾의 무홀(舞笏: 홀을 잡고 춤추는 것)이 모두 이 말을 여읜 삼매를 깊이 증득한 것들이다. 소위 산하대지山河大地는 공히 근본 법륜을 굴리고, 물고기, 조개류, 조류, 털 짐승은 색신삼매色身三昧를 보편적으로 나타내니, 이 때문에 중생이 나날이 쓰는 육근六根의 문두門頭는 이理에 들어가지 않는 곳이 없는데, 어찌 언설을 끝까지 기다리겠는가!

이때 세존께서는 이 뜻을 거듭 선포하고자 게송을 설하셨다.

爾時世尊欲重宣此義而說偈言.

마치 허공과 토끼 뿔

---

[473] 선종에서 스승이 제자를 가르칠 때 경전의 강의나 설법 외에 일상의 인사나 대화를 중시해서 말로 꾸짖고 몽둥이로 때리는 등의 행위로 가르치는데, 덕산德山의 봉棒, 임제의 할喝이 가장 유명하다.

아울러 반대자槃大子[474]와 같으니

(당역과 위역에서는 둘 다 "석녀石女의 아이"라고 하였다)

실제론 없는데도 언설은 있으므로

이러한 성품은 망상妄想이다.

인因과 연緣이 화합한 법인데

범부의 어리석음은 망상을 일으켜서

(당역에서는 "인연이 화합한 가운데, 어리석은 범부는 허망하게 생긴다고

여긴다"고 하였다)

여실如實하게 알 수 없는지라

삼유三有의 집에 윤회한다.

如虛空兎角. 及以槃大子. (二譯俱作石女兒) 無而有言說. 如是性妄
想. 因緣和合法. 凡愚起妄想. (唐譯云. 因緣和合中. 愚夫妄謂生) 不能
如實知. 輪廻三有宅.

관기 온갖 법은 본래 없고(無) 연緣이 모여서 생겨난다. 이미 연緣이
모여 생겨났다면 생겨남은 본래 없으니, 즉 저 연생緣生을
설했다면 역시 가명假名일 뿐이다. 그렇다면 법의 성품은 생겨남이
없어서 언사言詞의 상相이 적멸하고 능能과 소所가 쌍으로 망亡하여
고요히(湛然) 항상 머무는데, 어찌 언설에 성품이 있고 일체의 성품이

---

474 산스크리트어 bandhya-putra의 역어. 허망해서 실답지 않은 것을 비유한다.

있다고 허망하게 계교할 수 있는가? 그래서 "이와 같은 성품의 망상"이라 말한 것이다. 일반적으로 분별한 것은 모두 망상일 뿐이니, 이 때문에 "인因과 연緣이 화합한 법인데/ 범부의 어리석음은 망상을 일으켜서/ 법의 성품이 생겨남이 없음을 여실如實하게 요달해 알 수 없기 때문에/ 허망한 견해가 유전流轉하면서 삼유三有를 윤회한다"라고 말한 것이다.

이상의 장章에서는 진여眞如의 언설을 여읜 상相으로써 언설자성의 상相이 계교하고 집착하는 것을 타파하였다.
②-1-3-(1)-1)-가-(가)-나) 이하의 장章에선 마음의 반연을 여읜 상相으로써 사자성事自性의 상相이 계교하고 집착한 것을 타파하였다.

관능가아발다라보경기觀楞伽阿跋多羅寶經記 권제3

감산덕청(1546~1623)

명나라 4대 고승 중 한 명으로, 감산憨山은 호이고 덕청德淸은 법명이다. 안휘성安徽城 금릉金陵에서 태어났으며, 속성은 채씨蔡氏이다. 19세에 남경 보은사報恩寺에서 출가한 이후, 평생 수행과 홍포에 힘썼다. 선과 염불을 함께 닦을 것(禪淨雙修)을 주장했으며, 육조 대사에서 비롯된 조계曹溪의 법맥을 중흥시켰다. 또한 유불도儒佛道 삼교에 능통하여 이의 조화를 추구하였다. 저서로 『능가경관기』, 『조론약주』, 『법화경통의』, 『화엄경강요』, 『원각경직해』, 『기신론직해』, 『금강경결의』, 『몽유집』, 『중용직지』, 『노자해』, 『장자내편주』 등이 있다.

장순용

고려대학교 사학과를 졸업하고 동 대학원 철학과를 수료하였다. 민족문화추진위원회 국역연수원과 태동고전연구소 지곡서당을 수료한 뒤 보림선원 백봉 김기추 거사 문하에서 불법을 참구하였다. 제17회 행원문화상 역경상譯經賞을 수상하였다. 역서로는 『수능엄경통의 1, 2』, 『한위양진남북조불교사』, 『신화엄경론』, 『화엄론절요』, 『설무구칭경』, 『티베트 사자의 서』, 『대장일람집』, 『반야심경과 생명의학』 등 다수가 있으며, 편저로는 『십우도』, 『도솔천에서 만납시다』, 『허공법문』 등이 있다.

능가경관기 1

초판 1쇄 인쇄 2022년 6월 8일 | 초판 1쇄 발행 2022년 6월 17일
지은이 감산 덕청 | 역주 장순용 | 펴낸이 김시열
펴낸곳 도서출판 운주사

      (02832) 서울시 성북구 동소문로 67-1 성심빌딩 3층

      전화 (02) 926-8361 | 팩스 0505-115-8361

ISBN 978-89-5746-700-8 94220 값 30,000원
ISBN 978-89-5746-699-5 (세트)

http://cafe.daum.net/unjubooks 〈다음카페: 도서출판 운주사〉